공단기/하희정

교육행정직

단원별 + 맞춤형

동형 모의고사

목차

● ⑥, ⑦, ⑧(제11~16회)은 인강 홈페이지에서 pdf로 제공함.

문법편

문 1. 다음 밑줄 친 부분의 문장 성분이 <u>다른</u> 하나는?
　① 우리는 전철역에서 한 <u>시간을</u> 걸어서 여기에 왔다.
　② 너는 그렇게 쉬운 <u>일조차</u> 못 해내는구나.
　③ 철수는 한자어가 많은 <u>고전소설도</u> 잘 읽는다.
　④ 그런데 말이야, 너 지금 <u>누구</u> 찾니?

문 2. 학교 문법을 기준으로 할 때, 품사가 <u>다른</u> 것은?
　① <u>모든</u> 국민은 법 앞에 평등하다.
　② 알고 보니 그는 <u>다름</u> 아닌 우리 반 학생이었다.
　③ 그의 책상 서랍 안에는 <u>온갖</u> 잡동사니가 들어 있다.
　④ <u>갖은</u> 고생 끝에 혼자서 해낸 그의 작품은 매우 훌륭했
　　다.

문 3. 다음 중, 어법상 올바른 문장은?
　① 어른도 아이들 틈에 끼어 인형극을 구경했다.
　② 그런데 말이야, 네 눈에는 방바닥이 재떨이로 봬냐?
　③ 그는 살 궁리는 안 하고 허구헌 날 술만 퍼마시고 다녔
　　다.
　④ 한 시간 동안 방바닥에 앉아 있기만 해서 엉덩이에 못이
　　박힐 노릇이었다.

문 4. 음운 변동의 원인을 ㉠과 ㉡으로 구분할 때, 변동의 원인이
　<u>이질적인</u> 하나는?

> 　음운 변동이 일어나는 원인으로는 발음을 좀 더 쉽게 하려
> 는 ㉠<u>경제성의 원리에 의한 것</u>과 표현 강화를 위한 ㉡<u>표현 효</u>
> <u>과의 원리에 의한 것</u>이 있다. 전자에는 음절의 끝소리 규칙,
> 음운의 동화, 음운의 축약과 탈락이 있고, 후자에는 된소리되
> 기와 사잇소리 현상 등이 있다.

　① 그는 일찍 밥을 <u>먹는다</u>.
　② 잠시만 여기를 좀 <u>봐라</u>.
　③ 그 친구는 <u>앓는</u> 소리만 한다.
　④ 피곤해서 <u>잠자리를</u> 펴고 누웠다.

문 5. 아래 문장의 밑줄 친 관형사절 중 피수식어와의 관계로 볼
　때, 그 성격이 나머지와 <u>다른</u> 것은?
　① <u>학교에 가는</u> 친구를 붙잡았다.
　② <u>백화점에서 파는</u> 물건은 대체로 비싸다.
　③ 철수는 <u>고향에 살고 있는</u> 가족들에게 선물을 보냈다.
　④ <u>그 사람이 뇌물을 받았다는</u> 사실을 그녀만 알고 있었다.

문 6. 다음 중 두 문장의 의미 관계가 같은 것끼리 짝지어진 것은?

> ㉠ 철수는 영희에게 돈을 갚았다. 〈 철수는 영희에게 돈을 빌
> 　렸다.
> ㉡ 우리 이제 디저트로 커피 한잔해요. 〈 우리 방금 밥 먹었
> 　잖아요.
> ㉢ 그의 집을 산 사람은 바로 그의 원수다. 〈 그의 집은 팔렸
> 　다.
> ㉣ 영희는 아직 시집을 가지 않았다. 〈 영희는 여자다.

　① ㉠ - ㉡　　　　　　　　② ㉠ - ㉢
　③ ㉡ - ㉢　　　　　　　　④ ㉡ - ㉣

문 7. ㉠과 가장 유사한 의미로 쓰인 것은?

> 　전세난과 저금리 여파로 실수요자들이 대거 중소형 아파트
> 중심으로 '내 집 마련'에 나서면서 ㉠<u>갈수록</u> 중소형과 중대형
> 아파트의 가격 차이가 좁혀지고 있는 것으로 나타났다.

　① 평생 <u>가야</u> 한 번 올까 말까 한 기회를 잡았어.
　② 고물 차인데도 별 탈 없이 잘 <u>간다</u>.
　③ 어른 무릎쯤 <u>가는</u> 냇물이라 아이들이 놀기에도 적당하
　　다.
　④ 얼마나 억울하면 그럴까 하고 이해가 <u>가기도</u> 한다.

문 8. 〈보기〉를 검토한 결과로 옳지 <u>않은</u> 것은?

─── 〈보 기〉 ───

(가) 군-: 군기침, 군침, 군사람, 군식구.
(나) 헛-: 헛수고, 헛소문, 헛살다, 헛디디다, 헛먹다
(다) -되다: 참되다, 숫되다, 막되다, 못되다, 흠되다
(라) -기-: 안기다, 담기다, 쫓기다, 신기다, 맡기다, 옮기다

① (가), (나): 접두사에는 관형사적 성격을 지닌 것도 있고, 부사적 성격을 지닌 것도 있다.
② (가), (나): 접두사에는 명사에만 붙는 것도 있고, 명사에 도 붙고 동사에도 붙는 것도 있다.
③ (라): 접미사에는 형태는 동일하더라도 상이한 문법적 기 능을 하는 경우가 있다.
④ (다), (라): 접미사는 자립성을 가지지 못하는 형태소 뒤 에만 붙는 특징이 있다.

문 9. 〈보기〉의 ㉠~㉣에 대한 설명으로 적절하지 <u>않은</u> 것은?

─── 〈보 기〉 ───

　　종속적으로 이어진문장이란 선행절과 후행절의 의미 관계 가 독립적이지 못하고 종속적인 문장을 말한다. 대등하게 이 어진문장이 나열, 대조, 선택의 의미 관계를 나타내는 것과 달 리, 종속적으로 이어진문장은 원인, 배경, 조건, 결과, 양보 등 의 의미 관계를 나타낸다. 또 종속적으로 이어진문장에서는 선행절이 후행절 속으로 이동하기도 한다. 그리고 종속적으로 이어진문장의 선행절과 후행절에 같은 말이 있으면 그중 뒤에 오는 말을 다른 말로 대치하거나 생략하는 것이 자연스러운 경우가 많다.

㉠ 어디에 가든지 모교를 잊지 마라.
㉡ 길이 비가 와서 질다.
㉢ 나도 영희를 자주 보지만, 그녀를 좋아하지는 않는다.
㉣ 낮말은 새가 듣고, 밤말은 쥐가 듣는다.

① ㉠: 종속적으로 이어진문장으로 선행절과 후행절은 양보 의 의미 관계를 나타낸다.
② ㉡: 종속적으로 이어진문장으로 선행절이 후행절 속으로 이동한 예에 해당한다.
③ ㉢: 종속적으로 이어진문장으로 같은 말 중 뒷말을 다른 말로 대치한 예이다.
④ ㉣: 종속적으로 이어진문장으로 같은 말 중 하나를 생략 해도 자연스러운 예이다.

문 10. 〈보기〉의 ㉠~㉣에 대한 설명으로 적절하지 <u>않은</u> 것은?

─── 〈보 기〉 ───

남자: (공원에서 앉을 자리를 찾다가) ㉠여기 자리 있나요?
여자: 네.
남자: (벤치에 앉으면서) 누구더라? ㉡왜, 요즘 ○○화장품 모 델 있죠. 그녀처럼 참 예쁘시네요.
여자: (좀 언짢은 표정으로) 그런데 ㉢말이죠. 친구가 화장실 갔어요. 곧 올 텐데요.
남자: (미안해하며) 그러니까, 자리를 비워 달라는 말씀이시네 요.
여자: 먼저 자리를 잡은 사람이 임자이니, ㉣뭐, 말하자면 그 런 뜻이죠.

① ㉠: ㉠은 중의적인 문장인데, 여자는 ㉠을 '자리 주인이 있나요?'라는 의미로 이해한 것이다.
② ㉡: 남자가 퍼뜩 떠올려지지 않는 사실에 대하여 여자의 확인을 요구하는 의미로 쓴 감탄사이다.
③ ㉢: 여자가 상대방에게 자신이 앞에서 언급한 사실을 강 조하여 말하는 뜻을 나타내는 기능을 한다.
④ ㉣: 여자의 입장에서 남자에게 더 이상 여러 말 할 것 없다는 뜻을 전하려는 의도를 반영한 말이다.

문 11. 〈보기〉의 ㉠~㉤에 대한 이해로 적절하지 <u>않은</u> 것은?

─── 〈보 기〉 ───

　　'ㄴ' 첨가가 이뤄지기 위해서는 두 가지 환경이 조성되어야 한다. 먼저 음운론적 조건으로 선행 음운이 자음으로 끝나고 후행 음운이 'ㅣ'나 반모음 'ㅣ'로 시작해야 한다. 다음은 형태 론적 조건으로 뒷말이 실질 형태소여야 한다. 이 두 조건이 동시에 갖춰진 상태에서 뒷말의 첫소리에 'ㄴ'이 첨가되는 현 상을 'ㄴ' 첨가라고 한다.

예 　　　　　　㉠　　　㉡
(가) 밭일 → [받일] → 받닐 → [반닐]
　　　　　　　　　　㉢　　　㉤
(나) 밭이랑 → [㉢] → [받니랑] → [반니랑]

① ㉠과 ㉣은 'ㄴ'이 첨가되고 있다는 점에서 동일한 음운 변동을 보여준다.
② ㉡과 ㉤은 뒤 음절의 첫소리에 의해 앞 음절의 끝소리가 비음화하고 있다.
③ ㉢에는 '이랑'이 형식 형태소이기 때문에 '받이랑'이 들어 가야 적절하다.
④ 'ㄴ' 첨가의 유사한 예로는 '월급은 못 받고 공일만 했 다.'의 '공일'을 들 수 있다.

문 12. 〈보기〉의 ㉠~㉣에 대한 설명으로 적절하지 <u>않은</u> 것은?

> ───── 〈보 기〉 ─────
>
> 아내: 작년에 아버님께서 ㉠당신의 장서를 마을 도서관에 기
> 　　　증하셨잖아요. 그런데 그걸 마구 훼손하는 거예요. 아버
> 　　　님이 보시기라도 한다면….
> 남편: 그래서요? ㉡당신이 그걸 보고 가만히 있을 사람이 아
> 　　　닌데.
> 아내: 물론 따져 물었어요. "왜 이러는 거죠?"라고요. 그랬더
> 　　　니 "㉢당신이 뭔데 참견이야." 하며 버럭 화를 내더라
> 　　　고요. 자기가 그런 것이 아니라면서요.
> 남편: "이렇게 한 사람이 ㉣당신이오?"라고 먼저 물어 보고
> 　　　나서 따졌으면 좋았을 텐데요.
> 아내: 그러게요.

① ㉠은 '자기'를 아주 높여 이르는 일인칭 대명사로, 시아
　버지를 가리킨다.

② ㉡은 상대편을 높여 이르는 이인칭 대명사로, 부부 사이
　에서 쓰이는 말이다.

③ ㉢은 맞서 싸울 때 상대편을 낮잡아 이르는 이인칭 대
　명사로 쓰였다.

④ ㉣은 하오체 높임법과 어울려 쓰여 듣는 이를 가리키는
　이인칭 대명사이다.

문 13. (가)는 중세 국어, (나)는 근대 국어의 모습을 보여주는 자료
다. 이를 통해 근대 국어의 특징을 추론한 결과가 적절하지 <u>않</u>
<u>은</u> 것은?

> (가) ㄱ·는 :엄쏘·라·니, 君군ㄷ字·쭝 ·처엄 ·펴·아 ·나는 소리
> 　　·ㄱ·ᄐ·니, 굴·바·쓰·면 虯끃ㅸ字·쭝 ·처엄 ·펴·아 ·나는 소
> 　　리 ·ᄀ·ᄐ니·라. 　　　　　　　　-〈월인석보〉(1459)
>
> (나) 홍식이 거록ᄒ야 븕은 긔운이 하ᄂᆞᆯ을 쒸노더니 이랑이
> 　　소리를 놉히 ᄒ야 나를 불러 져긔 믈밋츨 보라 웨거늘
> 　　급히 눈을 드러 보니 믈밋 홍운을 헤앗고 큰 실오리 ᄀᆞ
> 　　흔 줄이 븕기 더옥 긔이ᄒ며 [중략] 그 븕은 우흐로 흘
> 　　흘 움즉여 도ᄂᆞᆫᄃᆡ 처엄 낫던 븕은 긔운이 빅지 반 쟝
> 　　너비만치 반ᄃᆞ시 비최며 밤 ᄀᆞ던 긔운이 히 되야 ᄎᆞᄎᆞ
> 　　커 가며 큰 징반만 ᄒᆞ여
> 　　　　　　　　　-〈의유당관북유람일기〉(1772)

① 방점을 사용하지 않은 것으로 보아 성조가 사라졌음을
　알 수 있다.

② 표기상으로 중세 국어에 보이는 'ㆍ'가 여전히 사용되고
　있음을 알 수 있다.

③ 끊어적기(분철)가 아닌 이어적기(연철)가 크게 확대되고
　있음을 알 수 있다.

④ 중세 국어와는 달리 모음조화의 원칙이 느슨하게 적용되
　고 있음을 알 수 있다.

문 14. 중세 국어 자료인 (가), (나)에 대한 이해로 적절하지 <u>않은</u> 것
은?

> (가) 뒤헤는 모딘 도즉 알ᄑᆡᄂᆞᆫ 어드ᄫᆞᆫ 길헤 업던 번게를 하ᄂᆞ
> 　　히 ᄇᆞᆯ기시니
>
> (나) 뒤헤는 모딘 즁싱 알ᄑᆡᄂᆞᆫ 기픈 모새 열ᄫᆞᆫ 어르믈 하ᄂᆞᆯ
> 　　히 구티시니
>
> [참고]
>
> (가) 현대어 역: 뒤에는 모진 도적 앞에는 어두운 길에 없던
> 　　번개를 하늘이 밝히시니
>
> (나) 현대어 역: 뒤에는 모진 짐승 앞에는 깊은 못에 엷은 얼
> 　　음을 하늘이 굳히시니

① '모딘'이 현대 국어의 '모진'에 대응하는 것을 보니 구개음
화 현상이 나타나지 않았군.

② '하ᄂᆞᆯ히'를 보니 현대 국어에 쓰이지 않는 모음 'ㆍ'가
　쓰였군.

③ '모새'가 현대 국어의 '못에'에 대응하는 것을 보니 모음
　조화가 지켜지지 않았군.

④ '열ᄫᆞᆫ'을 보니 현대 국어에 쓰이지 않는 자음 'ㅸ'이 쓰
　였군.

문 15. 〈보기1〉의 설명을 참고할 때, 〈보기2〉의 '-겠-'과 의미가 가장 유사한 것은?

> ─── 〈보기 1〉 ───
>
> 선어말 어미 '-겠-'은 여러 가지 의미로 쓰인다.
>
> ㉮ 잠시 후면 총리 내외분이 식장으로 입장하시겠습니다.
>
> ㉯ 막냇동생은 낚시하러 가겠다고 한다.
>
> ㉰ 그런 것은 삼척동자도 알겠다.
>
> ㉱ 이제 그만 돌아가 주시겠어요?
>
> ㉮처럼 미래의 일이나 추측을 나타내는 어미로도 쓰이고, ㉯처럼 주체의 의지를 나타내는 어미로도 쓰이고, ㉰처럼 가능성이나 능력을 나타내는 어미로도 쓰이고, ㉱처럼 완곡하게 말하는 태도를 나타내는 어미로도 쓰인다.

> ─── 〈보기 2〉 ───
>
> 아들: 집에 무슨 일이 있으세요?
>
> 어머니: 지금 좀 네가 와 주면 고맙겠구나.

① ㉮

② ㉯

③ ㉰

④ ㉱

문 16. 〈보기〉의 내용을 근거로 하여 잘못된 문장을 수정한 예로 적절하지 <u>않은</u> 것은?

> ─── 〈보 기〉 ───
>
> 서술어의 자릿수는 문법적으로 정확하지 못한 문장을 수정하는 데 고려해야 할 중요한 기준이다. 서술어의 자릿수란 서술어가 반드시 갖추어야 하는 문장 성분의 수를 의미하는데, 다음과 같은 예를 들 수 있다.
>
> • 한 자리 서술어 : 꽃이 피었다.
>
> • 두 자리 서술어 : 고양이가 쥐를 잡았다.
>
> • 세 자리 서술어 : 동생이 나에게 책을 주었다.
>
> 서술어가 요구하는 문장 성분이 빠져 있으면 문법적으로 정확하지 못한 문장이 되므로 그 성분을 보충하여야 한다.

① 그들은 양식이 다 떨어지자 식량 공급을 요청했다.

  → 그들은 양식이 다 떨어지자 정부에 식량 공급을 요청했다.

② 그 사람은 자기 부모한테 애인이라고 소개했다.

  → 그 사람은 자기 부모한테 나를 애인이라고 소개했다.

③ 우리는 전화위복의 계기로 삼아 지금보다 강해질 것이다.

  → 우리는 그 일을 전화위복의 계기로 삼아 지금보다 강해질 것이다.

④ 문제는 우리 팀이 1점 차로 분패해 준우승에 그쳤다.

  → 문제는 우리 팀이 1점 차로 분패해 준우승에 그쳤다는 점이다.

문 17. ㉠~㉣에 대한 설명으로 적절하지 <u>않은</u> 것은?

> (지하철에서 엄마와 딸이 대화를 나눈다.)
>
> 엄마 : ㉠다음 역에서 내려서 영화나 보자.
>
> 딸 : 엄마, 그런데 발톱이 너무 아파요.
>
> 엄마 : 그래. ㉡어디 보자.
>
> 딸 : 너무 아파요.
>
> (열차가 역에 멈춘다. 승객이 붐빈다.)
>
> 엄마 : (딸을 데리고 혼잡한 사람들 사이를 뚫고 나오며) ㉢ 좀 내립시다.
>
> (약국에서 약을 산다. 유리창에 '㉣약을 남용하지 맙시다'라는 표어가 붙어 있다.)
>
> 엄마 : (딸에게) 자, 착하지. 이리 와서 발에 약을 바르자.

① ㉠~㉣은 모두 공동의 행동을 제안하는 청유문의 형식을 취하고 있다.

② ㉡은 청유문 형식이지만, 자신의 행동을 나타내는 용법으로 쓰였다.

③ ㉢은 내용상으로는 명령이지만, 형식상으로는 청유문으로 쓰였다.

④ ㉣은 읽는 사람에게 권위를 나타내기 위해 청유문 형식을 취했다.

문 18. 〈보기〉에 관한 설명으로 옳지 <u>않은</u> 것은?

> ─── 〈보 기〉 ───
>
> ㅇ를 입시울쏘리 아래 니서 쓰면 입시울 가비야봄 소리 두외ᄂᆞ니라

① '연서법(連書法)'의 원리를 밝힌 것으로 'ㅸ'이 대표적인 예이다.

② 'ㅱ, ㅸ, ㆄ, ㅹ' 등이 쓰였으며, 그중 'ㅸ'은 주로 한자음 표기에 쓰였다.

③ 'ㅸ'은 세조 때부터 소멸하기 시작하여, 성종 이후부터는 거의 자취를 감췄다.

④ '이어쓰기(=연서법)'는 현대 국어의 문자 운용법에서 지키지 않는 규정이다.

(19~20) 다음 글을 읽고 물음에 답하시오.

> (가) 永同郡 本吉同郡 景德王改名 今因之
>
>   [영동군(永同郡)은 본래 길동군(吉同郡)인데 경덕왕이 이
>   름을 고쳤으며, 지금 이를 그대로 쓰고 있다.]
>
> (나) 壬申年六月六日 二人幷誓記 天前誓 …… 過失无誓
>   若此事失 天大罪得誓
>
>   [임신년 6월 6일 두 사람이 함께 맹세하여 기록한다. 하
>   느님 앞에 맹세한다. …… 잘못이 없기를 맹세한다. 만
>   약 이 일을 그르치면 하느님께 큰 벌을 얻을(받을) 것을
>   맹세한다.]
>
> (다) 善化公主主隱 　　　　선화 공주님은
>   他密只嫁良置古 　　　　남 몰래 결혼하고
>   薯童房乙 　　　　　　　맛둥서방을
>   夜矣卯乙抱遣去如 　　　밤에 몰래 안고 가다.

문 19. (가)~(다)에 대한 설명으로 적절하지 <u>않은</u> 것은?

① (가)에서는, 발음은 '길동'으로 하더라도 표기는 '永同'으
　로 했을 것임을 알 수 있다.

② (나), (다)는 말(우리말)과 문자(한자)와의 괴리를 메워보
　려는 노력이 시도되고 있음을 볼 수 있다.

③ (나), (다)는 한문의 문장 구조를 올바르게 이해하지 못
　한 것으로 보아, 당시 한자 보급이 미흡했음을 보여 주
　기도 한다.

④ (다)는 (가), (나)와 달리 문법적 요소인 조사나 어미까지
　표기하고 있는데, 주로 문법적 요소는 음을, 주로 어휘적
　요소는 한자의 뜻을 따 표기한 것으로 보인다.

문 20. (다)에 대한 설명 중 적절하지 <u>않은</u> 것은?

① 제1구 '主主'의 읽는 방식이 각기 달랐음을 볼 수 있다.

② "薯童"의 '薯'는 한자의 뜻으로, '童'은 한자의 음으로 읽
　었다.

③ "抱遣去如"에서 '遣'만 음차이고 나머지는 훈차이다.

④ 제3구와 제4구에 나오는 '乙'의 문법적 기능은 같다고
　볼 수 있다.

1회

문 1. 다음 관용 표현의 뜻풀이가 옳지 <u>않은</u> 것은?

　① 머리가 젖다 - 기억력 따위가 무디다.

　② 발 벗고 나서다 - 적극적으로 나서다.

　③ 발을 구르다 - 매우 안타까워하거나 다급해 하다.

　④ 손이 나다 - 어떤 일에서 조금 쉬거나 다른 일을 할 틈이 생기다.

문 2. 〈보기〉에 제시된 글은 홑문장과 겹문장에 대한 내용이다. ㉠의 예로 적절하지 <u>않은</u> 것은?

> ─── 〈보 기〉 ───
>
> 　문장은 주어와 서술어의 개수가 몇 개이냐에 따라 홑문장과 겹문장으로 나뉜다. 홑문장은 주어와 서술어의 관계가 한 번만 나타나는 문장이고, 겹문장은 주어와 서술어의 관계가 두 번 이상 나타나는 문장을 말한다. 그중 <u>㉠주어와 서술어의 관계가 두 번 이상 이루어지며 성분 절을 가진 문장을 안은문장이라 한다.</u> 예를 들어 '지구가 둥글다는 것은 오래전에 증명되었다.'에서 '지구가 둥글다는 것'은 안긴문장이고, 전체의 문장은 안은문장이다.

　① 집은 우리 집이 제일 좋다.

　② 절약은 부자를 만들고, 절제는 사람을 만든다.

　③ 민성이가 다음 주에 가겠다고 하던데요.

　④ 나는 서영이가 착한 사람이라는 생각이 들었다.

문 3. 다음 중에서 외래어 표기법이 올바른 것은?

　① ink 윙크　　　　② zigzag 지그잭

　③ shark 샤크　　　④ setback 셋백

문 4. 〈보기〉에서 밑줄 친 부분에 해당하지 <u>않는</u> 것은?

> ─── 〈보 기〉 ───
> **〈표준 발음법 제7장 제29항〉**
> 　합성어 및 파생어에서 앞 단어나 접두사의 끝이 자음이고 뒤 단어나 접미사의 첫음절이 '이, 야, 여, 요, 유'인 경우에는 <u>'ㄴ' 소리를 첨가하여 [니, 냐, 녀, 뇨, 뉴]로 발음한다.</u>

　① 색연필[생년필]　　② 등용문[등농문]

　③ 식용유[시굥뉴]　　④ 늑막염[능망념]

문 5. 다음 중 훈민정음에 대한 설명으로 올바른 것은?

　① 훈민정음의 기본자 'ㄱ, ㄴ, ㄷ, ㅁ, ㅅ, ㅇ'은 발음 기관을 상형하여 만들었다.

　② 훈민정음은 세종이 1443년 음력 12월에 창제하여 1446년 음력 9월 상순에 반포한 문자이다.

　③ 훈민정음 중성은 '천(天), 지(地), 인(人)'이라는 삼재(三才)를 상형하여 기본자를 만들고, 이것을 가획하여 초출자와 재출자를 만들었다.

　④ 훈민정음의 자음체계는 초성 17자로서 'ㆁ, ㆆ, ㅸ'을 포함하고 있다.

문 6. 〈보기〉에서 밑줄 친 부분에 해당하는 것은?

> ─── 〈보 기〉 ───
> 　국어 시간 표현에서 동작상은 동작이 일어나는 양상을 표현한 것을 말한다. 이 동작상은 크게 <u>완료상</u>과 미완료상으로 나뉜다.

　① 민수는 이미 <u>자고 있었다.</u>

　② 지민이는 밥을 다 <u>먹어 간다.</u>

　③ 민호는 밥을 다 <u>먹고서</u> 집을 나섰다.

　④ 영이는 얼굴에 웃음을 <u>지으면서</u> 대답하였다.

문 7. 다음 중 로마자 표기법에 대한 설명으로 타당하지 <u>않은</u> 것은?

　① '알약'은 'ㄴ, ㄹ이 덧나는 경우'에 해당하므로 'allyak'으로 적는다.

　② 'ㄹ'은 자음 앞이나 어말에서는 'l'로 적으므로 '설악'은 'Seolak'으로 적는다.

　③ '낙동강'의 된소리되기는 표기에 반영하지 않으므로 'Nakdonggang'으로 적는다.

　④ '좋고'는 'ㄱ, ㄷ, ㅂ, ㅈ'이 'ㅎ'과 합하여 거센 소리로 소리 나는 경우이므로 'joko'로 적는다.

문 8. 다음 중 어법에 맞고 자연스러운 문장은?

　① 인간은 자연을 지배하기도 하고 복종하기도 한다.

　② 이 제품을 사용하다가 궁금한 점이나 작동이 잘 안 될 때는 바로 연락을 주시기 바랍니다.

　③ 사람이 살아가는 데 있어서 가장 중요한 것은 자신에게 주어진 운명에 만족하는 것보다는 어떻게 자신의 운명을 개척해 나가느냐 하는 것이라는 사실을 깨닫게 되었다.

　④ 저녁 종소리가 은은하게 울려 퍼지는 들판에서 농부 내외가 조용히 기도를 드리는 경건한 모습이 한눈에 들어왔다.

문 9. 〈보기〉를 읽고 ㉠~㉣에 대한 설명으로 옳은 것은?

> ─── 〈보 기〉 ───
>
> 점원 : 안녕하십니까? 고객님, 무엇을 도와드릴까요?
>
> 고객 : 아, 구두 좀 사려고 하는데요.
>
> 점원 : ㉠이 구두가 신상품이세요. ㉡고객님 발 사이즈가 어떻게 되시나요?
>
> 고객 : 240이에요.
>
> 점원 : 그러시면 이 구두가 맞으실 것 같아요. 한번 신어 보세요.
>
> 고객 : 이 구두 새 제품이 있나요?
>
> 점원 : 음, ㉢245 사이즈 딱 하나 남으셨네요. ㉣240 사이즈로 주문시켜 드릴까요?
>
> 고객 : 아니요, 조금 더 둘러볼게요.

① ㉠은 '이 구두가 신상품이십니다.'로 고쳐야 한다.

② ㉡은 고객을 간접적으로 높이기 위해 '-시-'가 결합된 것이다.

③ ㉢은 주어를 높이기 위해 '-시-'가 결합된 것이다.

④ ㉣은 일반적인 피동 표현으로 올바른 문장이다.

문 10. 다음 문장을 구성하는 단어가 모두 올바르게 표기된 것은?

① 우표를 부쳐 편지를 붙여 주세요.

② 대강당 뒷편 동아리 방에서 모입시다.

③ 치과에서는 칫솔로 깨끗이 이를 닦으라고 한다.

④ 자연과 함께 생활하는 어린이와 그렇치 못한 어린이는 다르다.

문 11. 〈보기〉의 ㉠~㉣에 대한 설명으로 옳지 <u>않은</u> 것은?

> ─── 〈보 기〉 ───
>
> 　서울가정법원 가사 3부는 정 씨가 이 씨를 상대로 낸 이혼 및 위자료 청구소송에서 "장애인 남편을 방치하고 결혼 생활의 책임을 다하지 않아 혼인을 파탄(破綻)에 이르게 한 책임이 있다." ㉠그리고나서 "이 씨가 정 씨에게 위자료 3억 원을 지급하라."라고 판결했다고 밝혔다.
>
> 　판결문에 따르면 결혼 무렵 이 씨는 사기 및 횡령 혐의로 고소를 당해 검찰 수사를 받고 있었고, 주식의 인도 소송도 수행하고 있었다. 정 씨는 이 씨에게 도움을 주기 위해 노력했고, 사기는 무혐의 처분을, 횡령 혐의는 벌금 300만 원의 선고유예 판결을, 주식 인도 소송에서는 이겼다. 그러나 민·형사 사건이 해결되자 이 씨는 미국을 자주 찾지 않았다. ㉡나아가 뉴욕에서 몸이 불편한 정 씨를 추운 길에 ㉢방치한 일도 발생했다.
>
> 　결국 정 씨는 이 씨에게 이혼을 요구했다. ㉣이 씨가 "이혼을 2~3년 정도 미루고 영주권 발급을 협조하면 10억 원을 주겠다."라고 제안했지만, 1억 8400만 원만 지급하고 연락을 끊자 이혼 소송을 제기했다.

① ㉠은 접속부사로서 앞뒤 문장을 연결해 주고 있다.

② ㉡은 상황에 맞지 않는 표현이기 때문에 불필요하다.

③ ㉢은 주어 '이 씨'가 생략된 문장이므로 서술어를 '방치하기도 했다'로 고쳐야 한다.

④ ㉣은 호응 관계가 어색하므로, '이 씨가 ~ 제안했다. 그러나 이씨가 ~ 끊자, 정 씨가 이혼소송을 제기했다.'의 두 문장으로 나누는 것이 바람직하다.

문 12. 〈보기〉는 의미가 여러 가지로 해석될 수 있는 중의문이다. 〈보기〉의 중의문에 대한 설명으로 옳지 <u>않은</u> 것은?

> ─── 〈보 기〉 ───
>
> ㉠ 사람들이 많은 도시로 여행을 떠났다.
>
> ㉡ 그는 창가에 서서 그녀와 함께 눈을 바라보았다.
>
> ㉢ 그의 배는 크다.
>
> ㉣ 학생들이 다 오지 않았다.
>
> ㉤ 그녀는 나보다 사탕을 더 좋아한다.

① ㉠과 ㉣은 문장의 구조적인 차이 때문에 중의성을 갖는 문장이다.

② ㉡은 '눈'이 여러 가지 의미를 가지기 때문에 중의성을 갖는 문장이다.

③ ㉢과 ㉣은 밑줄 친 '배'와 '다'가 다의어이기 때문에 중의성을 갖는 문장이다.

④ ㉤은 내가 사탕을 좋아하는 정도보다 그녀가 더 사탕을 좋아한다는 의미도 있다.

문 13. 〈보기〉의 글을 읽고 글에 대한 설명 중 옳지 <u>않은</u> 것은?

───── 〈보 기〉 ─────

(1) 나는 영화광이다. 친구들이 1980년에 무슨 영화가 오스카 상을 탔는지 혹은 조스(Jaws)에서 누가 정책의장 역을 맡았는지 등을 알고 싶으면 나한테 묻는다. 그러나 내 친구들은 나한테 영화관에 가자고 하지는 않는다. 영화관에 가는 것의 문제들, 영화관 자체의 문제들, 그리고 다른 관객들의 행동 문제들이 내가 종종 영화가 TV로 방영될 때까지 기다리는 이유들이다.

(2) 영화관에 가는 것이 나한테 어려움을 준다. 습하고 춥고 어떨 땐 비 오는 야간에 TV와 비디오가 갖추어져 있는 집을 떠난다는 것 자체가 별로 매력적인 일이 아니다. 날씨가 협조를 해준다 해도 극장가까지 막히는 길을 30분 이상 운전해야 하는 일이 여전히 있고, 주차 전쟁이 뒤따른다. 그 다음에는 줄 문제가 있다. 인간 사슬의 끝에 자신을 꿰어 놓고 나서도 과연 티켓이 충분할 것인가, 일행이 같은 좌석에 앉을 수 있을 것인가, 그리고 자기 앞에 누가 새치기는 하지 않나 계속 지켜보며 걱정해야 한다.

(3) 일단 매표소에 도달해서 표를 산 후에는 영화관 자체의 문제에 직면하게 된다. 만약 낡고 오래된 영화관에 갔다면 좀체(=좀처럼) 세탁하지 않은 카펫에서 나는 먼지 냄새에 적응해야 한다. 빛바랜 천 의자나 갈라진 가죽 의자에 스프링이 튀어나와 있기도 하고 의자의 절반 정도는 이상한 각도로 앉을 수밖에 없게끔 망가져 있다. 새로 지은 제2관 혹은 제4관 동시 상영 영화관의 경우에도 그 나름의 문제점들이 있다. 보통 영화관의 4분의 1 크기밖에 안 되는 공간이어서 관람객들은 종종 옆방에서 나는 영화 소리를 안 듣기 위해 애써야 한다. 옆방에서 카레이싱 같은 영화를 상영할 때 조용한 러브스토리 같은 영화를 감상하는 경우 이 문제는 특히 심하다. 그리고 영화관이 낡았건 새것이건 간에 바닥이 고무 접착제로 덮여 있는 것 같긴 마찬가지일 것이다. 영화가 끝날 무렵 신발은 엎질러진 소다와 풍선껌, 그리고 조각난 사탕들로 범벅된 바닥에 거의 붙어버려서 겨우 떼어낼 수 있는 상태가 된다.

(4) 어느 날 영화관에 갔다가 밤에 집에 들어간 후, 나는 더 이상 영화를 보러 가지 않기로 결심했다. 나는 영화관에 도착하기까지의 문제들, 영화관 자체의 문제들, 다른 관객들의 문제들 때문에 피곤했다. 다음날 집에 케이블 TV 서비스를 신청했다. 이제 집에서 영화를 다른 사람들보다 아주 약간만 늦게 볼 수 있게 되었다. 그러나 거실에서 훨씬 편하게 보게 될 것이다.

① (2)단락의 주제 문장은 첫 번째 문장이다.
② 글은 크게 '도입-전개-맺음'의 세 부분으로 구성되어 있다.
③ 글은 '영화 구경 가기의 두려움'을 주제로 전개되고 있다.
④ (3)과 (4) 사이에 '영화관의 문제점'에 대한 내용의 보조 단락이 들어갈 수 있다.

문 14. 다음은 문학의 특성과 요소에 대한 설명이다. (   )에 순서대로 들어갈 말로 옳은 것은?

문학의 항구성(恒久性)이란 시간적인 개념이다. 이것은 문학이 시대를 초월하여 영원한 생명력을 가진다는 뜻이다. 그리고 문학의 ㉠(   )이란 공간적인 개념에 해당하는데, 이는 국경을 초월해서 공간적으로 공통성이 있는 생명을 갖는 점에 특성이 있다. 그리고 문학의 ㉡(   )이란 문학이 주관적 체험이며 그 표현이라는 뜻이다.
그리고 문학의 항구성과 ㉠(   )을 가능케 하는 문학의 요소는 ㉢(   )이고, 문학에 독창성을 부여하는 문학의 요소는 ㉣(   )이며, 문학에 예술성을 부여하는 문학의 요소는 ㉤(   )이고, 문학에 위대성을 부여하는 문학의 요소는 ㉥(   )이다.

① ㉠보편성 - ㉡개성 - ㉢정서 - ㉣상상 - ㉤형식 - ㉥사상
② ㉠보편성 - ㉡특수성 - ㉢사상 - ㉣상상 - ㉤정서 - ㉥형식
③ ㉠자율성 - ㉡개성 - ㉢정서 - ㉣상상 - ㉤형식 - ㉥사상
④ ㉠특수성 - ㉡개성 - ㉢정서 - ㉣상상 - ㉤형식 - ㉥사상

문 15. 다음 중 1950년대 한국 문학의 설명으로 <u>잘못된</u> 것은?

① 6·25 전쟁의 비극적 체험은 생존의 문제를 불러일으키고 패배 의식과 허무주의를 심화시켰으며, 문학에서는 전쟁 체험, 현실 참여, 전통 지향 등의 주제가 부각되었다.
② 6·25 전쟁과 전쟁 직후의 사회를 배경으로 하는 '전후 소설'에는 박완서의 「나목」, 선우휘의 「불꽃」, 박경리의 「불신 시대」, 황순원의 「학」 등이 있다.
③ 문학의 영역이 다양해지고 수필의 개별 장르적 가치가 인정됨에 따라 예술적 향기가 높은 작품들이 많이 나왔는데, 조지훈의 「지조론」, 마해송의 「사회와 인생」, 이희승의 「벙어리 냉가슴」, 노천명의 「나의 생활 백서」 등을 꼽을 수 있다.
④ 6·25 전쟁 이후 시 분야에서는 주지주의, 초현실주의 등 새로운 서구 문학이 수용됨으로써 보다 성숙한 문학적 기교가 구사되었으며, 전원파, 시문학파, 생명파, 청록파 등 다양한 유파가 결성되어 시문학의 예술성이 심화되었다.

문 16. 다음 중 희곡에 대한 설명이 잘못된 것은?

① 희곡은 문학적 독자성이 약한 종합예술이다.

② 희곡은 서술자의 개입이 없어 직접적인 심리 묘사가 불가능하다.

③ 희곡은 자아와 세계를 다루고 대사의 표현이 집약적이면서 함축적이다.

④ 무대 상연을 목적으로 하지 않는 읽기 위한 희곡을 '레제 드라마'라고 한다.

[17~18] 다음을 읽고 물음에 답하시오.

㈎ 징이 울린다 막이 내렸다

　　오동나무에 전등이 매어 달린 가설 무대
　　구경꾼들이 돌아가고 난 텅 빈 운동장
　　우리는 분이 얼룩진 얼굴로
　　학교 앞 소줏집에 몰려 술을 마신다
　　답답하고 고달프게 사는 것이 원통하다
　　꽹과리를 앞장세워 장거리로 나서면
　　따라붙어 악을 쓰는 건 쪼무래기들뿐
　　처녀애들은 기름집 담벽에 붙어 서서
　　철없이 킬킬대는구나
　　보름달은 밝아 어떤 녀석은
　　꺽정이처럼 울부짖고 또 어떤 녀석은
　　서림이처럼 해해대지만 이까짓
　　산구석에 처박혀 발버둥 친들 무엇 하랴
　　비료값도 안 나오는 농사 따위야
　　아예 여편네에게나 맡겨 두고
　　쇠전을 거쳐 도수장 앞에 와 돌 때
　　우리는 점점 신명이 난다
　　한 다리를 들고 날라리를 불거나
　　고갯짓을 하고 어깨를 흔들거나

㈏ 그리고 며칠 뒤, 저수지 밑 고서방의 논을 비롯하여 여기저기에, 그예 '입도차압(立稻差押)'의 팻말이 붙기 시작했다. 농민들은 알아보지도 못하는 그 차압 팻말을 몇 번이나 들여다보고, 또 들여다보았다. - - - 피땀을 흘려가면서 지은 곡식에 손도 못 대다니? 그들은 억울하고 분하기보다, 꼼짝없이 인젠 목숨을 빼앗긴다는 생각이 앞섰다.

고서방은 드디어 야간도주를 하고 말았다.

"이렇게 비가 오는데, 그 어린것들을 데리고 어디로 갔을까?"

이튿날 아침, 동네 사람들은 애터지는 말로써 그들의 뒤를 염려했다.

무심한 가을비는 진종일 고서방이 지어 두고 간 벼이삭과 차압 팻말을 휘두들겼다.

무슨 불길한 징조인지 새벽마다 당산 등에서 여우가 울어대고, 외상 술도 먹을 곳이 없어진 농민들은 저녁마다 야학당이 터지게 모여들었다.

그리하여 하루 아침, 깨어진 징소리와 함께 성동리 농민들은 일제히 야학당 뜰로 모였다. 그들의 손에는 열음 못한 빈 짚단이며 콩대, 메밀대가 잡혀 있었다.

이윽고 그들은 긴 줄을 지어 가지고 차압 취소와 소작료 면제를 탄원해 보려고 묵묵히 마을을 떠났다. 아낙네들은 전장에나 보내는 듯이 돌담 너머로 고개를 내가지고 남정들을 보냈다. 만약 보광사에서 들어주지 않는다면 …… 하고 뒷일을 염려했다. 그러나 또쭐이, 들깨, 철한이, 봉구 - - - 이들 장정을 선두로 빈 짚단을 든 무리들은 어느새 벌써 동네 뒤 산길을 더위 잡았다. 철없는 아이들도 행렬의 꽁무니에 붙어서 절 태우러 간다고 부산히 떠들어댔다.

㈐ 먼 훗날 당신이 찾으시면
　　그 때에 내 말이 「잊었노라」

　　당신이 속으로 나무라면
　　「무척 그리다가 잊었노라」

　　그래도 당신이 나무라면
　　「믿기지 않아서 잊었노라」

　　오늘도 어제도 아니 잊고
　　먼 훗날 그 때에 「잊었노라」

㈑ 구룸이 무심(無心)튼 말이 아마도 허랑(虛浪)ᄒᆞ다.
　　중천(中天)에 떠 이셔 임의(任意)로 ᄃᆞ니면셔
　　구ᄐᆡ야 광명(光明)ᄒᆞᆫ 날빗츨 ᄯᅡ라가며 덥ᄂᆞ니

문 17. 문학 작품을 수용하는 방법은 크게 내재적 관점과 외재적 관점으로 나눌 수 있다. 구조론, 표현론, 효용론, 반영론 등이 그 하위 유형이다. 위 글 가운데 관점이 다른 한 작품은?

① ㈎　　　② ㈏　　　③ ㈐　　　④ ㈑

문 18. 시적(소설적) 상황과 관련하여 화자(인물)의 의도를 드러내는 방법이 위 글 (다)와 <u>다른</u> 것은?

① 나직하고 그윽하게 부르는 소리 있어

　나아가 보니, 아, 나아가 보니 —

　이제는 젖빛 구름도 꽃의 입김도 자취 없고

　다만 비둘기 발목만 붉히는 은실 같은 봄비만이

　소리도 없이 근심같이 나리누나!

　아, 안 올 사람 기다리는 나의 마음!

② 아이들이 큰소리로 책을 읽는다

　나는 물끄러미 그 소리를 듣고 있다

　청아한 목소리로 꾸임없는 목소리로

　"아니다 아니다!" 하고 읽으니

　"아니다 아니다!" 따라서 읽는다

　"그렇다 그렇다!" 하고 읽으니

　"그렇다 그렇다!" 따라서 읽는다

　외기도 좋아라 하급반 교과서

　활자도 커다랗고 읽기에도 좋아라

　목소리 하나도 흐트러지지 않고

　한 아이가 읽는 대로 따라 읽는다

③ 어사또가 분부하되,

　"네 년이 수절한다고 관정포악하였으니 살기를 바랄소냐? 죽어 마땅하되 내 수청도 거역할까?"

　춘향이 기가 막혀,

　"내려오는 관장마다 모두가 명관이로구나. 수의사또 들으소서. 층암 절벽 높은 바위가 바람이 분들 무너지며 청송(靑松) 녹죽(綠竹) 푸른 나무가 눈이 온들 변하리까. 그런 분부 마옵시고 어서 바삐 죽여주오."

④ 내 그대를 생각함은 항상 그대가 앉아 있는 배경에서 해가 지고 바람이 부는 일처럼 사소한 일일 것이나 언젠가 그대가 한없이 괴로움 속을 헤매일 때에 오랫동안 전해 오던 그 사소함으로 그대를 불러보리라.

문 19. 다음 글에 대한 설명이 <u>잘못된</u> 것은?

> (가) 나의 무덤 앞에는 그 차가운 비(碑)ㅅ돌을 세우지 말라.
>
> 　나의 무덤 주위에는 그 노오란 해바라기를 심어 달라.
>
> 　그리고 해바라기의 긴 줄거리 사이로 끝없는 보리밭을 보여 달라.
>
> 　노오란 해바라기는 늘 태양같이 태양같이 하던 화려한 나의 사랑이라고 생각하라.
>
> 　푸른 보리밭 사이로 하늘을 쏘는 노고지리가 있거든
>
> 　아직도 날아오르는 나의 꿈이라고 생각하라.

> (나) 生死路는
>
> 　예 이샤매 저히고
>
> 　나는 가느다 말ㅅ도
>
> 　몯 다 닏고 가느닛고.
>
> 　어느 ㄱ을 이른 ㅂㄹ매
>
> 　이에저에 ㄸ러딜 닙다이
>
> 　ㅎᄃ 가재 나고
>
> 　가논 곧 모ᄃᆞ온뎌
>
> 　아으 彌陀刹애 맛보올 내
>
> 　道 닷가 기드리고다

> (다) 내 세상 뜨면 풍장시켜다오
>
> 　섭섭하지 않게
>
> 　옷은 입은 채로 전자시계는 가는 채로
>
> 　손목에 달아놓고
>
> 　아주 춥지는 않게
>
> 　…(중략)…
>
> 　바람 이불처럼 덮고
>
> 　화장(化粧)도 해탈(解脫)도 없이
>
> 　이불 여미듯 바람을 여미고
>
> 　마지막으로 몸의 피가 다 마를 때까지
>
> 　바람과 놀게 해 다오.

> (라) '이것이 산다는 꼴인가? 모두 뒈져 버려라!'
>
> 　찻간 안으로 들어오며 나는 혼자 속으로 외쳤다.
>
> 　'무덤이다! 구더기가 끓는 무덤이다!'
>
> 　나는 모자를 벗어서 앉았던 자리 위에 던지고 난로 앞으로 가서 몸을 녹이며 섰었다.
>
> 　난로는 꽤 달았다. 뱀의 혀 같은 빨간 불길이 난로 문틈으로 날름날름 내다보인다. 찻간 안의 공기는 담배 연기와 석탄재의 먼지로 흐릿하면서도 쌀쌀하다. 우중충한 남폿불은 웅크리고 자는 사람들의 머리 위를 지키는 것 같으나 묵직하고도 고요한 압력으로 찌긋이 내리누르는 것 같다. 나는 한 번 휘 돌려다보며,
>
> 　'공동묘지다! 공동묘지 속에서 살면서 죽어서 공동묘지에 갈까 봐 애가 말라하는 갸륵한 백성들이다.'
>
> 　하고 혼자 코웃음을 쳤다.

① (가)는 죽음을 거부하고 정열적인 삶에 대한 의지를 표명한 시이며, 제재 가운데 빗돌과 태양은 서로 대립적인 이미지로 사용되고 있다.

② (나)의 화자는 생사가 우리 앞에 놓인 절체절명의 것이라는 사실을 충분히 인식하고 있다.

③ (다)에서 죽음에 대한 시인의 세계관은 '인간은 자연의 일부로서 죽음을 자연스럽게 받아 들여야 한다'는 것이다.

④ (라)는 발표될 당시의 제명이 '묘지'였는데 '공동묘지'라는 역설적인 표현을 강조함으로써 허무주의적 경향을 넘어서 현실 참여 의지를 표명하였다.

문 20. 다음은 계용묵의 수필 「구두」이다. 글의 순서를 바르게 연결한 것은?

(가) 어느 날 초어스름이었다. 좀 바쁜 일이 있어 창경원 곁담을 끼고 걸어 내려오노라니까, 앞에서 걸어가던 이십 내외의 어떤 한 젊은 여자가 이 이상히 또그닥거리는 구두 소리에 안심이 되지 않는 모양으로, 슬쩍 고개를 돌려 또그닥 소리의 주인공을 물색하고 나더니, 별안간 걸음이 빨라졌다.

(나) 구두 수선(修繕)을 주었더니, 뒤축에다가 어지간히는 큰 징을 한 개씩 박아 놓았다. 보기가 흉해서 빼어 버리라고 하였더니, 그런 징이래야 한동안 신게 되구, 무엇이 어쩌구 하며 수다를 피는 소리가 듣기 싫어 그대로 신기는 신었으나, 점잖지 못하게 저벅저벅, 그 징이 땅바닥에 부딪치는 금속성 소리가 심히 귀맛에 역(逆)했다. 더욱이 시멘트 포도의 딴딴한 바닥에 부딪쳐 낼 때의 그 음향(音響)이란 정말 질색이었다. 또그닥또그닥, 이건 흡사 사람이 아닌 말발굽 소리다.

(다) 그러는 걸 나는 그저 그러는가 보다 하고, 내가 걸어야 할 길만 그대로 걷고 있었더니, 얼마쯤 가다가 이 여자는 또 뒤를 한 번 힐끗 돌아다본다. 그리고 자기와 나와의 거리가 불과 지척(咫尺)임을 알고는 빨라지는 걸음이 보통이 아니었다. 뛰다 싶은 걸음으로 치맛귀가 옹어리게 내닫는다. 나의 그 또그닥거리는 구두 소리는 분명 자기를 위협하느라고 일부러 그렇게 따악딱 땅바닥을 박아 내며 걷는 줄로만 아는 모양이다.

(라) 여자는 왜 그리 남자를 믿지 못하는 것일까. 여자를 대하자면 남자는 구두 소리에까지도 세심한 주의를 가져야 점잖다는 대우를 받게 되는 것이라면, 이건 이성(異性)에 대한 모욕이 아닐까 생각을 하며, 나는 그 다음으로 그 구두 징을 뽑아 버렸거니와 살아가노라면 별(別)한 데다가 다 신경을 써 가며 살아야 되는 것이 사람임을 알았다.

(마) 그러나 이 여자더러, 내 구두 소리는 그건 자연(自然)이요, 인위(人爲)가 아니니 안심하라고 일러 드릴 수도 없는 일이고, 그렇다고 어서 가야 할 길을 아니 갈 수도 없는 일이고 해서, 나는 그 순간 좀더 걸음을 빨리하여 이 여자를 뒤로 떨어뜨림으로 공포(恐怖)에의 안심을 주려고 한층 더 걸음에 박차를 가했더니, 그럴 게 아니었다. 도리어 이것이 이 여자로 하여금 위협이 되는 것이었다. 내 구두 소리가 또그닥또그닥, 좀더 재어지자 이에 호응하여 또각또각, 굽 높은 뒤축이 어쩔 바를 모르고 걸음과 싸우며 유난히도 몸을 일어 내는 그 분주함이란, 있는 마력(馬力)은 다 내보는 동작에 틀림없었다. 그리하여 한참 석양 놀이 내려퍼지기

시작하는 인적 드문 포도(鋪道) 위에서 또그닥또그닥, 또각또각이 두 음향의 속 모르는 싸움은 자못 그 절정에 달하고 있었다.

① (가) - (나) - (다) - (마) - (라)
② (가) - (나) - (마) - (다) - (라)
③ (나) - (가) - (다) - (마) - (라)
④ (나) - (가) - (마) - (다) - (라)

2회

문 1. 밑줄 친 단어의 쓰임이 모두 올바른 것은?

① 해야 할 일은 제쳐 놓고 <u>엄한</u> 일을 붙들고 있다.

　야, 이놈, 똥줄이 타니까 이젠 되레 <u>앰한</u> 사람 잡으려고 날뛰네.

② 등산로에 철봉을 박아 밧줄을 <u>늘려</u> 놓았지만 오르기가 힘들었다.

　식사량을 줄이고 운동량을 <u>늘이면</u> 체중은 자연적으로 줄어든다.

③ 이제 구름이 많이 <u>거쳐</u>, 별이 빛나고 있었다.

　가장 어려운 문제를 해결했으니 이제 특별히 <u>걷힐</u> 문제는 없다.

④ ‘가’에 ‘ㅁ’을 <u>받치면</u> ‘감’이 된다.

　마을 청년이 소에게 <u>받혀서</u> 꼼짝을 못한다.

문 2. 밑줄 친 단어의 외래어 표기가 올바른 것은?

① 그녀가 <u>자스민</u> 차를 좋아해서 선물하려고 한다.

② 손으로 집기 어려운 작은 물건을 집는 데에는 <u>핀세트</u>를 씀.

③ 애니메이션, 캐릭터 등 영상 문화 <u>콘텐츠</u> 업체.

④ 자세한 내용은 아래에 첨부된 <u>화일</u> 참조.

문 3. 밑줄 친 말 중에서 한글 맞춤법에 <u>어긋난</u> 것만으로 묶은 것은?

> 　이 건물은 농암(聾巖) 이현보의 별당이다. 중종 7년(1512)에 부친과 숙부 등을 중심으로 ㉠<u>구노회(九老會)</u>를 만들고 ㉡<u>경노당(敬老堂)</u>을 지어 늙은 부모를 기쁘게 하기 위해 지었다고 한다.
>
> 　당호(堂號)는 부친이 늙어감을 아쉬워하여 ㉢<u>하루하루를</u> 아낀다는 뜻에서 애일당(愛日堂)이라 하였다. 1975년 옮기기 전에 애일당은 분강(汾江)과 의촌이 ㉣<u>내려다 보이는</u> 농암이라 불리는 절벽 위에 세워져 있었고 그 아래에 ‘농암선생정대구장(聾巖先生亭臺舊庄)’이란 글씨가 새겨져 있었다. 북서쪽은 산이고 앞면은 절벽이어서 남쪽에 문을 내었다.
>
> 　정면 4칸, 측면 2칸의 팔작지붕 건물로 ㉤<u>뒤쪽</u> 양옆에 ㉥<u>1칸씩</u> 온돌방을 두고 앞쪽 4칸은 모두 대청으로 꾸몄다.
>
> 　1975년 안동댐 건설로 인하여 도산면 분천리로 옮겼다가 2005년 이곳으로 다시 이전하였다.

① ㉠, ㉢　　　　　　　② ㉡, ㉣

③ ㉣, ㉤　　　　　　　④ ㉡, ㉤

문 4. 띄어쓰기가 맞춤법 규정에 맞는 문장만으로 묶인 것은?

> (가) 합병으로 새로이 선임된 임원 상호간의 관계가 법 제21조 제2항 내지 제7항의 규정에 저촉되어서는 안된다.
>
> (나) 중국과 러시아의 청소년을 우리시로 초청하여 청소년들과의 교류를 통한 우호 증진 및 화합을 꾀하고자 국제 청소년 문화 교류 행사를 개최합니다.
>
> (다) 저는 4년 임기 동안 여러분들과 함께 인성과 재능을 갖춘 새 시대의 창의적인 인재를 길러내는 데 온 정성을 다하겠습니다.
>
> (라) 그외의 영문 증명서 발급은 의무화되어 있지 않으며, 영문으로 발급할 수 있는 인적인 여건이 갖추어지지 않을 경우 발급이 불가능할 수도 있습니다.
>
> (마) 1년 미만 근로자는 1개월 개근 시 1일의 연차 유급휴가가 발생하기 때문에 3·4·5월을 개근하고 퇴사한다면 3일의 유급 휴가가 발생하게 된다.
>
> (바) 휴가 청구권이 발생한지 1년이 지나기 6개월전을 기준으로 하여 10일 이내에 사용자가 근로자별로 사용하지 않은 휴가 일수를 알려 주어야 한다.

① (가), (다)

② (나), (라)

③ (다), (마)

④ (라), (바)

문 5. 사이시옷 표기가 모두 옳은 것은?

① 최솟값, 번짓수, 꼭짓점, 막냇동생

② 마굿간, 장밋빛, 머릿수, 오랫동안

③ 전셋집, 수돗세, 소줏집, 자동촛점

④ 방앗간, 귓병, 고양잇과, 밭머릿길

문 6. ㉠~㉣에 들어갈 표기로 바르게 짝지은 것은?

ㅏ	ㅓ	ㅗ	ㅜ	ㅡ	ㅣ	ㅐ	ㅔ	ㅚ	ㅟ
a	㉠	o	u	㉡	i	㉢	e	oe	㉣

	㉠	㉡	㉢	㉣
①	eo	eu	ae	wi
②	eu	eo	u	wi
③	eo	u	ae	wi
④	eo	eu	ae	ui

문 7. 화자와 청자의 관계를 고려할 때, 밑줄 친 호칭어의 기능이 가장 이질적인 것은?

　① 아주머니, 죄송하지만 길 좀 여쭈어 보겠습니다.

　② 할아버지, 어느 부서 어떤 분 찾아오신 거예요?

　③ 아저씨, 이번 추석 때는 고향에 진짜 오실 거죠?

　④ 할머니, 무거워 보이는데 짐 하나 들어 드릴까요?

문 8. 공적인 언어 사용에서 높임 표현이 가장 자연스러운 것은?

　① 신청은 11일 오전 9시부터 13일 오후 6시까지 누리집에서 할 수 있으십니다.

　② 여기 오시는 한 분 한 분들 모두 필요하시고 원하시는 모든 것을 찾아가십시오.

　③ 방문자 여러분께 다양한 교육 정보와 소식을 제공해 드리도록 힘쓰겠습니다.

　④ 앞으로 더 행복한 도시를 만들어 가겠습니다. 제가 드린 말을 경청해 주셔서 고맙습니다.

문 9. 밑줄 친 한자성어의 표기가 적절하지 않은 것은?

　① 사법부는 정치권의 문제에 불편부당의 중립을 지켜야 한다.

　② 공기업들도 환골탈태의 변화를 하지 않을 수 없다.

　③ 아버지의 사업 실패로 우리 집안이 풍지박산이 났다.

　④ 삼수갑산에 가는 한이 있어도 그놈만큼은 내 손으로 잡겠다.

문 10. 〈보기〉에 대한 설명으로 옳지 않은 것은?

―――――――― 〈보 기〉 ――――――――
ㄱ. 인간은 자연에 복종도 하고, 지배도 하며 살아간다.
ㄴ. 이것은 할아버지의 초상화이다.
ㄷ. 보통 국어에서 글자는 소리에 일 대 일로 대응된다.

　① 'ㄱ-ㄷ'은 중의성을 가진 문장이다.

　② 'ㄱ'은 '인간은 자연에 복종도 하고, 자연을 지배하기도 하며 살아간다.'로 고쳐야 한다.

　③ 'ㄴ'의 '할아버지의'는 '할아버지를 그린'과 '할아버지가 그린', '할아버지 소유의' 등으로 해석할 수 있다.

　④ 'ㄷ'의 '일 대 일'은 '일대일'로 붙여 써야 한다.

문 11. 밑줄 친 말을 바르게 다듬은 표현으로 보기 어려운 것은?

　① 연비를 높일 수 있는 효과적인 운전 습관인 에코드라이브(→메아리운전)의 생활화가 중요하다.

　② 하나의 주제어를 정해 놓고 지금까지 배운 개념들을 나열하는 마인드맵(→생각그물)을 그리도록 하면, 기억력과 이해력을 높이는 데 효과적일 뿐만 아니라 창의력과 문제 해결력까지도 신장시킬 수 있다.

　③ 요즘은 커피 등 음료를 구입할 때 일회용 컵 대신 개인 텀블러(→통컵)을 사용하는 고객에게 음료 할인 혜택을 제공하는 커피 전문점이 많다.

　④ 즐겁고 보람 있는 삶을 위하여 내 생애 꼭 하고 싶은 일을 담은 버킷 리스트(→소망 목록)를 만들어 볼 것을 권한다.

문 12. 어법에 맞지 않는 단어가 사용된 문장을 모두 고르면?

(ㄱ) 공부를 잘한다던지 운동을 잘한다던지 무엇이든 하나는 잘해야 한다.
(ㄴ) 어머니는 착한 사람이 되라고 말씀하셨다.
(ㄷ) 그는 병이 다 낳았다고 했지만 조금 핼쑥해 보였다.
(ㄹ) 썰물 때는 드넓은 갯벌이 드러난다.

　① (ㄱ), (ㄴ) 　　　　　② (ㄱ), (ㄷ)

　③ (ㄴ), (ㄷ) 　　　　　④ (ㄷ), (ㄹ)

문 13. 다음 글의 서술 방식에 대한 설명으로 적절하지 <u>않은</u> 것은?

> 최근 대학에서 교과서로 상징되는 '공식적 지식 체계'들은 그리 큰 존중을 받지 못하는 듯하다. 지식이 지닌 혁명적 속성을 생각하면, 설명이 힘든 현상은 아니다. 공식적 지식 체계가 지니게 되는 편향과 억압을 생각하면, 특히 고등학교 교과서의 모습을 생각하면, 공감이 가는 대목이 적잖다.
>
> 공식적 지식 체계를 배우는 일은 그래도 중요하다. 배움의 중요성을 말하는 것이야 새삼스러운 면이 있지만, 어떤 사회에서 공식적인 것으로 자리 잡은 지식 체계를 배우는 일이 중요한 까닭이 그것을 배우는 사람들에게 잘 알려진 것은 아니다. 공식적 지식 체계를 배우는 일이 중요한 것은 어떤 사회에서든지 그런 지식 체계에 비길 만큼 체계적이고 충분한 대체적 지식 체계가 존재하기 어렵다는 점과, 그런 지식 체계에 따라 사회가 움직이므로 그것이 사회를 이해하는 데 필수적이고 가장 효과적이라는 점 때문이다. 이런 사정은 사회 체제를 지지하는 사람들과 그것을 다른 것으로 바꾸려는 사람들에게 함께 적용된다.
>
> 위에서 든 것보다는 작지만, 공식적 지식 체계를 배워야 할 까닭은 또 하나 있다. 바로 재발견을 피하는 일이다. 비록 널리 알려지진 않았지만, 이것은 지금 우리 사회에서 결코 작지 않은 중요성을 지닌 일이다. 남이 알아낸 것을 다시 알아내는 일은 모두가 겪는 바다. 하긴 삶 자체의 중요한 부분이 재발견이라고 볼 수도 있다.
>
> "우리가 할 얘기들을 우리보다 먼저 말해 버린 사람들은 없어져라."라는 일리어드 도네이터스의 말은 몇백 년 뒤에도 우리 가슴에 얼마나 저릿하게 닿는가, 그 말의 옳음으로, 그리고 바로 그 말이 우리가 하고 싶었던 말이란 사실로.
>
> 그런 재발견은 물론 당사자와 사회에 함께 낭비이므로, 될 수 있는 대로 줄여야 한다. 어떤 이론도 아주 사그라들지 않는 사회과학이나 인문학 분야에선 그런 위험이 자연과학 분야에 비해 훨씬 크므로, 사회과학이나 인문학을 배우는 이들은 더욱 마음을 써야 한다.
>
> 재발견을 피하려면, 다른 사람들이 이미 발견한 것들이 무엇이며 아직 발견하지 못한 것들이 무엇인지 알아야 한다. 따라서 재발견의 위험을 줄이는 일은 실제로는 지식이 뻗어나가는 맨 앞쪽으로 가장 빨리 가는 길을 찾는 일이다. 말을 바꾸면, 공식적 지식 체계를 가장 효과적으로 받아들이는 일이다. 그리고 바로 그런 일에 교과서의 효능이 있는 것이다. 따지고 보면, 바로 그것이 공식 교육의 목적들 가운데 하나다. 우리 사회에서 교과서로 상징되는 지식 체계의 권위가 아주 낮아졌지만, 그리고 그런 사정을 이해할 수 있지만, 교과서를 홀대하는 사람들은 교과서가 어쩔 수 없이 지니게 되는 편향이나 억압의

> 위험보다 훨씬 큰 재발견의 위험을 안는다. 그것도 케인스가 가리킨 바처럼, 낡은 이론들을 재발견할 위험을.
>
> 사람들이 힘들게 쌓아올린 지식의 더미에 조금이라도 더할 길을 찾는 사람이라면, 그가 겨냥한 지식이 학문의 모습을 하든 예술의 모습을 하든, 자신의 재능을 재발견에 낭비하지 않도록 마음을 써야 한다. 이를 위한 최선의 방법은 교과서를 존중하는 것이다.

① 반대되는 견해에 인정하고 거기에서 자기주장을 펼치기 시작하는 효율적인 설득 방식을 하고 있다.

② 공식적 지식체계의 부정적 측면에도 불구하고, 왜 그것이 중요한가에 대한 구체적인 근거와 타당한 논리를 제시하고 있다.

③ 글의 마지막 부분에서 자신의 주장을 요약해서 강조하고 있다.

④ 묘사와 비유를 주로 사용하여 자기주장을 효과적으로 전달하고 있다.

문 14. 단어 형성의 측면에서, 밑줄 친 단어의 구조가 가장 <u>이질적</u>인 것은?

① 사람들 <u>새</u>로 친구의 모습이 언뜻 보였다.

② 그녀는 그가 없는 <u>새</u>에 왔다 갔나 보다.

③ 동생은 요즘 너무 바빠서 쉴 <u>새</u>도 없다.

④ 오늘 점심에는 <u>새</u>로 개업한 식당에 가 보자.

문 15. 다음 수필을 인생과 관련된 문제를 다루고 있는 글로 이해할 때, 글쓴이가 주목하고 있지 <u>않은</u> 것은?

> 나무는 덕(德)을 지녔다. 나무는 주어진 분수에 만족할 줄 안다. 나무는 태어난 것을 탓하지 아니하고, 왜 여기 놓이고 저기 놓이지 않았는가를 말하지 아니한다. 등성이에 서면 햇살이 따사로울까, 골짜기에 내려서면 물이 좋을까 하여, 새로운 자리를 엿보는 일이 없다. 물과 흙과 태양의 아들로 물과 흙과 태양이 주는 대로 받고, 후박(厚薄)과 불만족(不滿足)을 말하지 아니한다. 이웃 친구의 처지에 눈떠 보는 일도 없다. 소나무는 진달래를 내려다보되 깔보는 일이 없고, 진달래는 소나무를 우러러보되 부러워하는 일이 없다. 소나무는 소나무대로 스스로 족하고, 진달래는 진달래대로 스스로 족하다.

① 자리에 좋고 나쁨

② 대우의 좋고 나쁨

③ 능력의 있고 없음

④ 지위의 높고 낮음

문 16. 〈보기〉를 바탕으로 (가), (나)에 공통으로 함축된 정서를 분석한 것으로 적절하지 <u>않은</u> 것은?

> ─────── 〈보 기〉 ───────
>
> 화담 서경덕과 약속이 있어 밤에 찾아갔는데, 화담이 뜰에 나와 노래 (가)를 부르고 있었다. 이를 들은 황진이는 밖에서 노래 (나)를 불러 응답하였다고 전한다.

> (가) ᄆᆞᄋᆞᆷ이 어린 後(후) ㅣ니 ᄒᆞᄂᆞᆫ 일이 다 어리다
>   萬重 雲山(만중운산)에 어늬 님 오라마ᄂᆞᆫ
>   지ᄂᆞᆫ 닙 부ᄂᆞᆫ ᄇᆞ람에 힝혀 귄가 ᄒᆞ노라
>
>   －서경덕

> (나) 내 언제 無信(무신)ᄒᆞ여 님을 언제 속엿관ᄃᆡ
>   月沈 三更(월침삼경)에 온 ᄯᅳᆮ지 全(전)혀 업ᄂᆡ
>   秋風(추풍)에 지ᄂᆞᆫ 닙 소ᄅᆡ야 ᄂᆡᆯ들 어이 ᄒᆞ리오
>
>   －황진이

① 상대를 간절하게 그리워하고 있다.

② 오지 않는 임에 대해 서운한 감정을 가지고 있다.

③ 상대와의 만남에 대한 미련을 가지고 있다.

④ 예상과 달리 초래된 상황에서 자기 행동을 뉘우치고 있다.

문 17. 서술자가 성인이 된 시점에서 유년시절 경험을 회상하는 방식으로 서술된 소설 작품에서는 경험 시점에서 일어난 사건과 행동에 서술자의 감정이나 생각이 개입된 문장이 많은 비중을 차지한다. 서술자의 감정이나 생각의 개입 정도가 가장 <u>낮은</u> 문장은?

> 그날 저녁에 할머니는 또 까무러쳤다. 의식이 없는 중에도 댓 숟갈 흘려 넣은 미음과 탕약을 입 밖으로 죄다 토해 버렸다. 그리고 ㉠이튿날부터는 마치 육체의 운동장에서 정신이란 이름의 장난꾸러기가 들어왔다 나갔다 숨바꼭질하기를 수없이 되풀이하는 것 같은 고통의 시간의 연속이었다. 대소변을 일일이 받아내는 고역을 치러가면서 할머니는 꼬박 한 주일을 더 버티었다. ㉡안에 있는 아들보다 밖에 아들을 언제나 더 생각했던 할머니는 마지막 날 밤에 다 타버린 촛불이 스러지듯 그렇게 눈을 감았다. ㉢할머니의 긴 일생 가운데서, 어떻게 생각하면, 잠도 안 자고 먹지도 않고 그러고도 놀라운 기력으로 며칠 동안이나 식구들을 들볶아대면서 삼촌을 기다리던 그 짤막한 기간이 사실은 꺼지기 직전에 마지막 한순간을 확 타오르는 촛불의 찬란함과 맞먹는, 할머니에겐 가장 자랑스럽고 행복에 넘치던 시간이었나 보다. 임종의 자리에서 할머니는 내 손을 잡고 내 지난날을 모두 용서해 주었다. ㉣나도 마음속으로 할머니의 모든 걸 용서했다.

① ㉠   ② ㉡   ③ ㉢   ④ ㉣

문 18. 다음 글을 통해 중세 국어에서 현대 국어로의 변화를 이해한 내용으로 적절하지 <u>않은</u> 것은?

> 중세 국어는 대략 10세기부터 16세기까지의 우리말을 가리킨다. '용비어천가'를 살펴보면 중세 국어의 특징을 이해할 수 있다.
>
> 불·휘 기·픈 남·ᄀᆞᆫ ᄇᆞᄅ·매 아·니 :뮐·ᄊᆡ 곶 :됴·코 여·름·하ᄂᆞ·니 :ᄉᆡ·미 기·픈 ·므·른 ·ᄀᆞ·ᄆᆞ·래 아·니 그·츨·ᄊᆡ :내·히 이·러 바·ᄅᆞ·래 ·가ᄂᆞ·니
>
>   － 〈용비어천가(龍飛御天歌) 제2장〉(1447)－
>
> 이처럼 중세 국어에는 오늘날 사용되지 않는 모음이 있었다. 글자 왼쪽에 있는 방점(傍點)으로 성조(聲調)를 표시하였으나, 현대 국어에서는 이들이 사라졌다. 표기법의 원리, 원순모음화와 구개음화 등도 현대 국어와 차이를 보인다. 모음조화, 조사와 어미, 각종 어휘는 현대 국어와 비슷한 양상을 보이기도 하고 다른 양상을 보이기도 한다.

① 'ᄇᆞᄅ·매'가 오늘날 '바람에'로 변한 것을 보니, 모음조화가 여전히 지켜지고 있군.

② ':뮐·ᄊᆡ'를 오늘날 쓰지 않고 '움직이므로'를 쓰는 것을 보니, 사라진 어휘가 있군.

③ ':됴·코'가 오늘날 '좋고'로 변한 것을 보니, 구개음화를 확인할 수 있군.

④ '·므·른'이 오늘날 '물은'으로 변한 것을 보니, 원순모음화를 확인할 수 있군.

문 19. 〈보기〉를 바탕으로 다음 시를 감상한 결과로 적절한 것은?

가파른 비탈만이
순결한 싸움터라고 여겨 온 나에게
속리산은 순하디순한 길을 열어 보였다
산다는 일은
더 높이 오르는 게 아니라
더 깊이 들어가는 것이라는 듯
평평한 길은 가도 가도 제자리 같았다
아직 높이에 대한 선망을 가진 나에게
세속을 벗어나도
세속의 습관은 남아 있는 나에게
산은 어깨를 낮추며 이렇게 속삭였다
산을 오르고 있지만
내가 넘는 건 정작 산이 아니라
산 속에 갇힌 시간일 거라고,
오히려 산 아래서 밥을 끓여 먹고 살던
그 하루하루가
더 가파른 고비였을 거라고,
속리산은
단숨에 오를 수도 있는 높이를
길게 길게 늘여서 내 앞에 펼쳐 주었다
　　　　　　　　-나희덕, 〈속리산(俗離山)에서〉-

──────── 〈보 기〉 ────────

　　어떤 산악인은 '등산(登山)'보다 '입산(入山)'이 낫다는 말을
했다. '등산'은 인간이 산을 높이의 상징으로 생각하는 행위이
다. 이때 산은 정복해야 하는 욕망의 대상이 된다. 반면 '입
산'은 인간이 산을 깊이의 상징으로 생각하는 행위이다. 이때
산은 인간을 수행자로 만든다. 시인도 '속세를 떠난 산'이라는
의미의 속리산으로 '등산'을 하러 가서 '입산'의 의미를 깨닫
는다.

① '가도 가도 제자리 같'은 당혹감을 떨치려면 '수행자'의
　　자세가 필요하겠군.
② '세속의 습관은 남아 있는 나'는 과거에 '입산'을 좋아했
　　겠군.
③ 산이 '어깨를 낮추며'속삭인 말은 '등산'의 중요함을 강조
　　하는 내용이겠군.
④ '길게 길게 늘'인 길은 산을 '높이의 상징'으로 본다는
　　것이겠군.

문 20. 〈보기〉를 보고 '음운의 변동'에 대해 검토한 결과로 타당하지
않은 것은?

──────── 〈보 기〉 ────────

음운 변동	원래 음운		남은 음운
㉠ 살-+-는 → [사는]	ㄹ+ㄴ	→	ㄴ
㉡ 좋-+-아 → [조아]	ㅎ+ㅏ	→	ㅏ
㉢ 많-+-아 → [마나]	ㄴ+ㅎ+ㅏ	→	나
㉣ 가-+-아 → [가]	ㅏ+ㅏ	→	ㅏ

① ㉠, ㉡을 보니 앞 자음이 탈락하는군.
② ㉠, ㉢을 보니 두 음운이 만나 다른 음운으로 변하는군.
③ ㉡, ㉢을 보니 모음으로 시작하는 어미 앞에서 'ㅎ'이 탈
　　락하는군.
④ ㉣을 보니 연속된 같은 음 중 하나가 탈락하는군.

어문규정편

문 1. 다음 한자어의 한글 표기가 적절하지 <u>않은</u> 것은?

① 창고에는 범인이 훔친 물건들이 <u>은익(隱匿)</u>되어 있었다.

② 이번 모임에 대해서는 <u>揭示板(게시판)</u>을 참고하시기 바랍니다.

③ 예전에는 국가와 종교계가 긴밀한 <u>유대(紐帶)</u> 관계를 맺고 있었다.

④ 한국 남자들이 <u>男尊女卑(남존여비)</u>의 고정 관념을 버리기는 쉽지 않다.

문 2. 〈보기〉의 예로 적절하지 <u>않은</u> 것은?

> ─── 〈보　기〉 ───
>
> 용언의 어간 다음에 '-이-, -히-, -우-'와 같은 접미사가 붙어서 된 말은 그 어간을 밝히어 적는다. 다만 그러한 경우라도 본뜻에서 멀어진 것은 소리대로 적는다.

① 그녀는 능숙하게 사과의 상한 부분을 <u>도렸다</u>.

② 이번에는 싱그러운 봄나물이 입맛을 <u>돋우었다</u>.

③ 이 병원은 병을 잘 <u>고친다</u>고 소문이 자자하다.

④ 그들이 <u>일워</u> 놓은 밭고랑에는 녹다 남은 눈이 얼어서 희끗희끗했다.

문 3. 밑줄 친 단어의 쓰임과 표기가 모두 적절한 것은?

① 그는 <u>쥐뿔</u>만도 못한 돈을 내놓고서 으스댄다.

② 둘이서 살림을 차리든 말든 <u>홋일</u>이야 네가 걱정할 바가 아냐.

③ 장사가 잘 안되어서 <u>터세</u>를 내고 나면 남는 것이 없다.

④ <u>고기배</u>를 가르고 내장을 빼내는 일은 생각보다 쉽다.

문 4. 다음 두 문장 중 띄어쓰기가 올바르지 <u>않은</u> 것만으로 묶인 것은?

① ㄱ. 강아지가 집을 <u>나간∨지</u> 사흘 만에 돌아왔다.

　ㄴ. 얼마나 <u>부지런한지</u> 세 사람 몫의 일을 해낸다.

② ㄱ. 어차피 매를 <u>맞을∨바에는</u> 먼저 맞겠다.

　ㄴ. 서류를 <u>검토한바</u> 몇 가지 미비한 사항이 발견되었다.

③ ㄱ. 책상 위에 놓인 공책, 신문, <u>지갑∨들을</u> 가방에 넣었다.

　ㄴ. 이 방에서 텔레비전을 <u>보고들</u> 있어라.

④ ㄱ. 그의 혀는 <u>꼬부라질대로</u> 꼬부라졌다.

　ㄴ. 너는 <u>너∨대로</u> 나는 <u>나∨대로</u> 서로 상관 말고 살자.

문 5. 밑줄 친 단어의 어미의 된소리 표기가 맞춤법에 맞지 <u>않는</u> 것은?

① 내가 잘못했다고 먼저 <u>사과할껄</u>.

② 이 나무에 꽃이 피면 얼마나 <u>예쁠까</u>?

③ 날씨가 왜 이리 <u>추울꼬</u>?

④ 남은 것은 내가 다 <u>먹을까</u> 보다.

문 6. 표준어 규정에 맞게 고쳐 쓴 것으로 보기 <u>어려운</u> 것은?

① 남편은 오랫동안 한직에 <u>머물어(→ 머물러)</u> 있었다.

② 오랜만에 손에 대는 뜨개질이라 <u>서툴어서(→ 서툴러서)</u> 코가 잘 맞지 않았다.

③ 나이도 덜 찬 딸을 <u>서둘어(→ 서둘러)</u> 시집보내서 입을 덜어야 했다.

④ 기나긴 항해 끝에 우리는 드디어 보르네오 섬에 <u>다다랐다(→ 다달았다)</u>.

문 7. 밑줄 친 단어 중 표준어가 <u>아닌</u> 것은?

① 구렁이가 <u>따리</u>를 틀고 있다.

② 대보름날 <u>부럼</u>을 깨무는 관습이 있다.

③ 양치식물의 <u>죽살이</u>를 관찰해 봅시다.

④ 알이 굵고 잔 감자를 <u>통쳐서</u> 셈했다.

문 8. 밑줄 친 외래어의 표기가 잘못된 것은?

① 재떨이에는 <u>니코틴(nicotine)</u>을 잔뜩 머금은 담배꽁초가 수북이 쌓여 있었다.

② 그의 짐은 옷을 넣은 손가방 하나와 목에 거는 조그만 <u>셰무(chamois)</u> 가죽 가방 하나가 전부였다.

③ 카카오 열매의 씨를 말려 가루로 만든 것이 코코아이며, <u>초콜릿(chocolate)</u>의 원료로 많이 쓰인다.

④ 앞자락이 트여 단추로 채우게 되어 있는, 털실로 짠 상의를 <u>카디건(cardigan)</u>이라 한다.

문 9. 다음은 모두 행정 구역 명칭의 로마자 표기이다. 표기가 모두 바른 것은?

① 광주광역시 Gwangju, 광산구 Gwangsan-gu, 송정동 Songjeong-dong

② 충청남도 Chungcheongnam-Do, 홍성군 Hongseong-gun, 광천읍 Gwangcheon-eup

③ 강원도 Gangwon-do, 강릉시 Gangreung-si, 주문진읍 Jumunjin-eup

④ 경기도 Gyeonggi-do, 부천시 Pucheon-si, 원미구 Wonmi-gu

문 10. 〈보기〉의 ㉠, ㉡의 예로 모두 적절한 것은?

――――――――― 〈보 기〉 ―――――――――

‘〈한글 맞춤법〉 제4장(형태에 관한 것)’의 파생어와 합성어에 대한 표기 규정은 다음과 같이 네 가지로 정리해 볼 수 있다.

○ 파생어이면서 어근의 원형을 밝히어 적는 경우

○ 파생어이면서 어근의 원형을 밝히어 적지 않는 경우

　　… ㉠

○ 합성어이면서 어근의 원형을 밝히어 적는 경우

　　… ㉡

○ 합성어이면서 어근의 원형을 밝히어 적지 않는 경우

	㉠	㉡
①	길이, 마중	무덤, 지붕
②	무덤, 바가지	꽃잎, 쌀알
③	뒤뜰, 쌀알	무덤, 끄트머리
④	길이, 무덤	골병, 며칠

문 11. 〈보기〉를 고려하여 모음의 발음을 이해한 내용으로 옳은 것은?

――――――――― 〈보 기〉 ―――――――――

모음의 표준 발음

○ 국어의 단모음은 ‘ㅏ, ㅐ, ㅓ, ㅔ, ㅗ, ㅚ, ㅜ, ㅟ, ㅡ, ㅣ’의 10개를 원칙으로 한다. 다만 ‘ㅚ, ㅟ’는 이중 모음으로 발음하는 것도 허용하는데, 특히 ‘ㅚ’를 이중 모음으로 발음하면 [ㅞ]와 같아진다.

○ ‘예, 례’ 이외의 ‘ㅖ’는 [ㅔ]로 발음할 수 있다.

○ 자음을 첫소리로 가지고 있는 음절의 ‘ㅢ’는 항상 [ㅣ]로 발음하되, 단어의 첫 음절 이외의 ‘의’는 [ㅣ]로, 조사 ‘의’는 [ㅔ]로 발음할 수 있다.

① ‘집게’를 ‘집게’와 동일하게 발음하는 것도 표준 발음에 해당한다.

② ‘금괴(金塊)’를 ‘금궤(金櫃)’와 동일하게 발음하는 것은 표준 발음에 해당하지 않는다.

③ ‘여위다’는 [여위다]는 물론 [여이다]로 발음해도 표준 발음에 해당한다.

④ ‘우리의 다짐’에서 ‘우리의’를 [우리에]로 발음하는 것도 표준 발음에 해당한다.

문 12. 글을 고쳐 쓰기 위하여 제시한 안으로 적절하지 않은 것은?

(가) 그 사람은 오직 졸업장을 <u>따는데</u> 목적이 있는 듯 전공 공부에는 전혀 관심이 없다.

(나) <u>굵은∨파</u>는 지나치게 빳빳한 것을 피하고 특히 잎 부분이 싱싱한 것으로 골라 깨끗이 다듬은 다음에 푸른 잎 부분만 2등분한다.

(다) 제가 생각하기에도 <u>넉넉치</u> 못한 선물이지만 받아 주기 바랍니다.

(라) 날씨가 몹시 추운 날이면 할머니는 세숫물과 <u>양치물</u>을 마루 끝에 올려놓아 주셨다.

① (가)는 ‘데’가 의존명사이므로 ‘따는∨데’로 띄어 써야 한다.

② (나)는 ‘왕파’의 의미를 가지는 합성어이니 ‘굵은파’로 붙여야 한다.

③ (다)는 어간의 끝음절 ‘하’가 아주 주는 경우이므로 ‘넉넉지’로 고쳐 적는다.

④ (라)는 순 우리말과 한자어로 된 합성어로서 ‘ㄴ’이 덧나는 경우이므로 ‘양칫물’로 고쳐 적는다.

문 13. 〈보기〉에서 한자어의 독음이 올바르지 <u>않은</u> 것의 개수는?

───── 〈보 기〉 ─────
당뇨(糖尿), 공염불(空念佛), 쌍룡(雙龍), 백분율(百分率)
희노애락(喜怒哀樂), 회수(回數), 승락(承諾), 곤란(困難)
시방정토(十方淨土), 청천벽력(靑天霹靂)

① 4개 ② 5개
③ 6개 ④ 7개

문 14. 밑줄 친 부분을 한글 맞춤법에 맞도록 고친 것 중 <u>잘못된</u> 것은?

- 첫 번째 접근 방법은 실제적인 사례들을 제시하고 이를 ㉠<u>분석하므로</u> 어떠한 결론에 도달하려는 것이다.
- 내가 여러분에게 소개하는 이 책은 각계각층의 전문가들이 직접 ㉡<u>감수했으므로</u> 믿을 만하다.
- 이를 확인하지 않음으로 인한 불이익은 당사가 책임지지 않습니다. 규정이 ㉢<u>그럼으로</u> 이를 어길 수 없습니다.
- 적당한 성질을 가진 동위 원소를 ㉣<u>주입하므로써</u> 경색된 심근을 회복시킬 수 있다.

① ㉠ → 분석함으로써
② ㉡ → 감수했음으로
③ ㉢ → 그러므로
④ ㉣ → 주입함으로써

문 15. 밑줄 친 부분이 어문 규범에 모두 맞는 것은?
① <u>빚장이들의</u> 독촉 때문에 <u>서둘러</u> 집을 팔고 말았습니다.
② 그는 <u>셋방에</u> 살면서도 자식들만은 <u>남부럽잖게</u> 키웠다.
③ 내일은 가게에 <u>들러서</u> 부탁하신 것을 꼭 사 가지고 <u>갈께요.</u>
④ 톱으로 몇 번 <u>쓱삭쓱삭하니까</u> <u>나뭇가지가</u> 힘없이 툭 떨어졌다.

문 16. 〈보기〉에서 띄어쓰기 규칙에 어긋나는 것은?

───── 〈보 기〉 ─────
㉠ 두시 삼십분 오초
㉡ 먹을만큼 먹어라.
㉢ 충무공 이순신 장군
㉣ 비가 올 성싶다.
㉤ 강물에 떠내려가 버렸다.
㉥ 아는듯이 말했다.

① ㉠, ㉢ ② ㉡, ㉥
③ ㉣, ㉤ ④ ㉤, ㉥

문 17. 〈보기〉의 초고를 퇴고하는 방안으로 적절하지 <u>않은</u> 것은?

───── 〈보 기〉 ─────
　올해 초에 나는 오랫동안 몸담았던 회사를 떠났다. ㉠<u>가만</u><u>의</u> 돌아보면 회사 생활이 결코 행복했던 것만은 아니었다. ㉡<u>견습사원</u> 시절부터 해외로만 떠돌아 객지 생활의 고달픔을 누구보다도 절감했었으니 말이다. 그런 와중에 유일한 위안거리가 있었다면 골프를 ㉢<u>좋아했든</u> 것이라고나 할까. ㉣<u>나는 골프를 좋아하고 아내는 교사여서,</u> 부부가 함께 한 놀이는 거의 없다. 퇴직을 하고 보니 골프 방송을 보는 것이 하나의 즐거움이 되었다. 그런 나를 아내는 늘 마뜩잖게 생각한다.

① ㉠은 끝음절의 발음이 '이'로도 '히'로도 나기 때문에 원칙에 따라 '히'로 적어야겠다.
② ㉡은 일본어 투이므로 '수습사원'으로 순화해야겠다.
③ ㉢은 과거의 행위를 나타내야 하므로 '좋아했던'으로 고쳐야겠다.
④ ㉣은 차이점이 분명하게 드러나지 않으므로 '교사여서' 앞에 '모범적인'을 넣어야겠다.

문 18. 〈한글 맞춤법〉의 규정 및 그 예로 옳지 <u>않은</u> 것은?

① 단위를 나타내는 명사는 띄어 쓴다.

 예 '명태 한 꿰미', '김 세 톳'

② '-하다'나 '-거리다'가 붙는 어근에 '-이'가 붙어서 명사가 된 것은 그 원형을 밝히어 적지 아니한다.

 예 '오뚝이'를 버리고 '오뚜기'를 취한다.

③ 모음이나 'ㄴ' 받침 뒤에 이어지는 '렬, 률'은 '열, 율'로 적는다.

 예 '백분률(百分率)'을 버리고 '백분율(百分率)'을 취한다.

④ 둘 이상의 단어가 어울리거나 접두사가 붙어서 이루어진 말은 각각 그 원형을 밝히어 적는다. 단, 어원이 분명하지 아니한 것은 원형을 밝히어 적지 아니한다.

 예 '몇일'을 버리고 '며칠'을 취한다.

문 19. 다음 밑줄 친 부분이 하나라도 <u>잘못</u> 사용된 것은?

① ┌ 이 집은 마루가 <u>널찍해서</u> 시원해 보인다.
 └ 밀가루 반죽을 홍두깨로 <u>넓적하게</u> 편다.

② ┌ 철봉을 하듯 몸을 <u>솟구어</u> 창틀을 붙잡고 지붕으로 올라가려 했다.
 └ 머리숱이 많아서 자를 때마다 적당히 <u>솎구어</u> 내야만 한다.

③ ┌ 아이들은 종아리를 <u>걷어붙인</u> 채 책상 위에서 회초리를 맞았다.
 └ 농군들처럼 웃통도 <u>벗어부치고</u> 무릎에 차는 잠방이만 입고 논 속으로 들어갔다.

④ ┌ 그의 훌륭한 솜씨를 경탄해 <u>마지않았다</u>.
 └ 너도 잘 <u>알다시피</u> 내게 무슨 힘이 있니?

문 20. 다음 중 용언의 명사형이 <u>잘못된</u> 것은?

① 고기를 <u>구음</u>.

② 땅에 떨어진 연필을 <u>주움</u> .

③ 얼굴이 퉁퉁 <u>부음</u>.

④ 손톱이 매우 <u>깊</u>.

3회

문 1. 다음 이야기를 듣고 미루어 알 수 있는 내용으로 적절하지 <u>않은</u> 것은?

> 몇 년 전 국제 환경 학술회의에서 남북한의 조류학자들이 만난 적이 있었습니다. 차를 마시며 담소를 나누는 자리에서 이런 대화가 오갔습니다.
>
> "북한에서 슴새가 집단으로 서식하는 곳은 어디죠?"
> "슴새가 뭡네까?"
> "학명으로 칼로네트리스 레우코메라스 말입니다."
> "아, 꽉새 말이군요. 고, 서해안의 여러 곳에 살고 있습네다."
> "검은머리물떼새는 어떻습니까?"
> "무슨 새요?"
> "헤마토푸스 오스트라레구스 말이에요. 큰 병아리만하고 개펄에서 사는 물떼새 말입니다. 남한에는 150마리 정도가 살고 있는데……."
> "긴부리까치도요를 고렇게 말하면 어떻게 알 수 있습네까? 북에도 서해안의 섬에 100마리 이상 살고 있구. 겨울에는 북쪽에서 날아와서 그 수가 좀 더 늡네다."
>
> 어떻습니까? 남북한 학자들이 나눈 대화는 이처럼 새 이름 때문에 번번이 끊겼습니다. 안타까운 일이지요. 새 이름마저도 남북으로 나누어져 있다니 말입니다.

① 언어는 사회 구성원간의 약속이다.
② 남북의 언어 차이는 극복되어야 할 과제이다.
③ 분단이 장기화되면 의사소통이 불가능할지도 모른다.
④ 학명(學名)이 남북의 언어통일을 위한 대안이 될 것이다.

문 2. '한국·중국·일본의 가족 모습'에 대한 글을 쓰고자 한다. 〈보기〉의 자료에서 이끌어 낸 내용으로 적절하지 <u>않은</u> 것은?

<보 기>

(가) 【가족 관계에서 가장 중요시하는 것】

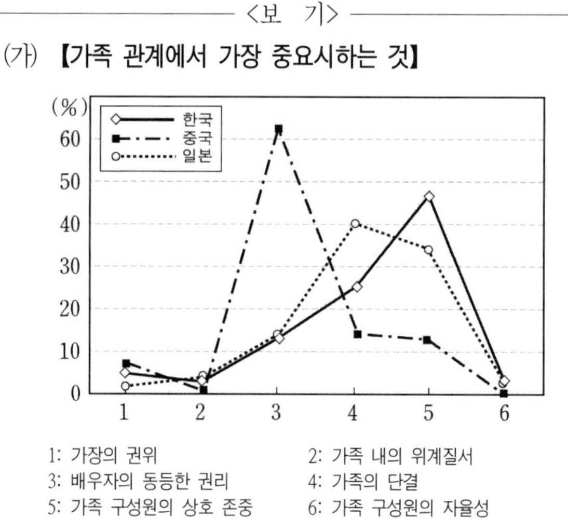

1: 가장의 권위   2: 가족 내의 위계질서
3: 배우자의 동등한 권리   4: 가족의 단결
5: 가족 구성원의 상호 존중   6: 가족 구성원의 자율성

(나) 【가족 의사소통 연결망】

국가	가족 수* (명)	가족 친밀도** (%)
한국	2.44	69
중국	2.38	85
일본	2.90	63

*   자신과 의사소통을 하는 가족 구성원 수
**   자신과 의사소통을 하는 가족 구성원 수 중에서 친밀하게 의사소통을 하는 가족 수의 비율

① (가)로 볼 때, 한국은 중국보다는 일본과 가족 가치관이 더 유사하다.
② (가)로 볼 때, 세 나라 모두 수직적 질서보다 수평적 관계를 더 중시한다고 볼 수 있다.
③ (나)로 볼 때, 의사소통을 하는 가족 수가 많다고 해서 가족 친밀도가 높은 것은 아니다.
④ (가), (나)로 볼 때, 의사소통을 하는 가족 수가 많을수록 배우자의 동등한 권리를 더 중요하게 생각한다.

문 3. 속담의 뜻이 바르게 연결되지 <u>않은</u> 것은?
① 불난 집에 부채질한다. - 앞뒤 가리지 못하고 미련하게 행동함.
② 곶감 죽을 먹고 엿목판에 엎드러졌다 - 연달아 좋은 수가 생김.
③ 섣달 그믐날 시루 얻으러 가다니 - 되지도 않을 일에 미련하게 애를 씀.
④ 고욤이 감보다 달다 - 작은 것이 큰 것보다 오히려 알차고 질이 좋음.

문 4. 문장을 고쳐 써야 하는 이유가 <u>다른</u> 하나는?

① 초등학교를 갓 졸업한 묘령의 소년치고는 꽤나 슬겁다.

② 방학 기간 동안 축구를 실컷 했다.

③ 요즘 같은 때에는 공기를 자주 환기시켜야 감기에 안 걸리는 거야.

④ 나이가 어린 연소자는 출입을 통제한다.

문 5. 〈보기 1〉을 참고할 때, 〈보기 2〉의 ㉠~㉣ 중 '마는'이 들어가야 할 것은?

─── 〈보기 1〉 ───
• '마는' : 앞의 사실을 인정을 하면서도 그에 대한 의문이나 그와 어긋나는 상황 따위를 나타내는 보조사.
• '만은' : 어떤 것을 다른 것과 대조적으로 매우 한정하여 강조하는 뜻을 나타내는 보조사.

─── 〈보기 2〉 ───
• 영화를 보고는 싶지(㉠) 시간이 안 난다.
• 비가 옵니다(㉡) 이번 농사가 잘되기는 틀렸습니다.
• 누가 뭐래도 너(㉢) 이번 시험에 합격할 것이다.
• 어제 자정 무렵에 이모가 집에 온 것(㉣) 분명한 사실이다.

① ㉠, ㉡　　　　　　② ㉠, ㉢
③ ㉡, ㉢　　　　　　④ ㉢, ㉣

문 6. 밑줄 친 단어의 쓰임이 <u>다른</u> 것은?

① 영희야, 이번 여행은 <u>우리</u>끼리 다녀올게.

② <u>우리</u> 둘이 힘을 합치면 못할 일이 뭐가 있겠니?

③ 어머니, <u>우리</u> 오늘 관악산에 갈까요?

④ 선생님, <u>우리</u> 과 경쟁률이 제일 높대요.

문 7. 〈보기〉는 국어사전에 수록된 '날-'의 풀이이다. ㉠~㉣의 예시어로 적절하지 <u>않은</u> 것은?

─── 〈보 기〉 ───
「1」 '말리거나 익히거나 가공하지 않은'의 뜻을 더하는 접두사.
예 (　　　㉠　　　)
「2」 '다른 것이 없는'의 뜻을 더하는 접두사.
예 (　　　㉡　　　)
「3」 '장례를 다 치르지 않은'의 뜻을 더하는 접두사.
예 (　　　㉢　　　)
「4」 '지독한'의 뜻을 더하는 접두사.
예 (　　　㉣　　　)

① ㉠: 날김치, 날장작　　② ㉡: 날바늘, 날장구
③ ㉢: 날상가, 날송장　　④ ㉣: 날뜨기, 날짜

문 8. 다음 글의 밑줄 친 ㉠ : ㉡의 의미 관계와 같은 것은?

나무에 아주 ㉠친구가 없는 것은 아니다. 달이 있고, 바람이 있고, 새가 있다. ㉡달은 때를 어기지 아니하고 찾고, 고독한 여름밤을 같이 지내고 가는, 의리 있고 다정한 친구다. 웃을 뿐 말이 없으나, 이심전심(以心傳心) 의사가 잘 소통되고 아주 비위에 맞는 친구다. 바람은 달과 달라 아주 변덕 많고 수다스럽고 믿지 못할 친구다. 그야말로 바람장이 친구다. (중략) 새 역시 바람같이 믿지 못할 친구다. 자기 마음 내키는 때 찾아오고, 자기 마음 내키는 때 달아난다. 그러나 가다 믿고 와 둥지를 틀고, 지쳤을 때 찾아와 쉬며 푸념하는 것이 귀엽다.

① 계승(繼承) : 단절(斷絶)

② 숙환(宿患) : 지병(持病)

③ 가명(假名) : 실명(實名)

④ 예술(藝術) : 문학(文學)

문 9. 다음 〈보기〉의 맞춤법 규정을 참고할 때, 띄어쓰기가 <u>잘못된</u> 것은?

─── 〈보 기〉 ───
제45항 두 말을 이어 주거나 열거할 적에 쓰이는 말들은 띄어 쓴다.
제46항 단음절로 된 단어가 연이어 나타날 적에는 붙여 쓸 수 있다.

① 부장 겸 차장　　　　② 한잎 두잎
③ 하루 내지 이틀　　　④ 이사장및 이사들

문 10. 〈보기〉는 표준 발음법과 해설이다. 〈보기〉에 대한 이해로 적절하지 <u>않은</u> 것은?

─── 〈보 기〉 ───
제8항 받침소리로는 'ㄱ, ㄴ, ㄷ, ㄹ, ㅁ, ㅂ, ㅇ'의 7개 자음만 발음한다.
해설 : 이 조항은 ⓐ 받침 발음의 원칙을 규정한 것이다. 어말이나 자음 앞에서 모든 받침은 제시된 7개의 자음 중 하나로만 발음할 수 있을 뿐이다. 이 원칙을 지키기 위해 두 가지의 음운 변동이 적용된다. 하나는 ㉠ 자음 탈락이고, 다른 하나는 ㉡ 자음 교체이다.

① '밝다[박따]'는 ⓐ를 지키기 위해 ㉠이 적용되었다.

② '닭지[닥찌]'는 ⓐ를 지키기 위해 ㉡이 적용되었다.

③ '읊기[읍끼]'는 ⓐ를 지키기 위해 ㉠, ㉡이 모두 적용되었다.

④ '밟는[밤 : 는]'은 ⓐ를 지키기 위해 ㉠, ㉡이 모두 적용되었다.

문 11. 〈보기〉의 밑줄 친 단어와 문맥적 의미가 가장 유사한 것은?

───── 〈보　기〉 ─────
난치병이라도 조기 진단할 경우 완치율이 높다.

① 제주 감귤은 세계적으로 이름이 높다.
② 우리나라는 목재의 수입 의존도가 높다.
③ 형식적인 환경 정책에 비판적인 여론이 높다.
④ 그 회사는 성장 가능성이 높다고 평가되었다.

문 12. 다음 글의 밑줄 친 부분에 어울리는 한자성어(漢字成語)는?

───────────────────
　　더구나 이날 이때에 이 팔십 전이라는 돈이 그에게 얼마나 유용한지 몰랐다. 컬컬한 목에 모주 한 잔도 적실 수 있거니와, 그보다도 앓는 아내에게 설렁탕 한 그릇도 사다 줄 수 있음이다. 그의 아내가 기침으로 쿨룩거리기는 벌써 달포가 넘었다. 조팝도 굶기를 먹다시피 하는 형편이니, 물론 약 한 첩 써 본 일이 없다.
───────────────────

① 삼순구식(三旬九食)
② 무위도식(無爲徒食)
③ 창해일속(滄海一粟)
④ 시위소찬(尸位素餐)

문 13. ㉠, ㉡의 문장 성분과 문장 구조에 대한 설명이 옳은 것은?

───── 〈보　기〉 ─────
㉠ 사람들은 그녀가 노래 부르기를 바랐다.
㉡ 그들은 이 지역 토양이 벼농사에 적합함을 몰랐다.

① ㉠에는 명사절이 안겨 있지만 ㉡에는 부사절이 안겨 있다.
② ㉠에는 서술절이 안겨 있지만 ㉡에는 관형사절이 안겨 있다.
③ ㉠의 안긴문장 속에는 관형어가 있지만 ㉡의 안긴문장 속에는 관형어가 없다.
④ ㉠의 안긴문장 속에는 목적어가 있지만 ㉡의 안긴문장 속에는 목적어가 없다.

[14~15] 다음 시를 읽고 물음에 답하시오.

───────────────────
(가) 바닷가 햇빛 바른 바위 위에
　　　습한 간(肝)을 펴서 말리우자,

　　　코카사쓰 산중에서 도망해 온 토끼처럼
　　　둘러리를 빙빙 돌며 간을 지키자,

내가 오래 기르던 여윈 독수리야!
와서 뜯어 먹어라, 시름없이

너는 살찌고
나는 여위어야지, 그러나,

거북이야!
다시는 용궁의 유혹에 안 떨어진다.

프로메테우스 불쌍한 프로메테우스
불 도적한 죄로 목에 맷돌을 달고
끝없이 침전하는 프로메테우스
　　　　　　　　　－ 윤동주, 〈간(肝)〉

(나) 어미를 따라 잡힌
　　　어린 게 한 마리

큰 게들이 새끼줄에 묶여
거품을 뿜으며 헛발질할 때
게장수의 구럭을 빠져나와
옆으로 옆으로 아스팔트를 기어간다
개펄에서 숨바꼭질하던 시절
바다의 자유는 어디 있을까
눈을 세워 사방을 두리번거리다
달려오는 군용 트럭에 깔려
길바닥에 터져 죽는다

먼지 속에 썩어가는 어린 게의 시체
아무도 보지 않는 찬란한 빛
　　　　　　　　　－ 김광규, 〈어린 게의 죽음〉
───────────────────

문 14. (가), (나)에 대한 설명으로 가장 적절한 것은?
① (가)와 (나)는 모순 형용을 통해 역설적 의미를 전달하고 있다.
② (가)와 (나)는 호명된 대상을 통해 화자의 내면적 의지를 드러내고 있다.
③ (가)와 (나)는 우의적 소재를 활용하여 비판적 현실 인식을 드러내고 있다.
④ (나)와 달리 (가)는 시간의 흐름에 따라 순차적으로 시상을 전개하고 있다.

문 15. 〈보기〉를 참조하여 (가)의 시상 전개를 이해한 내용으로 적절하지 <u>않은</u> 것은?

─── 〈보 기〉 ───

일제의 지배가 강화할수록 윤동주의 내적 성찰은 더욱 치열해졌다. 그는 여러 시편을 통해 현실에 순응하라는 유·무형의 압박에 맞서 내면의 순결성을 지켜내려 애쓰는 양심적 자아의 목소리를 가다듬었고, 기독교의 희생양 의식을 바탕으로 민족을 위해 헌신하는 지식인으로서 결의를 다졌다.

① 제1연 : '습한 간'을 말리는 행위는 현실에 순응하라는 외부의 압박으로 흔들린 내면의 양심을 다시 가다듬으려는 것이군.

② 제2연 : '둘러리를 빙빙 돌며'는 내면의 순결성을 지키기 위하여 다른 사람과 힘을 합쳐서 적과 맞서야 한다는 대결 의식을 보여 주는군.

③ 제3~4연 : '여윈' 독수리를 위해 야위어 가야겠다는 화자의 다짐은 양심을 지키며 살아가겠다는 의지를 암시하는군.

④ 제6연 : '끝없이'는 민족을 위해 헌신하겠다는 지식인의 소명 의식이 상당 기간 동안 지속되어야 한다는 화자의 운명관을 나타내고 있군.

[16~17] 다음 글을 읽고 물음에 답하시오.

10월 초하룻날 이자(李子)*가 밖에서 돌아오니, 아이들이 흙을 파내고 집을 만들었는데, 그 모양이 무덤 같았다. 이자(李子)는 어리석은 체하며 "무엇 때문에 집 안에다가 무덤을 만들었느냐?"라고 하니 아이들은 "이것은 무덤이 아니라 토실입니다."라고 하였다. "어찌하여 이 토실을 만들었느냐?"라고 하니 "겨울에 화초나 과일을 저장하기에 좋고, 또 길쌈하는 부인들이 추울 때라도 봄날처럼 훈훈하여 손이 얼어 터지지 않아서 좋으니, ㉠ 이 점이야말로 매우 좋습니다."라고 하였다.

이자가 더욱 화를 내며 "여름에는 덥고 겨울에는 추운 것이 사시(四時)의 일정한 이치이거늘, 만일 이와 반대가 된다면 괴이한 것이다. 옛 성인(聖人)이 겨울에는 털옷을 입고 여름에는 베옷을 입게 마련하였으니, ㉡ 그 준비만으로도 넉넉한 것이다. 또다시 토실을 만들어 추위를 더위로 바꾼다면 이것은 하늘의 명령을 어기는 것이다. 사람은 뱀이나 두꺼비가 아닌데, 겨울에 토굴에 엎드려 있는 것은 매우 상서롭지 못한

일이다. 길쌈이란 것도 해야 할 때가 있는 것인데, 어찌 반드시 겨울에만 해야 하는 것이겠는가? 또 봄에 피었다가 겨울에 지는 것은 초목의 일정한 성질이거늘, 진실로 이와 반대가 되게 한다면 ㉢ 어긋난 물건이 되느니라. 어긋난 물건을 길러 때에 맞지 않는 구경거리로 삼는 것은 하늘의 권한을 빼앗는 것이다. 이것은 모두 나의 뜻이 아니다. 빨리 허물지 않는다면 볼기를 치리라."라고 하였더니, 아이들이 두려워하여 서둘러서 그것을 철거하고, 그 재목은 땔나무로 삼았다. 그런 후에야 ㉣ 나의 마음이 비로소 편안해졌다.

* 이자(李子): 이규보가 자신을 가리키는 말.

― 이규보, 〈토실을 허문 데 대한 설〉

문 16. 윗글의 서술 방식에 대한 설명으로 가장 적절한 것은?

① 대화 형식을 활용하여 자신의 깨달음을 전달하고 있다.

② 점층적 구성을 활용하여 추상적 대상을 구체화하고 있다.

③ 역사적 사건을 통해 사물에 새로운 의미를 부여하고 있다.

④ 공간의 이동에 따라 달라지는 자신의 생각을 드러내고 있다.

문 17. ㉠~㉣에 대한 설명으로 적절하지 <u>않은</u> 것은?

① ㉠ : 아이들은 겨울에 따뜻함을 유지할 수 있는 토실의 효용성을 긍정하고 있다.

② ㉡ : 작자는 자연의 변화에 대응하는 옛 성인의 태도를 긍정적으로 평가하고 있다.

③ ㉢ : 작자는 토실을 만든 것이 자연의 순리에 맞지 않는 행위라고 비판하고 있다.

④ ㉣ : 작자는 고난을 주는 자연 환경을 극복한 사람들의 노력에 만족하고 있다.

[18~19] 다음 글을 읽고 물음에 답하시오.

> (가) 철령(鐵嶺) 높은 봉(峰)을 쉬어 넘는 저 구름아
>
> 　　고신 원루(孤臣寃淚)를 비 삼아 띄워다가
>
> 　　님 계신 구중 심처(九重深處)에 뿌려 본들 어떠리
>
> 　　　　　　　　　　　　　　　　　　-이항복의 시조 -
>
> (나) 옥천산 용천산 내린 물이
>
> 　　㉠ 정자 앞 넓은 들에 올올히 펴진 듯이
>
> 　　넓거든 기노라 푸르거든 희지 마나
>
> 　　쌍룡이 뒤트는 듯 긴 깁을 펼쳤는 듯
>
> 　　어디로 가노라 무슨 일 바빠서
>
> 　　닫는 듯 따르는 듯 밤낮으로 흐르는 듯
>
> 　　물 좇은 사정(沙汀)은 눈같이 펴졌거든
>
> 　　어지러운 기러기는 무엇을 어르노라
>
> 　　앉으락 내리락 모이락 흩으락
>
> 　　노화(蘆花)를 사이 두고 우러곰 좇느뇨
>
> 　　넓은 길 밖이요 긴 하늘 아래 두르고 꽂은 것은
>
> 　　㉡ 뫼인가 병풍인가 그림인가 아닌가
>
> 　　높은 듯 낮은 듯 긏는 듯 잇는 듯
>
> 　　숨거니 뵈거니 가거니 머믈거니
>
> 　　어지러운 가운데 이름난 양하여
>
> 　　㉢ 하늘도 저어치 않고 우뚝이 섰는 것이 추월산 머리 짓
>
> 　고
>
> 　　용구산 몽선산 불대산 어등산
>
> 　　㉣ 용진산 금성산이 허공에 벌였거든
>
> 　　원근 창애(遠近蒼崖)에 머문 짓도 하도 할샤
>
> 　　　　　　　　　　　　　　　　　-송순, 〈면앙정가〉-

문 18. (가), (나)에 대한 설명으로 적절한 것은?

① (가)와 (나)는 모두 동일한 시어의 반복을 통해 리듬감을 드러내고 있다.

② (가)와 (나)는 모두 의문형 진술을 사용하여 화자의 정서를 부각하고 있다.

③ (가)는 (나)와 달리 색채의 선명한 대비를 통해 시적 분위기를 조성하고 있다.

④ (가)는 (나)와 달리 계절감을 주는 소재를 사용하여 대상의 모습을 표현하고 있다.

문 19. 〈보기〉를 바탕으로 (나)를 이해한 결과가 적절하지 <u>않은</u> 것은?

> ─── 〈보 기〉 ───
>
> 　조선 전기 가사인 〈면앙정가(俛仰亭歌)〉는 사대부들의 생활공간인 정자(亭子)를 중심으로 은일 생활의 즐거움을 노래한 작품이다. 〈면앙정가〉는 '면(俛)'과 '앙(仰)'이라는 두 개의 시선으로 전개된다. 대상을 내려다보는 시선이 '면'이고 대상을 올려다보는 시선이 '앙'인데, 들판은 '면'의 시선으로 내려다보고 산은 '앙'의 시선으로 올려다본다. 공간에 대한 이러한 상하의 시선이 '면앙'이 되는데, 면앙정은 바로 면앙의 시선으로 경치를 볼 수 있는 공간이다.

① ㉠은 대상을 내려다보는 '면'의 시선이 드러나 있군.

② ㉡은 들판 너머의 산을 올려다보는 시선이 드러나 있군.

③ ㉢은 우뚝 서 있는 산을 올려다보는 '앙'의 시선이 드러나 있군.

④ ㉣은 산을 향한 시선에서 들판을 향한 시선으로의 이동이 드러나 있군.

문 20. 〈보기 1〉의 ㉠과 음이 같은 것을 〈보기 2〉에서 모두 고르면?

> ─── 〈보기 1〉 ───
>
> 子曰: "知之者, 不如好之者, 好之者, 不如㉠樂之者."
>
> 　　　　　　　　　　　　　　　　- 『논어』 -

> ─── 〈보기 2〉 ───
>
> ㄱ. 音樂　　　　　　　　ㄴ. 苦樂
>
> ㄷ. 樂山樂水　　　　　　ㄹ. 安樂

① ㄱ, ㄷ　　　　　　　② ㄱ, ㄹ

③ ㄴ, ㄷ　　　　　　　④ ㄴ, ㄹ

4회

문 1. 〈보기〉를 참고할 때, 단어 형성 방식이 <u>다른</u> 것은?

— 〈보 기〉 —
- 단어를 조어법에 따라 분류하면 먼저 단일어와 복합어로 나뉘며, 복합어는 합성어와 파생어로 나뉜다.
- 단일어는 하나의 어근으로 된 단어를 말하며, 복합어는 둘 이상의 어근이나, 어근과 파생 접사로 이루어진 단어를 말한다. 이 중 합성어는 두 개 이상의 어근으로만 이루어진 단어이며, 파생어는 어근과 파생 접사로 이루어진 단어를 가리킨다.

① 앞서다   ② 드높다
③ 휘갈기다   ④ 사랑스럽다

문 2. 〈보기〉의 설명에 해당하는 예로 적절하지 <u>않은</u> 것은?

— 〈보 기〉 —
표준발음법 제6장 경음화
제23항 받침 'ㄱ(ㄲ, ㅋ, ㄳ, ㄺ), ㄷ(ㅅ, ㅆ, ㅈ, ㅊ, ㅌ), ㅂ(ㅍ, ㄼ, ㄿ, ㅄ)' 뒤에 연결되는 'ㄱ, ㄷ, ㅂ, ㅅ, ㅈ'은 된소리로 발음한다.
해설 [ㄱ, ㄷ, ㅂ]으로 발음되는 받침 'ㄱ(ㄲ, ㅋ, ㄳ, ㄺ), ㄷ(ㅅ, ㅆ, ㅈ, ㅊ, ㅌ), ㅂ(ㅍ, ㄼ, ㄿ, ㅄ)' 뒤에서 'ㄱ, ㄷ, ㅂ, ㅅ, ㅈ'은 된소리인 [ㄲ, ㄸ, ㅃ, ㅆ, ㅉ]으로 각각 발음되는 된소리되기를 규정한 것이다. 한 단어 안에서나 체언의 곡용 및 용언의 활용에서나 위의 환경에서는 예외 없이 된소리로 발음한다.

① 칡범[칙뻠]   ② 뻗대다[뻗때다]
③ 굵기다[굼끼다]   ④ 낯설다[낟썰다]

문 3. 〈보기〉의 설명에 해당하는 예로 적절하지 <u>않은</u> 것은?

— 〈보 기〉 —
한글 맞춤법
제39항 어미 '-지' 뒤에 '않-'이 어울려 '-잖-'이 될 적과 '-하지' 뒤에 '않-'이 어울려 '-찮-'이 될 적에는 준 대로 적는다.

① 수영이는 깍쟁이 같아 보이지만 전혀 <u>그렇잖다.</u>
② 소문난 잔칫상은 본래 음식이 <u>변변찮은</u> 법이다.
③ 이번 방화 사건으로 인하여 준아는 <u>적잖은</u> 피해를 입었다.
④ 이렇게 나선 김에 우리 힘도 <u>만만잖다</u>는 것을 한번 보여야 합니다.

문 4. 〈보기〉의 조건을 모두 만족시키는 것은?

— 〈보 기〉 —
- 홑문장임
- 관형사가 들어 있음
- 객체를 높이는 서술어가 들어 있음

① 손자는 새 옷을 할아버지께 드렸다.
② 학생들은 어려운 내용을 선생님께 여쭸다.
③ 아버지께서 우리에게 옛 추억을 들려주셨다.
④ 어머니는 퇴원하신 할머니를 온갖 정성으로 모셨다.

문 5. 〈보기〉를 참고할 때, 표준발음법에 <u>어긋난</u> 것은?

— 〈보 기〉 —
표준발음법
제13항 홑받침이나 쌍받침이 모음으로 시작된 조사나 어미, 접미사와 결합되는 경우에는, 제 음가대로 뒤 음절 첫소리로 옮겨 발음한다.

① 꽃을[꼬츨]   ② 밭의[바테]
③ 무릎에[무르페]   ④ 부엌 안[부어칸]

문 6. 〈보기〉에 제시된 국어사전의 정보를 완성한다고 할 때, 적절하지 <u>않은</u> 것은?

— 〈보 기〉 —
당기다 [1] : 「자동사」 【…이】 ❶ 좋아하는 마음이 일어나 저절로 끌리다. ¶설 부장은 조금은 관심이 당기는지, 조급하게 그다음 말을 재촉했다. / ㉠ ______
❷ 입맛이 돋우어지다. ¶지천으로 있는 집의 음식보다는 역시 남의 집 음식이 당기는 것이었다.
[2] : 「㉡ ______ 」 【…을】 ❶물건 따위를 힘을 주어 자기 쪽이나 일정한 방향으로 가까이 오게 하다. ¶ 그는 나에게 몸을 당기고는 슬며시 손을 잡는다. / ㉢ ______ . ❷정한 시간이나 기일을 앞으로 옮기거나 줄이다. ¶ 6월로 잡았던 결혼 날짜를 5월로 ㉣ <u>당겼다.</u>

① ㉠에 들어갈 예시로 '그는 기분에 당기지 않는 일은 절대로 하지 않는다.'가 있다.
② ㉡에 들어갈 말은 '타동사'이다.
③ ㉢에 들어갈 예시로 '의자를 바싹 당겨 앉다.'가 있다.
④ ㉣과 '나는 그 얘기를 듣고 호기심이 당겼다.'의 '당기다'는 동음이의어이다.

문 7. ㉠~ ㉢에 들어갈 단어가 적절한 것끼리 묶인 것은?

> ─────── <보 기> ───────
> - 선왕을 위에서 떨어뜨려 군(君)으로 강봉(降封)하고, 종친 중의 한 사람이 위에 오른 것—말하자면 왕위 (㉠)이었다.
> - 나라가 생민을 보호해 주기는커녕 봉세관을 내려 보내서 (㉡)을 일삼는 마당에 백성이 살 도리가 있습니까?
> - 적의 (㉢)에 대비하여 국방을 튼튼히 해야 한다.

	㉠	㉡	㉢
①	簒奪	侵奪	侵略
②	侵奪	簒奪	掠奪
③	掠奪	侵略	簒奪
④	侵略	掠奪	簒奪

문 8. 뜻하는 바가 유사한 속담과 한자의 연결로 보기 <u>어려운</u> 것은?
① 말 타면 경마 잡히고 싶다. - 得隴望蜀
② 붓짐 내어 주며 앉으라 한다. - 艱難辛苦
③ 오뉴월 두룽다리. - 夏爐冬扇
④ 머리털 베어 신발을 삼다. - 結草報恩

문 9. 밑줄 친 것 중, 어법에 <u>어긋난</u> 것은?
① 그 버스는 대전을 <u>거쳐서</u> 부산으로 간다.
　 구름이 <u>걷힌</u> 하늘이 참 푸르다.
② 오늘 입을 와이셔츠를 <u>다리다가</u> 회사에 늦었다.
　 건강이 나빠져서 한약을 <u>달여</u> 먹었다.
③ 박 교수는 눈을 <u>지그시</u> 감고 어린 시절의 추억에 빠져들었다.
　 그는 나이가 <u>지긋이</u> 들어 보인다.
④ 적당한 양의 밥을 <u>앉히는</u> 일은 어렵다.
　 배추에 속을 많이 <u>앉히기</u> 위해 거름을 많이 주었다.

문 10. 다음 시에 대한 설명으로 적절하지 <u>않은</u> 것은?

> 유리(琉璃)에 차고 슬픈 것이 어른거린다.
> 열없이 붙어서서 입김을 흐리우니
> 길들은 양 언 날개를 파닥거린다.
> 지우고 보고 지우고 보아도
> 새까만 밤이 밀려나가고 밀려와 부딪히고,
> 물먹은 별이 반짝, 보석처럼 박힌다.
> 밤에 홀로 유리를 닦는 것은
> 외로운 황홀한 심사이어니,
> 고운 폐혈관(肺血管)이 찢어진 채로
> 아아, 너는 산(山)새처럼 날아갔구나!

① 시적 화자는 감정을 이지적으로 절제하여 표현하고 있다.
② 시적 화자의 복합적 감정을 보여주는 모순 형용이 사용되었다.
③ 죽은 아이의 심상이 '차고 슬픈 것 → 언 날개 → 물 먹은 별 → 산새'로 변화하고 있다.
④ 결구에서는 죽은 아이의 모습을 자유로운 이미지로 형상화하고 있다.

문 11. <보기>를 참고할 때, ㉠ ~ ㉣ 중 감각의 전이 방법이 <u>다른</u> 것은?

> ─────── <보 기> ───────
> - 언어에 의해서 우리의 마음속에 떠오른 감각적 이미지가 바로 정신적 이미지다. 이는 구체적으로 시각적 이미지·청각적 이미지·미각적 이미지·후각적 이미지·촉각적 이미지 등으로 세분된다.
> - 공감각은 첫째 대상에 접하여 촉발된 한 감각이 다른 감각으로 전이되는 것을 의미한다. 즉 두 개 이상의 감각이 결합된 형태다. 감각의 전이는 원관념에서 보조관념으로 전이된다.

① ㉠ : 분수처럼 흩어지는 푸른 종소리 (김광균, 〈외인촌〉)
② ㉡ : 꽃처럼 붉은 울음 (서정주, 〈문둥이〉)
③ ㉢ : 금으로 타는 태양의 즐거운 울림 (박남수, 〈아침 이미지〉)
④ ㉣ : 흔들리는 종소리의 동그라미 속에서 (정한모, 〈가을에〉)

문 12. 다음 글에 대한 설명으로 적절하지 <u>않은</u> 것은?

> **말뚝이** (벙거지를 쓰고 채찍을 들었다. 굿거리장단에 맞추어 양반 삼 형제를 인도하여 등장)
> **양반 삼 형제** (말뚝이 뒤를 따라 굿거리장단에 맞추어 점잔을 피우나, 어색하게 춤을 추며 등장. 양반 3형제 맏이는 샌님(生員), 둘째는 서방님(書房), 끝은 도련님(道令)이다. 샌님과 서방님은 흰 창옷에 관을 썼다. 도련님은 남색 쾌자에 복건을 썼다. 샌님과 서방님은 언청이이며 (㉠ 샌님은 언청이 두 줄, 서방님은 한 줄이다. 부채와 장죽을 가지고 있고, 도련님은 입이 삐뚤어졌고, 부채만 가졌다. 도련님은 일절 대사는 없으며, 형들과 동작을 같이하면서 형들의 면상을 부채로 때리며 방정맞게 군다.)

말뚝이 (가운데쯤에 나와서) 쉬이. (음악과 춤 멈춘다.) 양반 나오신다아! 양반이라고 하니까 노론(老論), 소론(少論), 호조(戶曹), 병조(兵曹), 옥당(玉堂)을 다 지내고 삼 정승(三政丞), 육 판서(六判書)를 다 지낸 퇴로 재상(退老宰相)으로 계신 양반인 줄 아지 마시오. ⓛ 개잘량이라는 '양'자에 개다리 소반이라는 '반'자 쓰는 양반이 나오신단 말이오.

양반들 야아, 이놈, 뭐야아!

말뚝이 아, 이 양반들, 어찌 듣는지 모르갔소. ⓒ 노론, 소론, 호조, 병조, 옥당을 다 지내고 삼 정승, 육 판서 다 지내고 퇴로 재상으로 계신 이 생원네 삼 형제분이 나오신다고 그리 하였소.

양반들 (합창) 이 생원이라네. (ⓔ 굿거리 장단으로 모두 춤을 춘다. 도령은 때때로 형들의 면상을 치며 논다. 끝까지 그런 행동을 한다.)

① ⓐ : 양반탈의 생김새를 신체적 결함이 있는 것으로 묘사하며 인물을 희화화하고 있다.

② ⓛ : 말뚝이가 청중들에게 언어유희를 사용하여 양반을 조롱하고 있다.

③ ⓒ : 말뚝이의 변명에 해당하는 부분으로, 이 생원네 삼 형제의 실제 사회적 지위를 알 수 있다.

④ ⓔ : 양반과 말뚝이의 표면적인 갈등의 해소를 보여준다.

문 13. 〈보기〉의 글과 대립적 입장에서 글을 쓰려고 할 때, 그 글의 주제로 가장 적당한 것은?

───── 〈보 기〉 ─────

　　현대인은 텔레비전을 통해서 얻는 각종 시청각적 정보의 영향을 많이 받는다. 코미디언들이 만들어 내는 한두 마디의 말들이 유행어가 되고, 가수들이 부르는 노래나 춤이 모방의 대상이 된다. 텔레비전 주인공이 보여주는 행동양식이나 겉모습, 가치관이 그것을 보는 사람들에게 절대적인 것으로 비쳐지는 것이다. 결국 보통 사람의 생활은, 본인이 원하든 그렇지 않든 간에 어떤 음식을 먹고 무슨 옷을 입을 지에서부터 어떤 일이 옳으며 행동의 기준은 무엇인지에 이르기까지, 텔레비전의 영향에서 벗어나지 못하고 수동적으로 이끌려 가고 있다.

① 방송국은 사회적 영향력에 대한 책임감을 가지고 공익적으로 방송을 해야 한다.

② 사람들은 자신에게 유익한 매체를 선택하여 자신의 가치관을 바르게 정립할 필요가 있다.

③ 사람들은 텔레비전의 정보를 능동적으로 선택하고, 비판적으로 판단하고 수용할 수 있다.

④ 텔레비전이 현대인들에게 미치는 부정적인 영향력을 제거하기 위한 노력이 필요하다.

문 14. 〈보기〉에 대한 설명으로 적절하지 <u>않은</u> 것은?

───── 〈보 기〉 ─────

솔근을 베어 누어 풋줌을 얼픗 드니
꿈애 흔 사름이 날두려 닐온 말이
그디를 내 모루랴. 상계(上界)예 진션(眞仙)이라
황뎡경(黃庭經) 일주(一字)를 엇디 그릇 닐거 두고
인간의 내려와서 우리를 똘오눈다
져근덧 가디마오. 이 술 흔 잔 머거 보오
북두셩 기우려 챵히슈(滄海水) 부어 내여
저 먹고 날 머겨늘 서너 잔 거후로니
화풍(和風)이 습습(習習)ᄒ야 냥익(兩腋)을 추혀 드니
구만리댱공(九萬里長空)애 져기면 놀리로다
이 술 가져다가 ᄉ히(四海)예 고로 눈화
억만창싱(億萬蒼生)을 다 취(醉)케 밍근 후의
그제야 고텨 맛나 쏘 흔 잔 ᄒ쟛고야
말 디쟈 학을 토고 구공(九空)의 올나가니
공듕옥쇼(空中玉簫) 소리 어제런가 그제런가
나도 줌을 씨여 바다흘 구버보니
기픠를 모루거니 ᄀ인들 엇디 알리
명월(明月)이 쳔산만낙(千山萬落)의 아니 비친 딕 업다

① 글쓴이의 자연에의 몰입과 신선류의 풍류를 느낄 수 있다.

② 술 국자를 '북두셩', 술을 '챵히슈'라고 표현한 것을 통해 글쓴이의 호탕한 기상을 느낄 수 있다.

③ 세상에 근심할 일은 남보다 먼저 걱정하고, 즐거워할 일은 남보다 나중에 즐기자는, 글쓴이의 선우후락(先憂後樂)의 생각이 드러난다.

④ 꿈에서 신선이 학을 타고 창공으로 올라가자 잠에서 깬다는 설정을 통해 일장춘몽(一場春夢)의 주제를 드러내고 있다.

문 15. 〈보기〉의 밑줄 친 부분과 글의 전개 방식이 가장 유사한 것은?

───── 〈보 기〉 ─────

　　때때로 대중매체에 나타나는 언어 표현에 문제가 드러나기도 한다. 새로운 매체를 통한 언어 표현 방법이 지나치게 규범에서 벗어나는 경우가 있기 때문이다. 물론 이런 표현 방법은 집단 간의 유대감을 높이고 글자를 입력하는 데 용이하다는 특성이 있다. 하지만 이런 문법 파괴 현상이 일상 언어생활에까지 영향을 미친다는 데 문제가 있다. 이 문제는 세대 간 언어 소통에 문제를 일으키고 더 나아가 사회 문제로 이어질 수 있다.

　　<u>그렇다고 해서 대중매체를 이용하지 않을 수는 없다. 교통사고가 난다고 해서 자동차를 모두 없앨 수는 없는 것이 아닌가? 교통사고가 나지 않도록 주의하고 보다 건전하고 유익한 자동차 문화를 만들어 나가기 위해 노력하는 것이 중요하듯이</u> 매체를 활용한 언어생활을 보다 건전하고 유익하게 만들어 나갈 수 있도록 노력해야 할 것이다.

① 벌의 집단생활은 인간의 집단생활과 비슷해 보이지만, 본능에서 비롯된 것이라는 점에서 인간의 창조적 집단생활과 구별된다.

② 시계는 구조는 복잡하지만 사람들은 시계를 이용하는 법은 안다. 이처럼 세상도 복잡하지만 사람들은 그 속에서 잘 살아갈 수 있다.

③ 일반적으로도 좋은 약재도 경우에 따라 독약이 될 수 있다. 예를 들어 인삼도 많이 먹으면 어떤 경우에는 부작용이 생길 수 있다고 한다.

④ 저기 축구하는 사람들 중 여드름이 난 사람이 박지성이고, 머리가 긴 사람이 안정환이다.

문 16. 다음 시에 대한 설명으로 적절하지 <u>않은</u> 것은?

> 겨울 나무와
> 바람
> 머리채 긴 바람들은 투명한 빨래처럼
> 진종일 가지 끝에 걸려
> 나무도 바람도
> 혼자가 아닌게 된다.
>
> 혼자는 아니다.
> 누구도 혼자는 아니다.
> 나도 아니다.
> 실상 하늘 아래 외톨이로 서 보는 날도
> 하늘만은 함께 있어 주지 않던가.
>
> 삶은 언제나
> **은총(恩寵)의 돌층계**의 어디쯤이다.
> 사랑도 매양
> **섭리(攝理)의 자갈밭**의 어디쯤이다.
>
> 이적진 말로써 풀던 마음
> 말없이 삭이고
> 얼마 더 너그러워져서 이 생명을 살자.
> **황송한 축연이라 알고**
> 한 세상을 누리자.
>
> 새해의 눈시울이
> 순수의 얼음꽃
> 승천한 눈물들이 다시 땅 위에 떨구이는
> **백설**을 담고 온다.
>
> -김남조, 〈설일〉-

① 제1연에 나타난 자연의 모습과 제2연에 제시된 인간의 모습은 유추적인 관계에 있다.

② '**은총의 돌층계**', '**섭리(攝理)의 자갈밭**'은 인생의 고달픔과 외로움을 은유적으로 나타내고 있다.

③ '**황송한 축연이라 알고**'는 삶이 고달프더라도, 삶을 고맙고도 송구한 것으로 여기며, 절대자가 베풀어 준 축하의 잔치라고 여기며 살아가자는 말이다.

④ '**백설**'은 눈물의 결정체로, 화자는 세상의 순수한 눈물들이 승천하여 얼음꽃이 되어 다시 내린다고 인식한다.

문 17. (나)의 소쉬르의 관점에서 (가)의 파울의 관점을 비판한 것으로 가장 적절한 것은?

> (가) 20세기 초에 이르기까지 유럽의 언어학자들은 언어를 진화하고 변화하는 대상으로 보고, 언어학이 역사적이어야 한다고 생각하였다. 이러한 관점은 "언어가 역사적으로 발달해 온 방식을 어느 정도 고찰하지 않고서는 그 언어를 성공적으로 설명할 수 없다."라는 **파울**의 말로 대변된다.
>
> (나) 이러한 경향에 반해 **소쉬르**는 언어가 역사적인 산물이더라도 변화 이전과 변화 이후를 구별해서 보아야 한다고 주장하였다. 언어는 구성 요소의 순간 상태 이외에는 어떤 것에 의해서도 규정될 수 없는 가치 체계이므로, 그 자체로서의 가치 체계와 변화에 따른 가치를 구별하지 않고서는 언어를 정확하게 연구할 수 없다는 것이다. 화자는 하나의 상태 앞에 있을 뿐이며, 화자에게는 시간 속에 위치한 현상의 연속성이 존재하지 않기 때문이다. 그러므로 한 시기의 언어 상태를 기술하기 위해서는 그 상태에 이르기까지의 모든 과정을 무시해야 한다고 하였다.

① 언어에는 역사의 유물과 같은 증거가 없기 때문에 언어학은 과거의 언어와 관련된 사실을 밝힐 수 없다.

② 화자의 말은 발화 당시의 언어 상태를 반영하므로 언어 연구는 그 당시의 언어를 대상으로 해야 한다.

③ 언어는 끊임없이 변화하므로 변화의 내용보다는 변화의 원리를 밝히는 것이 더 중요하다.

④ 현재의 언어와 과거의 언어는 각각 정적인 상태이지만 전자는 후자를 바탕으로 하고 있다.

문 18. '시조(時調)'에 대한 설명으로 적절하지 <u>않은</u> 것은?

① 조선 영조 때 시인 신광수가 쓴 〈관서악부(關西樂府)〉의 한 구절에서 '시조'라는 명칭이 쓰인 것이 문헌상 가장 오래된 기록이다.

② '시조란 시절가(時節歌)라고도 부르며, 대개 항간의 속된 말로 긴 소리로 이를 노래한다.'라는 주석을 정조 때의 시인 이학규의 글에서 찾아볼 수 있다.

③ 종장 제1구를 제외한 어느 구절이나 하나만 길어진 것을 중형시조 또는 만횡청이라 부르고, 두 구절 이상이 길어진 것을 장형시조 또는 농시조(弄時調)라고 부른다.

④ 시조의 3대 가집으로는 김천택이 고려 말부터의 시집을 엮은 고시조집 『청구영언(靑丘永言)』(1728), 김수장이 편찬한 『해동가요(海東歌謠)』(1763), 박효관·안민영이 편찬한 『가곡원류(歌曲源流)』(1876)가 있다.

문 19. 밑줄 친 부분에서 비판하는 세태를 나타내는 속담은?

> 이자(李子)가 남으로 한강을 건너는데, 함께 건너는 또 한 배가 있었다. 배의 크기도 같고 노군의 수효도 비슷했으며 실은 인마(人馬)의 수도 거의 같았다. 잠시 후에 보니, 한 배는 뜨자마자 나는 듯이 이미 저쪽 언덕에 닿았는데, 내가 탄 배는 머뭇거리며 나아가지 않았다. 까닭을 물은즉 "힘껏 저었기 때문이오." 했다.
>
> 나는 부끄러움을 참을 수 없고 이로 인하여 탄식하기를,
> "아아, <u>하찮은 작은 배 한 척이 물을 건너는 데에도 뇌물의 있고 없음에 따라 그 나아감이 빠르고 더디며 앞서고 뒤서는데, 하물며 벼슬의 넓은 바다를 다투며 건너는 데 있어서랴!</u> 돌아보매 내 손에 돈 한 푼 없으니, 지금까지 얕은 벼슬 하나 하지 못한 것이 어찌 당연한 일이 아니겠는가?" 했다.

① 코 아래 진상이 제일이라.

② 눈을 져다가 우물을 판다.

③ 되로 주고 말로 받는다.

④ 미련한 놈이 잡아들이라 하면 가난한 놈 잡아들인다.

문 20. 〈보기〉에서 밑줄 친 부분에 나타난 정서와 유사한 것은?

> ─── 〈보 기〉 ───
>
> 이별이 너무 길다 / 슬픔이 너무 길다
> 선 채로 기다리기엔 은하수가 너무 길다.
> 단 하나 오작교마저 끊어져 버린
> 지금은 가슴과 가슴으로 노둣돌을 놓아
> 면도날 위라도 딛고 건너가 만나야 할 우리,
> 선 채로 기다리기엔 세월이 너무 길다.
> <u>그대 몇 번이고 감고 푼 실을</u>
> <u>밤마다 그리움 수놓아 짠 베 다시 풀어야 했는가.</u>
> <u>내가 먹인 암소는 몇 번이고 새끼를 쳤는데,</u>
> <u>그대 짠 베는 몇 필이나 쌓였는가?</u>
> 이별이 너무 길다 / 슬픔이 너무 길다(후략)
>
> ─문병란, 〈직녀에게〉─

① 곳은 무스 일로 픠며셔 쉬이 디고, / 플은 어이하야 푸르는 듯 누르나니, / 아마도 변티 아닐손 바회뿐인가 하노라.

② 隨宜(수의)로 살려 하니 날로조차 齟齬(저어)하다. / 가을히 不足(부족)거든 봄이라 有餘(유여)하며 / 주머니 뷔엿거든 瓶(병)이라 담겨시랴. / 貧困(빈곤)한 人生(인생)이 天地間(천지간)의 나뿐이라.

③ 玉窓(옥창)에 심근 梅花(매화) 몃 번이나 픠여 진고. / 겨울 밤 차고 찬 제 자최눈 섯거 치고, / 여름날 길고 길 제 구즌 비는 무스 일고. / 三春花柳(삼춘화류) 好時節(호시절)에 景物(경물)이 시름업다.

④ 재너머 成勸農(성권롱) 집의 술닉닷 말 어제듯고 / 누은 쇼 발로 박차 언치노하 지즐투고 / 아히야 네 권롱 겨시냐 鄭座首(정좌수) 왓다 하여라

어휘편

※ (1~2) 다음 글을 읽고 물음에 답하시오.

> 돌이켜 보면, 1960년대 이전만 해도 우리나라 작가들의 어휘는 자못 풍부했었다. 오늘날은 까맣게 잊히다시피 한 많은 단어들이 그들의 작품에 사용되고 있음을 본다.
>
> ㄱ. 거레: 두 시간이나 잡담으로 ⊙거레를 한 뒤에, 순제는 가자고 나섰다. (염상섭, '취우')
> ㄴ. 켯속: 그의 애를 졸이게 하는 또 다른 ⓛ켯속에 있기 때문이다. (현진건, '무영탑')
> ㄷ. 잔입: 뒤숭숭한 꿈자리에서 눈을 떠 보니 어느덧 날이 밝았다. 영신은 ⓒ잔입으로 출근 시간이 되기를 기다려 경찰서로 갔다. (심훈, '상록수')
> ㄹ. 구듭: 오라비 ⓔ구듭을 끝까지 쳐 주고 공동묘지까지 따라와서 눈이 붓도록 운 것도 반은 자기 설움에 겨워서…. (심훈, '영원의 미소')
>
> 이들은 우리 민족의 기억에서 사라져 가고 있는 순수한 국어 단어들의 몇 예에 지나지 않는다. 국어의 어휘는 우리 민족이 머릿속에 소중히 간직했다가 후손에 물려줌으로써 그 생명력을 보존해 온 것이다. 이 구슬 같은 보배들이 우리 세대에 와서 사라져 버리게 된다면 우리 현대인은 민족의 큰 죄인이 될 것이다.

문 1. ⊙~ⓔ의 사전적 의미에 대한 설명으로 적절하지 않은 것은?

① 거레: 까닭 없이 지체하며 매우 느리게 움직임.
② 켯속: 포개어진 물건의 하나하나의 층.
③ 잔입: 자고 일어나서 아직 아무것도 먹지 아니한 입. ≒ 마른입.
④ 구듭: 귀찮고 힘든 남의 뒤치다꺼리.

문 2. 〈보기〉의 조건을 반영해 공익 광고 문안을 작성한 것이다. 가장 적절한 것은?

> ─── 〈보 기〉 ───
> - 일반 대중을 대상으로 하되 거부반응이 없도록 할 것
> - 윗글에 보인 예를 적절히 사용할 것
> - 윗글의 취지를 반영할 것

① 켯속과 구듭! 공부합시다!
　 작년도 교육행정직 국어시험에도 나왔던 문제입니다.

② 거레, 켯속, 잔입, 구듭.
　 이 말을 하나도 모르신다고요?
　 당신은 정녕코 세종대왕의 후손이 아니로군요.
③ 거레, 켯속, 잔입, 구듭…….
　 우리의 선조가 사용하던 말.
　 만나면 언젠가 헤어지는 법, 시간이 지나면 말도 변하는 법!
④ 석굴암과 한려해상국립공원만이 아끼고 보전할 대상은 아닙니다.
　 '거레, 켯속, 잔입, 구듭'
　 후손에게 물려줘야 할 아름다운 우리말입니다.

문 3. 발화 상황을 고려할 때, ⊙을 비판하는 말로 가장 적절한 것은?

> "뭐 어디 빈자리가 있어야지."
> K사장은 안락의자에 폭신 파묻힌 몸을 뒤로 벌떡 젖히며 하품을 하듯이 시원찮게 대답을 한다.
> 두 팔을 쭉 내뻗고 기지개라도 한번 쓰고 싶은 것을 겨우 참는 눈치다.
> 이 K사장과 둥근 탁자를 사이에 두고 공손히 마주앉아 얼굴에는 '나는 선배인 선생님을 극히 존경하고 앙모합니다' 하는 비굴한 미소를 띠고, 있는 구변 없는 구변을 다하여 직업 동냥의 구걸(求乞) 문구를 기다랗게 늘어놓던 P……. P는 그러나 취직 운동에 백전백패(百戰百敗)의 노졸(老卒)인지라 K씨의 힘 아니 드는 한마디의 거절에도 새삼스럽게 실망도 아니 한다. 대답이 그렇게 나왔으니 인제 더 졸라도 별수가 없는 것이지만 헛일 삼아 한마디 더 해 보는 것이다. (중략)
> 동십자각 옆에까지 온 P는 그 건너편 담배 가게 앞으로 갔다.
> "담배 한 갑 주시오."
> 하고 돈을 꺼내려니까 담배 가게 주인이, "네, 마꼬입니까?" 묻는다. P는 담배 가게 주인을 한 번 거들떠보고 다시 자기의 행색을 내려 훑어보다가 심술이 번쩍 났다. 그래서 잔돈으로 꺼내려던 것을 일부러 일 원짜리로 꺼내 드는데 담배 가게 주인은 벌써 마꼬 한 갑 위에다 성냥을 받쳐 내어민다.
> ⊙ "해태 주어요."
> P는 돈을 들이밀면서 볼멘소리를 질렀다. 그러나 담배 가게 주인은 그저 무신경하게 "네에." 하고는 마꼬를 해태로 바꾸어주고 팔십오 전을 거슬러다 준다. P는 저편이 무렴해 하지 아니 하는 것이 더욱 얄미웠다.
> 그는 해태 한 개를 꺼내어 붙여 물고 다시 전찻길을 건너 개천가로 해서 올라갔다. 인제는 포켓 속에 남은 것이 꼭 삼 원하고 동전 몇 푼이다. 엊그제 겨울 외투를 사 원에 잡혀서 생긴 것이다.
> 방세와 전깃불 값이 두 달 치나 밀리었다.

① 주제에 초망착호(草網着虎)하는 꼴이라니.
② 주제에 야랑자대(夜郞自大)하는 꼴이라니.
③ 주제에 허장성세(虛張聲勢)를 부리는구먼.
④ 주제에 경거망동(輕擧妄動)을 일삼는구먼.

※ (4~5) 다음 글을 읽고 물음에 답하시오.

噫(희)라, 舊來(구래)의 抑鬱(억울)을 宣暢(선창)하려 하면, 時下(시하)의 苦痛(고통)을 擺脫(파탈)하려 하면, 將來(장래)의 脅威(협위)를 ⓐ芟除(삼제)하려 하면, 民族的(민족적) 良心(양심)과 國家的(국가적) 廉義(염의)의 壓縮銷殘(압축 소잔)을 興奮伸張(흥분 신장)하려 하면, 各個(각개) 人格(인격)의 正當(정당)한 發達(발달)을 遂(수)하려 하면, 可憐(가련)한 子弟(자제)에게 苦恥的(고치적) 財産(재산)을 遺與(유여)치 안이 하려 하면, 子子孫孫(자자손손)의 永久完全(영구 완전)한 慶福(경복)을 導迎(도영)하려 하면, 最大急務(최대 급무)가 民族的(민족적) 獨立(독립)을 確實(확실)케 함이니, 二千萬(이천만) 各個(각개)가 人(인)마다 方寸(방촌)의 刃(인)을 懷(회)하고 人類通性(인류 통성)과 時代良心(시대 양심)이 正義(정의)의 軍(군)과 ⓑ人道(인도)의 干戈(간과)로써 護援(호원)하는 今日(금일), 吾人(오인)은 進(진)하야 取(취)하매 何强(하강)을 挫(좌)치 못하랴. 退(퇴)하야 作(작)하매 何志(하지)를 展(전)치 못하랴.

문 4. ⓐ과 뜻하는 바가 가장 유사한 것은?
　① 위편삼절(韋編三絶)
　② 발본색원(拔本塞源)
　③ 거두절미(去頭截尾)
　④ 절차탁마(切磋琢磨)

문 5. ⓑ과 관련한 설명으로 적절하지 않은 것은?
　① ⓑ의 '인도(人道)'는 '시대(時代)'의 양심(良心)'을 함의하고 있다.
　② ⓑ의 '의'는 '타(他)의 원우(怨尤)'의 그것과 의미 기능이 같다.
　③ ⓑ에 있는 '간과(干戈)'의 문맥적 의미는 '모순(矛盾)'과 다르다.
　④ ⓑ은 '정의(正義)의 군(軍)'과 짝을 이루어 표현 효과를 더하고 있다.

문 6. 단어와 단어의 관계가, ⊙과 ⓛ의 관계와 가장 유사한 것은?

벌레잡이통풀은 긴 잎 끝에 꽃병처럼 생긴 멋진 통을 달고 있어 보는 이의 감탄을 자아내며, 통의 3분의 1 정도가 물로 채워져 있다. 생물학자 도킨스는 일부러 만든 것과 같은 이런 형상을 '디자이노이드'라고 불렀다. 디자이노이드는 본질적으로 두 가지 원칙을 따른다. 첫 번째 원칙은 자연 어디서든 발견되는 효율성이다. 어떤 생물이든 생존을 위해 지나치게 많은 에너지를 소비하면 원칙적으로 불리하다. 따라서 되도록 적은 재료를 가지고 꼭 필요한 만큼의 견고한 몸매를 만들어 낸다. 그 결과는 대개 극도로 기교적이며 금실 세공처럼 정교하다. 이것만 봐도 그 우아한 형태를 확인할 수 있다. 두 번째 원칙은 합목적성이다. ⊙벌레잡이통풀은 곤충을 유인하기 위해 향기를 내뿜고, 통의 입구 가장자리를 색 무늬로 장식한다. 이 가장자리는 매끈하고 미끄러워서, 한번 들어온 곤충은 들어오자마자 급행열차를 타듯 섬모에 실려 눈 깜짝할 사이에 물속으로 빠진다. 그러나 이 식물은 통 속에 익사한 파리만으로는 직접 아무것도 할 수 없다. 그렇다고 위와 장을 갖춘 소화 메커니즘을 개발하는 일은 식물에게는 별로 효율적이지 못한 사업이다. 그래서 벌레잡이통풀은 이 일을 대신 해줄 자와 제휴하겠다고 공고를 낸다. 그리하여 통의 물속에 ⓛ특정의 구더기와 그 밖의 여러 생물이 살게 된 것이다. 그것들은 파리를 먹어 치우고, 대신 식물이 필요로 하는 물질을 배설한다. 그 대가로 식물은 직접 물 속 생물들에게 산소를 배출해 물의 신선도를 유지한다.

① 거미들 중 일부 거미는 알에서 부화한 <u>새끼들</u>이 <u>어미</u>의 몸을 영양분으로 먹고 자란다.
② <u>개미</u>는 <u>진딧물</u>로부터 필요한 당분을 섭취하는 대신, 무당벌레의 공격으로부터 진딧물을 보호해 준다.
③ <u>돼지</u>는 비계가 두꺼워 뱀에게 물려도 어떤 해를 입지 않기에, <u>뱀</u>을 보면 오히려 피하지 않고 잡아먹는다.
④ <u>닭</u>은 독이 있는 <u>지네</u>를 무서워하지 않고 오히려 먹이로 삼는데, 닭이 죽으면 지네는 닭을 먹이삼아 떼로 모여든다.

문 7. ⊙을 통해 '대사'가 '성진'에게 가르치고자 하는 바와 가장 관계가 깊은 것은?

"성진아, 인간 부귀를 지내니 과연 어떠하더뇨?"
성진이 고두하며 눈물을 흘려 가로되,
"성진이 이미 깨달았나이다. 제자 불초하여 염려를 그릇 먹어 죄를 지으니 마땅히 인세에 윤회할 것이어늘, 사부 자비하사 하룻밤 꿈으로 제자의 마음 깨닫게 하시니, 사부의 은혜를 천만 겁이라도 갚기 어렵도소이다."

대사 가로되,

"네, 승흥하여 갔다가 흥진하여 돌아왔으니 내 무슨 간예함이 있으리요? 네 또 이르되 인세에 윤회할 것을 꿈을 꾸다 하니, 이는 인세와 꿈을 다르다 함이니, 네 오히려 꿈을 채 깨지 못하였도다. ㉠'장주가 꿈에 나비가 되었다가 나비가 장주 되니' 어니 거짓 것이요 어니 진짓 것인 줄 분변치 못하나니, 어제 성진과 소유가 어니는 진짓 꿈이요 어니는 꿈이 아니뇨?"

성진이 가로되,

"제자, 아득하여 꿈과 진짓 것을 알지 못하니, 사부는 설법하사 제자를 위하여 자비하사 깨닫게 하소서."

-김만중, 〈구운몽〉-

① 제행무상(諸行無常)

② 생자필멸(生者必滅)

③ 회자정리(會者定離)

④ 각곡유목(刻鵠類鶩)

문 8. 문맥상 ㉠과 바꾸어 쓰기에 가장 적합한 말은?

슈퍼마켓에서 혹은 현금 자동 인출기 앞에 길게 늘어선 줄들을 보고 '어느 줄에 설까'를 고민해 보지 않은 사람은 없을 것이다. 순간적인 눈치와 얕은꾀를 동반해 '사소한 일에 목숨을 거는' 고민 끝에 제일 빨리 줄어들 것 같은 줄 뒤에 서지만, 늘 다른 줄들이 먼저 줄어든다. 도대체 그 이유는 무엇일까? 다른 줄에 섰으면 지금쯤 계산이 끝났을 텐데 말이다.

이 문제는 조금만 생각해 보면 ㉠당연(當然)한 결과라는 것을 알 수 있다. 만약, 슈퍼마켓에 열두 개의 계산대가 있다고 가정해 보자. 공교롭게도 내가 선 줄의 계산대가 말썽을 일으킨다거나 사람들이 물건을 많이 사서 유독 계산이 느리게 진행될 수도 있겠지만, 평균적으로는 다른 줄과 별 차이가 없다고 가정할 수 있다. 다른 줄에서도 그런 일이 벌어질 가능성은 얼마든지 있으니까. 또 사람들은 늘 가장 짧은 줄 뒤에 서려고 할 것이므로, 줄의 길이도 대개 비슷할 것이다. 그렇다면, 이 경우 평균적으로 내가 선 줄이 가장 먼저 줄어들 확률은 얼마일까? 그것은 당연히 1/12이 될 것이다. 다시 말하면, 다른 줄들이 내가 선 줄보다 먼저 줄어들 확률이 11/12이나 된다는 얘기다. 아주 운이 좋지 않다면, 어떤 줄을 선택하든 결국 나는 다른 줄이 먼저 줄어드는 것을 지켜볼 수밖에 없다.

① 필연적인

② 결정적인

③ 필수적인

④ 운명적인

문 9. 밑줄 친 어휘가 어법이나 문맥에 어긋나게 사용된 것은?

① 손님들께 진지 잡숫게 어서 오시라고 해라.

② 낸들 벽창호가 아닌 담에야 그만 생각이 없겠나?

③ 그는 말주변마저 없어서 고스란히 당할 수밖에 없었다.

④ 아이는 힘든 공부에 데었는지 집에 와서는 잠만 잔다.

문 10. 밑줄 친 어구가 어법이나 문맥에 어긋나게 사용된 것은?

① 둘이 권커니 잣거니 먹느라고 술을 네댓 번이나 더 내왔다.

② 그는 월말만 되면 월급이 많니 적니 하고 불평을 늘어놓는다.

③ 그것은 웬만한 사람은 다 알고 있으니 구구히 설명할 필요도 없겠다.

④ 빙판에 넘어지면서 접질린 발목이 매우 아프다.

문 11. 밑줄 친 어구가 어법이나 문맥에 어긋나게 사용된 것은?

① 섣달그믐에 태어났으니 설을 쇠고 나면 앰한나이 두 살이다.

② 남 앞에 나서서 말하는 것을 꺼려하는 사람이 전혀 아니다.

③ 숙제를 다 마치고 나니 십 년 묵은 체증이 쑥 내려가는 것 같다.

④ 형과 나는 두 살 터울이지만, 형이 키가 커서 그렇게 보이지 않는다.

문 12. 밑줄 친 단어의 사용이 문맥에 어울리지 않는 것은?

① 이 친구와 나는 어렸을 때부터 막역(莫逆)하게 지내왔다.

② 곧바로 그는 그 일에 대하여 자신의 실수를 자임(自任)하였다

③ 상대방과 의견이 상치(相馳)되면 다소 여유를 갖고 대화에 임해야 한다.

④ 이번 사건은 사회적 · 경제적 · 정치적으로 엄청난 파장(波長)을 몰고 왔다.

문 13. 다음 중 ( ) 안의 한자가 바르지 <u>않게</u> 사용된 것은?

① 우리 경제는 그동안 세계에 유례가 없을 정도로 괄목(刮目)할 만한 성장을 이루었다.

② 채권단의 요구에 따라 회사는 방대(尨大)한 조직을 정리하는 군살 빼기에 착수했다.

③ 우리 회사는 오래 전부터 유명한 경제 전문가에게 매사를 자문(諮問)하고 있다.

④ 우리 민족은 외세의 오랜 압박(押迫)과 억압에도 굴하지 않은 강인한 민족성을 가졌다.

문 14. 다음 중 ( ) 안의 한자가 바르지 <u>않게</u> 사용된 것은?

① 김영랑의 시는 시어의 조탁(彫琢)을 통해 우리말의 아름다움을 잘 살렸다.

② 어떻게 할지 주저(躊躇)한다고 해서 뾰족한 방법이 나오는 것이 아니다.

③ 자신이 잘못한 일을 그렇게 책임을 동료에게 전가(傳嫁)하시면 안 돼요.

④ 후보자들은 당선된 뒤에도 선거 공약들을 충실히 이행(履行)하겠다고 다짐한다.

문 15. 밑줄 친 단어의 사용이 문맥에 어울리지 <u>않는</u> 것은?

① 이번 보고서 작성에 필요한 참고 자료를 열람(閱覽)하려 했지만 전부 대출 중이었다.

② 전번에 빌린 돈을 치료비에 다 충당(充當)하고, 지금은 집 안에 한 푼도 남아 있지 않네.

③ 이번 공사만 수주하면 회사의 손익을 크게 경감(輕減)할 수 있어 큰 도움이 될 것이다.

④ 바람직하지 못한 소비문화를 조장(助長)하는 허위 광고는 규제되어야 한다.

문 16. ㉠~㉣을 바꾸어 쓴 말로 적절하지 <u>않은</u> 것은?

> 사람의 귀는 주파수 분포를 감지하여 음원의 종류를 알아내지만, 음원의 위치를 알아낼 수 있는 직접적인 정보는 감지하지 못한다. 하지만 사람의 청각 체계는 두 귀 사이 그리고 각 귀와 머리 측면 사이의 상호 작용에 의한 단서들을 이용하여 음원의 위치를 알아낼 수 있다. 음원의 위치는 소리가 오는 수평·수직 방향과 음원까지의 거리를 이용하여 ㉠ 깨닫는데, 그 정확도는 음원의 위치와 종류에 따라 다르며 개인차도 크다.
>
> 음원까지의 거리는 목소리 같은 익숙한 소리의 크기와 거리의 상관관계를 이용하여 추정한다. 음원이 청자의 정면 정중앙에 있다면 음원에서 두 귀까지의 거리가 같으므로 소리가 두 귀에 도착하는 시간 차이는 없다. 반면 음원이 청자의 오른쪽으로 ㉡ 치우치면 소리는 오른쪽 귀에 먼저 도착하므로, 두 귀 사이에 도착하는 시간 차이가 생긴다. 이때 치우친 정도가 클수록 시간 차이도 커진다. 도착 순서와 시간 차이는 음원의 수평 방향을 ㉢ 알아내는 중요한 단서가 된다.
>
> 음원이 청자의 오른쪽 귀 높이에 있다면 머리 때문에 왼쪽 귀에는 소리가 작게 들린다. 이러한 현상을 '소리 그늘'이라고 하는데, 주로 고주파 대역에서 ㉣ 일어난다. 고주파의 경우 소리가 진행하다가 머리에 막혀 왼쪽 귀에 잘 도달하지 않는데 비해, 저주파의 경우 머리를 넘어 왼쪽 귀까지 잘 도달하기 때문이다. 소리 그늘 효과는 주파수가 1,000 Hz 이상인 고음에서는 잘 나타나지만, 그 이하의 저음에서는 거의 나타나지 않는다. 이 현상은 고주파 음원의 수평 방향을 알아내는 데 특히 중요한 단서가 된다.

① ㉠ : 지각(知覺)하는데

② ㉡ : 치중(置重)하면

③ ㉢ : 파악(把握)하는

④ ㉣ : 발생(發生)한다

문 17. ㉠과 같은 뜻으로 쓰인 것은?

> 19세기 중엽에 탄생된 여러 계통의 사회 과학을 보면, 우리들의 생활이 급속도로 사회 중심 체제로 변한 것을 실감케 된다. 그러므로 옛날에는 개인이 중심이고 사회가 그 부수적인 현상같이 느껴졌으나, 오늘에 이르러서는 사회가 중심이 되고 개인은 그 사회의 부분들인 것으로 생각되기에 이르렀다. 특히 사회가 그 시대의 사람들을 만든다는 주장이 대두되면서부터 그 성격이 점차 ㉠ 굳어졌다. 실제로, 현대를 살고 있는 우리들의 생활을 살펴보면, 내가 살고 있다기보다는 '우리'가 살고 있으며, 이때의 '우리'라 함은 정치, 경제 등의 집단인 사회를 가리키고 있는 것이 오늘의 현실이다.

① 갑자기 그녀의 표정이 <u>굳어져</u> 나는 무슨 말실수라도 했나 걱정이 되었다.

② 그가 돌보던 환자는 손가락이 꼬이고 숨이 가빠지더니 손발이 <u>굳어졌다</u>.

③ 그가 고치기 힘든 병을 앓은 이후 종교에 대한 믿음이 더 <u>굳어지게</u> 되었다.

④ 아직 선거가 시작되지도 않았는데 그의 당선이 기정사실(旣定事實)로 <u>굳어진</u> 느낌이다.

문 18. ㉠~㉣의 뜻풀이로 가장 적절한 것은?

> 어사또 목이 메어 춘향 손을 ㉠ 부여잡더니 눈물이 듣거니 맺거니,
>
> "네가 이것이 웬일이냐. 부드럽고 곱던 손길이 피골(皮骨)이 상련(相連)쿠나."
>
> "나는 이게 내 죄요마는, 서방님은 웬일이요?"
>
> "나도 역시 팔자로다."
>
> "서방님을 잠시라도 뵈오니 이제 죽어 한이 없나이다. 내일 본관사또 생신 잔치 끝에 나를 올려 죽인다니, 서방님은 먼 데 가지 말고 옥문 밖에 서 있다가, 날 올리라 영(令)이 내리거든 칼머리나 들어 주오. 나를 죽여 내어놓거든 다른 사람 손 대기 전에, 삯꾼인 체 달려들어 나를 업고 물러나와, 우리 둘이 인연 맺던 부용당(芙蓉堂)에 나를 누이고 서방님 속옷 벗어 입혀 주고 나를 묻어 주되, 신산(新山) 구산(舊山) 다 버리고 서울로 올라가서, 선대감(先大監) 제절 하(除節下)에 ㉡ 은근(慇懃)히 묻어 주고, 정조 한식(正朝寒食) 단오 추석 선대감 시제(時祭) 잡순 후, 주과포혜(酒果脯醯) 따로 차려 놓고 술 한 잔 부어 들고, 나의 무덤에 우에 올라서서 발 툭툭 세 번 구르고, '춘향아' 부르시고, 청초(靑草)는 우거진디 앉았느냐 누웠느냐? 내가 와 주는 술이니 ㉢ 퇴(退)치 말고 많이 먹어라.' 그 말씀만 하여 주오. 그 말밖에 할 말 없오."
>
> 어사또 목이 메어 눈물이 ㉣ 듣거니 맺거니,
>
> "오냐, 춘향아, 우지 마라. 우지 마라. 우지를 말어라. 이애 춘향아, 우지 마라. 상여(喪輿) 탈지 가마를 탈지 그것이야 누가 알겠느냐마는, 천붕우출(天崩牛出)이라 하였으니 솟아날 굼기가 있느니라. 오늘 밤만 죽지를 말고 내일 날로 상봉하자."

① ㉠: 살며시 잡더니
② ㉡: 함부로 드러나지 않고 은밀히 묻어 주고
③ ㉢: 물러서지 말고
④ ㉣: 나올 듯 말 듯

문 19. 다음 글에 나타난 '수령'의 행태를 비판하는 말과 가장 관련이 깊은 것은?

> 오늘날 수령들은 옛날의 제후와 같아져 궁실과 수레, 의복과 음식, 그리고 좌우의 시종을 거느린 것이 마치 국군(國君)의 그것에 비길 만하다. 또 그들의 관능은 넉넉히 다른 사람을 경복(慶福)할 만하고, 그들의 형률(刑律)과 위엄은 충분히 사람들을 두렵게 할 만하다. 결국 수령들은 오만스럽게 자신을 뽐내고, 태평스럽게 스스로 안일에 빠져서 자신이 목(牧)이라는 것을 망각하고 만다. 사람들이 분쟁을 일으켜 찾아가 판결을 구하면 번거로워 하면서 "왜 이렇게 시끄러우냐?" 하고, 굶어 주는 사람이 있으면 "제 스스로 죽은 것일 뿐이다." 한다. 곡식과 피륙을 바쳐서 섬기지 않으면 곤장을 치고 몽둥이질을 하여 피가 흘러서야 그친다. 날마다 거둬들인 돈 꾸러미를 헤아려 낱낱이 기록하고, 돈과 피륙을 부과하여 전답과 주택을 장만하여, 권세 있는 재상가에 뇌물을 보내 뒷날의 이익을 기다린다. 이러고서야 백성이 목을 위하여 태어난 것이어니와, 어찌 이것이 타당한 이치이겠는가?

① 가렴주구(苛斂誅求)
② 자중지란(自中之亂)
③ 부화뇌동(附和雷同)
④ 엄이도령(掩耳盜鈴)

문 20. ㉠과 바꾸어 쓰기에 적절하지 않은 것은?

> 도련님이 이 말 듣고, 말 아래 급히 내려 우루루루루 뛰어 들어가 춘향의 목을 안고,
>
> "춘향아, 네가 이것이 웬일이냐. 네가 천연히 집에 앉아 날더러 잘 가라고 말을 하여도 장부 ㉠간장이 다 녹는데, 삼도(三道) 네거리 떡 벌어진 데서 네가 이 울음이 웬일이냐."
>
> 춘향이 기가 막혀,
>
> "아이고 도련님 참으로 가시오그려. 못 하지 못 가지요. 나를 죽여 이 자리에 묻고 가면 갔지 살려 두고는 못 가리다. 향단아 술상 이리 가져오너라."

① 애꿏다
② 애끓다
③ 애끓다
④ 애타다

5회

문 1. 다음은 〈규중칠우쟁론기〉의 일부다. 〈보기〉의 지문에서 말하는 이(화자)는?

> ─────〈보 기〉─────
>
> "인화야, 너와 나는 소임 같다. 연이나 인화는 침선뿐이라. 나는 천만 가지 의복에 아니 참예하는 곳이 없고, 가증한 여자들은 하로 할 일도 열흘이나 구기여 살이 주역주역한 것을 내의 광둔(廣臀)으로 한 번 스치면 굵은 살 낱낱이 펴이며 제도와 모양이 고하지고 더욱 하절을 만나면 소임이 다사하야 일일도 한가하지 못한지라. 의복이 나 곧 아니면 어찌 고오며 더욱 세답(洗踏)하는 년들이 게을러 풀 먹여 널어 두고 잠만 자면 브듯쳐 말린 것을 나의 광둔 아니면 어찌 고으며, 세상 남녀 어찌 반반한 것을 입으리오. 이러므로 작의공이 내 제일이 되나니라."

① 척부인(尺夫人 : 자)   ② 교두각시(交頭 : 가위)

③ 세요각시(細腰 : 바늘)   ④ 울낭자(熨 : 다리미)

문 2. 밑줄 친 조사의 쓰임이 옳지 <u>않은</u> 것은?

① 우편 접수는 마감일 안에 도착한 서류<u>에</u> 한한다.

② 그는 모 기업<u>에서</u> 돈을 받은 혐의로 현재 조사 중에 있다.

③ 너의 행동은 네가 평소 말해 왔던 이념<u>에</u> 배치된 것이었다.

④ 참석하지 않겠다는 의사를 주최 측<u>에게</u> 전달하였다.

문 3. 띄어쓰기가 올바른 문장은?

① 지금껏 그 남자를 백안시V하던 눈에 웃음을 띠게 되었다.

② 그는 군인이기 때문에 <u>전쟁이외의</u> 것은 생각하지 않았다.

③ 그들은 간동한 보따리를 <u>하나씩</u> 짊어지고 길을 떠났다.

④ 아이들이 얼마나 <u>떠드는V지</u> 책을 읽을 수가 없었다.

문 4. 다음 글의 ( ) 안에 들어 갈 말로 적절한 것은?

> 전일 국내 주식시장의 폭락을 보면 ( )의 고사를 떠올리게 된다. 주식시장을 움직이는 근본적인 요인인 경제적인 문제보다는 지정학적 위험 등 경제 외적인 요인으로 인해 주식시장이 화를 입는 것으로 보이기 때문이다. 연잇는 불확실성들로 인해 애꿎게 주가가 급락하고 있지만 장기적인 추세는 이러한 외부요인보다는 경제적인 요인에 의해 결정된다는 점은 기억될 필요가 있을 것 같다.

① 앙급지어(殃及池魚)   ② 전화위복(轉禍爲福)

③ 새옹지마(塞翁之馬)   ④ 고성낙일(孤城落日)

문 5. 문장의 의미를 고려할 때, 한자가 <u>잘못</u> 병기된 것은?

① 연자원의 <u>보고(寶庫)</u>인 바다가 점점 오염되고 있다.

② 주거가 <u>부정(否定)</u>하거나 증거 인멸, 도주의 우려가 있는 경우에 한한다.

③ 대통령은 외국 경제 사절단의 <u>예방(禮訪)</u>을 받고 투자 문제에 대해 논의했다.

④ 김 감독은 무단으로 훈련에 불참한 선수들을 <u>제재(制裁)</u>할 방침이라고 밝혔다.

문 6. 다음 대화에서 교사가 구사하고 있는 듣기 전략 중, 가장 두드러진 것은?

> 학생 : 오빠랑 싸웠다고 엄마한테 혼났어요. 전 억울하다고요.
>
> 교사 : 엄마에게 혼나서 억울하겠구나.
>
> 학생 : 예, 정말 오빠가 먼저 잘못했단 말이에요. 그런데도 엄마는 저를 인정하지 않으시고 항상 저만 혼내세요.
>
> 교사 : 엄마가 너를 좀 인정해 주었으면 하는 마음이 있었구나. 그런데 그렇지 않았으니 넌 정말 섭섭했겠구나.
>
> 학생 : (울면서) 정말이에요.

① 협력적 듣기   ② 공감적 듣기

③ 추리적 듣기   ④ 평가적 듣기

문 7. 〈보기1〉의 내용을 근거로 〈보기2〉를 이해한 결과가 적절하지 <u>않은</u> 것은?

> ─────〈보 기1〉─────
>
> 'A+B'로 구성된 관용 표현에서 단어나 구절에 해당하는 두 요소 'A' 혹은 'B' 중 어느 한쪽이 생략되어도 전체의 의미가 크게 변하지 않는 현상을 '의미 쏠림'이라고 한다. 이때 남은 'A' 혹은 'B'가 명사라면 '이다'를 붙여 서술어를 만든다.

> ─────〈보 기2〉─────
>
> ㄱ. 시치미를 떼다. ⇒ 시치미이다.
>
> ㄴ. 뒷북을 치다. ⇒ 뒷북이다.
>
> ㄷ. 바가지를 씌우다. ⇒ 바가지이다, 바가지를 긁다.
>
> ㄹ. ⓐ 닭 잡아먹고 오리발을 내밀다. ⇒ ⓑ 오리발을 내밀다. ⇒ 오리발이다.
>
> ㅁ. 무릎을 치다. ⇏ 무릎이다.

① ㄱ은 'A'로 의미 쏠림이 일어난 것이군.

② ㄴ, ㅁ을 보니 관용 표현에 쓰인 서술어를 보면 의미 쏠림이 일어날지 알 수 있군.

③ ㄷ을 보니 의미 쏠림 후의 '바가지이다'는 두 가지 의미로 해석할 수 있군.

④ ㄹ의 ⓐ ⇒ ⓑ는 'B'로 의미 쏠림이 일어난 것이군.

문 8. 〈보기〉의 설명을 참고할 때, 인용 발화로는 보기 어려운 것은?

> ──────── 〈보 기〉 ────────
>
> 　어떤 사람의 말을 남에게 전달하는 말을 인용 발화라 한다. 책, 신문, 방송과 같은 매체를 통해 간접적으로 알게 된 일을 전달하는 말도 인용 발화로 간주한다. 인용 발화는 대개 특수한 형식을 취하고 있어 일반 발화와 구분되어 쓰이나, 간혹 일반 발화도 인용 발화의 형식으로 쓰이는 경우가 있다.

① 지금 저는 눈물이 날 정도로 기쁘답니다.

② 어제는 열차가 30분이나 연착했답니다.

③ 밖에는 비바람이 몰아치고 있답니다.

④ 그 나라 풍습은 정말 흥미롭답니다.

문 9. 〈보기〉에 이어질 설명으로 적절한 것은?

> ──────── 〈보 기〉 ────────
>
> 　'앞앞이'는 [아바피]로 발음하는 게 맞다. 먼저 '앞앞' 뒤에 모음으로 시작되는 형식 형태소가 올 때는 마지막 받침 'ㅍ'을 ㉠ 제 음가대로 뒤 음절의 첫소리로 옮겨 발음한다. 반면, '앞'과 '앞'이 결합한 '앞앞'처럼 받침이 있는 말 뒤에 모음 'ㅏ, ㅓ, ㅗ, ㅜ, ㅟ' 들로 시작되는 실질 형태소가 오게 되면 그 받침을 ㉡ 대표음으로 바꾸어서 뒤 음절의 첫소리로 옮겨 발음한다. 그래서 '앞앞이'를 [아바피]로 발음하는 것이다. ㉠과 ㉡에 해당하는 구체적인 예를 살펴보면 다음과 같다.

① '무릎이야'는 ㉠에 해당하고 '무릎 아래'는 ㉡에 해당한다.

② '동녘이나'는 ㉠에 해당하고 '동녘에서'는 ㉡에 해당한다.

③ '겉으로'와 '겉옷'은 모두 ㉠에 해당한다.

④ '빛에'와 '빛이랑'는 모두 ㉡에 해당한다.

문 10. 〈보기1〉의 (가), (나)에 따른 표기의 사례를 〈보기2〉의 ㉠~㉣에서 찾아 바르게 짝지은 것은?

> ──────── 〈보 기1〉 ────────
>
> (가) ㅇ를 입시울쏘리 아래 니서 쓰면 입시울가비야본 소리
> 　　　 드외ᄂᆞ니라
> 　　[풀이] ㅇ을 순음 아래 이어 쓰면 순경음이 된다.
> (나) 첫소리를 어울워 뚫디면 굴바 쓰라
> 　　[풀이] 초성 글자를 합하여 사용할 때에는 나란히 써라.

> ──────── 〈보 기2〉 ────────
>
> 　나랏말ᄊᆞ미 中듕國귁에 달아 文문字ᄍᆞ와로 서르 ᄉᆞᄆᆞᆺ디 아니홀ᄊᆡ 이런 젼ᄎᆞ로 어린 百ᄇᆡᆨ姓셩이 니르고져 홇 배 이셔도 ㉠ 무ᄎᆞᆷ내 제 ᄠᅳ들 시러 펴디 몯홇 노미 하니라 내 이를 爲윙ᄒᆞ야 어엿비 너겨 새로 스믈여듧 字ᄍᆞᆼ를 밍ᄀᆞ노니 사ᄅᆞᆷ마다 ㉡ 히여 ㉢ 수빙 니겨 날로 ᄡᅮ메 便뼌安한킈 ᄒᆞ고져 홇 ㉣ ᄯᆞᄅᆞ미니라
>
> 　　　　　　　 －『훈민정음』 언해 －

　　　(가)　　　(나)

① 　㉠　　　㉡

② 　㉠　　　㉢

③ 　㉡　　　㉢

④ 　㉢　　　㉣

문 11. '지금은 가야할 때'를 중심으로, 다음 시를 이해한 내용으로 적절하지 <u>않은</u> 것은?

> 가야 할 때가 언제인가를
> 분명히 알고 가는 이의
> 뒷모습은 얼마나 아름다운가.
>
> 봄 한 철
> 격정을 인내한
> ㉠ 나의 사랑은 지고 있다.
>
> ㉡ 분분한 낙화……
> 결별이 이룩하는 축복에 싸여
> **지금은 가야할 때.**
>
> ㉢ 무성한 녹음과 그리고
> 　머지않아 열매 맺는
> 　가을을 향하여
> ㉣ 나의 청춘은 꽃답게 죽는다.
>
> 헤어지자
> 섬세한 손길을 흔들며
> 하롱하롱 꽃잎이 지는 어느 날.
>
> 나의 사랑, 나의 결별
> 샘터에 물 고인 듯 성숙하는
> 내 영혼의 슬픈 눈.
>
> 　　　　　　 －이형기, 「낙화」 －

① ㉠으로 보아 사랑하는 사람과의 이별과 거기에서 오는 아픔을 노래한 것으로 보여.

② ㉡으로 보아 꽃이 져야 열매를 맺는 자연의 섭리와 그것에 순응하는 태도로 읽을 수 있어.

③ ㉢으로 보아 가난에서 오는 절망을 극복한 풍요로운 세계에 대한 소망을 노래하고 있어.

④ ㉣로 보아 인생의 청춘기와 성년기의 경계 지점을 통과하는 사람의 노래로 볼 수 있어.

문 12. 다음 작품과 같은 방식으로 소망의 절실함을 보여주는 작품은?

> 삭삭기 셰몰애 별헤 나는
> 삭삭기 셰몰애 별헤 나는
> 구은 밤 닷 되를 심고이다
> 그 바미 우미 도다 삭나거시아
> 그 바미 우미 도다 삭나거시아
> 有德(유덕)ᄒ신 님믈 여히ᄋᆞ와지이다

① 내히 됴타 ᄒ고 남 슬흔 일 ᄒ지 말며
　남이 ᄒ다 ᄒ고 義(의) 안이여든 좃지 말니
　우리는 天性(천성)을 직희여 삼긴 ᄃᆡ로 ᄒ리라.
　　　　　　　　　　　　　　　　　　　　　－ 변계량

② 風霜(풍상) 섯거 틴 날의 잇깃 픤 黃菊花(황국화)를
　銀盤(은반)의 것거 다마 玉堂(옥당)으로 보내실샤
　桃李(도리)야 곳이론 양 마라 님의 쓰들 알괘라
　　　　　　　　　　　　　　　　　　　　　－ 송순

③ 올히 댤은 다리 학긔 다리 되도록애
　거믄 가마괴 해오라비 되도록애
　享福無疆(향복무강)하샤 億萬歲(억만 세)를 누리소셔
　　　　　　　　　　　　　　　　　　　　　－ 김구

④ 이시렴 부디 갈짜 아니 가든 못ᄒ쏘냐
　無端(무단)이 슬트냐 눕의 말을 드럿ᄂᆞ야.
　그려도 하 애도래라 가는 ᄯᆞᆺ을 닐러라.
　　　　　　　　　　　　　　　　　　　　　－ 성종

문 13. (가)의 표현 방식에 대한 설명으로 알맞은 것은?

> (가) 두꺼비로 치고 만든 모양이나 완전한 두꺼비도 아니요, 또 개구리는 물론 아니다. 툭 튀어나온 눈깔과 떡 버티고 앉은 사지(四肢)며 아무런 굴곡이 없는 몸뚱어리, 그리고 그 입은 바보처럼 '헤ー'하는 표정으로 벌린 데다가 입 속에는 파리도 아니요 벌레도 아닌 무언지 알지 못할 구멍 뚫린 물건을 물렸다. 〈중략〉
>
> 　너는 어째 그리도 못 생겼느냐. 눈알은 왜 저렇게 튀어나오고 콧구멍은 왜 그리 넓으며 입은 무얼 하자고 그리도 컸느냐. 웃을 듯 울 듯한 네 표정! 곧 무슨 말이나 할 것 같아서 기다리고 있는 나에게 왜 아무런 말이 없느냐. 가장 호사스럽게 치레를 한다고 네 놈은 얼쑹덜쑹하다마는 조금도 화려해 보이지는 않는다. 흡사히 시골 색시가 능라주속(綾羅紬屬)을 멋없이 감은 것처럼 어색해만 보인다.

① 시간의 흐름에 따라 서술하고 있다.

② 공간의 이동에 따라 서술하고 있다.

③ 인과적 방법에 따라 서술하고 있다.

④ 논리적 방법에 따라 서술하고 있다.

문 14. (가) 상황에 어울리는 글을 쓰려고 할 때, (나) 조건에 가장 잘 맞는 것은?

> (가) 상황 : 서로 다른 성격으로 인해 자주 다투는 두 친구를 대상으로 하여 충고의 말을 하려 한다. 내용은 삶과 관련하여 '조화(調和)의 가치'를 강조하고자 한다.
> (나) 조건 : ㉠ 대립적인 속성을 지닌 사물을 이용한다.
> 　　　　　 ㉡ 유추와 대조의 표현 효과를 살린다.
> 　　　　　 ㉢ 가치의 요소를 암시적으로 드러낸다.

① 이는 딱딱하고 혀는 부드럽다. 이는 음식을 씹되 그 맛을 모르고, 혀는 맛볼 수는 있으되 맛이 우러나게 씹을 수는 없다. 이 둘이 어울려 제 기능을 다할 때 음식으로부터 즐거움과 건강을 얻을 수 있듯이, 엄격한 아버지와 자애로운 어머니가 존재하기에 아이는 건강하게 자랄 수 있다. 이런 것이 세상의 이치이다.

② 분수와 폭포는 영원한 대립자이다. 폭포는 지하를 향해 끝없이 하강하려 하지만, 분수는 천상을 향해 부단히 상승하려 한다. 폭포가 철저하게 자연의 법칙에 순응하려 한다면 분수는 이러한 법칙에 반대하고 저항한다. 이 두 개의 의지는 결코 서로 만나 이웃을 이루는 일이 없다.

③ 광명과 암흑은 정반대의 현상이다. 그러나 광명이 있을 때 비로소 암흑이 생겨난다. 촛불로 인해 찾아 온 광명은 암흑을 내쫓는 것이 아니라 거꾸로 촛불 밑에 암흑을 불러들인다. 광명이 없는 암흑은 다만 죽어 있는 정적에 지나지 않는다. 광명은 암흑을 깨어나게 한다.

④ 인간에겐 역사와 신화의 두 다리가 있다. 역사는 먹고 자고 입는 일상의 울타리 속에서 움직이며, 신화는 사랑하고 노래하며 춤추는 초월의 언덕 위에서 행동한다. 밥은 역사의 양식이며 술은 신화의 양분이다. 이 둘 모두 필요한 것이 사실이지만 술 없이는 살아도 밥 없이는 살 수 없다.

문 15. 〈보기 1〉을 바탕으로 〈보기2〉의 ㉠~㉢을 설명한 것으로 적절하지 <u>않은</u> 것은?

———— 〈보 기1〉 ————

능동문은 대개 '-이-, -히-, -리-, -기-' 등의 접미사를 이용하여 피동문으로 만들 수 있다. 그러나 모든 타동사가 피동 접미사를 취할 수 있는 것은 아니다. 이런 타동사들은 '-어지다'나 '-되다'를 활용하여 피동사로 만들 수 있다. 물론 이 두 가지 방식이 다 가능한 것도 많다.

한편 모든 능동문이 그에 상응하는 피동문을 가지는 것은 아니다. 능동문은 자연스럽지만, 그에 상응하는 피동문은 부자연스러운 경우가 있다. 또 능동문을 피동문으로 만들 수는 있지만, 피동문과 능동문 사이에 의미가 사뭇 달라지는 경우도 있다.

———— 〈보 기2〉 ————

㉠ 옷을 옷걸이에 걸었다.

㉡ 사람들에게 소식을 알렸다.

㉢ 이 탑을 언제 복구하나요?

㉣ 영희가 가래떡을 먹었다.

① ㉠은 '-리-'를 활용하여 자연스러운 피동문을 만들 수 있다.

② ㉡은 '-어지다'를 활용하여 자연스러운 피동문을 만들 수 있다.

③ ㉢은 '-되다'를 활용하여 자연스러운 피동문을 만들 수 있다.

④ ㉣은 '-히-'를 활용하여 자연스러운 피동문을 만들 수 있다.

문 16. 〈보기1〉를 바탕으로, 〈보기2〉의 ㉠~㉣을 설명한 결과로 올바르지 <u>않은</u> 것은?

———— 〈보 기1〉 ————

음운 변화의 결과를 중심으로 음운 변동을 분류하면 다음과 같다. 먼저 한 음운이 다른 음운으로 바뀌는 것을 음운 교체(또는 대치)라 하며, 한 음운이 어떤 환경에서 없어지는 것을 음운 탈락이라 한다. 또 어떤 환경에서 음운이 새로 생기는 것을 음운 첨가라 하며, 두 음운이 합쳐져서 다른 음운으로 바뀌는 것을 음운 축약이라 한다. 교체와는 별개의 범주로 '동화'를 설정하기도 하는데, 음운 동화란 소리와 소리가 이어서 날 때 한 소리가 다른 소리의 영향을 받아서 그와 같거나 비슷한 소리로 변하는 음운 현상을 말한다.

———— 〈보 기2〉 ————

㉠ 가녘[가 : 녁], 히읗[히읃], 무릎[무릅]

㉡ 넋[넉], 여덟[여덜], 외곬[외골]

㉢ 맨입[맨닙], 솜이불[솜 : 니불], 공일[공닐]

㉣ 해돋이[해도지], 굳히다[구치다], 같이[가치]

① ㉠ : 모두 음절의 끝소리 위치에서 음운 교체가 이루어지고 있음을 알 수 있다.

② ㉡ : 음절 끝소리의 자음군이 단순화하면서 음운 탈락이 이루어지고 있음을 알 수 있다.

③ ㉢ : 'ㅣ' 모음으로 시작하는 형태소 앞에서 음운 첨가가 이루어지고 있음을 알 수 있다.

④ ㉣ : 선행 모음의 영향으로 후행 자음이 변화하는 음운 동화가 이루어지고 있음을 알 수 있다.

문 17. 다음 글에 제시된 '자유권'과 '사회권'의 관계를 가장 잘 요약한 것은?

역사적으로 보면 인권은 지배로부터의 해방을 통한 권리 확대의 과정에서 등장하였다. 따라서 출발점에서의 관심사는 자유와 권리였다. 여기서 말하는 자유와 권리란 단순하게는 권력이 행하는 간섭 또는 억압의 배제를 의미했다. 사람들은 가능한 한 권력이 신체의 자유를 제한하지 않는 것을 원했다. 권리란 것도 마찬가지여서, 확보된 권리를 권력이 침범하지 않기를 바랐다. 그러나 인간은 그런 자유와 권리만으로는 만족스럽게 살 수 없다. 먹고사는 데 필요한 최소한의 조건이 충족되어야 한다. 국가가 개인의 자유와 권리를 간섭하고 침해하지 않는 것만으로는 인민의 생활을 보장할 수 없었기에 인간다운 생활이 가능하도록 적극적으로 도와주어야 할 의무가 요청되기 시작했다. 그래서 나온 인권 개념의 하나가 사회권이다. 사회권은 국가와 사회에 대하여 무엇인가를 해 줄 것을 요구하는 권리다. 따라서 사회권도 자유권과 마찬가지로 권리로서의 성격을 가지느냐에 대해 견해가 분분하다. 자유권을 침해당하면 소송을 하는 방법으로 구제받을 수 있다. 그런데 국가가 어떤 수준의 복지 정책을 펼치지 않는다고 해서 그 이행을 소송으로 요구할 수 있느냐 하는 것은 좀 다른 문제이다.

① 자유권이 국가로부터의 부당한 간섭의 배제를 의미한다면, 사회권은 국가에 대하여 배려를 요구하는 것을 의미한다.

② 자유권을 권리로 인정하는 것에 이의가 거의 없는 것처럼, 사회권의 권리로서의 성립 여부에 대해서도 논란이 거의 없다.

③ 역사적으로 자유권은 권리 확대의 과정에서 성립한 것이고, 사회권은 개인의 권리를 제한하는 과정에서 성립한 것이다.

④ 자유권은 개인과 개인 간의 권리 관계에 관련한 인권 문제이고, 사회권은 개인과 국가 간의 권리 관계에 관련한 인권 문제이다.

문 18. 〈보기〉를 바탕으로 '학습'에 관한 글을 쓰려고 할 때, 이끌어 낼 수 있는 내용으로 적절하지 <u>않은</u> 것은?

─〈보　기〉─

등산 배낭을 꾸릴 때에는 먼저 목적지와 여행 일정을 고려해야 합니다. 꼭 필요한 것을 빼놓아서는 안 되지만, 배낭의 무게는 자기 체중의 1/3을 넘지 않는 것이 좋습니다. 배낭에 물건들을 배치할 때에는 배낭의 무게가 등 전체에 골고루 분산되도록 해야 합니다. 또한 가벼운 물건은 아래에, 무거운 물건은 위에 넣어야 체감 하중을 줄일 수 있습니다.

① 목표와 주어진 시간을 고려하여 공부할 내용을 정한다.

② 지나치게 욕심을 내어 학습량을 많이 잡지 않는다.

③ 여러 학습 방법을 비교하여 최선의 방법을 모색한다.

④ 어려운 공부와 쉬운 공부가 적절히 안배되도록 한다.

문 19. 다음 밑줄 친 고유어에 대한 설명으로 틀린 것은?

㉠ 안 쓴다 안 쓴다 했어도 <u>옴니암니</u>까지 계산하니까 꽤 들었어요.

㉡ 부부는 피난길에는 <u>알땅</u>에서 고스란히 비를 맞기도 했다.

㉢ 농경 사회의 문화를 반영한 속담이 많은데, '여름엔 잠비, 가을엔 <u>떡비</u>'도 그러하다.

㉣ 그 집이 더 바싹 마음에 들어서 산모롱이를 돌아간 <u>집주릅</u>이 주인을 어서 데려오기를 얼마나 기다렸는지 모른다.

① ㉠ : 아주 자질구레한 것.

② ㉡ : 비바람을 막을 만한 것이 없는 땅.

③ ㉢ : 불필요할 때 내리는 비.

④ ㉣ : 집 흥정을 붙이는 일을 직업으로 가진 사람.

문 20. 밑줄 친 부분의 표기가 바르지 않은 것은?

① 가을이 되어 쌀이 <u>얼만큼</u> 모이자, 아버지는 아들의 결혼을 서둘렀다.

② <u>게나예나</u> 다 한 맥인 거요, 어디랄 것 없이 다 좋은 자리지.

③ 네가 <u>고래도</u> 내 마음은 변함이 없으니 그냥 돌아가.

④ 아무리 생각해도 <u>저럭하다간</u> 큰코다치지.

6회

문 1. 문장 부호가 바르게 사용되지 <u>않은</u> 것은?

① 민수·영희, 선미·준호가 서로 짝이 되어 윷놀이를 하였다.

② 콩 심은 데 콩 나고, 팥 심은 데 팥 난다.

③ 오늘 국회에서는 3.1 운동을 기념하는 행사가 열렸다.

④ 너는 여기에 언제 왔니, 어디서 왔니, 무엇하러 왔니?

문 2. 〈보기〉를 참고할 때, 외래어의 표기가 적절하지 <u>않은</u> 것은?

━━━ 〈보 기〉 ━━━

제1항 무성 파열음 ([p], [t], [k])

1. 짧은 모음 다음의 어말 무성 파열음([p], [t], [k])은 받침으로 적는다.

2. 짧은 모음과 유음·비음([l], [r], [m], [n]) 이외의 자음 사이에 오는 무성 파열음([p], [t], [k])은 받침으로 적는다.

3. 위 경우 이외의 어말과 자음 앞의 [p], [t], [k]는 '으'를 붙여 적는다.

제2항 유성 파열음([b], [d], [g])

어말과 모든 자음 앞에 오는 유성 파열음은 '으'를 붙여 적는다.

① cat[kæt] 캣

② carpet[kɑːrpɪt] 카페트

③ signal[signəl] 시그널

④ cape[keip] 케이프

문 3. 〈보기〉를 참고할 때, ㉠ ~ ㉣의 설명으로 적절하지 <u>않은</u> 것은?

━━━ 〈보 기〉 ━━━

　훈민정음은 상형의 원리를 기본으로 하여 기본자를 먼저 만들고, 이에 획을 더하는 가획의 원리와 문자를 합하는 합성의 원리에 의하여 창제되었다. 자음 자모는 발음하는 기관의 모양을 본떠 '㉠ ㄱ, ㄴ, ㅁ, ㉡ ㅅ, ㅇ' 다섯 자를 기본으로 만든 다음, 각각 획을 더하는 ㉢ 가획과 글자를 나란히 쓰는 병서의 원리를 적용하였다. 모음 자모는 성리학에서 말하는 우주의 기본 요소인 삼재(三才), 즉 천·지·인을 상형한 '·, ㅡ, ㅣ'를 기본자로 하여 ㉣ 초출(初出), 재출(再出)의 원리를 적용하여 만들었다.

① ㉠ : 'ㄱ'은 舌音이며, 상형의 원리를 '象舌附上腭之形'이라고 설명할 수 있다.

② ㉡ : 'ㅅ'은 齒音이었으며, 가획하여 'ㅈ, ㅊ'를 만들고, 병서하여 'ㅆ, ㅉ'를 만들었다.

③ ㉢ : 가획자로 'ㅇ'에 획을 더한 'ㆆ, ㅎ'가 있다.

④ ㉣ : 초출자로 'ㅗ, ㅏ, ㅜ, ㅓ'가 있다.

문 4. 밑줄 친 단어의 쓰임이 적절하지 <u>않은</u> 것은?

① 그날 아침에 안집 식모는 식칼을 <u>벼려</u> 달라고 대장간으로 가지고 나왔다.

② 사람의 이는 음식물을 잘게 <u>부셔</u> 삼키기 좋게 하여 소화를 돕는 역할을 한다.

③ 선생티가 <u>박인</u> 삼촌은 언제나 훈계 조로 말한다.

④ 이 이야기를 듣자 <u>왠지</u> 불길한 예감이 들었다.

문 5. 〈보기〉를 참고할 때, 단어의 형성 방법이 <u>다른</u> 것은?

━━━ 〈보 기〉 ━━━

　통사적 합성어란 두 개 이상의 어근이 연결된 방식이 문장에서의 구나 어절의 구성 방식과 일치하는 합성어를 말한다. 우리말의 일반적 단어 배열과 같다. 반면, 비통사적 합성어는 일반적 단어 배열에 어긋나는 합성어를 말한다.

① 힘쓰다　　　　　② 들고나다

③ 깎아지르다　　　④ 덮누르다

문 6. 다음 글과 가장 관련이 깊은 한자성어는?

　바닷물을 관찰하는 데에는 방법이 있다. 반드시 그 움직이는 물결을 보아야 한다. 마치 해와 달을 관찰할 때 그 밝은 빛을 보아야 하는 것과 같다. 해와 달은 그 밝은 빛을 받아들일 수 있는 조그만 틈만 있어도 반드시 비추어 준다. 흐르는 물은 그 성질이 낮은 웅덩이를 먼저 채워 놓지 않고서는 앞으로 흘러가지 않는다. 군자도 이와 같이 도에 뜻을 둘 때 아래서부터 수양을 쌓지 않고서는 높은 성인의 경지에 도달할 수 없다[流水之爲物也 不盈科不行 君子志於道也 不成章不達].

① 종선여등(從善如登)　　② 서제막급(噬臍莫及)

③ 등고자비(登高自卑)　　④ 안고수비(眼高手卑)

문 7. 우리말 어법에 맞고 자연스러운 문장은?

   ① 민원 신고서는 구청에 직접 접수(接受)하시기 바랍니다.

   ② 지금 가장 시급한 것은 사고 원인과 재발 방지 대책을 마련하는 것이다.

   ③ 직장 생활을 하면서 아이를 키운다는 건 여간 어려운 일이 아니다.

   ④ 모름지기 작가는 풍부한 어휘력을 갖추고 있다.

문 8. 주어진 속담을 이용한 대화가 장면과 어울리지 <u>않는</u> 것은?

   ① 말은 보태고 떡은 뗀다.

     갑: 어제 대영이랑 같이 밥을 먹었을 뿐인데, 우리 둘이 사귄다고 학교에 소문이 퍼졌어.

     을: 이런, 말은 보태고 떡은 뗀다더니 정말 황당하구나.

   ② 말은 앵무새

     갑: 영희가 반장이 되면 환경미화에 앞장서겠다더니 글쎄, 오늘 청소 당번인데 그냥 집에 가버렸더라고.

     을: 말은 앵무새라더니. 저번에 영희가 과자 봉지를 교실 바닥에 그냥 버리는 것도 봤어.

   ③ 말이 씨가 된다.

     갑: 이번에는 꼭 붙어야 하는데……. 어제 꿈자리가 안 좋았어. 이번에도 떨어지면 어쩌지.

     을: 말이 씨가 된다고 그런 말은 입에 담지도 마. 이번엔 꼭 붙을 거야.

   ④ 말로 온 동네 다 겪는다.

     갑: 철수가 결국 이 동네를 뜬다더군. 안 씨랑 안 좋게 헤어지고, 말이 많았잖아.

     을: 말로 온 동네를 다 겪었네 그려. 하여간 그 친구도 안 됐어.

문 9. 다음 중 차별적 언어 표현이 나타나지 <u>않은</u> 것은?

   ① 지방대 교수인 그는 서울에 사는 아들의 초청으로 상경을 하는 길이었다.

   ② 이 소설은 작가의 처녀작으로, 당시 문단의 호응이 매우 컸던 작품입니다.

   ③ 살구색 옷은 잘못 입으면 착시 효과를 불러일으키므로, 주의해서 입어야 합니다.

   ④ 복지 정책이 날로 더 발전하고 있으니, 미망인의 문제도 곧 해결되리라 믿습니다.

문 10. 다음 글을 통해 글쓴이가 궁극적으로 말하고자 하는 바는?

> 재물(財物)이란 우물에 비유할 수 있다. 우물은 퍼내면 늘 물이 가득하지만, 긷기를 그만두면 물이 말라 버린다. 이와 마찬가지로 사람들이 화려한 비단옷을 입지 않으므로 나라에는 비단을 짜는 사람이 없고, 그로 인해 기술 또한 피폐해졌다. 이지러진 그릇을 사용하기를 꺼려지 않고, 기교를 부려 물건을 만드는 것을 숭상하지 않으니, 나라의 공장(工匠)과 도공(陶工)은 기술이 형편없어졌다. 더 나아가 농업은 황폐해져 농사짓는 방법이 발달하지 않고, 상업을 박대(薄待)하므로 상업 자체가 실종(失踪)되었다. 사농공상(士農工商) 네 부류의 백성이 누구나 할 것 없이 다 곤궁하게 살기 때문에 서로를 구제할 방도가 없다.
>
> 나라 안에 보물이 있더라도 우리나라에서는 쓰지 않으므로 다른 나라에 흘러가고 만다. 그래서 남들은 날마다 더욱 부유해지는데, 우리는 날마다 더욱 가난해진다. 그것이 자연스러운 추세이다.

   ① 생산을 진작하려면 소비가 활발해야 한다.

   ② 백성의 가난은 나라가 나서서 구제할 순 없다.

   ③ 백성이 부유하지 않으면 나라가 부유해도 소용이 없다.

   ④ 우리나라의 재화가 외국으로 나가는 것을 막아야 한다.

문 11. 다음 글의 내용과 부합하지 <u>않는</u> 것은?

> 우리가 사회 환경으로부터 습득하는 것들은 모두 창조물이다. 그런데 만일 창조물을 만들어낼 수 있는 창의성이 고갈된다면 지금이나 미래에 인류가 생존할 수 없다는 사실에는 의심의 여지가 없다. 과학자들이 인구 과잉, 천연자원의 고갈, 환경오염의 문제에 새로운 해답을 찾지 못한다면 미래는 암울하고 짧을 것이다. 좋든 싫든 인류의 생존은 창의력에 달려있다.
>
> 그러나 조금만 더 생각해 보면 인류의 생존을 위협하는 것들, 우리의 창의성으로 해결하기 바라는 문제들은 어제의 창의적 해결책에서 생겨났다는 것을 알게 된다. 여러 면에서 미래의 핵심 문제인 인구 과잉은 과거에 농경과 공중 보건을 창의적으로 개선한 결과에서 비롯되었다. 공동체의 상실과 증가하는 심리적 고립은 일부 기차와 자동차 같은 교통수단에 의해 가능해진 기동력의 발전에서 기인한다.

그러면 이런 혼란스러운 이야기의 결론은 무엇일까? 아직까지는 무조건 창의성을 환영하는 것이 지배적인 추세다. 창의적인 사람들은 잘못할 리가 없고, 우리를 과거의 실수에서 구출해서 밝은 미래로 이끌어 줄 것이라고 생각한다. 이렇게 창의성을 무비판적으로 수용하는 것도 문제지만, 무조건 거부하는 것도 바람직하지 않다. 어떤 문화에 대해 이것은 좋다, 이것은 나쁘다고 객관적으로 판단할 수 있다면 그것처럼 좋은 일은 없다. 하지만 역사는 흑백논리로 펼쳐지지 않는다. 각각의 창조물에는 그 안에 새로운 문제점을 지니고 있기 마련이다. 지금 반드시 필요하다고 해도 내일은 방해가 될 수 있는 것이다. 결국 우리가 행복해지기 위해서는 창의력을 증진하는 능력과 창의적 아이디어의 영향을 평가할 수 있는 능력이 함께 요구되는 것이다.

① 창조물을 비판적으로 수용할 수 있는 능력이 필요하다.
② 창조물이 인류에게 해가 되기도 하지만, 창의성으로 극복할 수 있다.
③ 창의성이 더 이상 발현되지 않는다면 인류는 머지않아 멸망할 것이다.
④ 창조물을 만들어 낼 창의성이 없었다면 인류는 생존의 위협을 받지 않을 수 있었다.

문 12. ㉠~㉣에 대한 설명으로 적절하지 <u>않은</u> 것은?

네 이놈 자라야, 네 죄목(罪目)을 의논하면 ㉠ 살지무석(殺之無惜) 괘씸하다. 용왕의 의사(意思) 있기 날같이 총명하고, 나의 구변(口辯)없기 용왕같이 미련터면, 아까운 이 내 목숨 수중원혼(水中寃魂) 되겠구나. 동래박의(東萊博議) 책을 보니 짐승의 미련하기 어이수이(魚耳獸耳) 같다 하되 인족(鱗族)의 미련하기 모족(毛族)보다 더하더라. 오장(五臟)에 붙은 간을 어찌 출납하겠느냐. 네 소위 헤아리면 산중으로 잡아다가 우리 동무 다 모아서 잔치를 배설(排設)하고, ㉡ 네 놈을 푹 삶아서 백소주(白燒酒) 안주감 초장 찍어 먹을 테나, 본사(本事)를 생각하면 ㉢ 척견(跖犬)이 폐요(吠堯)하고 계포(季布)가 하죄(何罪)리, 각위기주(各爲其主) 하였기로 십분 짐작하였으며 하물며 만경창해 네 등으로 왕래하니, 사지동고(死地同苦)하였기에 목숨 살려 보내 주니, 그리 알고 돌아가되 ㉣ 좋은 약 보내기로 네 왕에게 허락하니, 점잖은 내 도리에 어찌 식언을 하겠느냐. 나의 똥이 장히 조하 청열(淸熱)을 한다 하고 사람들이 주워다가 역아(疫兒)들을 먹이나니, 네 왕이 두 눈망울 열기가 과(過)하더라. 갖다가 먹였으면 병이 곧 나으리라.

① ㉠ : 죽여도 아깝지 아니할 정도로 죄가 무겁다는 뜻으로, 자라에 대한 토끼의 감정이 표출되고 있다.
② ㉡ : 자라에게 속아 죽을 위기에 처했던 토끼가 분한 마음에 자라를 위협하고 있다.
③ ㉢ : 큰 도둑인 도척의 개가 어진 요 임금을 보고 짖는다는 뜻으로, 자라가 용왕에게 충성하는 것을 말한다.
④ ㉣ : 토끼가 자라에게 복수하기 위해 교언영색(巧言令色)하며 토분(兎糞)을 건네고 있다.

문 13. 밑줄 친 부분의 의미 관계가 나머지 셋과 <u>다른</u> 것은?
① 건물주가 건물을 은행에 <u>임대(賃貸)</u>하자 은행에서는 <u>임차료(賃借料)</u>를 지불했다.
② 스승이 벗의 <u>후덕(厚德)</u>과 비교하며 그의 <u>박덕(薄德)</u>을 꾸짖었다.
③ 수면제를 <u>복용(服用)</u>하려던 진희는 상품명을 착각하여 소화제를 수면제로 <u>오용(誤用)</u>하고 말았다.
④ <u>정당(正當)</u>한 방법으로 이익을 창출하던 기업이 억울한 누명을 쓰고 <u>부당(不當)</u>하게 검찰 조사를 받게 되었다.

문 14. 밑줄 친 한자성어의 쓰임이 적절하지 <u>않은</u> 것은?
① <u>낭중지추(囊中之錐)</u>라더니 그 사람의 빼어난 노래 실력을 모두 알아볼 줄 알았다니까.
② 그 친구, 경제적으로 어려운 상황에서도 <u>수불석권(手不釋卷)</u>하더니, 마침내 유명한 작가가 되었어.
③ <u>풍수지탄(風樹之嘆)</u>이란 말도 있는데, 나중에 후회하지 말고 그 친구랑 어서 화해하는 것이 좋겠어.
④ 다리가 편찮으신 할아버지가 서 계시는데, 멀뚱멀뚱 의자에 앉아만 있는 청년들을 보면 <u>장유유서(長幼有序)</u>라는 말이 무색해진다니까.

문 15. 문장의 의미를 고려할 때, 한자가 잘못 병기된 것은?
① 나라가 어지러울수록 충신과 <u>열사(烈士)</u>가 많은 법, 어찌 뜻있는 이가 없겠소?
② 사람이 붐비는 곳은 화장실 <u>표지(標識)</u>를 눈에 띄게 해야 한다.
③ 조선 총독부는 한민족에 대한 정치적 탄압과 경제적 <u>착취(搾取)</u>를 자행하였다.
④ 한동안 잠잠하던 그 문제가 <u>재연(再演)</u>하여 골치 아프게 되었다.

문 16. ㉠~㉢에 대한 설명으로 적절하지 <u>않은</u> 것은?

> ─────────〈보 기〉─────────
>
> ㉠ 오백 년(五百年) 도읍지(都邑地)를 ㉡ 필마(匹馬)로 도라 드니,/㉢ 산천(山川)은 의구(依舊)ᄒ되 인걸(人傑)은 간듸 업다./어즈버 태평연월(太平烟月)이 ㉣ 꿈이런가 ᄒ노라.

① ㉠ : 작가를 고려하면 고려의 옛 도읍지인 개성임을 추측할 수 있다.

② ㉡ : 고려 유신의 외로운 신세를 느낄 수 있다.

③ ㉢ : 폐허가 되어버린 주변 산천을 바라보며 한탄하고 있다.

④ ㉣ : '인생의 덧없음'을 비유한 말이다.

문 17. 〈보기〉를 읽은 독자의 반응으로 가장 적절한 것은?

> ─────────〈보 기〉─────────
>
> 　우리들이 필요에 의해서 물건을 갖게 되지만, 때로는 그 물건 때문에 적잖이 마음이 쓰이게 된다. 그러니까 무엇인가를 갖는다는 것은 다른 한편 무엇인가에 얽매인다는 뜻이다. 필요에 따라 가졌던 것이 도리어 우리를 부자유하게 얽어맨다고 할 때 주객(主客)이 전도되어 우리는 가짐을 당하게 된다. 그러므로 많이 갖고 있다는 것은 흔히 자랑거리로 되어 있지만, 그만큼 많이 얽히어 있다는 측면도 동시에 지니고 있다.

① 소유에 대한 집착을 버리면 진정으로 자유로워질 수 있겠군.

② 물건을 소유하는 것보다 사람을 얻는 것이 더 중요함을 강조하고 있어.

③ 물건을 구입할 때는 필요한 만큼만 사야한다는 교훈을 주는 글이군.

④ 아무리 많이 소유하여도 돌아갈 땐 빈손이라, 사람의 인생이란 허무하다는 의미야.

문 18. 다음을 논리적 순서로 가장 잘 배열한 것은?

> ㄱ. 용광로에 불을 지피기 위해 주위 산림을 지나치게 벌목하는 바람에 토양이 침식되었다.
>
> ㄴ. 고대 마야에서는 사원과 궁전을 짓기 위해 석회석 치장벽토를 사용했는데, 그것은 매우 뜨거운 용광로에서 녹여야 했다.
>
> ㄷ. 물이 부족하게 된 밭에서는 수확이 거의 없었고, 뒤따른 기아가 시민의 무질서를 부채질하자 마야 문명은 결국 멸망하고 말았다.
>
> ㄹ. 흙이 씻겨 내려가면서 계단식 밭에 관개(灌漑)를 위해 만들었던 습지에 쌓였다.

① ㄱ－ㄴ－ㄷ－ㄹ

② ㄴ－ㄱ－ㄹ－ㄷ

③ ㄴ－ㄹ－ㄱ－ㄷ

④ ㄹ－ㄱ－ㄴ－ㄷ

문 19. ㉠~ ㉣에 대한 독자의 이해가 적절하지 <u>않은</u> 것은?

> 징이 울린다. 막이 내렸다.
> 오동나무에 전등이 매어달린 가설 무대
> 구경꾼이 돌아가고 난 ㉠ 텅 빈 운동장
> 우리는 분이 얼룩진 얼굴로
> 학교 앞 소줏집에 몰려 술을 마신다.
> 답답하고 고달프게 사는 것이 원통하다.
> 꽹과리를 앞장세워 장거리로 나서면
> 따라붙어 악을 쓰는 건 조무래기들뿐
> 처녀애들은 기름집 담벽에 붙어 서서
> 철없이 킬킬대는구나.
> ㉡ 보름달은 밝아 어떤 녀석은
> 꺽정이처럼 울부짖고 또 어떤 녀석은
> ㉢ 서림이처럼 해해대지만 이까짓
> 산구석에 처박혀 발버둥친들 무엇하랴.
> 비료 값도 안 나오는 농사 따위야
> 아예 여편네에게나 맡겨두고
> 쇠전을 거쳐 도수장 앞에 와 돌 때
> 우리는 점점 ㉣ 신명이 난다.
> 한 다리를 들고 날나리를 불거나.
> 고갯짓을 하고 어깨를 흔들거나.
>
> 　　　　　　　　　　　－신경림, 〈농무〉－

① ㉠ : 소외된 농촌 현실을 상징하는 공간으로 공허감이 느껴져.

② ㉡ : 산 구석에 처박혀 있는 화자와는 대조적인 배경이야.

③ ㉢ : 절망적인 농촌에서도 '해해대'는 것을 보면, 우둔한 인물임을 알 수 있어.

④ ㉣ : '신명'이 '신바람이 난다'는 뜻이니까, 농민들의 울분을 반어적으로 드러낸 거야.

문 20. 〈보기〉에 대한 설명으로 적절한 것은?

> ─────── 〈보　기〉 ───────
>
> 　이래서 나는 애최 계약이 잘못된 걸 알았다. 이태면 이태, 삼 년이면 삼 년, 기한을 딱 작정하고 일을 해야 원할 것이다. 덮어놓고 딸이 자라는 대로 성례를 시켜 주마, 했으니 누가 늘 지키고 섰는 것도 아니고, 그 키가 언제 자라는지 알 수 있는가. 그리고 난 사람의 키가 무럭무럭 자라는 줄만 알았지 붙박이 키에 모로만 벌어지는 몸도 있는 것을 누가 알았으랴. 때가 되면 장인님이 어련하랴 싶어서 군소리 없이 꾸벅꾸벅 일만 해 왔다. 그럼 말이다, 장인님이 제가 다 알아차려서,
> 　"어 참 너 일 많이 했다. 고만 장가들어라."
> 　하고 살림도 내주고 해야 나도 좋을 것이 아니냐. 시치미를 딱 떼고 도리어 그런 소리가 나올까 봐서 지레 펄펄 뛰고 이 야단이다. 명색이 좋아 데릴사위지 일하기에 싱겁기도 할 뿐더러 이건 참 아무것도 아니다.

① 인물의 성격을 직접적으로 평가하고 있다.

② '나'는 신분 제도에 따른 모순을 극복하고자 한다.

③ 독백과 대화를 혼용하여 이야기를 이끌어가고 있다.

④ 다듬어지지 않은 어수룩한 말투로 해학적인 문체를 보여
　준다.

문장편

문 1. 다음 중 가장 자연스러운 문장은?

① 이 도시의 바람직한 모습은 이 지방의 행정, 문화, 교육 분야의 중심 기능을 담당해야 한다.

② 노사 간에 지속적인 대화를 시도하고 있으나, 불필요한 공방으로 인하여 기약 없이 지연되고 있다.

③ 어른이 묻는 말에 대답은 않고 오히려 어른에게 말씀하신 바를 반문하는 것은 예절에 어긋난다.

④ 해외여행이나 좋은 영화나 뮤지컬 등은 빼놓지 않고 관람하는 것이 이른바 골드 미스의 전형적인 생활양식이다.

문 2. 다음 중 문장 간의 연결 관계가 가장 자연스러운 것은?

① 한 군주가 있어, 자기의 제국을 걸고 인접한 나라의, 자기와 대등하거나 우위에 있는 군주와 싸움을 벌이지 않으면 안 된다. 그런데 자기 자신의 가치를 승인받을 수 있는 유일한 기회이자 그런 기회의 제공자가 거기에 있기 때문이다.

② 저는 저의 권리를 주장한 적이 없습니다. 그러나 제 의무를 다하려고 노력했을 뿐입니다. 종합하면 저는 잘못이 없습니다.

③ 조선 왕조에서는 왕이 솔선 검약함으로써 국민에게 수범하는 것을 왕도 정치의 근본으로 삼았다. 그러나 복식에 있어서도 그 평상복은 사대부의 평상복과 그렇게 차이가 있는 것은 아니었다.

④ '한국의 7대 불가사의'는 과연 무엇일까? 기원전 3,000년경부터 우리 선조들이 천문을 관측하였음을 보여주는 고인돌 별자리가 그중 하나이다. 이어 금 알갱이와 옥으로 상감한 동아시아의 유일무이한 유물인 신라의 황금보검이 그 뒤를 따른다.

문 3. 다음 중 뜻하는 바가 분명하고 가장 우리말다운 문장은?

① 내일 오전에 회의를 갖도록 합시다.

② 어제 길거리에서 우연치 않게 그 사람을 만났다.

③ 한결같이 어려운 이웃을 돕는 사람들이 많습니다.

⑤ 요즘 같은 때에는 자주 환기해야 감기에 안 걸리는 거야.

문 4. 밑줄 친 표현 중 가장 우리말다운 것은?

① 영수가 축구 경기에서 보여 준 모습은 그 경기를 지켜본 관중들의 <u>기대에 값한다</u>.

② 그 배우는 영리한데다 <u>애교가 넘쳐</u> 점점 인기를 끌고 있다.

③ 겉볼안이라는 말도 있긴 하지만, 사실 그는 좀처럼 <u>곁을 주지 않는</u> 사람이다.

④ 두 사람은 말다툼을 했고 그 과정에서 피해자가 범인에게 <u>원한을 사서</u> 살해당했다.

문 5. 다음 중 어법에 맞고 자연스러운 문장은?

① 내부 단속과 선거 승리를 위한 양수겸장의 회견으로 보인다.

② 김치는 맛도 영양도 많아 세계인의 사랑을 받고 있다.

③ 그는 눈썰미가 있어서 무슨 일이든 금방 배운다.

④ 다음은 사장님으로부터 격려의 말씀이 계시겠습니다.

문 6. 다음 중 문장의 중의성을 적절히 해소하지 못한 것은?

① 언니가 막냇동생에게 양말을 신게 한다. → 언니가 막냇동생에게 양말을 신긴다.

② 나는 어제 공원에서 영희를 만나지 않았다. → 나는 어제 공원에서는 영희를 만나지 않았다.

③ 그리운 어린 시절 친구들을 만날 생각에 마음이 설렌다. → 어린 시절의 그리운 친구들을 만날 생각에 마음이 설렌다.

④ 이 미술관은 허백련 선생의 그림을 모아둔 곳입니다. → 이 미술관은 허백련 선생이 그린 그림을 모아둔 곳입니다.

문 7. 〈보기〉의 설명으로 미루어 볼 때, 적절하지 <u>않은</u> 것은?

① 공부가 <u>안돼서</u> 잠깐 쉬고 있다.

② 얼마인지 가격이나 <u>한∨번</u> 물어봐.

③ 그는 몰락한 <u>집안</u>을 일으켜 세우려 했다.

④ 이번 이사할 집은 이전보다 <u>큰∨집</u>이야.

문 8. 다음 문장의 구성 성분이 서로 자연스럽게 어울리는 문장은?

① 오늘 날씨는 흐리면서 비가 조금 내리겠습니다.

② 그녀의 표정 속에는 고통스러움이 여실히 드러났다.

③ 비록 힘이 들더라도 일을 마칠 필요가 없다.

④ 내가 하고 싶은 말은 다름이 아니라 아직 늦지 않았으니 새로 시작하기를 바란다.

문 9. 다음 중 단어 사용과 문장 구성이 가장 바르게 된 것은?

① 최근 국내 기업의 근무 환경도 외국에 버금하는 수준으로 향상된 것은 사실이다.

② 이러한 영국의 식민 정책은 인도인의 반영 민족 운동인 세포이의 항쟁을 유발하였으나, 영국군에 의하여 진압되었다.

③ 그래서 이 물을 오랫동안 마셨던 사람들이 암을 일으키게 된 것이라고 한다.

④ 사건은 우리의 희망과는 얼토당토않는 방향으로 진행되고 있었다.

문 10. 다음 중 어법에 맞고 가장 자연스러운 문장은?

① 신문은 정치, 경제, 사회, 문화 등의 우리 주변의 일들이 모두 기사 대상이다.

② 가정은 어느 시대를 막론하고 인간성의 함양과 사회적 덕목을 계발시키는 터전이다.

③ 그녀는 아픈 과거를 잊기 위해 그 남자에게서 받았던 편지를 다 모아 불태워 버렸다.

④ 내가 그를 도운 것은 그에 대한 연민에서라기보다는 나 스스로와의 약속을 지키기 위해 행한 것이다.

(11~12) 다음 자료를 읽고 물음에 답하시오.

*작문 상황: (가)를 읽고 난 후, (나)를 썼다.

(가) 지자체마다 골목길 살리기에 나서고 있다. 벽화 그리기 등을 통해 삭막한 골목길이 낭만과 예술의 거리로 변화하면서, 관광객과 시민의 방문이 증가하고 있다고 한다. 도시재생의 모범사례로 인정받아 중앙부처로부터 지원금을 받은 지자체도 있다.　　　　　- ○○신문(2014. 2. 20)

(나) 큰길에서 들어가 동네 안을 이리저리 통하는 좁은 길이 골목길이다. 아버지 세대에게 골목길은 단순한 통로가 아니었다고 한다. 아이들에게 골목길은 놀이터였고, 나이 드신 어르신들께는 대화의 장이었다. ㉠골목길은 담장과 담장으로 둘러싸인 공간이었지만 결코 폐쇄적이지 않았다. 젊은이들에게는 풋풋한 사랑을 나누는 만남의 장소였다. 그리 높지 않은 담장은 이웃집 마당을 넘어다보기에 충분했고, 대문이 없는 집이 많아 이웃집 마당으로 나드는 일도 어렵지 않았다. 골목길은 이웃과 이웃을 연결해 주는 통로였다. 그런가 하면 ㉡골목길은 정원의 연장이었다. 돌담을 타고 오르는 담쟁이덩굴, 담장 밑의 채송화 등으로 골목길은 그 자체로 아름다운 정원이었다. 연인과 함께 한가로이 걸어도 좋은 산책로였다. 그러니 골목길을 걸을 때면 잘 가꾸어진 정원을 산책하는 것과 같이 오붓했다.

그러나 도시에서 자란 내 기억 속의 골목길은 전혀 그렇지 않다. 어둡고 후미졌다. 비좁은 길에 주차한 자동차들 때문에 공놀이 따위는 엄두를 낼 수 없었다. 담장은 한결같이 높았고, 굳게 닫힌 대문으로 꽉 막힌 동굴과 같은 공간이었다. 물론 앉아서 쉬거나 대화를 나눌 수 있는 공간으로는 어울리지 않았다. 길이라는 말보다는 통로라는 말이 더 잘 어울렸다. 불법으로 부착한 광고 전단이 넘쳐났고, 가정에서 내놓은 쓰레기 봉지가 넘쳐났다. ㉢가능한 빨리 벗어나고 싶은 터널과 같은 공간이었다. 골목길과 관련하여 유쾌한 추억은 그리 많지 않다.

㉣다행스러운 일은 최근에 골목길의 가치를 재평가하려는 사람들이 많아지고 있다. 골목길을 예전처럼 인간다운 정이 흐르는 공간으로 재창조해야 한다는 목소리가 높아지고 있다. 그것이 바로 도시를 사람이 살 만한 공간으로 되살리는 일임을 깨닫게 된 것이다. 그러나 골목길의 재생이 담장에 벽화를 그려 넣고, 벤치를 몇 개 만들어 놓는다고 완성되지는 않는다. 이웃들끼리 마음을 열고 공동체 문화를 회복할 수 있을 때, 골목 문화가 재생되고 도시도 살 만한 공간, 인간미가 넘치는 공간으로 재탄생할 수 있는 것이다.

문 11. (나)를 쓰기 위해 고려한 방법으로 가장 적절한 것은?

① 주관적인 판단을 최대한 절제하고 객관적으로 사실을 소개하도록 한다.

② 질문의 방식을 활용하여 대상에 대해 독자의 주체적 판단을 유도하도록 한다.

③ 대상이 변화한 양상을 대비적으로 서술하는 방식으로 글의 설득력을 높이도록 한다.

④ 신문기사, 통계 자료 등 객관적인 자료를 제시하여 내용의 신뢰성을 높이도록 한다.

문 12. (나)를 고쳐 쓰기 위한 방안으로 적절하지 않은 것은?

① 글의 자연스러운 흐름을 고려하여 ㉠은 바로 뒷문장과 순서를 바꾼다.

② 문맥을 고려하여 ㉡은 '정원은 골목길의 연장이었다'로 고쳐 쓰도록 한다.

③ 어법에 어긋난 표현이므로 ㉢은 '가능한 한 빨리'로 고쳐 쓰도록 한다.

④ ㉣은 주어와 서술어의 호응이 부적절하므로, '~있다는 것이다.'로 고쳐 쓰도록 한다.

문 13. 〈보기〉의 문장들이 갖는 문제점을 분석한 결과로 적절하지 않은 것은?

─── 〈보기 1〉 ───
㉠: 이 사진은 학생들이 시험 성적표를 받고 자기 점수를 확인하고 있다.
㉡: 철수는 영희에게 관심을 끌려고 노력하고 있다.
㉢: 아이들은 연필을 깎다가 칼날에 손을 베이기 일쑤이다.
㉣: 그가 걸음을 걷는 것이 이상하다.

① ㉠: 주어와 서술어가 호응을 이루지 못하는, 불완전한 문장이다.

② ㉡: 조사를 잘못 사용하고 있는, 어법에 맞지 않는 문장이다.

③ ㉢: 불필요한 이중 피동을 사용하고 있는, 올바르지 않은 문장이다.

④ ㉣: 의존 명사 '것'의 사용으로 중의성을 유발하고 있는 문장이다.

문 14. 다음 중, 문장을 수정하는 이유에 따라 고쳐 쓴 결과가 적절하지 않은 것은?

[사례1] 그 애는 조금만 추켜올리면 기고만장해진다.
[수정하는 이유] 표준어 규정에 어긋나는 표현이 사용되었다.
[고쳐 쓴 문장] 그 애는 조금만 추어올리면 기고만장해진다.
──────────────────────────── ①

[사례2] 각 가정에서는 쓰레기를 분리해서 수거해 주시기 바랍니다.
[수정하는 이유] 주체와 객체를 혼동하는 비논리적인 표현이 사용되었다.
[고쳐 쓴 문장] 각 가정에서는 쓰레기를 분리해서 배출해 주시기 바랍니다. ──────────────── ②

[사례3] 그는 마음먹은 일은 절대로 하고 마는 사람이다.
[수정하는 이유] 문장과 호응을 이루지 못하는 부사어가 사용되었다.
[고쳐 쓴 문장] 그는 마음먹은 일은 반드시 하고 마는 사람이다. ──────────────── ③

[사례4] 정부는 이 문제를 일본에 강력히 항의했다.
[수정하는 이유] 부적절한 조사가 사용되었다.
[고쳐 쓴 문장] 정부는 이 문제를 일본에게 강력히 항의했다.
──────────────────────────── ④

문 15. 〈보기〉의 ㉠~㉢에서 올바른 표현의 짝으로 가장 적절한 것은?

─── 〈보 기〉 ───
㉠ 스무 살이 아니라 열아홉 (살이에요, 살이예요).
㉡ 요즘 제대로 먹질 못해 그런지 얼굴이 (핼슥하다, 해쓱하다).
㉢ 그의 얼굴은 며칠 씻지 않은 사람처럼 (볼썽사나웠다, 볼상사나웠다).

	㉠	㉡	㉢
①	살이예요	해쓱하다	볼썽사나웠다
②	살이예요	핼슥하다	볼상사나웠다
③	살이에요	해쓱하다	볼상사나웠다
④	살이에요	해쓱하다	볼썽사나웠다

문 16. 다음은 띄어쓰기에 대한 탐구 과정을 나타낸 것이다. ㉠에 들어갈 내용으로 가장 적절한 것은?

자료	• 세월이 물과 같이 흐른다. • 평생을 소같이 일만 하고 살았다.
의문	• '같이'의 의미는 비슷한 것 같은데, 왜 띄어쓰기를 다르게 하는 걸까?
탐구	'같이'를 국어사전에서 찾아본다. 같이 　Ⅰ 匣 주로 격 조사 '과' 뒤에 쓰여 　① 둘 이상의 사람이나 사물이 함께. 　② 어떤 상황이나 행동 따위와 다름이 없이. 같이 　Ⅱ 조 체언 뒤에 붙어 　① '앞말이 보이는 전형적인 어떤 특징처럼'의 뜻을 나타내는 격 조사. 　② (때를 나타내는 일부 명사 뒤에 붙어) 앞말이 나타내는 그때를 강조하는 격 조사. 관련된 띄어쓰기 규정을 찾아본다. 제2항 문장의 각 단어는 띄어 씀을 원칙으로 한다. 제41항 조사는 그 앞말에 붙여 쓴다. 결론 도출
적용	위의 자료와 같은 사례를 찾아본다. 예) ______㉠______

	단어	예
①	뿐	• 우리 민족의 염원은 통일뿐이다. • 눈만 말똥거릴 뿐 대뜸 반응은 없다.
②	들	• 운동장에 학생들이 있다 • 과일에는 사과, 배, 감 들이 있다.
③	데	• 그이가 말을 아주 잘하데. • 그 책을 다 읽는 데 삼 일이 걸렸다.
④	보다	• 시간 안에 도착하려면 보다 빠르게 뛰어야 한다. • 그는 누구보다도 걸음이 빠르다.

문 17. 〈보기〉는 동료직원에게 기타 동아리 가입을 권유하는 글의 초고이다. 고쳐 쓰기 위한 방안으로 적절하지 않은 것은?

─────── 〈보 기〉 ───────
　　안녕하세요? 기타 동아리 '소리샘'입니다. '소리샘'은 아름다운 음악 소리가 솟아나는 샘이라는 뜻으로 음악을 사랑하는 사람들이 모여 기타를 배우고 연주하는 곳입니다. 구체적으로 어떤 활동을 하는지 궁금하지 않으세요?

　　우리 동아리에 가입하고 싶은데 기타를 전혀 못 쳐서 ㉠ 망서리시나요? 걱정하지 마세요. 동아리에 오시면 선배들이 기초부터 차근차근 가르쳐 드립니다. (㉡) '소리샘'에는 여러분이 마음껏 연주할 수 있는 기타가 많이 있으니 그것도 걱정할 필요가 없습니다. 언제든지 우리 동아리에 들러 선배들을 찾아 주세요.

　　우리 동아리는 방과 후와 주말을 이용해 자율적인 연습을 하고 매년 정기 공연을 합니다. ㉢ 자율성은 책임 의식을 갖게 하므로 자율성을 높이기 위해 노력하고 있습니다. 또한 악기 연주와 공연만 하는 다른 음악 동아리와 달리 양로원이나 장애인 시설을 방문하여 연주회를 열고 성금을 기탁하는 활동도 함께 벌이고 있습니다.

① ㉠은 맞춤법에 어긋나므로 '망설이시나요'로 수정한다.

② 뒤에 이어지는 내용을 고려하여 ㉡에 '악보를 읽을 줄 모르시나요?'를 추가한다.

③ ㉢은 문단의 통일성을 해치므로 삭제한다.

④ 글의 흐름을 고려하여 둘째 문단과 셋째 문단을 맞바꾼다.

문 18. 〈보기〉를 바탕으로 '동시'의 의미를 나타내는 연결어미 '-(으)면서'와 '-자'에 대해 검토한 내용으로 적절하지 않은 것은?

─────── 〈보 기〉 ───────
ㄱ. 동수는 피아노를 치면서/ *쳤으면서 노래를 불렀다.

ㄴ. 동수가 집을 나서자/ *나섰자 비가 쏟아지기 시작했다.

ㄷ. *동수가 집을 막 나서자 (동수는) 학교에 갔다.

ㄹ. 동수는 상냥하면서/ *상냥하자 차분하다.

ㅁ. 동수야, 빵 먹으면서/ *먹자 공부해라./공부하자./공부할래?

*는 문법적으로 잘못된 것.

① ㄱ과 ㄴ을 보니, '-(으)면서'와 '-자'는 과거 시제를 나타내는 어미와 함께 쓰일 수 없군.

② ㄱ, ㄴ과 ㅁ을 보니, '-(으)면서'는 '-자'와 달리 다양한 문장 유형과 어울릴 수 없군.

③ ㄴ과 ㄷ을 보니, '-자'로 연결된 문장은 앞뒤 주어가 달라야 하는군.

④ ㄹ을 보니, '-(으)면서'는 '-자'와 달리 형용사와 어울릴 수 있는데, 이 경우 '동시'와 '나열'의 의미를 모두 나타내는군.

문 19. 〈보기〉는 '폐휴대전화 수거 운동'에 동참할 것을 권유하기 위해 쓴 글의 초고이다. 고쳐 쓰기 위한 의견으로 적절하지 <u>않은</u> 것은?

─── 〈보 기〉 ───

　최근 다양한 기능을 갖춘 휴대전화들이 출시되면서 휴대전화 교체 주기가 짧아지고 있고, 이에 따라 폐휴대전화 발생량도 증가하고 있습니다. ㉠ <u>사람들은 오랫동안 사용하던 휴대전화에 대한 애착이 매우 강합니다.</u> 그런데 많은 사람들이 폐휴대전화를 어떻게 처리해야 할지 몰라 그냥 버린다고 합니다.

　이렇게 버려지는 폐휴대전화 속에는 금, 은 등의 귀한 금속 자원이 들어 있습니다. (㉡) 한편 폐휴대전화에는 공해를 일으킬 수 있는 물질들이 포함되어 있습니다. 이런 물질들을 일반 쓰레기와 함께 태우거나 땅속에 ㉢ <u>파묻히게 되면</u> 환경오염을 유발하기도 합니다. ㉣ <u>이들 자원을 폐휴대전화에서 추출하여 재활용하면 자원의 낭비를 줄일 수 있습니다.</u>

　그래서 우리 동아리에서는 소중한 금속 자원을 재활용하고 환경오염을 ㉤ <u>낮추는</u> 데에도 기여하자는 취지에서 '폐휴대전화 수거 운동'을 벌이기로 했습니다. 환경과 미래를 생각하는 여러분의 많은 참여를 부탁드립니다.

① ㉠은 첫째 문단의 통일성을 고려하여 삭제해야겠어.

② ㉢은 피동 표현이 불필요하게 중복되므로 '파묻히면'으로 고쳐야겠어.

③ ㉣은 둘째 문단의 흐름을 고려할 때 ㉡으로 옮겨야겠어.

④ ㉤은 단어의 쓰임이 부적절하므로 '줄이는'으로 바꿔야겠어.

문 20. 〈보기 1〉의 ㄱ~ㄷ에 해당하는 예를 〈보기 2〉의 a~c에서 찾아 바르게 짝 지은 것은?

─── 〈보 기1〉 ───

　음성 언어에서 특정 소리를 지닌 단어가 둘 이상의 의미로 해석되는 경우를 크게 세 가지로 나눌 수 있다.

ㄱ. 단어 A와 B가 소리와 표기는 같지만 의미가 다른 경우.

ㄴ. 단어 A와 B가 소리는 같지만 표기와 의미가 다른 경우.

ㄷ. 단어 A가 중심 의미와 중심 의미에서 확장된 의미를 가지는 경우.

─── 〈보 기2〉 ───

a. [설렁탕을 시켜 머거라]라는 말만 들어서는 설렁탕을 식혀 먹으라는 뜻인지, 주문해 먹으라는 뜻인지 잘 모르겠어.

b. [그 티미 이연패를 핻따]라는 말만 들어서는 그 팀이 두 번 연속해 졌다는 뜻인지, 두 번 연속해 우승했다는 뜻인지 잘 모르겠어.

c. [가스미 아프다]라는 말만 들어서는 신체적으로 가슴이 아프다는 뜻인지, 정신적으로 마음이 아프다는 뜻인지 잘 모르겠어.

```
   ㄱ    ㄴ    ㄷ
① a     b     c
② a     c     b
③ b     a     c
④ b     c     a
```

7회

문 1. 어법에 맞고 자연스러운 문장은?

① 이번 장마에 몰래 폐수를 방류한 회사에게 환경 시민 단체가 강력히 항의하였다.

② 내가 말하고자 하는 것은 학식을 갖추는 것보다 인격을 갖추는 것이 중요하다.

③ 어째서 내가 여태 그런 좋은 방법을 깨닫지 못하고 바보처럼 행동하였단 말인가?

④ 여야 간에 지속적인 협상을 시도하고 있으나, 부차적인 문제로 인하여 하릴없이 지연되고 있다.

문 2. 다음 중 띄어쓰기가 올바른 문장은?

① 다음에 만나 봐라, 알은척이나 하나.

② 아버지는 나에게 문전옥답 두마지기를 유산으로 주셨다.

③ 이 그릇은 귀한 거라 손님을 대접하는데나 쓴다.

④ 함께 든지 혼자서 든지 잘 놀면 되었지.

문 3. 다음 중 표준 발음법의 설명에 따른 예로 적절하지 <u>않은</u> 것은?

① 받침 'ㄱ(ㄲ, ㅋ, ㄳ, ㄺ), ㄷ(ㅅ, ㅆ, ㅈ, ㅊ, ㅌ), ㅂ(ㅍ, ㄼ, ㄿ, ㅄ)' 뒤에 연결되는 'ㄱ, ㄷ, ㅂ, ㅅ, ㅈ'은 된소리로 발음한다. - **넋받이[넉빠지]**

② 받침 'ㄷ, ㅌ(ㄾ)'이 조사나 접미사의 모음 'ㅣ'와 결합되는 경우에는, [ㅈ, ㅊ]으로 바꾸어서 뒤 음절 첫소리로 옮겨 발음한다. - **낱이삭[나치삭]**

③ 'ㄴ'은 'ㄹ'의 앞이나 뒤에서 [ㄹ]로 발음한다. - **할는지[할른지]**

④ 받침 'ㄱ(ㄲ, ㅋ, ㄳ, ㄺ), ㄷ(ㅅ, ㅆ, ㅈ, ㅊ, ㅌ, ㅎ), ㅂ(ㅍ, ㄼ, ㄿ, ㅄ)'은 'ㄴ, ㅁ' 앞에서 [ㅇ, ㄴ, ㅁ]으로 발음한다. - **꽃망울[꼰망울]**

문 4. 다음 글과 관련이 깊은 사자성어는?

'설득적 정의의 오류'란 논쟁에서 용어를 정의할 때 부정 또는 긍정의 방향, 감정이 실린 방식으로 정의하는 것을 말한다. 부정의 예는 '신앙(信仰)'을 '감정에 휩쓸려 과학적 근거나 증거가 없는 걸 맹목적으로 믿는 것'으로 정의하는 것을 들 수 있고, 긍정의 예로는 '보수주의자'를 '인간의 한계에 대해 현실적인 견해를 지닌 사람'으로 정의하는 것을 들 수 있다.

웹스터사전은 '낙태'를 '포유동물의 태아를 미숙한 상태에서 강제로 적출하는 것'으로 정의했는데, 이런 중립적인 정의를 벗어나 '낙태는 아기를 살해하는 것을 의미한다.'고 한다면 이게 바로 설득적 정의의 오류가 될 것이다.

① 우이독경(牛耳讀經)

② 아전인수(我田引水)

③ 역지사지(易地思之)

④ 자가당착(自家撞着)

문 5. 다음을 논리적 순서에 맞게 배열한 것은?

ㄱ. 왜 여유의 공간을 넓은 공간으로 생각하지 않았을까? 우리의 국토가 너무 좁기 때문이었을까? 넓은 공간을 유지하기에는 너무 간단했기 때문일까?

ㄴ. 이러한 부정적 해답도 가능할 것이다. 그러나 그것을 긍정적으로 받아들여서 적극적인 가치 부여를 한다면 거기에는 아주 중요한 사상적 근거가 전제되어 있음을 발견할 수 있는 것 같다. 그것은 한 마디로 말하자면 자연과 인간이 조화를 이루어야 한다는 사상이다.

ㄷ. 생활에서의 여유를 주는 공간이라면 더 큰 공간일수록 좋으리라는 생각을 할 수 있다. 그러나 한국적 공간 개념에는 그와 같은 여유를 추구하면서도 그것이 큰 공간일수록 좋다는 생각은 포함되어 있지 않은 것 같다.

ㄹ. 인간은 결코 자연을 정복할 것이 아니라 자연과의 조화 속에서 궁극적인 가치들을 추구해야 한다는 사상이다. 자연과의 조화를 최대한으로 살피는 공간 개념을 근거로 하고 있음이 중요한 것이다.

① ㄱ-ㄴ-ㄷ-ㄹ

② ㄴ-ㄱ-ㄹ-ㄷ

③ ㄷ-ㄱ-ㄴ-ㄹ

④ ㄹ-ㄴ-ㄷ-ㄱ

문 6. 〈보기〉의 예시로 가장 적절한 것은?

─〈 보 기 〉─

'흑백 사고의 오류'는 이 세상 모든 일을 흑백 이분법으로 보려는 사고의 오류를 말한다. 모든 문제를 또는 논의의 대상을 흑 아니면 곧 백이요 악 아니면 곧 선이라는 방식의, 양극의 두 가지로만 구분함으로써 빚어지는 오류이다. 즉, 흑과 백 이외의 여러 가지 색깔이 있음에도 그것들을 무시한다든가 고려하지 않는 방법으로, 또는 선과 악 이외의 제3을 전연 인정하려 들지 않는 방식으로 문제점을 논증하든가 논의의 대상을 이해하려 들 때 빚어지는 오류이다.

① 건강한 사람은 무균자가 아니고 보균자다. 보균자는 병원체를 몸에 늘 지니고 있다. 몸을 늘 보살피는 자가 건강한 사람이다.

② 그러니까 당신은 수프가 너무 차다고 생각하는군요. 그렇죠? 그렇다면 아마 당신은 그것을 펄펄 끓여오면 좋아하겠군요.

③ 여성은 남성 못지않게 훌륭한 국회의원이 될 것이다. 왜냐하면 정치란 한낱 집안 돌보기에 지나지 않으니까 말이다.

④ 난 그림도 못 그리고, 피아노도 못 쳐. 난 아마 아무것도 하지 못할 거야.

문 7. 〈보기1〉을 〈보기2〉의 방법으로 감상한 것은?

─────〈보 기 1〉─────
묏버들 갈히 것거 보내노라 님의손되,
자시는 창(窓) 밧긔 심거 두고 보쇼셔.
밤비예 새닙곳 나거든 날인가도 너기쇼셔

─────〈보 기 2〉─────
문학 작품을 표현론적 관점에서 감상하는 방법은 문학 행위의 적극적 생산 주체로서 '작가'에 주목하는 것이다. 문학 작품은 '작가의 체험과 사상의 반영물' 내지는 '작가의 창조적 능력의 결과물'이라는 생각이 표현론적 관점의 전제이다. 그렇기 때문에 자연스럽게 이 관점에서는 작가와 작품 사이의 관계가 중요한 관심사가 된다.

① 초장에 쓰인 '묏버들'은 임에게 보내는 화자의 사랑을 의미하는 것이겠지.

② 내가 이런 상황이었다면, 내 얼굴을 잊지 말라고 자화상을 그려서 보냈을 것 같아.

③ 당시 조선 사회는 여성이 사랑 표현을 쉽게 할 수 없었다고 들었는데, 그래도 기생은 좀 달랐나 봐.

④ 홍랑의 최경창에 대한 사랑과 자신을 잊지 않고 생각해주길 바라는 마음이 담겨있는 시조야.

문 8. 다음 글을 주제로 하여 의견을 나누었을 때, 글쓴이의 주장과 가장 거리가 먼 것은?

─────────────────
한국노동연구원의 한 연구원은 "출산율을 낮추는 정책보다 출산율을 높이는 정책이 더 성공하기 어렵다."라고 지적한다. 이에 대한 일차적 해법은 '보육의 사회화'이다. '일이냐 아이냐'를 선택해야 하는 사회는 출산율이 올라가지 않는다. 일하면서 애도 키울 수 있는 사회라야 출산율이 올라간다. 나라에서 보육 시설을 확충하고 출산 장려책을 적극적으로 시행해야 한다. 보육에 대한 부담이 감소하면 출산율 증가와 더불어 한국 여성의 경제 활동 참가율도 현재의 60%보다 현격히 높아질 것으로 보고 있다. 이처럼 보육의 사회화를 앞당김으로써 여성의 경제 활동 참가를 높이고 실질적인 양성 평등 사회의 기반을 만드는 계기가 될 것이다.
─────────────────

① 보육시설을 늘리고 보육교사의 복지를 증진하면, 믿고 아이들을 맡길 수 있게 되면서 자연스럽게 출산율도 올라가겠지.

② 부모인 노동자들의 근무 시간을 하루 최대 8시간으로 제한하고, 육아 휴직을 상시화한다면 출산율이 높아지지 않을까.

③ 전업주부들이 가정에서 아이들을 보육할 수 있도록 나라에서 보육비를 지원해주면, 출산율이 높아질 거야.

④ 육아 휴직을 하면 권고사직을 받거나 진급 승진이 어렵다고 하는데, 이런 것들이 줄어들면 출산율이 높아질 수 있을 거야.

문 9. 다음 중 ㉠~㉢을 의미하는 한자어로 바르게 연결된 것은?

(가) 이 작품은 우리 산업사회의 현실이 빚어낸 부정적 측면을 ㉠빗대어 비웃으면서 폭로·공격하는 일에 있어서 탁월한 일면을 담고 있다.

(나) 권위주의 정권이 무너진 이유가 특권층의 횡포였다면 새로운 특권층이 ㉡제멋대로 함부로 날뛰는 것은 민주 체제가 위험하다는 신호일 수 있다.

(다) 처음에 그는 정말 귀공자처럼 보였으나, 시간이 흐르면서 그가 ㉢겉으로는 제법 비슷하지만 본질적으로 완전히 다르다는 것이 서서히 드러나기 시작했다.

	㉠	㉡	㉢
①	嘲笑	氾濫	如反掌
②	諷刺	跋扈	似而非
③	貶下	改革	不祥事
④	蔑視	革新	異例的

문 10. ㉠~㉣에 대한 설명으로 적절하지 <u>않은</u> 것은?

> 　㉠"모두 한방에 드는 게 좋겠어요."라고 나는 아저씨를 생각해서 말했다.
> 　아저씨는 그저 우리 처분만 바란다는 듯한 태도로, 또는 지금 자기가 서 있는 곳이 어딘지도 모른다는 태도로 멍하니 서 있었다. 여관에 들어서자 우리는 모든 프로가 끝나 버린 극장에서 나오는 때처럼 ㉡<u>어찌할 바를 모르고 거북스럽기만 했다.</u> 여관에 비한다면 거리가 우리에게는 더 좋았던 셈이었다. 벽으로 나누어진 방들, 그것이 우리가 들어가야 할 곳이었다.
> 　"모두 같은 방에 들기로 하는 것이 어떻겠어요?"/내가 다시 말했다.
> 　"난 지금 아주 피곤합니다."/안이 말했다.
> 　"방은 각각 하나씩 차지하고 자기로 하지요."
> 　㉢"<u>혼자 있기가 싫습니다.</u>"라고 아저씨가 중얼거렸다.
> 　"혼자 주무시는 게 편하실 거예요." / 안이 말했다.
> 　우리는 복도에서 헤어져서 사환이 지적해 준, ㉣<u>나란히 붙은 방 세 개에 각각 한 사람씩 들어갔다.</u>
> 　　　　　　　　　　-김승옥, 〈서울, 1964년 겨울〉

① ㉠: '나'는 아저씨에게 연민을 느끼며 적극적으로 공동체적 화합을 꾀하고 있다.

② ㉡: 현대인의 목표의 부재로 인한 방향 상실을 상징한다.

③ ㉢: '아저씨'는 단절감에서 벗어나 인간적 연대감을 느끼고자 한다.

④ ㉣: 개인주의의 표출과 연대 의식의 상실을 드러낸다.

문 11. 다음 중, 대화에 대한 이해가 적절하지 <u>않은</u> 것은?

① 영희: 학교 앞에 아이스크림 가게 새로 생겼다는데 가보고 싶지 않니?
　철수: 나 다이어트 중이잖아.
　→ 영희의 제안을 철수가 거절했다.

② 영희: 굼벵이 다 됐네.
　철수: 정말 미안해. 택시 타고 왔는데도…….
　→ 철수가 영희와의 약속에 늦었다.

③ 영희: 와, 베토벤 뺨치겠는걸.
　철수: 과찬이십니다. 아직 완벽히 치려면 멀었어요.
　→ 철수의 피아노 실력을 영희가 칭찬하고 있다.

④ 영희: 공부 좀 했어? 난 아무래도 이번엔 망할 것 같아.
　철수: 나도 어제 그냥 잤어.
　→ 철수가 영희를 생각해서 거짓말을 하고 있다.

문 12. 다음 중 한글 맞춤법에 맞게 고쳐 쓴 결과로 적절하지 <u>않은</u> 것은?

① 그렇게 큰일을 <u>치뤘으니(→치렀으니)</u> 몸살이 날 만도 하지.

② 철수는 이 책 저 책에서 <u>주어(→주워)</u> 읽은 이야기를 친구들에게 들려줬다.

③ 이미 <u>벌려(→벌여)</u> 놓은 굿판이니까 열심히 하는 수밖에 딴 도리가 없지.

④ 오늘처럼 맑게 <u>갠(→개인)</u> 날은 우물가에 가서 빨래라도 할 일이다.

문 13. 〈보기〉를 참고할 때, ㉠~㉢의 예로 적절하지 <u>않은</u> 것은?

> ────── 〈보 기〉 ──────
> 　'대립 관계'는 의미적으로 대립을 이루는 단어의 쌍을 가리키며, 그 전형적인 경우가 이원 대립이다. 대립 관계가 성립하기 위해서는 다수의 공통된 의미 특성을 전제로 하고 한 가지 매개 변수에 의해 대립을 이루어야 한다. 대립 관계의 유형에는 다음 세 가지가 있다. ㉠'반의어'는 정도나 등급에 있어서 대립을 이루는 것으로, 대립의 양극 사이에 중간 지역을 갖는다. 반의어의 단어 쌍은 둘을 동시에 부정해도 모순되지 않는 특징이 있다. ㉡'상보어'는 대립 관계의 개념적 영역을 상호 배타적인 두 구역으로 양분하는 경우다. 따라서 대립의 양극 사이에 중간 지역이 존재하지 않는다. 상보어의 단어 쌍은 둘을 동시에 부정하면 모순이 된다. ㉢'방향대립어'는 맞선 방향을 전제로 하여 위치·관계·이동 및 동작의 측면에서 대립을 이루는 경우다.

① ㉠의 예로 '쉽다/어렵다'가 있으며, '쉽지도 않고 어렵지도 않다.'라는 말이 가능하다.

② ㉡의 예로 '참/거짓'이 있으며, '참도 아니고 거짓도 아니다.'라는 말이 가능하다.

③ ㉡의 예로 '살다/죽다'가 있다. '산 것도 아니고 죽은 것도 아니다'라는 말은 모순이다.

④ ㉢의 예로 '위/아래'가 있다. 기준점을 중심으로 공간적 방향이 대립된다.

문 14. 다음 글을 통해 궁극적으로 말하고자 하는 바로 가장 적절한 것은?

> 형호(荊浩)의 「화론(畵論)」을 보면, "장수는 목이 없고, 여인은 어깨가 없다[將無項 女無肩]."라는 말이 나온다. 무슨 말일까? 세상 천지에 목이 없는 장수가 어디 있는가. 여인은 어째 어깨가 없을까. 없어서 없는 것이 아니다. 그림을 그릴 때, 장수의 기상은 목이 없는 듯 짧게 그리는 데서 드러나고, 미인의 가녀린 모습은 어깨 없이 부드럽게 흘러내린 곡선을 통해 강조된다는 말이다.
>
> 또 당나라의 유명한 화가 고개지(顧愷之)가 은중감(殷仲堪)의 초상화를 그리려 하였는데, 은중감이 평소 눈병이 있었으므로 한사코 거절하였다. 그러자 고개지는 눈동자를 또렷이 그린 다음 그 위에 흰색을 흩날려, 마치 엷은 구름이 달을 가린 듯하게 하여 은중감의 눈에 낀 백태를 처리하였다. 이는 사실에 대한 미화이기는 하지만 그의 눈병을 은폐한 것은 아니었다. 또 배해(裴楷)의 초상화를 그리는데, 그림을 다 그린 후 뺨 위에 터럭 세 개를 덧그렸다. 그러고는 말하기를 "배해는 명철하여 식견이 있는데, 이것이 바로 그 식견이다."라고 하였다. 그러자 신채(神彩)가 아연 살아났다.

① 화가가 인물의 특징을 표현하기 위해 의도적으로 사실을 일부 과장하거나 변형시킬 수 있음을 보여준다.

② 화가는 대상 인물이 지닌 특성을 함축의 묘미를 통해 표현하면서 자신의 개성과 새로운 화법을 창출해 나간다고 할 수 있다.

③ 화론과 화법은 반드시 일치하는 것이 아니므로 작가의 개성이 어떻게 표현되느냐에 따라 작품의 질이 결정된다고 할 수 있다.

④ 동양화에 담긴 정신은 화가의 감각과 기법으로부터 비롯되어 특히 초상화에서 그 빛을 발함을 다양한 사례를 통해 확인할 수 있다.

문 15. ㉠~㉣에 대한 설명으로 적절하지 <u>않은</u> 것은?

> 불휘 기픈 남ᄀᆞᆫ ᄇᆞᄅᆞ매 아니 뮐씨 ㉠곶 됴코 ㉡여름 하ᄂᆞ니
>
> 시미 기픈 므른 ㉢ᄀᆞ므래 아니 그츨씨 내히 이러 ㉣바ᄅᆞ래 가ᄂᆞ니

① ㉠: '곳'으로 표기되지 않은 것으로 보아 표의적 표기다.

② ㉡: '여름 하다'는 현대어로 풀이하면 '열매가 많다'는 뜻이다.

③ ㉢: 가뭄을 뜻하는 'ᄀᆞ물'에 부사격 조사 '애'를 붙여, 이어 적었다.

④ ㉣: 파도를 뜻하는 '바ᄅᆞᆯ'에 지향점을 나타내는 부사격 조사 '애'가 붙은 말이다.

문 16. 다음 〈보기〉에 대한 예로 가장 적절한 것은?

> ─〈보 기〉─
>
> 연역적 추론이란 전제로부터 결론을 논리적으로 도출하는 추론방식이다. 삼단 논법이 대표적인 예이다. 예컨대, '모든 인간은 죽는다. → 소크라테스는 인간이다. → 그러므로 소크라테스도 죽는다.'가 대표적이다. 이 예에서 소크라테스가 죽는다는 결론은 모든 인간이 죽는다는 전제로부터 논리적으로 따라 나온 것이다. 한 명제는 동일한 항목에서 동시에 참과 거짓이 될 수 없다.

① 우리나라 사람은 너무 인정에 약해.
　영국 사람인 찰스를 봐.
　얼마나 냉정하게 일을 처리하는지.

② 길거리에 쓰레기를 버리면 벌금을 물어야 한다.
　철수는 길거리에 쓰레기를 버렸다.
　그러나 아무도 본 사람이 없었다.

③ 어머니들은 언제나 따뜻하게 자식을 돌봅니다,
　그러나 모든 어머니들이 그런 것만은 아닙니다.
　우리는 버려진 아이들을 따뜻하게 보살펴야 합니다.

④ 사람들 사이에는 갈등이 있을 수밖에 없습니다.
　여기도 사람들이 모인 곳입니다.
　여기서 잠시 의견 충돌이 있었던 것도 이상한 일은 아닙니다.

문 17. 다음 자료에 대한 반응으로 적절하지 <u>않은</u> 것은?

> 다음은 국립수산과학연구원이 2014년에 발표한 보도자료 '독도 바다, 10년 동안 어떻게 변했나?'에 제시된 표이다.

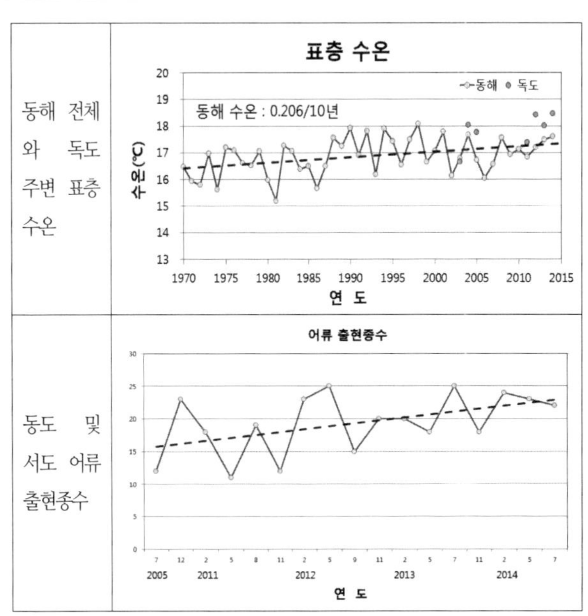

① 동해의 표층 수온은 지난 40여 년간 전반적으로 약 1.3℃ 정도 증가경향을 보여 왔네.

② 동해 전체의 표층 수온이 대체로 동해 중앙부의 표층 수온보다 높아.

③ 독도의 동도 및 서도에 분포하는 어류의 출현 종수가 지속적으로 증가경향을 보이고 있어.

④ 독도 주변 수온이 상승한 걸로 봐서, 아열대어종이 많아지는 등 출현 어종이 변했겠지.

문 18. 다음 중 중의성을 지닌 문장이 <u>아닌</u> 것은?

① 정민이는 나보다 먹는 것을 더 좋아한다.

② 언니가 막내에게 양말을 신긴다.

③ 나는 그 친구를 안 때렸다.

④ 그의 용감한 아버지는 적군을 향해 돌진했다.

문 19. 〈보기〉를 참고하여 다음 시를 이해한 내용으로 적절하지 <u>않은</u> 것은?

<u>어둠</u>은 새를 낳고, 돌을
낳고, 꽃을 낳는다.
아침이면, 어둠은 온갖 물상을 돌려 주지만
<u>스스로는 땅위에 굴복한다.</u>
무거운 어깨를 털고
<u>물상들은 몸을 움직이어</u>
노동의 시간을 즐기고 있다.
즐거운 지상의 잔치에
금으로 타는 태양의 즐거운 울림.
<u>아침이면,</u>
<u>세상은 개벽을 한다.</u>
　　　　　　　　－박남수, 　〈아침 이미지〉

───── 〈보 기〉 ─────

시 〈아침 이미지〉는 실존주의 철학가 하이데거가 말한 '사물로서 존재가 빛을 받아 원래의 은폐성에서 밖으로 뜻을 가지는 존재로서 나타나게' 되면 무의미의 세계가 의미의 세계로 발전한다는 주장에 부합하는 시다.

---

① 아직 아침이 오기 전, 어둠의 상황에서 사물들은 '은폐'되어 있다고 볼 수 있다.

② '어둠'이 '스스로는 땅위에 굴복한다'는 것은 사물을 은폐한 '어둠'의 무가치성을 강조한다.

③ '물상들이 몸을 움직이어'는 무의미했던 사물들이 의미 있는 존재로 변한 모습이다.

④ '아침이면,/세상은 개벽을 한다'를 통해 '빛'이 만상의 생성과 생명의 원리임을 보여준다.

문 20. ㉠의 의도를 강화하는 반응으로 가장 적절한 것은?

　행랑채가 퇴락하여 지탱할 수 없게끔 된 것이 세 칸이었다. 나는 마지못하여 이를 모두 수리하였다. 그런데 그중의 두 칸은 앞서 장마에 비가 샌 지가 오래 되었으나, 나는 그것을 알면서도 이럴까 저럴까 망설이다가 손을 대지 못했던 것이고, 나머지 한 칸은 비를 한 번 맞고 샜던 것이라 서둘러 기와를 갈았던 것이다. 이번에 수리하려고 본즉 비가 샌 지 오래 된 것은 그 서까래, 추녀, 기둥, 들보가 모두 썩어서 못쓰게 되었던 까닭으로 수리비가 엄청나게 들었고, 한 번밖에 비를 맞지 않았던 한 칸의 재목들은 완전하여 다시 쓸 수 있었던 까닭으로 그 비용이 많지 않았다.

　나는 이에 느낀 것이 있었다. 사람의 몸에 있어서도 마찬가지라는 사실을. 잘못을 알고서도 바로 고치지 않으면 곧 그 자신이 나쁘게 되는 것이 마치 나무가 썩어서 못 쓰게 되는 것과 같으며, 잘못을 알고 고치기를 꺼리지 않으면 해(害)를 받지 않고 다시 착한 사람이 될 수 있으니, 저 집의 재목처럼 말끔하게 다시 쓸 수 있는 것이다.

　이뿐만 아니라 나라의 정치도 이와 같다. 백성을 좀먹는 무리들을 내버려두었다가는 백성들이 도탄에 빠지고 나라가 위태롭게 된다. 그런 연후에 급히 바로잡으려 하면 이미 썩어버린 재목처럼 때는 늦은 것이다. ㉠어찌 삼가지 않겠는가.

---

① 가난할수록 기와집 짓는 것처럼 행동해서는 안 되지.

② 귀신을 피하려다 호랑이 만나는 것을 경계해야겠군.

③ 서투른 풍수 집안만 망쳐 놓는 것 같은 우를 범해선 안 되지.

④ 호미로 막을 것을 가래로 막는 우를 범해서는 안 되겠군.

8회

문 1. 〈보기〉의 표준 발음법을 구체적 사례에 적용한 결과로 적절하지 않은 것은?

> ——— 〈보 기〉 ———
>
> * 제18항: 받침 'ㄱ(ㄲ, ㅋ, ㄳ, ㄹ), ㄷ(ㅅ, ㅆ, ㅈ, ㅊ, ㅌ, ㅎ), ㅂ(ㅍ, ㄼ, ㄿ, ㅄ)'은 'ㄴ, ㅁ' 앞에서 [ㅇ, ㄴ, ㅁ]으로 발음한다.
>   [붙임] 두 단어를 이어서 한 마디로 발음하는 경우에도 이와 같다.
> * 제19항: 받침 'ㅁ, ㅇ' 뒤에 연결되는 'ㄹ'은 [ㄴ]으로 발음한다.
>   [붙임] 받침 'ㄱ, ㅂ' 뒤에 연결되는 'ㄹ'도 [ㄴ]으로 발음한다.

① 표준 발음법 제18항에 따라 '없는'은 [엄 : 는]으로 발음한다.

② 표준 발음법 제18항에 따라 '옷 맞추다'는 [온마추다]로 발음한다.

③ 표준 발음법 제19항에 따라 '대통령'은 [대 : 통녕]으로 발음한다.

④ 표준 발음법 제18항과 제19항에 따라 '협력'은 [협녁]으로 발음한다.

2. 〈보기〉의 외래어 표기법에 따른 예로 적절하지 않은 것은?

> ——— 〈보 기〉 ———
>
> 짧은 모음과 유음·비음([l], [r], [m], [n]) 이외의 자음 사이에 오는 무성 파열음([p], [t], [k])은 받침으로 적는다.

① 그녀는 머리를 빗고 입술에 붉은 립스틱(lipstick)을 칠하였다.

② 광대는 나에게 끌려오면서도 로큰롤(rock'n'roll)에 맞추어 스텝을 밟았다.

③ 검은 연기를 내뿜으며 기차가 플랫폼(platform)으로 미끄러져 들어왔다.

④ 블랙홀(black hole) 속에서는 빛이나 물질, 전파 등 어떤 것도 빠져나갈 수 없다.

문 3. 〈보기〉의 밑줄 친 부분에 해당하는 사례로 가장 적절한 것은?

> ——— 〈보 기〉 ———
>
> 선어말 어미 '-었-'은 통상 이야기하는 시점에서 볼 때 사건이나 행위가 이미 일어났음을 나타내는 어미로 쓰인다. 그러나 이야기하는 시점에서 볼 때 완료되어 현재까지 지속되거나 현재에도 영향을 미치는 상황을 나타내는 어미로도 쓰이고, 이야기하는 시점에서 볼 때 미래의 사건이나 일을 이미 정해진 사실인 양 말할 때 쓰이는 어미로도 쓰인다.

① 예전에는 명절에 선물로 설탕을 주었다.

② 철수는 이미 밥을 먹었다.

③ 작년 소풍날은 날씨가 궂었다.

④ 간밤의 비로 강물이 많이 불었다.

문 4. 밑줄 친 고유어의 의미를 잘못 풀이한 것은?

① 그 여자도 뭔가 아퀴가 안 맞는 분위기라 지레 포기를 하려는 것 같았다.
   → 어수선한 일을 정돈하여 마무리하는 끝매듭

② 들판에 소들이 건성드뭇하게 여기저기서 풀을 뜯어 먹고 있다.
   → 비교적 많은 수효의 것이 듬성듬성 흩어져

③ 오랫동안 비가 오지 않아 천둥지기에 심은 작물이 모두 말라 죽을 것 같다.
   → 빗물에 의하여서만 벼를 심어 재배할 수 있는 논.

④ 너는 어째 일을 제 혼자 사날로만 하는 거냐?
   → 다라울 정도로 인색한 사람

문 5. ㉠~㉣의 예로 적절하지 않은 것은?

> ——— 〈보 기〉 ———
>
> 부사어는 부속성분의 하나다. 대개는 소거해도 문장 성립에 이상을 초래하지 않는다. 그러나 항상 수의적인 것은 아니다. 때로는 ㉠필수적인 문장 성분인 경우도 있다. 그런가 하면 부사어가 성립되는 경우는 다음과 같다. ㉡부사가 부사어가 되는 경우, ㉢체언에 부사격 조사가 붙어 부사어가 되는 경우, 용언의 활용형이 부사어가 되는 경우 등이 있다. 보통 부사어는 용언을 꾸미지만 ㉣관형사, 체언, 다른 부사, 문장 전체 등을 꾸미는 기능을 하기도 한다.

① ㉠: 내 동생한테 함부로 굴면 내가 가만있지 않을 거야.

② ㉡: 계집아이들이 옹기종기 모여 앉아 공기놀이를 하고 있다.

③ ㉢: 사람마다 생김새가 다르듯이 생각도 다르다.

④ ㉣: 오늘은 제발 비가 왔으면 좋겠다.

문 6. 밑줄 친 단어의 준말 표기가 적절하지 <u>않은</u> 것은?

① 어제 술을 많이 마셨더니 아침부터 자꾸 물이 <u>켜인다(→</u>
<u>킨다)</u>.

② <u>조리하다가(→조러다가)</u> 시험에 떨어지면 어쩌려고 그러
나.

③ 그녀는 김이 모락모락 나는 <u>지에밥(→제밥)</u>에 누룩을 섞
어 술밑을 만들었다.

④ 나는 때때로 이 시절의 추억이 떠오르면 <u>금시에(→금세)</u>
동심의 세계로 되돌아간다.

문 7. 〈보기〉에 대한 설명으로 적절하지 <u>않은</u> 것은?

———— 〈보 기〉 ————

너는 高麗ㅅ사름이어니 또 엇디 漢語 니름을 잘 ᄒᆞᄂᆞ뇨.
내 漢ㅅ사름의손ᄃᆡ 글 비호니 이런 젼ᄎᆞ로 져기 漢ㅅ말을
아노라.
네 뉘손ᄃᆡ 글 비혼다.
내 漢 흑당의셔 글 비호라.
네 므슴 글을 비혼다.
論語 孟子 小學을 닐그롸.
네 每日 므슴 공부ᄒᆞᄂᆞᆫ다.
每日 이른 새배 니러 學堂의 가 스승님ᄢᅴ 글 비호고 學堂
의셔 노하든 집의 와 밥 먹기 믓고 또 흑당의 가 셔품쓰기
ᄒᆞ고 셔품쓰기 믓고 년구ᄒᆞ기 ᄒᆞ고 년구ᄒᆞ기 믓고 글읡기 ᄒᆞ
고 글읡기 믓고 스승 앒픠셔 글을 강ᄒᆞ노라.
므슴 글을 강ᄒᆞᄂᆞ뇨.
小學 論語 孟子를 강ᄒᆞ노라.
－〈노걸대 언해(老乞大諺解)〉, 현종(顯宗) 11년(1670년)－
[참고-지문 현대어 풀이]
너는 고려 사람인데 또 어떻게 중국말을 잘 하는가?
내가 중국 사람에게 글을 배웠으니 이런 까닭으로 조금 중
국말을 아노라.
너는 누구에게 글을 배우는가?
나는 중국 학당에서 글을 배우노라.
너는 무슨 글을 배우는가?
논어, 맹자, 소학을 읽노라.
너는 매일 무슨 공부를 하는가?
매일 이른 새벽에 일어나 학당에 가서 스승님께 글을 배우
고, 방과 후면 집에 와서 밥 먹기를 마치고, 또 학당에 가서
글씨쓰기를 하고, 글씨쓰기를 마치고는 연구하기 하고, 연구하
기 마치고는 글읽기를 하고 글읽기를 마치고는 스승님 앞에서
글을 강하노라.
무슨 글을 강하는가?
소학, 논어, 맹자를 강하노라.

① 대화체 구성이어서 당시의 구어(口語)를 엿볼 수 있는
자료다.

② 의문문이 현대 국어와는 같은 형식으로 구현되고 있음을
알 수 있다.

③ 표기 방식이 연철과 분철 중 어느 하나로 일관성 있게
나타나지 않는다.

④ 모음조화가 파괴되고 있음과 표음주의에 따라 표기하고
있음을 알 수 있다.

문 8. 〈보기〉는 '올바른 문화 상대주의'라는 주제로 글의 개요를 작
성한 것이다. 이 글의 결론으로 가장 적절한 것은?

———— 〈보 기〉 ————

1. 문화 발달 정도를 측정하는 보편적 기준의 유무
2. 그러한 기준의 유무에 따른 두 가지 이론
　2-1. 서양문화 우월주의에 입각한 절대주의
　2-2. 20세기 문화인류학의 문화 상대주의
　　2-2-1. 각 문화 나름의 합리성과 우월성 인정
　　2-2-2. 일정한 측정 기준으로 서로 다른 문화를 비
　　　　　교하는 것이 부당함을 지적
3. 문화 상대주의의 맹점
　3-1. (예시1) 인도의 순장(殉葬) 풍습 용인
　3-2. (예시2) 보편 인권 선언의 부정
4. 보완된 문화 상대주의(결론)

① 결론적으로 서양인들의 편협한 절대주의에 대항하여 생
겨난 문화 상대주의 역시 '문화적 상대성에 대한 과신
(過信)'이라는 제2의 절대주의가 되어 인도의 순장 유습
을 묵인하고 '보편 인권 선언'을 거부하는 등 폐해를 드
러내고 있다. 이런 사정을 볼 때 서양문화 우월주의를
극복하고 각 지역의 문화유산과 전통적 가치를 인정하는
문화 상대주의의 근본 취지에 대한 반성이 필요한 것이
다.

② 그리하여 오늘날 대부분의 문명사회는 문화 발달 정도의
절대적인 척도를 규정할 수 있다는 전제를 은연중에 용
인하고 있는 것이다. 하지만 그러한 전제 역시 진실로
각양각색의 인류 문화 형태를 비교·평가할 수 있는 보
편적 기준이 존재하는가에 대한 회의(懷疑)에 의하여 견
제되어 왔다. 결국 문화 상대주의에 대한 새로운 해석이
필요해진 것이다.

③ 이상에서 살펴본 바와 같이 실제로 19세기까지 서양에서는 과학이 자연에 종속된 인류를 해방할 수 있다고 믿고, 과학의 발달 정도를 문화 선진의 절대적 기준으로 삼아 왔다. 하지만 이러한 관점은 그들이 정치·경제·문화에 걸쳐 세계 질서를 서양 중심으로 재편해 온 과정에서 나온 편견의 산물이었다. 따라서 그러한 편견의 벽을 넘어 20세기 문화인류학의 등장과 더불어 행해진 세계 여러 문화에 대한 실증적 연구는 그와 정반대의 관점을 도출하기에 이르렀던 것이다.

④ 그 문화 구성원들의 행복과 안락을 증진하는 데 기여할 수 있는 문화에 선진성을 부여하는 것이 문화 평가의 궁극적인 의의이다. 그 점을 생각할 때 우리는, 각 문화 형태에 진지한 가치를 부여할 수 있는 성숙한 평가 분위기 속에서 도출된 '인류 보편의 도덕률' 같은 절대적 기준을 탄력성 있게 수용하는 문화 상대주의의 입장을 견지해야 할 것이다. 이렇듯 한층 성숙한 관점을 통해서만 세계 도처에서 일어나는 진실로 야만적이고 부도덕한 문화적 행태들을 편견 없이 단죄할 수 있을 것이다.

문 9. 다음 문장 중, 한자성어의 쓰임이 문맥에 어울리지 <u>않는</u> 것은?

① 공무원까지도 <u>빙공영사(憑公營私)</u>한다면 국민들은 누구를 믿으라는 것입니까?

② 일은 점점 늘고 해야 할 공부는 쌓였으니 <u>주마가편(走馬加鞭)</u>하는 수밖에 없겠네요.

③ 의지가지없는 지금의 내 처지로서는 그와 겨루는 것은 <u>족탈불급(足脫不及)</u>일 뿐이다.

④ 워낙 <u>중과부적(衆寡不敵)</u>이라 물밀듯 몰려오는 적들을 그들 두 사람의 화력으로는 당해 낼 수가 없었다.

문 10. 다음 시를 통해 비판하고자 하는 바와 가장 관련이 깊은 속담은?

― <보 기> ―

煮豆持作羹 漉豉以爲汁 其在釜底然
(자두지작갱 녹시이위즙 기재부저연)

豆在釜中泣 本是同根生 相煎何太急.
(두재부중읍 본시동근생 상전하태급)

① 갈치가 갈치 꼬리 문다.

② 콩 볶아 먹다가 가마솥 깨뜨린다.

③ 상좌가 많으면 가마솥을 깨뜨린다.

④ 고기 만진 손 국 솥에 씻으랴.

문 11. 다음 글을 통해 알 수 있는 바와 거리가 <u>먼</u> 것은?

씻김굿은 사령제(死靈祭)의 하나다. 경상도 지방의 오구굿과 서울 지방의 지노귀굿, 함경도의 망묵굿, 평안도의 수왕굿, 제주도의 시왕맞이 등과 비슷하다. 씻김굿은 죽은 이의 몸을 상징하는 것을 만들어 씻기는 과정인 중요한 거리와 그 거리가 있는 전체의 굿을 말한다.

'씻김'이라는 용어는 전체 굿의 상징적 의미가 씻기는 데 있기 때문에 생긴 명칭이라고 본다. '씻김'을 행하는 이유는 사람의 죽음을 부정(不淨)하다고 보는 관념에서 비롯된다. 부정한 죽은 영혼은 곧바로 저승으로 갈 수 없기 때문에 일정한 절차를 밟아서 부정을 씻어야 한다고 믿어 행해지는 의례인 것이다.

씻김의 대상이 되는 부정이란 단순히 물리적인 때[穢]를 의미하는 것만은 아니고 종교적인 상징성을 갖는다. 물론 시체를 물로 씻기는 의식이 있지만 죽은 이가 갖고 있는 때는 물리적인 부정과 죽음이라는 불행한 상태를 포괄적으로 상징한다고 할 수 있다.

그래서 이런 상태를 벗어나서 해탈(解脫)하여 새로운 신격(神格)으로 승격된다는 뜻에서 부정을 씻는 의미가 있는 것이다. 씻김굿의 내용은 전라남도와 전라북도 지방이 약간 다른데, 전북지방에는 서사무가인 칠성풀이와 장자풀이, 오구물림들이 남아있는 반면 진도를 비롯한 전남지방은 보다 단순한 편이다.

① 씻김굿의 기능

② 씻김굿의 의의

③ '씻김'이 갖는 상징성

④ 씻김굿의 연행 순서

문 12. 다음 글의 내용을 잘못 이해한 것은?

우리나라에서 보자기가 발달하게 된 까닭은 무엇보다도 주거 공간이 협소했다는 데 있다. 보자기는 펴고 접을 때마다 용적의 신축이 자유로워 보관하거나 운반할 때는 용적을 최대한 이용하다가 사용하지 않을 때는 작게 접어 둘 수 있으므로 가재도구로서 적격이었다. 보자기의 발달 이면에는 일종의 기복 신앙적 요소가 깃들어 있다. 대상에 공을 많이 들이는 것은 치성을 드리는 행위이며, 치성을 드린 대상은 복을 부르는 매체가 된다고 믿는 것이 재래의 속신이었다. 수를 놓거나 조각 천을 하나하나 이어 붙이는 등 보자기를 공들여 만든 것은 복을 비는 마음의 정성을 표현한 것이다. 이렇게 정성을 들여 만든 보자기에 물건을 싸 두는 것은 복을 싸 둔다는 뜻으로 통하며, 특히 각종 예물을 싸던 혼례용 보자기가 그 대표적인 예이다.

　　보자기의 발달은 의례적인 측면에서도 생각해 볼 수 있다. 물건을 주고받을 때 싸거나 덮어 보호하면서 한편으로 아름답게 장식하는 데 쓰였으니, 사람들 사이에 오고가는 물건이 깍듯한 예의를 다한 마음의 표현으로 전달될 수 있게 했다. 보자기가 지닌 이러한 보호와 치장의 의미는 곧 옷의 의미와도 통한다. 현존하는 가장 오래된 보자기 유물로 알려진 선암사의 탁자보는 고려 중기의 것으로 추정되는데, 이것이 탁의라는 명칭으로 전해진다는 사실은 이런 점에서 시사하는 바가 크다.

① 우리나라에서 보자기가 발달한 것은 매우 실용적이었기 때문이다.

② 보자기를 만드는 데 공을 들인 것에는 복을 빎의 의미가 담겨 있다.

③ 보호와 치장의 의미는 갖는다는 점에 옷과 보자기는 공통점이 있다.

④ 보자기는 싸두는 물건의 용적을 최대한 줄일 수 있다는 기능이 있다.

문 13. 다음 글을 읽고, ㉠과 관련하여 해소할 수 있는 의문이 아닌 것은?

　　12세기 이전까지 유럽에서의 독서는 신앙심을 고취하기 위하여 주로 성경이나 주석서를 천천히 반복해서 읽는 방식으로 이루어졌다. 그런데 12세기 들어 그리스 고전이 이슬람 세계로부터 대거 유입되고 학문적 저술의 양이 폭발적으로 늘어나게 되자 독서 문화에도 변화가 일어나기 시작했다.

　　㉠이 시기의 독서는 폭넓고 풍부한 지식의 습득을 목적으로 삼게 되었다. 하지만 방대한 양의 저서를 두루 구해 읽는다는 것은 시간적으로나 경제적으로나 불가능한 일이었다. 이에 책의 중요한 내용을 뽑아 간략하게 정리한 요약집, 백과사전과 같은 다양한 참고 도서의 발행이 성행하였다. 이러한 책들은 텍스트가 장(章)·절(節)로 나누어져 있고 중요한 구절 표시가 있는가 하면, 차례나 찾아보기 같은 보조 장치가 마련되어 있는 등 이전과 다른 새로운 방식으로 편집되었다. 이를 활용하여 독자들은 다양한 정보와 해석을 편리하고 빠르게 찾고, 이렇게 얻은 지식들을 논증의 도구로 활용할 수 있게 되었다.

　　그러나 이와 같은 참고 도서를 위주로 한 독서가 유행하면서 사람들은 점차 원전 독서를 등한시(等閑視)하여 원전이 담고 있는 풍부함을 맛볼 수 없게 되었다. 주요 부분을 발췌(拔萃)하여 읽는 것은 텍스트의 의미를 효율적으로 파악하게 하는 이점은 있었지만 그 속에 담긴 깊은 뜻을 이해하는 데에는 방해가 되었다.

① 독서의 주된 목적은 무엇이었는가?

② 이전 시기와 독서의 방법이 어떻게 달랐는가?

③ 독서 방법이 갖는 장점과 단점은 무엇인가?

④ 저자와 독자의 관계는 어떻게 변화하였는가?

문 14. ㉠을 가장 잘 이해한 것은?

　　단재 신채호는 역사를 '아(我)'와 '비아(非我)'의 투쟁 과정이라고 정의한 바 있다. 이를 바르게 이해하기 위해서는 그의 사상의 핵심 개념인 '아'를 정확하게 이해할 필요가 있다.

　　신채호의 사상에서 아란 자기 본위에서 자신을 자각하는 주체인 동시에 항상 나와 상대하고 있는 존재인 비아와 마주선 주체를 의미한다. 자신을 자각하는 누구나 아가 될 수 있다는 상대성을 지니면서 또한 비아와의 관계 속에서 비로소 아가 생성된다는 상대성도 지닌다. 신채호는 조선 민족의 생존과 발전의 길을 모색하기 위해 『조선 상고사』를 저술하여 아의 이러한 특성을 규정했다. 그는 아의 ㉠자성(自性), 곧 '나의 나됨'은 스스로의 고유성을 유지하려는 항성(恒性)과 환경의 변화에 대응하여 적응하려는 변성(變性)이라는 두 요소로 이루어져 있다고 하였다. 아는 항성을 통해 아 자신에 대해 자각하며, 변성을 통해 비아와의 관계 속에서 자기의식을 갖게 되는 것으로 설정하였다. 그리고 자성이 시대와 환경에 따라 변화한다고 하였다.

　　신채호는 아를 소아와 대아로 구별하였다. 그에 따르면, 소아는 개별화된 개인적 아이며, 대아는 국가와 사회 차원의 아이다. 소아는 자성은 갖지만 상속성(相續性)과 보편성(普遍性)을 갖지 못하는 반면, 대아는 자성을 갖고 상속성과 보편성을 가질 수 있다. 여기서 상속성이란 시간적 차원에서 아의 생명력이 지속되는 것을 뜻하며, 보편성이란 공간적 차원에서 아의 영향력이 파급되는 것을 뜻한다. 상속성과 보편성은 긴밀한 관계를 가지는데, 보편성의 확보를 통해 상속성이 실현되며 상속성의 유지를 통해 보편성이 실현된다. 대아가 자성을 자각한 이후, 항성과 변성의 조화를 통해 상속성과 보편성을 실현할 수 있다. 만약 대아의 항성이 크고 변성이 작으면 환경에 순응하지 못하여 멸절(滅絶)할 것이며, 항성이 작고 변성이 크면 환경에 주체적으로 대응하지 못하여 우월한 비아에게 정복당한다고 하였다.

① 소아든 대아든 자성을 갖춘 모든 아는 상속성과 보편성을 갖는다.

② 소아의 항성과 변성이 조화를 이루면, 상속성과 보편성이 모두 실현된다.

③ 대아의 항성이 작고 변성이 크면, 상속성은 실현되어도 보편성은 실현되지 않는다.

④ 항성과 변성이 조화를 이루지 못하면, 대아의 상속성과 보편성은 실현되지 않는다.

(15~16) 다음 글을 읽고 물음에 답하시오.

> 옛날이야기다. 꽃임금(=화왕)이 이 세상에 왔는데 모란이다. 온화하고 향기로운 동산에 모셔 푸른 휘장으로 둘러치고 임금님으로 받들어 모셨다. 따스한 봄이 되었다. 온갖 꽃이 피어나는데 꽃임금도 곱고 탐스러운 꽃을 피웠다. 꽃 중의 꽃으로 빼어나게 아름다웠다. 멀고 가까운 곳에서 여러 가지 꽃이 다투어 꽃임금을 뵈러 왔다. 깊고 그윽한 골짜기의 맑은 정기를 타고난 탐스러운 꽃, 양지바른 동산에서 싱그러운 향기를 맡으며 피어난 꽃들이 앞을 다투어 모여들었다.
>
> 한 가인(佳人)이 앞으로 나왔다. 붉은 얼굴에 옥 같은 이와 신선하고 탐스러운 감색 나들이옷을 차려입고, 방랑하는 무희처럼 얌전하게 걸어나왔다. 가인은 임금에게 아뢰었다.
>
> "이 몸은 설백(雪白)의 모래사장을 밟고, 거울같이 맑은 바다를 바라보며 자랐습니다. 봄비가 내리면 목욕하여 몸의 먼지를 씻고, 상쾌하고 맑은 바람 속에 유유자적하면서 지냈습니다. 이름은 장미(薔薇)라 하옵니다. 전하의 높으신 덕을 듣자옵고, 꽃다운 침소에 그윽한 향기를 더하여 모시고자 찾아왔습니다. 전하께서 이 몸을 받아주실는지요?"
>
> 이때, 베옷을 입고 허리에는 가죽띠를 두르고 손에는 지팡이, 머리에는 백발을 인 장부(丈夫) 하나가 둔중한 걸음으로 나와 공손히 허리를 굽혔다.
>
> "이 몸은 서울 밖 한길 옆에 사는 놈으로 이름은 백두옹(白頭翁, 할미꽃)입니다. 아래로는 창망한 들판을 내려다보고 위로는 우뚝 솟은 산 경치를 의지하고 있습지요. 가만히 보건대, 좌우에서 보살피는 신하들은 고량진미와 향기로운 차와 술로 수라상을 받들어 전하의 식성을 흡족케 하고 정신을 맑게 해드리고 있사옵니다. 하지만 저장되어 있는 것이 있다면 보자기를 풀어 좋은 약으로는 전하의 양기를 돕고, 나쁜 독이 있다면 그것대로 전하의 몸에 있는 독을 제거해 올려야 할 줄 아옵니다. 그래서 말하기를, '비록 명주나 삼베가 있어도 군자 된 자는 관괴(띠풀의 일종)라고 해서 버리는 일이 없고, 부족에 대비하지 않음이 없다' 하였습니다. 전하께서도 이러한 뜻을 가지고 계신지 모르겠습니다."
>
> 한 신하가 아뢰었다. "두 사람이 왔사온데, 전하께서는 누구를 취하고 누구를 버리시겠습니까?" 꽃임금이 입을 열었다. "장부의 말에 도리가 있긴 하나 가인을 쉽게 얻기는 어려우니 어찌할꼬?"
>
> 장부가 앞으로 나와 말한다. "제가 온 것은 전하의 총명이 모든 사리를 잘 판단한다고 들었기 때문입니다. 하오나 지금 뵈오니 그렇지 않으시군요. 대체로 임금 된 자로서 ㉠간사하고 아첨하는 자를 가까이하지 않고 정직한 자를 멀리하지 않는 이는 드뭅니다. 그래서 맹자(孟子)는 불우한 가운데 일생을 마쳤고, 풍당(馮唐)은 낭관(郎官)으로 파묻혀 머리가 백발이 되었습니다. 예부터 이러하오니 전들 어찌하오리까."
>
> 꽃임금은 비로소 깨닫고 말했다.
>
> "내가 잘못했다, 잘못했다."
>
> ―설총, 〈화왕계〉

문 15. '백두옹'이 '화왕'을 설득하는 방식을 가장 설명한 것은?

① 위엄과 권위를 내세워 상대를 굴복시키려 하고 있다.

② 상대방의 동정심에 호소하여 자신의 주장을 관철하려고 한다.

③ 현학적인 문장을 구사하여 상대방의 판단을 흐리게 하고 있다.

④ 구체적인 사례를 들어 상대방이 스스로 잘못을 깨닫게 하고 있다.

문 16. ㉠과 함축하는 바가 가장 유사한 것은?

① 春山(춘산)에 눈 노긴 바람 건 듯 불고 간 대 업다./져근 듯 비러다가 불리고쟈 마리 우 희,/귀 밋태 해무근 서리를 노겨 볼가 하노라. ― 우탁

② 구룸이 無心(무심)튼 말이 아마도 虛浪(허랑)하다./ 中天(중천)에 떠 이셔 任意(임의)로 듼니면서 / 구태야 光明(광명)한 날빛츨 따라가며 덥느니 ―이존오

③ 이런들 엇더하며 져런들 엇더하리./萬壽山(만수산) 드렁칡이 얼거진들 긔 엇더하리. / 우리도 이갓치 얼거져 百年(백년)까지 누리리라. ― 이방원

④ 이 몸이 죽어 죽어 一百番(일백 번) 고쳐 죽어,/白骨(백골)이 塵土(진토) 되야 넉시라도 잇고 업고, / 님 向(향)한 一片丹心(일편단심)이야 가실 줄이 이시랴. ― 정몽주

문 17. 다음 시에 대한 설명으로 적절하지 않은 것은?

> 어머님,/제 예닐곱 살 적 겨울은
> 목조 적산 가옥 이층 다다미방의
> 벌거숭이 유리창 깨질 듯 울어 대던 외풍 탓으로
> 한없이 추웠지요, 밤마다 나는 벌벌 떨면서
> 아버지 가랭이 사이로 시린 발을 밀어 넣고
> 그 가슴팍에 벌레처럼 파고들어 얼굴을 묻은 채
> 겨우 잠이 들곤 했었지요.
>
> 요즈음도 추운 밤이면
> 곁에서 잠든 아이들 이불깃을 덮어 주며
> 늘 그런 추억으로 마음이 아프고,
> 나를 품어 주던 그 가슴이 이제는 한 줌 뼛가루로 삭아
> 붉은 흙에 자취 없이 뒤섞여 있음을 생각하면
> 옛날처럼 나는 다시 아버지 곁에 눕고 싶습니다.

그런데 어머님,
오늘은 영하(零下)의 한강교를 지나면서 문득
나를 품에 안고 추위를 막아 주던
예닐곱 살 적 그 겨울밤의 아버지가
이승의 물로 화신해 있음을 보았습니다.
품 안에 부드럽고 여린 물살은 무사히 흘러
바다로 가라고,
꽝 꽝 얼어붙은 잔등으로 혹한을 막으며
하얗게 얼음으로 엎드려 있던 아버지,
아버지, 아버지······

    – 이수익, 「결빙(結氷)의 아버지」 –

① '외풍'은 아버지의 사랑을 대비적으로 부각시키는 소재이다.

② '이승의 물로 화신'에는 삶에 대한 윤회론적 인식이 엿보인다.

③ '여린 물살'은 아버지의 보호를 받는 자식을 형상화한 것이다.

④ '얼어붙은 잔등'은 아버지가 극단적 선택을 하게 된 원인을 추측하게 한다.

문 18. 〈보기1〉를 〈보기2〉에 근거하여 해석한 결과로 적절하지 <u>않은</u> 것은?

───── 〈보 기 1〉 ─────

산수간 바위 아래 띠집을 짓노라 하니
그 모른 남들은 웃는다 한다마는
어리고 향암(鄕闇)의 뜻에는 내 분(分)인가 하노라

보리밥 풋나물을 알맞초 먹은 후에
바위 끝 물가에 슬카지 노니노라
그 남은 여남은 일이야 부러울 줄 있으랴
    – 윤선도, 「만흥」 –

───── 〈보 기 2〉 ─────

사대부 시인들의 자연 예찬은 벼슬살이에 대한 그들의 인식이나 태도와 관련이 있다. 자연 예찬의 노래는 벼슬살이를 하는 과정에서 겪은 쓰라림, 즉 정치적 시련, 세월의 흐름에 따라 어지럽게 변하는 현실, 그리고 그에 따라 변신을 거듭하는 인간 무리 등에서 벗어나고 싶어하는 심정이라 설명할 수 있다. 그래서 이러한 노래에는 '벼슬 따위는 할 수 있어도 안 한다.'는 자기 능력에 대한 확신과 자연 속에서 도를 추구하는 자신의 삶에 대한 자부가 들어있다.

① '산수', '바위' 등으로 구체화한 자연은 세월의 흐름에도 변하지 않는 불변성의 표상으로 이해할 수 있다.

② 자신을 '향암'이라 하고 있지만 그 이면에는 자신의 능력에 대한 확신과 벼슬살이에 대한 경계의 의도가 담겨 있다.

③ '보리밥 풋나물'은 벼슬을 추구하던 과정에서 작가가 겪은 정치적 시련을 상징적으로 드러내고 있다.

④ '그 남은 여남은 일'을 부러워하지 않는다고 말하여 자연에서 도를 추구하며 살아가는 삶에 대한 자부를 드러내고 있다.

(문 19~문 20) 다음 글을 읽고 물음에 답하시오.

표준어는 "교양 있는 사람들이 두루 쓰는 현대 서울말로 정함을 원칙으로 한다."라고 규정하고 있다. 이에 따라 표준 발음법은 교양 있는 사람들이 두루 쓰는 현대 서울말의 발음을 표준어의 실제 발음으로 여기고서 일단 이를 따르도록 원칙을 정한 것이다.

그런데 현대 서울말에서조차 실제의 발음에서는 여러 형태로 발음하는 경우가 있어서, 그러한 경우에는 국어의 전통성과 합리성을 고려하여 표준 발음을 정한다는 조건을 이어서 제시하였다. 예컨대 서울의 어떤 젊은이나 어린이는 소리의 길이를 구별하지 않고서 '밤[夜]'과 '밤[栗]'을 모두 짧게 발음하기도 하는데, 대부분의 장년층 이상에서는 소리의 길이를 인식하면서 구별하여 발음한다. 역사적으로 보면 소리의 높이나 길이를 구별해 온 전통을 가지고 있다. 그리하여 표준 발음법에 소리의 길이에 대한 규정을 포함시키게 하였다.

국어의 전통성을 고려하여 정한다는 조건 이외에 다시 합리성을 고려하여 정한다는 조건이 붙어 있다. 이것은 한글 맞춤법의 규정에서 어법에 맞춘다는 것과 맞먹는 조건이다. 말하자면, 국어의 규칙 내지는 법칙에 따라서 표준 발음을 합리적으로 정한다는 뜻이다.

그런데 전통성과 합리성만으로 표준 발음을 정하기 어려운 경우가 있다. 예를 들어 '맛있다'의 합리적인 발음은 [마딛따]이다. 그러나 이제 [마딛따]라는 발음을 주변에서 듣기가 오히려 어렵다. 대신 [마싣따]가 그 자리를 차지한 것이다. 이러한 경우를 '관용'이라고 일컬으며, ㉠현실에서 고착된 관용은 추가로 인정하고 있다.

지구상에서 표준 발음법이 존재하는 나라는 우리나라뿐인 것으로 알려져 있다. 이는 표기와 발음 사이의 괴리가 아주 작기 때문에 있을 수 있는 일이다. 영어처럼 단어들의 철자를 일일이 외우지 않아도 되니, 우리 민족은 어문 생활에 있어서 대단히 축복받은 셈이다.

문 19. 윗글을 토대로 다음의 자료를 해석한 것으로 적절하지 <u>않은</u> 것은?

장·단음 실태 조사

-국립국어원-

	20대	30대	40대	50대	60대 이상
[김 : 밥]	8%	12%	17%	42%	47%
[김밥]	92%	88%	83%	58%	53%
[선 : 남선 : 녀]	9%	18%	22%	36%	42%
[선남선녀]	91%	82%	78%	64%	58%

(장음이 표준 발음임)

① 연령이 낮을수록 장음과 단음을 구별하지 않는 경향이 있군.

② 응답자들이 대체로 장음보다는 단음을 많이 구사하고 있군.

③ 응답자들의 연령이 낮을수록 국어의 합리성에 따라 발음하고 있군.

④ 20, 30대에 비해 50, 60대가 국어의 전통성에 따라 발음하는 비율이 높군.

문 20. ㉠을 뒷받침할 수 있는 사례로 가장 적절한 것은?

① '멋있다'는 그 받침소리를 연음하면, [머딛따]로 발음하는 것이 원칙이지만, [머싣따]로 발음하는 경우가 많아 이를 허용한다.

② 용언 어간의 받침 'ㄴ(ㄵ), ㅁ(ㄻ)' 뒤에 결합되는 어미의 첫소리 'ㄱ, ㄷ, ㅅ, ㅈ'은 '신고[신 : 꼬]', '더듬지[더듬찌]'처럼 된소리로 발음한다.

③ 받침 'ㄲ, ㅋ'은 '밖[박]', '부엌[부억]'처럼 받침 'ㄱ'과 같이 [ㄱ]으로 발음하고, 받침 'ㅅ, ㅈ'은 '낫[낟]', '낮[낟]'처럼 받침 'ㄷ'과 같이 [ㄷ]으로 발음한다.

④ 받침 'ㄷ, ㅌ(ㄾ)'이 조사나 접미사의 모음 'ㅣ'와 결합되는 경우에는, [ㅈ, ㅊ]으로 바꾸어서 '곧이듣다[고지듣따]', '땀받이[땀바지]'처럼 뒤 음절 첫소리로 옮겨 발음한다.

문학편(상)

문 1. 다음 시에 대한 이해로 적절한 것은?

> 벌레 먹은 두리기둥, 빛 낡은 단청(丹靑), 풍경 소리 날아간 추녀 끝에는 산새도 비둘기도 둥주리를 마구 쳤다. 큰 나라 섬기다 거미줄 친 옥좌(玉座) 위엔 여의주(如意珠) 희롱하는 쌍룡(雙龍) 대신에 두 마리 봉황(鳳凰)새를 틀어 올렸다. 어느 땐들 봉황이 울었으랴만 푸르른 하늘 밑 추석(甃石)을 밟고 가는 나의 그림자. 패옥(佩玉) 소리도 없었다. 품석(品石)옆에서 정일품(正一品), 종구품(從九品) 어느 줄에도 나의 몸 둘 곳은 바이 없었다. 눈물이 속된 줄을 모를 양이면 봉황새야 구천(九天)에 호곡(呼哭)하리라.
>
> — 조지훈, 〈봉황수〉

① 자유시이기는 하지만 내재율을 가지고 있다.

② 망국으로 인한 슬픔을 관념적, 추상적으로 표현하고 있다.

③ 역사의식을 형상화하고 있으나, 감상적(感傷的)인 면도 있다.

④ 전형적인 수미상관(首尾相關) 구조를 보여 주고 있다.

문 2. 다음 작품이 속한 국문학 장르에 대한 설명으로 옳지 <u>않은</u> 것은?

> 열치매
> 나타난 달이
> 흰구름 좇아 떠가는 것이 아니냐?
> 새파란 나라에
> 기랑의 모습이 있어라!
> 일로 나리 조약에
> 낭의 지니시던
> 마음의 끝을 좇누아져.
> 아아, 잣가지 높아
> 서리 모르시올 화반이여!

① 형식은 4구체, 8구체, 10구체로 되어 있다.

② 불교적 상상력을 바탕으로 한 것들이 많다.

③ 〈도이장가(悼二將歌)〉도 동일 계열의 작품이다.

④ 훈민정음이 창제된 직후에 언해되어 전하고 있다.

문 3. 다음 시에서 밑줄 친 부분과 동일한 표현 기법이 사용된 것은?

> 지는 저녁 해를 바라보며
> 오늘도 그대를 사랑하였습니다.
> 날 저문 하늘에 별들은 보이지 않고
> 잠든 세상 밖으로 새벽달 빈 길에 뜨면
> 사랑과 어둠의 바닷가에 나가
> 저무는 섬 하나 떠올리며 울었습니다.
> 외로운 사람들은 어디론가 사라져서
> 해마다 첫눈으로 내리고
> 새벽보다 깊은 새벽 섬 기슭에 앉아
> <u>오늘도 그대를 사랑하는 일보다</u>
> <u>기다리는 일이 더 행복하였습니다.</u>
>
> — 정호승, 〈또 기다리는 편지〉

① 껍데기는 가라./사월도 알맹이만 남고/껍데기는 가라.

② 시인이란 슬픈 천명인 줄 알면서도/한 줄 시를 적어 볼까.

③ 매운 계절의 채찍에 갈겨/마침내 북방으로 휩쓸려 오다.

④ 나 보기가 역겨워/가실 때에는/죽어도 아니 눈물 흘리오리다.

문 4. 〈보기〉의 시조는 상상력을 통해 대상을 주관적으로 변용하고 있다. 이와 유사한 변용이 이루어진 예로 가장 적절한 것은?

> ─── 〈보 기〉 ───
> 冬至(동지)ㅅ들 기나긴 밤을 한허리를 버혀 내여
> 春風(춘풍) 니불 아래 서리서리 너헛다가
> 어론님 오신 날 밤이여든 구뷔구뷔 펴리라.
>
> — 황진이

① 건곤(乾坤)이 폐식(閉塞)ㅎ야 빅셜(白雪)이 흔 비친 제, 사룸은ㅋ니와 늘새도 긋쳐 잇다.

② 쇼샹 남반(瀟湘南畔)도 치오미 이러커든, 옥누(玉樓) 고쳐(高處)야 더욱 닐너 므슴ㅎ리.

③ 양춘(陽春)을 부쳐 내여 님 겨신 딕 쏘이고져. 모쳠(茅簷) 비췬 히룰 옥누의 올리고져.

④ 홍샹(紅裳)을 니믜츠고 취슈(翠袖)를 반만 거더. 일모(日暮) 슈듁(脩竹)의 헴가림도 하도 할샤.

[5~7] 다음 시를 읽고 물음에 답하시오.

(가) 님은 갔습니다. 아아 사랑하는 나의 님은 갔습니다.
　　푸른 산빛을 깨치고 단풍나무 숲을 향하여 난 적은 길을 걸어서 차마 떨치고 갔습니다.
　　황금의 꽃같이 굳고 빛나던 옛 맹서는 차디찬 티끌이 되어서, 한숨의 미풍에 날아갔습니다.
　　날카로운 첫 '키쓰'의 추억은 나의, 운명의 지침을 돌려놓고, 뒷걸음쳐서, 사라졌습니다.
　　나는 향기로운 님의 말소리에 귀먹고, 꽃다운 님의 얼굴에 눈멀었습니다.
　　사랑도 사람의 일이라, 만날 때에 미리 떠날 것을 염려하고 경계하지 아니한 것은 아니지만, 이별은 뜻밖의 일이 되고 놀란 가슴은 새로운 슬픔에 터집니다.
　　그러나 이별을 쓸데없는 눈물의 원천(源泉)을 만들고 마는 것은 스스로 사랑을 깨치는 것인 줄 아는 까닭에, 걷잡을 수 없는 슬픔의 힘을 옮겨서 새 희망의 정수박이에 들어부었습니다.
　　우리는 만날 때에 떠날 것을 염려하는 것과 같이, 떠날 때에 다시 만날 것을 믿습니다.
　　아아 님은 갔지마는 나는 님을 보내지 아니하였습니다.
　　제 곡조를 못 이기는 사랑의 노래는 님의 침묵을 휩싸고 돕니다.
　　　　　　　　　　　　　　　　　　－ 한용운, 〈님의 침묵〉

(나) 안녕히 계세요
　　도련님.

　　지난 오월 단옷날, 처음 만나던 날
　　우리 둘이서, 그늘 밑에 서 있던
　　그 무성하고 푸르던 나무같이
　　늘 안녕히 안녕히 계세요.

　　저승이 어딘지는 똑똑히 모르지만
　　춘향의 사랑보단 오히려 더 먼
　　딴 나라는 아마 아닐 것입니다.

　　천 길 땅 밑을 검은 물로 흐르거나
　　도솔천의 하늘을 구름으로 날더라도
　　그건 결국 도련님 곁 아니어요?

　　더구나 그 구름이 소나기 되어 퍼부을 때
　　춘향은 틀림없이 거기 있을 거여요.
　　　　　　　　　　　　－ 서정주, 〈춘향유문 － 춘향의 말·3〉

문　5. (가)와 (나)에 대한 설명으로 가장 적절한 것은?

① 공간의 대비를 통해 화자가 지향하는 가치를 드러내고 있다.
② 과거와 현재의 대비를 통해 그리움의 정서를 고조하고 있다.
③ 설의적 표현을 통해 화자의 고백에 대한 공감을 이끌어 내려 한다.
④ 상황에 대한 역설적 인식을 통해 화자의 태도를 드러내고 있다.

문　6. 〈보기〉를 참조하여 (가)와 (나)를 비교한 내용으로 적절하지 <u>않은</u> 것은?

> ─────〈보　기〉─────
>
> 시인 →　│ 화자　→　청자 │　→ 독자
>
> 　서정시는 기본적으로 시인 자신과 동일시되는 일인칭 화자를 통해 시인의 경험, 특히 충만한 감정을 표출하는 문학 갈래이다. 하지만 시인 자신과 분리되는 허구적 인물, 혹은 자연물이나 사물이 작품 속 화자로 설정되어 시인의 경험을 간접적으로 전달하는 경우도 있다. 물론, 작품 속 청자가 가상의 인물, 혹은 자연물이나 사물로 설정되는 경우도 있을 것이다. 따라서 시를 감상할 때에는 작품의 의사소통구조가 어떤 특징을 지니는지 파악하며 읽을 필요가 있다.

① (가)와 달리 (나)는 고전소설에서 차용한 허구적 인물의 입을 빌어 이별의 상황을 노래하고 있군.
② (나)와 달리 (가)는 작품 속 화자가 작품 속 청자에게 직접 말을 건네는 방식으로 시인의 경험을 드러내고 있어.
③ (가)와 달리 (나)는 허구적 인물인 청자의 존재가 화자의 호명을 통해 겉으로 드러나 있어.
④ (가)의 경어체는 독자를 대하는 시인의 태도를, (나)의 경어체는 작품 속 청자를 대하는 작중 화자의 태도를 엿보이고 있어.

문 7. 〈보기〉를 바탕으로 (가)와 (나)를 비교 감상한 내용으로 적절하지 <u>않은</u> 것은?

<보 기>

시의 핵심 소재나 모티브, 이미지와 상징, 주제의식 등 여러 가지 면에서, 종교가 현대시에 미친 영향을 간과할 수 없다. 불교의 인연설과 윤회설이 〈님의 침묵〉과 〈춘향유문〉의 핵심적 사유이자 시상 전개 원리로 활용된 것이 좋은 예이다. 이와 같이 종교적 사유를 수용함으로써 시인은 현세적 논리에서 벗어나 자신이 처해 있는 현실을 초월할 수 있는 비전을 드러낼 수 있다.

---

① (가)는 '만남'과 '이별'이 끊임없이 되풀이되는 것을 통해, (나)는 물의 끊임없는 순환을 통해 윤회설의 사고방식을 보여주고 있다.

② (가)와 (나) 모두 화자가 당면한 이별이 새로운 만남의 출발점이 된다는 인식을 통해 현세적 논리에서 벗어난 화자의 모습을 보여주고 있어.

③ (가)의 화자는 이별의 원인을 '님'에게 돌려 원망하지만, (나)의 화자는 이별의 원인을 자신의 탓이라 자책하면서 '도련님'을 위로하고 있다.

④ (가)의 '님'은 화자가 종교적 초월을 이루는 근거로서 믿음의 대상이지만, (나)의 '도련님'은 화자가 종교적 초월의 비전을 바탕으로 재회에 대한 믿음을 전달하는 대상이다.

[8~10] 다음 글을 읽고 물음에 답하시오.

곰이라는 별명을 가진 뚱뚱보 선생이었다. 좀 심술궂은 성품이다. 그것이 수업 시간에도 곧잘 나타났다. 아이들의 귀를 잡아끌거나 뺨을 꼬집어 당기는 것쯤은 시간마다 있는 일이었다. 추석 다음 날이었나 보다. 그날은 나도 B도 숙제를 안 해 갔기에 꾸중을 듣고 난 뒤였다. 설명 한 마디에 '엠' 소리를 거의 하나씩 섞는 그의 버릇은 종내 떨어지질 않았다. 나는 곰의 설명은 듣는 둥 마는 둥, 공책에다 '엠' 소리 날 때마다 연필로 점을 하나씩 찍어 갔다. 일흔 아홉, 여든, 여든 하나…… 하학종이 거의 울릴 것만 같다. ㉠나는 늘 하는 버릇대로 백이 되기만을 기다리는 조바심으로 표를 하고 있었고

나와 한 책상에 앉아 있는 B는 거기에만 정신이 쏠려서 한 눈을 팔고 있었다. 아마도 곰의 시선은 우리 둘 책상만을 노리고 있었을 것이다. 아흔 아홉…… 하학종이 울렸다. 아쉬움을 삼키면서 머리를 들었다. 그때다. '엠!', '백!'하고 내가 혼자 뇌까리는 순간 B가 웃음을 터뜨렸다.

"왜 웃어?"

고함 소리에 정신이 바짝 차려졌다. 우리 앞으로 다가오는 곰을 보면서 닥쳐올 벌을 각오했다. 내 공책에서 눈을 뗀 곰은 둘 다 일으켜 세웠다.

"서로 뺨을 때려!"

몇 번 외쳐야 아무 반응도 없다. 이 험악한 공기 속에서도 나는 흘낏 유리창 밑줄에 앉아 있는 경희 쪽으로 눈길을 훔쳤다. 경희는 제가 당하기나 하는 것처럼 불안한 표정으로 이쪽을 지키고 있다. 다른 애들의 눈초리도 그러했겠지만 그때의 내 눈에는 경희의 표정밖에 보이지 않았다.

"이렇게 때리래두!"

곰의 손바닥이 내 뺨에 찰싹 붙었다 떨어졌다. 눈알에서는 불이 튀는 것 같았다. 그것만으로도 끝나는 것이 아니다. 곰의 손은 다시 B의 뺨으로 옮겨 갔고, B의 손을 들어서 내 뺨을 때리게 하였다. 나와 B는 하는 수 없이 흉내만을 내는 정도로 서로의 뺨을 쳤다. B의 눈동자는 아무런 악의 없이 나를 건너다보고 있다. 적당히 해치워 버리자는 암시의 빛과 같은 것이라고 느꼈다.

[A]
"더 세게 때리래두! 자, 이렇게!"

다시 곰의 손이 B의 뺨을 후려갈겼다. 다음에 와 닿은 B의 손바닥은 전보다 훨씬 거세게 내 뺨을 때렸다. 나도 별다른 생각 없이 앞서보다는 좀 세게 B를 때렸다. 이번에는 B의 손바닥에서 오는 탄력이 먼젓번보다 더 거세었다. 내 손도 또 그랬다.

"더, 더!"

하는 곰의 응원 같은 구령에 B의 손바닥과 내 뺨 사이에서 울리는 소리가 더 커지자, 내 손도 거기에 맞대꾸를 했고, 결국에는 슬그머니 밸이 꼴려 왔다. 곰에 대한 반감이 어느 사이 엔지 B에게로 옮겨져, B에 대한 적의를 느끼면서 B를 후려갈겼다.

"이 자식이, 정말이야?"

하며 B는 있는 힘을 다하여 나를 때렸다. B의 눈동자에는 확실히 노기 같은 것이 서리었다. 나도 팔에 온 힘을 주어 B를 후려쳤다.

"너, 다했니?"

하고 뺨에서 코빼기로 비낀 B의 손바닥이 지나가자마자 잉얼대던 뺨의 아픔을 넘어 코허리가 저리면서 전신이 아찔했다. 시뻘건 코피가 교실 널바닥에 떨어졌다. 내가 다시 B를 치려는 순간 '그만.' 하는 곰의 명령 소리가 B를 한 걸음 물러서게 하였고, 내 손은 허공으로 빗나갔다. 아무 근거도 없는 승부는 이것으로 끝난 것이다. 끝장 면만으로 따진다면 B가 이긴 것임에 틀림없다.

[중략 부분의 줄거리] 6·25 전쟁으로 '나'가 입대하면서 약혼자인 경희와도 소식이 끊긴다. 군대에 입대한 후, '나'는 우연히 B와 만나게 되고, B가 경희와 결혼을 한 사실을 알고 심한 배신감을 느낀다. 그러나 얼마 지나지 않아 B가 모반 혐의로 구속되어 사형 선고를 받게 되고, 나는 군대에서 B의 사형 집행 사수 중 한 명으로 지정되어 사형장으로 간다.

"쏘아!"

구령이 끝나기가 바쁘게 일제히 '빵' 소리가 났다. 나는 아직 방아쇠를 당기지 않고 있는 것을 깨달았다. 지금 여기 B와의 최후 순간의 대결에서 나는 또 지각을 하고 있는 것이다. 나는 이제나마 그와의 대결의 대열에서 제외되어서는 안 될 것 같다. 방아쇠를 힘껏 당겼다. 총신이 위로 튕겨 올라가는 반동을 느꼈을 뿐이다. 화약 냄새가 코를 쿡 찌른다. 그때는 이미 B는 다른 네 방의 탄환을 맞고 쓰러진 뒤였다. 그는 넘어지면서도 끝까지 나에게 이겼다고 생각했는지도 모른다. 총소리와 함께 나 자신도 그 자리에 비틀비틀 고꾸라졌다. 극도의 빈혈이었다.

"이제 의식이 완전히 회복돼 가는가 봐요."

눈을 떴다.

옆에 경희가 서 있다. 찬 수건으로 내 콧등의 땀을 닦아 내고 있다. B와 나란히! 아니, B는 없다. 경희도 아니다. 무표정하게 싸늘한 아까의 간호원이다. 내가 이겼는지, B가 이겼는지, 내가 이겼어도 비굴하게 이긴 것만 같은 혼몽한 속에서 나는 다시 깊은 잠에 떨어졌다.

– 전광용, 〈사수〉

문 8. 윗글의 서술상 특징에 대한 설명으로 적절하지 <u>않은</u> 것은?

① 내적 독백을 이용하여 인물의 혼란스러운 내면세계를 표출하고 있다.

② 서술자가 사건의 의미를 자신의 입장에서 주관적으로 해설하고 있다.

③ 서술자가 자기 이야기를 직접 전달하여 독자에게 신뢰감을 주고 있다.

④ 서술의 초점이 되는 대상이 내적 갈등에서 외적 갈등으로 이동하고 있다.

문 9. [A]에 대한 설명으로 적절하지 <u>않은</u> 것은?

① 내면세계에서 일어난 갈등이 행동을 통해 표면으로 드러나고 있다.

② 서로 대립 관계에 놓인 두 인물의 대조적인 성격을 부각하고 있다.

③ 외부적 조건 때문에 인물들 간의 갈등이 강제적으로 발생하고 있다.

④ 특정 인물이 자신뿐만 아니라 다른 사람들의 행동까지 서술하고 있다.

문 10. ㉠의 상황을 나타내는 말로 가장 적절한 것은?

① 노심초사(勞心焦思)

② 천재일우(千載一遇)

③ 자승자박(自繩自縛)

④ 대경실색(大驚失色)

문 11. ㉠~㉣을 이해한 내용으로 적절하지 <u>않은</u> 것은?

> ㉠얇은 사(紗) 하이얀 고깔은
> 고이 접어서 나빌레라.
>
> 파르라니 깎은 머리
> 박사(薄紗) 고깔에 감추오고,
>
> ㉡두 볼에 흐르는 빛이
> 정작으로 고와서 서러워라.
>
> ㉢빈 대(臺)에 황촉(黃燭) 불이 말없이 녹는 밤에
> 오동잎 잎새마다 달이 지는데,
>
> ㉣소매는 길어서 하늘은 넓고
> 돌아설 듯 날아가며 사뿐히 접어 올린 외씨 버선이여!
>
> 까만 눈동자 살포시 들어
> 먼 하늘 한 개 별빛에 모두오고,
>
> 복사꽃 고운 뺨에 아롱질 듯 두 방울이야
> 세사(世事)에 시달려도 번뇌(煩惱)는 별빛이라.
>
> 휘어져 감기우고 다시 접어 뻗는 손이
> 깊은 마음속 거룩한 합장(合掌)인 양하고,
>
> 이 밤사 귀또리도 지새우는 삼경(三更)인데
> 얇은 사(紗) 하이얀 고깔은 고이 접어서 나빌레라.
> ― 조지훈, 〈승무〉

① ㉠ : 은유적 표현으로 제9연과 어울려 수미상관(首尾相關)의 시상 전개를 보여 준다.

② ㉡ : 역설적 표현으로 시적 대상(=여승)에 대한 애련(哀憐)의 정서를 표현한 것이다.

③ ㉢ : 하강과 소멸의 이미지가 두드러진 표현으로 인간 존재의 유한성을 떠올리게 한다.

④ ㉣ : 승무의 정적인 동작을 형상화한 것으로 차분하게 가라앉은 심리가 반영되어 있다.

문 12. 〈국순전〉, 〈공방전〉, 〈국선생전〉에 대한 설명으로 적절하지 <u>않은</u> 것은?

① 계세징인(戒世懲人)의 목적을 지닌 가전체 작품이다.

② 의인화된 사물의 부정적인 측면만을 강조하였다.

③ 사람의 일대기 형식으로 쓰되, 마지막엔 작가의 평을 덧붙였다.

④ 소설의 발생에 선구적인 구실을 한 문학 형태로 고려 말기에 등장했다.

[13~15] 다음 글을 읽고 물음에 답하시오.

> 비단잉어들은 화려하고 귀티나는 맵시로 보는 사람마다 탄성을 자아내게 하였으나, 그는 처음부터 흘기눈을 떴다. 비행기를 타고 온 수입 고기라서가 아니었다. 그 회사 직원의 몇 사람 치 월급을 합쳐도 못 미치는 상식 밖의 몸값 때문이었다.
>
> "대관절 월매짜리 고기간디 그려?"
>
> 내가 물어 보았다.
>
> "마리당 팔십만 원쓱 주구 가져왔댜."
>
> 그 회사 직원들의 봉급 수준을 모르기에 내 월급으로 계산을 해보니, 자그마치 3년 4개월 동안이나 봉투째로 쌓아야 겨우 한 마리 만져 볼까 말까 한 값이었다.
>
> "웬늠으 잉어가 사람버덤 비싸다나?"
>
> 내가 기가 막혀 두런거렸더니,
>
> "보통것은 아닐러면그려. 뱉어낸벤또(베토벤)라나 뭐라나를 틀어 주면 또 그 가락대루 따러서 허구, 차에코풀구싶어(차이코프스키)라나 뭐라나를 틀어 주면 또 그 가락대루 따러서 허구, 좌우간 곡을 틀어 주는 대루 못 추는 춤이 읎는 순전 딴따라고기닝께. 물고기두 꼬랑지 흔들어서 먹구 사는 물고기가 있다는 건 이번에 그 집에서 츰 봤구먼."
>
> 그런데 이 비단잉어들이 어제 새벽에 떼죽음을 한 거였다. 자고 일어나 보니 죄다 허옇게 뒤집어진 채로 떠 있는 것이었다.
>
> 총수가 실내화를 꿴 발로 뛰어나왔지만 아무 소용 없는 일이었다.
>
> "어떻게 된 거야?"
>
> 한동안 넋나간 듯이 서 있던 총수가 하고많은 사람 중에 하필이면 유자를 겨냥하며 물은 말이었다.
>
> "글쎄유, 아마 밤새에 고뿔이 들었던 개비네유."
>
> 유자는 부러 딴청을 하였다.
>
> "뭐야? 물고기가 물에서 감기 들어 죽는 물고기두 봤어?"
>
> 총수는 그가 마치 혐의자나 되는 것처럼 화풀이를 하려 드는 것이었다.

　　그는 비위가 상해서,

"그야 팔자가 사나서 이런 후진국에 시집와 살라니께 여러 가지루다 객고가 쌓여서 조시두 안 좋았을 테구…… 그런다가 부룻쓰구 지루박이구 가락을 트는 대루 디립다 췄댔으니께 과로해서 몸살끼두 다소 있었을 테구…… 본래 받들어서 키우는 새끼덜일수록이 다다 탈이 많은 법이니께……."

　　그는 시멘트의 독성을 충분히 우려 내지 않고 고기를 넣은 것이 탈이었으려니 하면서도 부러 ㉠배참으로 의뭉을 떨었다.

"하는 말마다 저 말 같잖은 소리…… 시끄러 이 사람아."

　　총수는 말 가운데 어디가 어떻게 듣기 싫었는지 자기 성질을 못 이기며 돌아섰다.

- 이문구, 〈유자소전〉

문 13. 이 글에서의 사투리 사용에 따른 효과로 적절하지 <u>않은</u> 것은?

① 작품의 분위기가 토속적인 정감이 들도록 하는 역할을 한다.

② 현장감을 살려 이야기의 사실성을 높여 주는 역할을 한다.

③ 주인공에 대해 독자가 친숙하게 느끼게 하는 역할을 한다.

④ 사건 전개의 속도를 높이고, 갈등을 고조시키는 역할을 한다.

문 14. 이 글에 등장하는 '유자'의 성격을 가장 잘 지적한 것은?

① 하는 짓이 못되고 진취성이 없는 쇠문이 같은 사람이다.

② 기억력이 부족하고 매우 흐리멍덩한 멍추 같은 사람이다.

③ 어리석고 미련하며 하는 일이 찬찬하지 못한 뒤틈바리 같은 사람이다.

④ 겉으로는 어리석은 것처럼 보이지만, 속으로는 엉큼한 데가 있는 사람이다.

문 15. ㉠의 문맥적 의미로 가장 적절한 것은?

① 화풀이로

② 배짱 좋게

③ 과장하여

④ 비아냥대며

문 16. ㉠에 들어갈 시나리오 용어로 가장 적절한 것은?

수전 : 이삼 일이면 곧 낫게 된대……. 그동안 너는 너무 무리했어.

존시 : 언니, 난 부끄러워.

수전 : 생각하지 마라. 지금은 슬프고 분하겠지만, 반년만 지나면 웃어 버리게 된다. 아마 우스꽝스러워질 거야……. 가만히 눈을 감고 자.(땀을 닦아 준다.)

존시 : 잠이 안 와.

수전 : 곧 잠이 들겠지.(수전이 어루만져 준다.) O.L.

　S# 11. 약국 앞

　(㉠)'약국'이란 글자가 쓰인 들창이 보인다. 카메라 이동하며, 문을 열고 약국에서 베어먼이 나온다. 그는 옆구리에 그림 한 장을 끼고 이웃집 '보리스 루돌프'라는 간판이 붙은 화구상 집으로 들어간다.

- 오 헨리, 〈마지막 한 잎〉

① F.I.

② F.O.

③ PAN

④ INSERT

[17~19] 다음 글을 읽고 물음에 답하시오.

인연을 그쳐신들 생각이야 없을쏘냐

얼골을 못 보거든 그립기나 말으려믄

열두 때 길고 길사 서른 날 지리(支離)하다

옥창의 심은 매화 몇 번이나 피고 졌나

겨울밤 차고 찬 때 **자취눈** 섞어 치고

여름날 길고 길제 **굳은비**는 무스 일인가

삼춘화류(三春花柳) 호시절에 경물(景物)이 시름없다

가을달 방에 들고 실솔(蟋蟀)*이 상(床)에 울 제

㉠긴 한숨 지는 눈물 속절없이 생각만 만타

아마도 모진 목숨 죽기도 어려울사

도로혀 풀쳐 헤니 이리하여 어찌 하리

청등(靑燈)을 돌려놓고 녹기금(錄綺琴)* 빗겨 안아

벽연화(碧蓮花) 한 곡조를 시름조차 섞어 타니

소상(瀟湘) 야우(夜雨)의 댓소리 섞여 나는 듯

화표(華表) 천 년의 별학(別鶴)이 우니는 듯

옥수(玉水)의 타는 수단 옛 소리 있다마는

부용장(芙蓉帳) 적막(寂寞)하니 뉘 귀에 들릴 것인가

간장(肝腸)이 구곡(九曲)되야 굽이굽이 끊어져서

차라리 잠을 들어 꿈에나 보려 하니

ⓛ 바람에 지는 잎과 풀 속의 우는 짐승

무스 일 원수로서 잠조차 깨우는가

천상의 견우 직녀 은하수 막혔어도

칠월칠석 일년일도(一年一度) 실기(失期)치 아니커든

우리 님 가신 후는 무슨 약수(弱水)* 가리었기에

오거나 가거나 소식조차 그쳤는고

ⓒ 난간의 비겨 서서 님 계신 데 바라보니

초로(草露)는 맺혀 있고 모운(暮雲)*이 지나갈 제

ⓔ 죽림(竹林) 푸른 곳에 새 소리 더욱 섧다

세상의 설운 사람 수 없다 하려니와

박명(薄命)ᄒᆞᆫ 홍안(紅顔)이야 날 같은 이 또 있을까

아마도 이 님의 탓으로 살동말동 하여라

　　　　　　　　　－ 허난설헌, 〈규원가(閨怨歌)〉

* 실솔: 귀뚜라미
* 녹기금: 한나라 사마상여(司馬相如)가 쓰던 거문고
* 약수: 물이 몹시 가벼워서 기러기 털조차 가라앉는다고 하는
　소위 신선나라의 강
* 모운: 저물 무렵의 구름

문 17. 윗글에 대한 설명으로 적절하지 않은 것은?

① 대구를 활용한 표현으로 운율감을 자아내고 있다.

② 다양한 직유를 동원하여 청각 심상을 구체화하고 있다.

③ 자연의 모습과 대비하여 화자의 심정을 부각하고 있다.

④ 공간의 대비를 통해 화자가 지향하는 가치를 드러내고 있다.

문 18. 윗글의 시어에 대한 설명으로 적절하지 않은 것은?

① '옥창의 심은 매화'는 '님'과 만나지 못한 시간이 지속되었음을 암시한다.

② 계절적 심상을 드러내는 '자취눈'과 '궂은비'는 화자의 심리적 갈등과 호응을 이룬다.

③ '녹기금'은 '님'과 만날 수 없는 화자의 외로운 심정을 해소하는 역할을 한다.

④ '은하수'와 '약수'는 모두 사랑하는 사람 사이의 만남을 가로막는 장애물이다.

문 19. 〈보기〉를 바탕으로 ⊙~⊜에 나타난 화자의 심리를 설명할 때, 적절하지 않은 것은?

───── 〈보　기〉 ─────

천고의 영웅은 잘 울고 미인은 눈물이 많다지만 불과 두어 줄기 소리 없는 눈물로 그저 옷깃을 적셨을 뿐이요, 아직까지 그 울음소리가 쇠나 돌에서 짜 나온 듯하여 천지에 가득 찼다는 소리를 들어 보진 못했소이다. 사람들은 다만 안다는 것이 희로애락애오욕(喜怒哀樂愛惡欲) 칠정 중에서 '슬픔(哀)'만이 울음을 자아내는 줄 알았지, 칠정이 모두 울음을 자아내는 줄은 모를 겝니다. 기쁨(喜)이 극에 달하면 울게 되고, 노여움(怒)이 사무치면 울게 되고, 즐거움(樂)이 극에 달하면 울게 되고, 사랑(愛)이 사무치면 울게 되고, 미움(惡)이 극에 달하여도 울게 되고, 욕심(欲)이 사무치면 울게 되니, 답답하고 울적한 감정을 확 풀어 버리는 것으로 소리쳐 우는 것보다 더 빠른 방법은 없소이다. 울음이란 천지간에 있어서 뇌성벽력에 비할 수 있는 게요. 복받쳐 나오는 감정이 이치에 맞아 터지는 것이 웃음과 뭐 다르리오?

　　　　　　　　　－ 박지원, 〈통곡할 만한 자리〉에서

① ⊙의 '지는 눈물'은 〈보기〉의 '소리 없는 눈물'로서, 화자의 마음속에 '님'에 대한 사랑과 그리움이 여전히 남아 있음을 암시하는군.

② ⓛ의 '잎'과 '짐승'이 내는 소리는 '님'에 대한 '미움' 때문에 울고 있는 화자의 답답하고 울적한 마음을 달래주고 있군.

③ ⓒ의 '님 계신 데'를 바라보는 화자의 시선을 통해, 이룰 수 없는 것을 간절히 바라는 화자의 헛된 '욕심'을 떠올릴 수 있어.

④ ⓔ의 서러운 '새소리'는 '님'과 만날 수 없는 처지를 한탄하는 화자의 사무치는 '슬픔'이 이입된 것이겠군.

문 20. ⊙에 대한 설명으로 적절하지 않은 것은?

비 개인 긴 강둑엔 풀빛이 짙었는데　　(雨歇長堤草色多)

남포에서 그대 보내니 슬픈 노래 울리네.　(送君南浦動悲歌)

대동강 물은 그 언제나 다할런가　　(大同江水何時盡)

⊙해마다 이별의 눈물 푸른 물결에 더하거니.　(別淚年年添綠波)

　　　　　　　　　－ 정지상의 「송인(送人)」

① 기구(起句)의 '풀빛'과 시각적으로 어울린다.

② 과장된 표현으로 이별의 슬픔을 강조하고 있다.

③ 이별의 정한(情恨)이 깊은 강물의 흐름과 어우러진다.

④ 해마다 더해 가는 현실에 대한 무상감이 푸른 물결과 대응한다.

9회

문 1. 〈보기〉의 설명과 가장 거리가 먼 것은?

> ─── 〈보 기〉 ───
>
> 　명령법은 화자가 청자에게 무엇을 시킬 때 그 원하는 행동을 말로 표현하는 서법이다. 그런데 단독적인 장면에서 나타나는 명령법은 특이한 면이 있다. 매체를 통한 간접적인 통보 상황일 경우, '해라체'를 사용하면 상황에 어울리지 않는 문장이 되어 버린다. 이때는 '하라체'를 사용하는 것이 보통인데, 이를 간접명령법 또는 중립명령법이라 한다.

① 아래 물음에 알맞은 답의 기호를 고르라.
② 정부는 북핵 문제에 적극적으로 대처하라.
③ 자유가 아니면 죽음을 달라.
④ 아이를 대범한 인물로 키워라.

문 2. ㉮에 들어갈 예로 가장 적절한 것은?

검토 과제	검토 항목	추가 예
형용사의 반의 관계	명사 파생이 가능한가? ㉠ 길다/짧다 　[길이(○)/짧이(×)] 동사로도 사용되는가? ㉠ 길다/짧다 　[기는구나(○)/짧는구나(×)]	㉮

① 높다/낮다 　　　　② 크다/작다
③ 깊다/얕다 　　　　④ 넓다/좁다

문 3. 〈보기1〉의 조건을 모두 만족시키는 문장을 〈보기2〉에서 고르면?

> ─── 〈보 기〉 ───
>
> ○ 명사절을 안은문장일 것.
> ○ 관형어가 들어 있을 것.

> ─── 〈보 기〉 ───
>
> ㄱ. 그녀가 결혼했다는 소문이 떠돌았다.
> ㄴ. 다음에 다시 방문해 주시기를 바랍니다.
> ㄷ. 사업의 성패는 우리가 노력하기에 달려 있다.
> ㄹ. 그는 자신이 해묵은 문제를 해결했음을 내세웠다.

① ㄱ, ㄴ　② ㄱ, ㄷ　③ ㄴ, ㄷ　④ ㄷ, ㄹ

문 4. 〈보기1〉은 '한글 맞춤법' 총칙의 일부이고 〈보기2〉는 '한글 맞춤법'의 각 조항 중 일부를 정리한 것이다. 〈보기2〉의 ㄱ~ㄹ이 〈보기1〉의 ㉠, ㉡ 중 어느 원리를 반영하는지 바르게 짝지은 것은?

> ─── 〈보 기〉 ───
>
> 제1항 한글 맞춤법은 표준어를 ㉠ 소리대로 적되, ㉡ 어법에 맞도록 함을 원칙으로 한다.

> ─── 〈보 기〉 ───
>
> ㄱ. 제10항 한자음 '녀, 뇨, 뉴, 니'가 단어 첫머리에 올 적에는 두음 법칙에 따라 '여, 요, 유, 이'로 적는다. 예 여자(女子), 요소(尿素), 유대(紐帶), 익명(匿名)
> ㄴ. 제14항 체언은 조사와 구별하여 적는다. 예 책이, 책을, 책에, 책도, 책만
> ㄷ. 제18항 다음과 같은 용언들은 어미가 바뀔 경우, 그 어간이나 어미가 원칙에 벗어나면 벗어나는 대로 적는다. 예 그렇다: 그러니, 그럴, 그러면, 그러오
> ㄹ. 제26항 '-하다'나 '-없다'가 붙어서 된 용언은 그 '-하다'나 '-없다'를 밝히어 적는다. 예딱하다, 시름없다

	㉠	㉡			㉠	㉡
①	ㄱ, ㄴ	ㄷ, ㄹ		②	ㄱ, ㄷ	ㄴ, ㄹ
③	ㄴ, ㄷ	ㄱ, ㄹ		④	ㄴ, ㄹ	ㄱ, ㄷ

문 5. 〈보기〉의 대화를 분석한 결과로 적절하지 <u>않은</u> 것은?

> ─── 〈보 기〉 ───
>
> 영희: 어제 강연 어땠어?
> 준수: ㉠ 어젯밤부터 바로 공부하는 방법을 바꿨지…….
> 영희: 맞아! 우리한테 꼭 필요한 정보였어. 선배 중에 그런 분이 계시다는 게 자랑스러워. 선배를 보고 있으니까 내 꿈이 실현된 것 같았어. 넌 꿈이 뭐야?
> 준수: ㉡ 우리 잘하면 대학까지 그 지겨운 얼굴 쭉 보겠다.
> 영희: (놀라며) 설마……, 너도 자동차 엔지니어니?
> 준수: ㉢ 어릴 적부터 만든 모형 자동차만 해도 족히 100개는 되니까, 자동차 엔지니어가 꿈이라고 할 수 있지. 근데, 수학 성적이…….
> 영희: (고개를 저으며) 수학 못한다고 공대 못 간단 법 있냐?
> 준수: 그렇지? 그래도 요즘엔 수학에 신경 좀 쓰고 있어. 그런데 그게 해도 해도 밑 빠진 독에 물 붓기야.
> 영희: 뭐, 아인슈타인도 수학에서 낙제했다더라. 근데 지금 몇 시니?
> 준수: 이런, ㉣ 골목으로 가로질러 가야겠다.
> 영희: 이러다 또 벌점 받는 거 아냐?
> 준수·영희: 그럴 수는 없지! (서로 경쟁하듯 달린다.)

① ㉠: 관련성이 낮아 보이는 대화가 자연스럽게 이어지는 것으로 보아 대화 참여자가 공유하는 정보가 많음을 알 수 있다.

② ㉡: 반어적 표현을 거리낌 없이 사용하는 것으로 보아 대화 참여자 간의 관계가 친근함을 알 수 있다.

③ ㉢: 요구받은 것보다 많은 정보를 제공하여 발화 내용의 진실성을 강조하려는 전략이 사용되었다.

④ ㉣: 질문의 의도에서 벗어난 답변을 함으로써 상대방의 잘못된 질문을 교정하는 효과를 지닌다.

문 6. ㉠~㉣ 중, 언어 예절의 차원에서 <u>부적절한</u> 것은?

―――――――― <보 기> ――――――――

(가) (회사원이 아버지와 자기 회사 사장을 소개하는 상황)

회사원: ㉠사장님, 저희 아버지 소개해 드리겠습니다. 아버지, 우리 회사 사장님이세요.

사장: 아, 처음 뵙겠습니다. 반갑습니다.

아버지 : 처음 뵙겠습니다. 부족한 제 딸 잘 부탁드립니다.

(나) (담당 교사가 교장실에서 결재 받는 상황)

교장: 이 결재 서류 누가 작성했어요?

교사: ㉡연구부장님이 작성하셨습니다.

(다) (회식 참여를 권하는 친구에게 거절하는 상황)

회사원 1: 오랜만에 갖는 회식인데 참석 안 할 거야?

회사원 2: ㉢미안해. 오늘 우리 부인 생일이라서 저녁 같이 먹기로 약속을 했어.

(마) (고희 잔치에 초대 받아 인사하는 상황)

영희 아버지: ㉣어르신, 고희 축하드립니다.

철수 할아버지: 바쁘실 텐데, 이렇게 와 줘서 고마워요.

① ㉠　　② ㉡　　③ ㉢　　④ ㉣

문 7. <보기1>의 밑줄 친 단어들이 공통적으로 갖는 특성을 <보기2>에서 찾으면?

―――――――― <보 기 1> ――――――――

(가) ○ 그저 당신을 만나러 왔을 <u>따름</u>입니다.

○ 이름이 나지 않았다 <u>뿐</u>이지 실력 있는 사람이다.

○ 땅이 젖은 것은 비가 왔기 <u>때문</u>이다.

(나) ○ 그는 지금 넥타이를 매고 <u>있다</u>.

○ 그가 빵을 다 먹어 <u>버렸다</u>.

○ 그 사람들이 그 가게를 잘 찾았을까 <u>싶다</u>.

―――――――― <보 기 2> ――――――――

ㄱ. 홑문장에서는 나타날 수 없다.

ㄴ. 선행어의 활용 형태가 제한적이다.

ㄷ. 다른 단어를 지시하는 기능을 가진다.

ㄹ. 문장 내의 다른 구성 요소에 의존적이다.

① ㄱ, ㄴ　　② ㄱ, ㄷ　　③ ㄴ, ㄹ　　④ ㄷ, ㄹ

문 8. 다음 시에 대한 이해로 적절하지 <u>않은</u> 것은?

> 1947년 봄
> 심야
> 황해도 해주의 바다
> 이남과 이북의 경계선 용당포
>
> 사공은 조심조심 노를 저어가고 있었다.
> 울음을 터뜨린 한 영아(嬰兒)를 삼킨 곳.
> 스무 몇 해나 지나서도 누구나 그 수심(水深)을 모른다.
>
> － 김종삼, 「민간인」－

① 시의 형태에 주목해 볼 때, 제1연은 첫 두 행을 의도적으로 나누어 시간의 분절을 표현하는 동시에 제3, 4행에서 공간을 초점화하였다. 이는 작품에 긴장감을 형성하는 효과를 자아낸다.

② 작자의 생애에 비추어 볼 때, 이 작품은 황해도에서 태어나 해방 후 월남한 개인적 체험을 바탕으로 하고 있다. 이 때문에 제2연의 극적인 상황 표현이 비극적 정조를 느끼게 한다.

③ 작품의 미적 측면을 고려할 때, 절제된 시어와 간결한 시행, 시행의 독특한 배열을 통해 서사적인 내용을 시적으로 형상화하였다. 이를 통해 감정을 응축하고 주제를 암시적으로 표현하였다.

④ 내면세계에 초점을 맞추어 볼 때, 고립감과 죽음 의식이 작품의 분위기를 지배하고 있다. 이는 시인이 자신의 실존적 상황을 인식하고 절대적 세계에 대해 동경의 태도를 가지게 되었기 때문이다.

(9~10) 다음 글을 읽고 물음에 답하시오.

> (가) 月下伊底亦　　　　　　㉠ 달이 어째서
> 　　西方念丁去賜里遣　　　西方까지 가시겠습니까.
> 　　無量壽佛前乃　　　　　㉡ 無量壽佛 前에
> 　　惱叱古音多可支白遣賜立　報告의 말씀 빠짐없이 사뢰소서.
> 　　誓音深史隱尊衣希仰支　誓願 깊으신 부처님을 우러러
> 　　　　　　　　　　　　　　바라보며,
> 　　兩手集刀花乎白良　　㉢ 두 손 곧추 모아
> 　　願往生願往生　　　　　원왕생원왕생
> 　　慕人有如白遣賜立　　　그리는 이 있다 사뢰소서.
> 　　阿邪 此身遺也置遣　　㉣ 아아, 이 몸 남겨 두고
> 　　四十八大願成遣賜去　四十八大願 이루실까.
> 　　　　　　　　－「원왕생가」(김완진 해독) －
>
> (나) 어와 버힐시고 落落長松 버힐시고
> 　　져근덧 두던들 棟樑材 되리러니
> 　　어즈버 明堂이 기울거든 므서스로 바티려뇨
> 　　　　　　　　　　　　　　　－ 정철 －
>
> (다) 귓도리 져 귓도리 에엿부다 져 귓도리
> 　　어인 귓도리 지는 달 새는 밤의 긴 소릐 쟈른 소릐 節節
> 　　이 슬픈 소릐 제 혼자 우러녜어 紗窓 여윈 줌을 슬드리도
> 　　끼오는고야
> 　　두어라 제 비록 微物이나 無人洞房에 내 뜻 알 리는 저
> 　　샏인가 ᄒ노라
> 　　　　　　　　　　　　　　　－ 작자 미상 －

문 9. (가)~(다)에 대한 이해로 적절하지 <u>않은</u> 것은?

① (가)의 감탄적 어사를 활용한 종결 형식은 (나), (다)와 같은 우리말 노래의 형식적 전통으로 이어졌다.

② (나)는 (가)에 비해 단형임에도 불구하고 초·중장의 반복된 율격을 종장에서 파괴하여 내용의 전환이나 비약을 효과적으로 표현하였다.

③ (가)와 (나)는 개인적 서정시 형식으로, 한시 절구의 기승전결 구조와 달리 3단 구조로 정형화되었다.

④ (다)는 (나)에서 비롯된 형식이지만, 어느 음보든 음절 수가 늘어날 수 있기 때문에 (나)의 형식상 제약이 극복되었다.

문 10. ㉠~㉣에 대한 이해로 적절하지 <u>않은</u> 것은?

① ㉠ : 청원의 대상이자 전달자로서, 인간적 번뇌와 신적 깨달음을 지닌 존재이다.

② ㉡ : 기원자가 소망을 비는 궁극적인 청원 대상이다.

③ ㉢ : 합장하는 행위를 통해 청원의 대상을 향한 기원자의 경건한 마음을 드러내었다.

④ ㉣ : 청원의 대상이 내세운 서원(誓願)을 환기하여 소망 성취의 간절함을 드러내었다.

문 11. 〈보기〉를 참고하여 작성한 ㉮~㉹의 예문으로 적절하지 <u>않은</u> 것은?

> ── 〈보 기〉 ──
> 부르다¹ 통 말이나 행동 따위로 다른 사람의 주의를 끌거나 오라고 하다.
> 부르다² 통 먹은 것이 많아 속이 꽉 찬 느낌이 들다.
> 불다 통 바람이 일어나서 어느 방향으로 움직이다.
> 붇다 통 분량이나 수효가 많아지다.

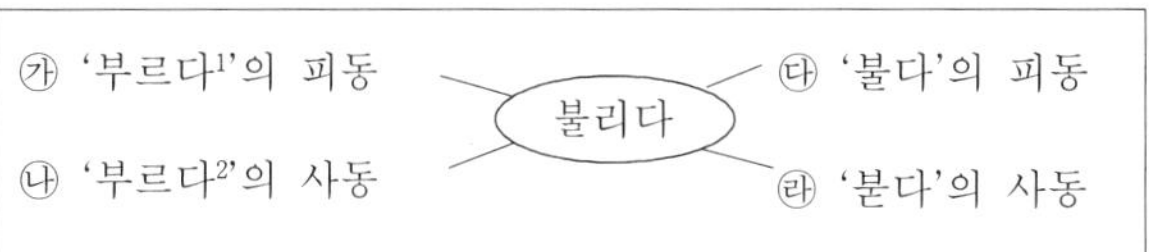

① ㉮: 교무실로 선생님에게 불리어 갔다.

② ㉯: 임금은 제 배만 불리는 관리들을 색출(索出)하여 귀양을 보냈다.

③ ㉰: 김 씨는 주운 이삭을 바람에 불리고는 한입에 털어 넣었다.

④ ㉱: 그는 요즘 재산을 불리는 재미에 빠져 있다.

(12~14) 다음 글을 읽고 물음에 답하시오.

　　오늘날 단일어로 여겨지는 '두더지'는 본래 두 단어가 결합한 말이다. '두더'는 무엇인가를 찾으려고 샅샅이 들추거나 해치다는 뜻을 지닌 동사 '두디다'(〉뒤지다)에서 왔으며, '지'는 '쥐'가 변화한 것이다. 따라서 두더지는 '뒤지는 쥐'라는 뜻을 갖는 합성어였다.

　　'뒤지는 쥐'라고 하면 이해하기 쉽지만 '뒤지쥐'라고 하면 어색하게 느껴진다. 그것은 '뒤지쥐'가 마치 '달리는 차'를 '달리차'라고 하는 것과 같기 때문이다. '뒤지는 쥐'나 '달리는 차'는 국어에서 단어가 둘 이상 결합된 단위인 구(句)를 만드는 방법을 따르고 있으므로 우리에게 자연스럽게 받아들여진다.

　　구(句)를 만드는 이러한 방법은 합성어를 만드는 데에도 적용된다. 체언과 체언이 결합한 ⓐ'호두과자', 관형사와 체언이 결합한 '한번', 부사와 용언이 결합한 '잘생기다', 용언의 관형사형과 체언이 결합한 ⓑ'된장', 체언과 용언이 결합한 '낯설다', 용언의 연결형과 용언이 결합한 '접어들다' 등은 구를 만드는 것과 같은 방법을 따라 만들어진 합성어들로 이를 통사적 합성어라고 한다.

　　반면에 이런 방법을 따르지 않고 만들어진 합성어들도 있다. 두 개의 용언 어간끼리 결합한 ⓒ'오르내리다'와 용언 어간에 체언이 직접 결합한 ⓓ'밉상'이 그 예이다. 또한 '깨끗하다'의 '깨끗'과 같이 독립적인 쓰임을 보이지 않는 어근인 '어둑'에 체언이 결합한 '어둑새벽', 그리고 ㉠'귀엣말'과 같이 부사격 조사 '에'와 관형격 조사였던 'ㅅ'의 결합형이 포함된 단어 등도 구를 만드는 방법을 따르지 않는 경우이다. 이러한 합성어를 비통사적 합성어라고 한다.

　　'두더지'는 본래 용언 어간에 체언이 직접 결합했으므로 비통사적 합성어였다. 그러나 '두디쥐〉두더지'의 어형 변화로 이제는 이것이 합성어였음을 알아차리기 쉽지 않다. '숫돌' 또한 본래 용언 '뿣다'(비비다)의 어간에 체언 '돌'이 직접 결합해 만들어진 비통사적 합성어였다. 그러나 '뿣〉숫'의 형태 변화와 더불어 동사 '뿣다'의 소멸로 이 단어의 원래 짜임새를 알기 어렵게 되었다.

문 12. 위 글에 대한 이해로 가장 적절한 것은?
① 본래 단일어였던 '두더지'는 현재 합성어로 인식된다.
② 결합되는 단어의 수는 합성어의 유형 구분에 기준이 된다.
③ '숫돌'을 형성했던 용언은 품사가 바뀌는 언어 변화를 겪었다.
④ 언어 변화는 단어의 짜임새를 파악하기 어렵게 만들기도 한다.

문 13. 〈보기〉와 ㉠을 통해 탐구한 내용으로 적절하지 <u>않은</u> 것은?

─── 〈 보　기 〉 ───

[15세기] 그 새 거우루엣 제 그르멜 보고
(『석보상절』 권 24)
[현대어] 그 새가 거울에 있는 제 그림자를 보고

① '귀엣말'의 '귀엣'과 '거우루엣'은 그 짜임새가 같군.
② 15세기에는 '거우루엣 그르메'와 같은 구성도 자연스럽게 쓰였겠군.
③ 15세기라면 '귀엣'과 '말' 사이에 다른 말이 들어가 구(句)가 만들어질 수도 있었겠군.
④ '거우루엣'의 '엣'은 현대 국어의 '귀에 걸다'에서 조사 '에'와 같은 기능을 하는군.

문 14. 다음과 같이 가상의 순화어를 만들 때, ⓐ~ⓓ의 합성어 형성 방법을 잘못 적용한 것은?

	바꿀 말	재료가 되는 말	방법	가상의 순화어
①	샤프펜슬	○ 가락 ○ 빼빼하다 ○ 연필	ⓐ	가락연필
②			ⓑ	빼빼한연필
③	스캔하다	○ 읽다 ○ 갈무리하다	ⓒ	읽어갈무리하다
④	스파게티	○ 부드럽다 ○ 새큼달큼하다 ○ 국수	ⓓ	부드럽국수

문 15. 다음 시조에 대한 이해로 적절하지 <u>않은</u> 것은?

슬프나 즐거오나 옳다 하나 외다 하나
내 몸의 해올 일만 닦고 닦을 뿐이언정
그 밧긔 여남은 일이야 분별할 줄 이시랴.　　〈제1 수〉

내 일 망령된 줄 내라 하여 모를쏜가
이 마음 어리기도 임 위한 탓이로세
아무가 아무리 일러도 임이 혜여 보소서.　　〈제2 수〉

추성(楸城) 진호루(鎭胡樓) 밧긔 울어 예는 저 시내야
므음 호리라 주야에 흐르는다
임 향한 내 뜻을 조차 그칠 뉘를 모르나다.　　〈제3 수〉

뫼흔 길고 길고 물은 멀고 멀고
어버이 그린 뜻은 많고 많고 하고 하고
어디서 외기러기는 울고 울고 가느니.　　　〈제4 수〉

어버이 그릴 줄을 처음부터 알아마는
임금 향한 뜻도 하늘이 삼겨시니
진실로 임금을 잊으면 그 불효인가 여기노라. 〈제5 수〉
　　　　　　　　　　　　　-윤선도, 〈견회요(遣懷謠)〉-

① 제1수의 '옳다 하나 외다 하나'는 제2수의 '아무가'의 행위로 볼 수 있다.
② 제2수의 망령된 '내 일'은 제3수의 '내 뜻'에 상반되는 것으로 이해할 수 있다.
③ 제4수의 '뜻'은 제5수의 '뜻'에 와서 더욱 확대되어 표출된 것으로 볼 수 있다.
④ 제5수의 '임금 향한 뜻'은 제1수의 '해올 일'을 직접적으로 제시한 것으로 볼 수 있다.

(16~17) 다음 글을 읽고 물음에 답하시오.

어떤 경제 주체의 행위가 자신과 거래하지 않는 제3자에게 의도하지 않게 이익이나 손해를 주는 것을 '외부성'이라 한다. 과수원의 과일 생산이 인접한 양봉업자에게 벌꿀 생산과 관련한 이익을 준다든지, ㉠공장의 제품 생산이 강물을 오염시켜 주민들에게 피해를 주는 것 등이 대표적인 사례이다.

외부성은 사회 전체로 보면 이익이 극대화되지 않는 비효율성을 초래할 수 있다. 개별 경제 주체가 제3자의 이익이나 손해까지 고려하여 행동하지는 않을 것이기 때문이다. ㉡ 예를 들어, 과수원의 이윤을 극대화하는 생산량이 Q_a라고 할 때, 생산량을 Q_a보다 늘리면 과수원의 이윤은 줄어든다. 하지만 이로 인한 과수원의 이윤 감소보다 양봉업자의 이윤 증가가 더 크다면, 생산량을 Q_a보다 늘리는 것이 사회적으로 바람직하다. 하지만 과수원이 자발적으로 양봉업자의 이익까지 고려하여 생산량을 Q_a보다 늘릴 이유는 없다.

전통적인 경제학은 이러한 비효율성의 해결책이 보조금이나 벌금과 같은 정부의 개입이라고 생각한다. 보조금을 받거나 벌금을 내게 되면 제3자에게 주는 이익이나 손해가 더 이상 자신의 이익과 무관하지 않게 되므로, 자신의 이익에 충실한 선택이 사회적으로 바람직한 결과로 이어진다는 것이다.

그러나 전통적인 경제학은 모든 시장 거래와 정부 개입에 시간과 노력, 즉 비용이 든다는 점을 간과하고 있다. 외부성은 이익이나 손해에 관한 협상이 너무 어려워 거래가 일어나지 못하는 경우이므로, 보조금이나 벌금뿐만 아니라 협상을 쉽게 해 주는 법과 규제도 해결책이 될 수 있다. 어떤 방식이든, 정부 개입은 비효율성을 줄이는 측면도 있지만 개입에 드는 비용으로 인해 비효율성을 늘리는 측면도 있다.

문 16. 위 글의 내용에 대한 이해로 적절하지 <u>않은</u> 것은?
① 개별 경제 주체는 사회 전체가 아니라 자신의 이익을 기준으로 행동한다.
② 제3자에게 이익을 주는 외부성은 사회 전체적으로 비효율성을 초래하지 않는다.
③ 전통적인 경제학은 보조금을 지급하거나 벌금을 부과하는 데 따르는 비용을 고려하지 않는다.
④ 사회 전체적으로 보아 이익을 더 늘릴 여지가 있다면 그 사회는 사회적 효율성이 충족된 것이 아니다.

문 17. ㉠의 사례를 ㉡처럼 설명할 때, 〈보기〉의 ㉮~㉰에 들어갈 말로 옳은 것은?

───── 〈보 기〉 ─────
공장의 이윤을 극대화하는 생산량이 Q_b라고 할 때, 생산량을 Q_b보다 (㉮) 공장의 이윤은 줄어든다. 하지만 이로 인한 공장의 이윤 감소보다 주민들의 피해 감소가 더 (㉯), 생산량을 Q_b보다 (㉰) 것이 사회적으로 바람직하다.

	㉮	㉯	㉰
①	줄이면	크다면	줄이는
②	줄이면	크다면	늘리는
③	줄이면	작다면	줄이는
④	늘리면	작다면	줄이는

(18~19) 다음 글을 읽고 물음에 답하시오.

조선 시대 역관들에게는 중국의 한자음을 정확히 익히는 일이 중요했다. 중국에서는 한자의 발음 사전인 운서(韻書)에서 한자음을 초성과 중성·종성으로 이분하여 이를 두 개의 한자로 표시하는 반절법을 사용했다. 예를 들어 한자 '東'(동)의 발음을 중국의 운서에서는 반절법에 의해 '德'(덕)의 초성 [t]와 '紅'(홍)의 중성·종성 [uŋ]을 이용해 표시했다. 이때 '德'과 '紅' 대신에 다른 한자들이 사용될 수도 있었으며, '東'이 다른 한자들의 발음 표시에 사용되기도 했다.

반면 「사성통해」와 같은 조선의 운서에서는 한글로 발음을 표시했고, 학습자들은 이를 통해 비교적 정확한 중국의 한자음을 익힐 수 있었다. 「사성통해」에서는 한자 '東'의 발음을 한글 [둥]으로 표시했는데, 이는 음소 문자인 한글의 표음성을 이용해 중국의 한자음을 적은 것이다. 이와 같은 방식은 반절법과 달리 한자의 발음을 초성, 중성, 종성으로 나누어 표시한 것으로, 이때 한글은 일종의 발음 기호와 같은 역할을 수행했다고 볼 수 있다.

이러한 한글의 표음성은 별도의 발음 기호가 없었던 시대에는 매우 유용했는데, 그렇다고 이것을 발음 기호와 완전히 동일한 차원으로 생각할 수만은 없다. 우리가 영어 단어의 정확한 발음을 알기 위해 사전의 발음 기호를 참조하는 것은 일반 문자와 발음기호가 다르다는 점을 잘 보여 준다. 알파벳에 비해 표음성이 뛰어난 것으로 평가받는 한글의 경우에도 이상적인 발음 기호에 요구되는 발음과 기호의 완벽한 일대일 대응이 성립하지는 않는다.

일반적으로 표음 문자는 언어의 음성적 차원이 아닌 음소적 차원에서 말소리를 적는다. 이를테면 '부부[pubu]'의 경우 음성적 차원에서 무성음 [p]와 유성음 [b]로 발음하는 것을 음소적 차원에서는 모두 'ㅂ'으로 표시한다. 이것은 출현 환경이 다른, 어두의 [p]와 모음 사이의 [b]가 국어 화자들에게는 동일한 말소리로 인식되기 때문이다. '가구'의 'ㄱ', '다도'의 'ㄷ'도 마찬가지이다. 이처럼 한글의 표음성은 국어 화자들의 '예민한 귀'보다는 '지혜로운 머리'에 맞춰진 합리성을 보여 준다.

문 18. 위 글의 내용과 일치하지 <u>않는</u> 것은?

① 중국에서는 한자의 발음을 한자를 이용해 표시했었다.
② 「사성통해」에서는 반절법으로 한글의 발음을 표시했다.
③ 조선 시대 한글은 한자에 대한 발음 기호의 역할도 수행했다.
④ 이상적인 발음 기호는 발음과 기호가 일대일로 대응한다.

문 19. 위 글을 바탕으로 〈보기〉를 탐구한 내용으로 적절한 것은?

— 〈보 기〉 —
일반 문자와 달리 국제 음성 기호는 발음과 기호가 일대일로 대응한다. 다음은 같은 말소리를 한글과 국제 음성 기호로 표기한 것이다.
A: [고 궁 이 크 다]
B: [kogu ŋ i kʰ ɨ da]

① A와 B를 비교해 볼 때 한글의 표음성은 음소적 차원과 관련되는군.
② A는 일반적인 문자 표기와 일치하여 말소리의 음성적 특성을 B보다 잘 반영하는군.
③ A의 'ㄱ'은 B에서 두 개의 기호에 대응하며, 두 기호가 출현하는 음운 환경은 같군.
④ B는 단어의 의미를 고려하여 표기했다는 점에서 A에 비해 표음성이 낮군.

문 20. 다음 글의 서술상의 특징을 가장 잘 설명한 것은?

[앞의 줄거리] 별 볼일 없는 영어 실력이었으나 그 덕에 미군 통역관이 된 방삼복은 권력을 얻는다. 친일 행위로 모은 재산을 해방 이후에 모두 빼앗긴 백 주사는 방삼복을 만나 자신의 재산을 되찾아 달라고 부탁한다.

옛날의 영화가 꿈이 되고, 일보에 몰락하여 가뜩이나 초상집 개처럼 초라한 자기가 또 한번 어깨가 옴츠러듦을 느끼지 아니치 못하였다. 그런데다 이 녀석이, 언제 적 저라고 무엄스럽게 굴어 심히 불쾌하였고, 그래서 엔간히 자리를 털고 일어설 생각이 몇 번이나 나지 아니한 것도 아니었다. 그러나 참았다.

보아 하니 큰 세도를 부리는 것이 분명하였다. 잘만 하면 그 힘을 빌려, 분풀이와 빼앗긴 재물을 도로 찾을 여망이 있을 듯싶었다. 분풀이를 하고, 더구나 재물을 도로 찾고 하는 것이라면야 코삐뚤이 삼복이는 말고, 그보다 더한 놈한테라도 머리 숙이는 것쯤 상관할 바 아니었다.

"그러니, 여보게 미씨다 방……."

있는 말 없는 말 보태 가며 일장 경과 설명을 한 후에, 백 주사는 끝을 맺기를,

"어쨌든지 그놈들을 말이네, 그놈들을 한 놈 냉기지 말구섬 죄다 붙잡아다가 말이네, 괴수놈들일랑 목을 썰어 죽이구, 다른 놈들일랑 뼉다구가 부러지두룩 두들겨 주구. 꿇어앉히구 항복 받구. 그리구 빼앗긴 것 일일이 도루 다 찾구. 집허구 세간 쳐부신 것 말끔 다 물리구…… 그렇게만 해 준다면, 내, 내, 재산 절반 노나 주문세, 절반. 응, 여보게 미씨다 방."

"염려 마슈."

미스터 방은 선뜻 쾌한 대답이었다.

① 서술자가 자신의 이야기를 중심으로 사건을 전개하고 있다.
② 서술자를 작중 인물로 설정하여 사건의 현장감을 높이고 있다.
③ 서술자가 작중 상황과 사건을 전지적 시점으로 전달하고 있다.
④ 서술자가 회상을 통해 외부 이야기에서 내부 이야기로 이동하고 있다.

10회

문 1. 다음 문장 중, 띄어쓰기가 바르지 <u>않은</u> 것은?
① 한번은 네거리에서 큰 사고를 낼∨뻔했다.
② 제삼∨회 동문회에 천여∨명이 참여했다.
③ 충무공∨이순신∨장군∨동상을∨보았다.
④ 글쎄요, 동생은 내일 미국으로 떠날∨걸요.

문 2. 〈보기〉는 표준 발음법 제13항과 제14항이다. 이를 참고할 때, 적절하지 <u>않은</u> 것은?

― 〈보 기〉 ―
제13항 홑받침이나 쌍받침이 모음으로 시작된 조사나 어미, 접미사와 결합하는 경우에는, 제 음가대로 뒤 음절 첫소리로 옮겨 발음한다.
제14항 겹받침이 모음으로 시작된 조사나 어미, 접미사와 결합되는 경우에는 뒤엣것만을 뒤 음절 첫소리로 옮겨 발음한다.(이 경우, 'ㅅ'은 된소리로 발음함.)

① 제13항에 따르면, '덮이다'는 '덮-'의 받침을 제 음가대로 뒤 음절 첫소리로 옮겨 [더피다]로 발음한다.
② 제13항에 따르면, '젖어미'는 '젖'의 받침을 제 음가대로 뒤 음절 첫소리로 옮겨 [저저미]로 발음한다.
③ 제14항에 따르면, '핥아'는 '핥-'의 받침 중 뒤엣것만을 뒤 음절 첫소리로 옮겨 [할타]로 발음한다.
④ 제14항에 따르면, '값을'은 '값'의 받침 중 뒤엣것만을 뒤 음절 첫소리로 옮기되 된소리화하여 [갑쓸]로 발음한다.

문 3. 문장의 의미가 가장 명확하게 드러나 있는 것은?
① 식사가 끝난 후에 기념 촬영이 있습니다.
② 사람들이 많은 도시를 여행해 보면 많은 것을 배울 수 있다.
③ 어머니께서 잘 익은 배 두 개와 설익은 감 두 개를 나에게 주셨다.
④ 나는 오늘 철수와 영희를 뒤쫓았다.

문 4. ㉠~㉣의 구체적 사례로 적절하지 <u>않은</u> 것은?

　어휘의 의미는 순전히 언어 내적 원인에 의해 변하기도 한다. 대화 행위의 경제성을 높이려는 목적에서 이루어지는 ㉠생략(省略)은 형태론적 관점, 인접한 문장 구성 요소 사이의 영향 관계로 파악되는 ㉡전염(傳染)은 통사론적 관점, 그리고 인접한 의미들 사이의 대립 관계로 이해되는 ㉢유의 경쟁(類義 競爭) 및 유연성 상실에 의한 의미의 재해석 절차인 ㉣유연화(有緣化)는 의미론적 관점에서 이해할 수 있다.

① ㉠: '안녕히 가세요.'라는 문장에서 '안녕히'가 생략된 '가세요'가 '가다'라는 의미가 아니라 '안녕히 가다'라는 의미를 띠고 있는 것은 생략에 의한 의미 변화이다.
② ㉡: '주책없다'에서 '주책'은 본디 '주착(主着)'으로 '일정한 주관이나 줏대'을 뜻하였지만, '없다'의 영향을 받아 '줏대 없이 하는 짓'이란 의미를 갖게 된 것은 전염에 해당한다.
③ ㉢: '벼슬을 못하고 놀고 있는 무반'의 뜻이었던 '한량'이 [할량]으로 발음되면서, '활[矢]'을 떠올리게 되어 '활 잘 쏘는 건달'의 의미를 갖게 된 것은 유의 경쟁에 해당한다.
④ ㉣: '곱창'이 본래 의미인 '지방분으로 이루어진 창자'라는 의미가 힘을 잃고 '꾸불꾸불한 창자'라는 말로 재해석된 것은 유연화에 해당한다.

문 5. 〈보기〉는 외래어 표기법의 일부다. 〈보기〉를 참고할 때, 적절하지 <u>않은</u> 것은?

― 〈보 기〉 ―
제8항 중모음([ai], [au], [ei], [ɔi], [ou], [auə])
　　중모음은 각 단모음의 음가를 살려서 적되, [ou]는 '오'로, [auə]는 '아워'로 적는다.
제9항 반모음([w], [j])
　　1) [w]는 뒤따르는 모음에 따라 [wə], [wɔ], [wou]는 '워', [wα]는 '와', [wæ]는 '왜', [we]는 '웨', [wi]는 '위', [wu]는 '우'로 적는다.
　　2) 자음 뒤에 [w]가 올 때에는 두 음절로 갈라 적되, [gw], [hw], [kw]는 한 음절로 붙여 적는다.
　　3) 반모음 [j]는 뒤따르는 모음과 합쳐 '야', '얘', '여', '예', '요', '유', '이'로 적는다. 다만, [d], [l], [n] 다음에 [jə]가 올 때에는 각각 '디어', '리어', '니어'로 적는다.

① west[west] 웨스트
② penguin[peŋgwin] 펭귄
③ yellow[jelou] 옐로우
④ Indian[indjən] 인디언

문 6. ㉠의 예시로 적절하지 <u>않은</u> 것은?

> 비(非)언어적 의사소통이란 음성언어가 아닌 비음성 요소로 의사소통을 하는 것이다. 비언어적 의사소통은 사회적으로 인정되는 정보의 전달 수단이 되기도 한다. 예를 들어, 악수를 한다거나 웃음을 건네는 것은 비언어적 요소로 상대에게 자신의 감정을 전달하는 의사소통의 한 형태이다. 비언어적 의사소통의 수단은 외모, 행동, 접촉, 공간, 시간 등과 어떻게 관계를 맺느냐에 따라 그 의미가 달라질 수 있다. 이와 달리 ㉠<u>반(半)언어적 의사소통</u>이란 언어와 함께 의사소통의 수단으로 사용하는 억양, 어조, 강약, 높낮이 등을 말한다. 반언어는 말과 글 이외의 언어로써 노여움, 기쁨, 반가움, 즐거움 등을 나타낼 수 있으며 표현하고자 하는 내용을 더 자연스럽게, 그리고 효과적으로 말할 수 있다.

① (평소보다 작고 힘없는 목소리로) 오늘은 병원에 가야겠어요.

② (높고 큰 목소리로) 합격이야! 드디어 합격했어!

③ (고개를 저으며) 오늘은 안 돼. 그냥 돌아가.

④ ('여기'를 크게 강조하며) 네가 있어야 할 곳은 여기야.

문 7. ㉠~㉣의 뜻풀이로 적절하지 <u>않은</u> 것은?

> (가) 나모도 바히돌도 업슨 뫼헤 매게 쪼친 가토릐 안과
>
> 　　大川 바다 한가온대 一千石 시른 비에 노도 일코 닷도
>
> 일코 뇽총도 근코 돗대도 것고 치도 빠지고 브름 부러
>
> 물결 치고 안개 뒤셧계 ᄌ자진 놀에 갈 길은 千里萬里
>
> 나믄듸 四面이 거머 어득 天地寂寞 ㉠<u>가치노을</u> 썻ᄂ듸
>
> 水賊 만난 都沙工의 안과
>
> 엇그제 님 여흰 내 안히야 엇다가 ㉡<u>ᄀ을 ᄒ리오</u>
>
> (나) 싀어마님 며느라기 낫바 벽바흘 구로지 마오.
>
> 빗에 바든 며ᄂ린가 갑세 쳐 온 며ᄂ린가. 밤나모 서근
>
> 들걸 휘초리 나니 ᄀᆞ치 알살픠신싀아바님, 볏 뵌 쇳동
>
> ᄀᆞ치 ㉢<u>되죵고신</u> 싀어마님, 三年 겨론 망태에 새 송곳
>
> 부리 ᄀᆞ치 쏔쪽ᄒ신 싀누의님, 당피 가론 밧틔 돌피 나
>
> 니 ᄀᆞ치 ᄉᆡ노란 욋곳 ᄀᆞᆺ튼 피똥 누ᄂ 아들 ᄒ나 두고,
>
> 건 밧틔 멋곳 ᄀᆞᆺ튼 며ᄂ리를 어듸를 ㉣<u>낫바ᄒ시ᄂ고</u>

① ㉠: 사나운 파도

② ㉡: 견주어 보리오

③ ㉢: 귀살스러운

④ ㉣: 미워하시는가

문 8. 밑줄 친 부분과 관련이 깊은 속담은?

> "당신은 고등교육까지 받은 지식인입니다. 조국은 지금 당신을 요구하고 있습니다. 당신은 위기에 처한 조국을 버리고 떠나 버리렵니까?"
>
> "중립국."
>
> "지식인일수록 불만이 많은 법입니다. 그러나 <u>그렇다고 제 몸을 없애 버리겠습니까? 종기가 났다고 말이지요.</u> 당신 한 사람을 잃는 건, 무식한 사람 열을 잃은 것보다 더 큰 민족의 손실입니다. 당신은 아직 젊습니다. 우리 사회에는 할 일이 태산 같습니다. 나는 당신보다 나이를 약간 더 먹었다는 의미에서, 친구로서 충고하고 싶습니다. 조국의 품으로 돌아와서, 조국을 재건하는 일꾼이 돼주십시오. 낯선 땅에 가서 고생하느니, 그쪽이 당신 개인으로서도 행복이라는 걸 믿어 의심치 않습니다. 나는 당신을 처음 보았을 때, 대단히 인상이 마음에 들었습니다. 뭐 어떻게 생각지 마십시오. 나는 동생처럼 여겨졌다는 말입니다. 만일 남한에 오는 경우에, 개인적인 조력을 제공할 용의가 있습니다. 어떻습니까?" －최인훈, 〈광장〉

① 구멍은 깎을수록 커진다.

② 믿는 나무에 곰이 핀다.

③ 여우를 피해서 호랑이를 만났다.

④ 빈대 잡으려고 초가삼간 태운다.

문 9. 〈보기1〉을 참고하여 〈보기2〉를 이해할 때, 적절하지 <u>않은</u> 것은?

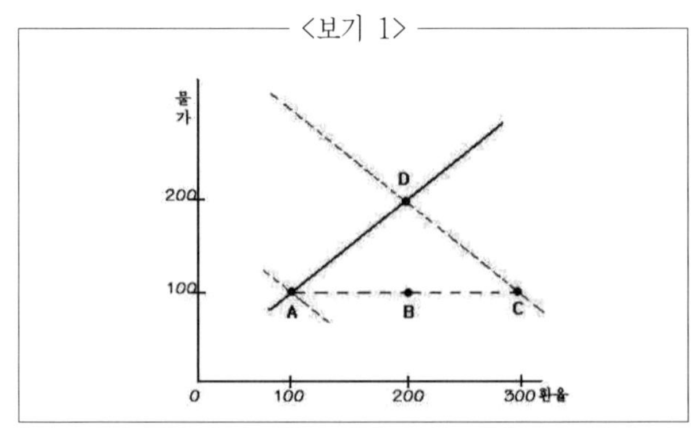

<보기 2>

예를 들어 현재 환율 수준과 물가 수준이 각각 100이라 하자. 그런데 정부가 통화량을 증가시키는 등 확장 정책이 나오면서 환율과 물가 수준의 새로운 균형이 각각 200이 되어야 하는 상황이 도래했다고 하자. 그런데 물가는 저속으로 변하고 환율은 고속으로 변하기 때문에 새로운 균형으로 가는 과정에서 특이한 현상이 상황이 발생한다. 물가가 100 근처에서 서서히 오를 준비를 하는 과정에서 환율은 예를 들어 300까지 올라간다는 것이다. 그러고 나서 시간이 지나면 물가는 서서히 오르게 되고 환율은 오히려 떨어지면서 200 수준을 찾아간다는 것이다. 환율이 100에서 200까지 가는 것이 정상인데 200을 넘어 300까지 갔다가 200으로 떨어지는 모습이 나타나는 것처럼 고속 변수가 균형을 찾는 과정에서 균형 수준을 넘어 급등하거나 급락하는 현상을 오버슈팅이라 한다.

① 환율이 B를 지나쳐서 'C → B'로 이동하는 과정이 오버슈팅에 해당한다.
② 'D'에서 정부가 통화량을 더 늘리면 물가의 오버슈팅이 일어날 것이다.
③ 물가와 환율의 변화 속도가 다르기 때문에 'A'에서 바로 'D'로 가는 것은 어렵다.
④ 환율이 'A → C → D'로 이동하는 것은 물가에 비해 환율이 상대적으로 빠르게 변하기 때문이다.

문 10. 다음 작품에 대한 이해로 적절하지 <u>않은</u> 것은?

이바 니웃드라, 山水 구경 가쟈스라. 踏靑으란 오늘 ᄒᆞ고, 浴沂란 來日ᄒᆞ새. 아춤에 採山ᄒᆞ고, 나조히 釣水ᄒᆞ새. ᄀᆞᆺ 괴여 닉은 술을 葛巾으로 밧타 노코, 곳나모 가지 것거, 수 노코 먹으리라. 和風이 건ᄃᆞᆺ 부러 綠水를 건너오니, 淸香은 잔에 지고, 落紅은 옷새 진다. 樽中이 뷔엿거든 날ᄃᆞ려 알외여라. 小童 아ᄒᆡᄃᆞ려 酒家에 술을 믈어, 얼운은 막대 집고, 아ᄒᆡᄂᆞᆫ 술을 메고, 微吟緩步ᄒᆞ야 시냇ᄀᆞ의 호자 안자, 明沙 조ᄒᆞᆫ 믈에 잔 시어 부어 들고, 淸流를 굽어보니, 써오ᄂᆞ니 桃花 │ 로다. 武陵이 갓갑도다. 져 ᄆᆡ이 긘 거인고. 松間 細路에 杜鵑花를 부치 들고, 峰頭에 급피 올나 구름 소긔 안자 보니, 千村萬落이 곳곳이 버려 잇ᄂᆡ. 煙霞日輝ᄂᆞᆫ 錦繡를 재폇ᄂᆞᆫ 듯. 엇그제 검은 들이 봄빗도 有餘ᄒᆞᆯ샤. 功名도 날 씌우고, 富貴도 날 씌우니, 淸風明月 外예 엇던 벗이 잇ᄉᆞ올고. 簞瓢陋巷에 훗튼 혜음 아니 ᄒᆞᄂᆡ. 아모타, 百年行樂이 이만ᄒᆞᆫ들 엇지ᄒᆞ리.

-정극인, 〈상춘곡〉

① 주체와 객체가 전도된 표현으로 화자의 인생관을 드러내고 있다.
② 화자는 자연의 영원함에 대비되는 인간의 유한함을 탄식하고 있다.
③ 마지막 행이 시조의 종장 형식과 유사하여 정격가사임을 알 수 있다.
④ 율문이기는 하나 서정시와는 달리 잡다한 산문적 서술로 이루어져 있다.

문 11. 〈보기〉에 대한 이해로 가장 적절한 것은?

<보 기>

잊음 많아 이 책 저 책 뽑아 놓고서	苦忘亂抽書
흩어진 걸 도로 다 정리하자니	散漫還復整
해가 문득 서쪽으로 기울어지고	曜靈忽西頹
강에는 숲 그림자 흔들리누나.	江光搖林影
막대 짚고 뜨락으로 내려가서	扶筇下中庭
고개 들고 구름재를 바라다보니	撟首望雲嶺
아득하게 밥 짓는 연기가 일고	漠漠炊烟生
으스스 산과 벌은 싸늘하구나.	蕭蕭原野冷
농삿집 가을걷이 가까워지니	田家近秋穫
방앗간 우물터에 기쁜 빛 도네.	喜色動臼井
갈까마귀 날아드니 절기 익었고	鴉還天機熟
해오라기 우뚝 서니 모습 헌칠해.	鷺立風標迥
내 인생은 홀로 무얼 하는 건지	我生獨何爲
숙원이 오래도록 풀리질 않네.	宿願久相梗
이 회포를 뉘에게 얘기할거나	無人語此懷
거문고만 둥둥 탄다, 고요한 밤에.	搖琴彈夜靜

-이황, 〈만보(晩步)〉

① 처음과 끝이 상응하는 방식으로 안정감을 부여하고 있다.
② 시어를 점층적으로 반복하여 고조되는 감정을 나타내고 있다.
③ 외부 세계와 내면을 대비해 가며 화자의 정서를 부각하고 있다.
④ 계절의 흐름에 따라 변화하는 풍경을 실감나게 묘사하고 있다.

문 12. 〈보기1〉을 참고할 때, 〈보기2〉에 대한 설명으로 적절하지 <u>않</u>은 것은?

<보기 1>

단어가 문맥에 따라 둘 이상의 의미를 지닌 것을 다의어라한다. 여기서 핵심적인 의미를 '중심 의미'라 하고, '중심 의미'가 확장되어 달라진 의미를 '주변 의미'라 하는데 이들은 의미상 연관성이 있기 때문에 하나의 표제어로 수록한다. 한편 발음은 같지만 그 의미가 전혀 다른 것을 동음어라 하는데, 사전에는 제각기 다른 표제어로 수록한다.

<보기 2>

㉠ 방명록에 이름을 <u>썼다</u>.
㉡ 머리에 면사포를 <u>쓴</u> 신부가 입장했다.
㉢ 그는 지금 계약서를 <u>쓰고</u> 있다.
㉣ 이 커피는 향기도 없고 <u>쓰기만</u> 하다.
㉤ 탈을 <u>쓰고</u> 탈춤을 춘다.
㉥ 마음의 병에는 쓸 약도 없다.

---

① 신체 일부를 덮는다는 의미의 ㉡은 ㉥과는 동음어 관계이므로 다른 표제어로 수록한다.

② 서류를 작성한다는 의미의 ㉢은 ㉤과 동음어 관계이므로 다른 표제어로 수록한다.

③ ㉠과 ㉢은 의미상의 연관성이 있어 한 단어로 본다. 따라서 하나의 표제어로 수록한다.

④ ㉣과 ㉥은 의미상의 연관성이 있어 한 단어로 본다. 따라서 하나의 표제어로 수록한다.

문 13. 〈보기〉를 참고할 때, 갑과 을의 대화에 대한 설명이 적절하지 <u>않</u>은 것은?

<보 기>

화자가 '이, 그, 저'와 같은 지시어를 사용하는 것은 청자가 그 대상을 알고 있거나 알 수 있다고 믿기 때문이다. 먼저 청자가 발화 현장에서 그 대상을 찾을 수 있는 경우가 있다. 또는 앞서 언급된 대화 내용에서 그 대상을 알 수 있는 경우도 있다. 그런가 하면, 명시적으로 드러나 있지는 않지만 화자와 청자가 공유하는 경험이나 지식을 바탕으로 추론을 통해 대상을 알 수 있는 경우도 있다.

---

① 갑: 운동을 했더니 배가 고프다.
　을: 자, <u>이거</u> 먹어.
　→ 갑과 을의 대화가 이루어지는 현장에서 지시 대상을 찾을 수 있는 경우다.

② 갑: 어제 네가 준 책 재밌더라.
　을: <u>그거</u> 베스트셀러야.
　→ 갑이 언급한 내용에서 그 지시 대상을 알 수 있는 경우다.

③ 갑: <u>저</u> 소리 들려?
　을: 옆집에서 공사한다더니.
　→ 명시적으로 드러나 있지는 않지만 갑과 을이 공유하는 경험을 토대로 지시 대상을 알 수 있는 경우다.

④ 갑: 지난 번 <u>그</u> 곳 참 맛있었지?
　을: 응, 지금까지 먹어 본 아이스크림 중 최고였어.
　→ 명시적으로 드러나 있진 않지만 갑과 을이 경험을 공유하고 있어 지시 대상을 밝히지 않아도 되는 경우다.

문 14. ㉠~㉣을 쉽게 풀어 쓴 결과가 적절하지 <u>않</u>은 것은?

今日(금일) 吾人(오인)의 所任(소임)은 다만 自己(자기)의 建設(건설)이 有(유)할 쑌이오, 決(결)코 他(타)의 破壞(파괴)에 在(재)치 안이하도다. 嚴肅(엄숙)한 良心(양심)의 命令(명령)으로써 自家(자가)의 新運命(신운명)을 開拓(개척)함이오, 決(결)코 舊怨(구원)과 一時的(일시적) 感情(감정)으로써 ㉠<u>他(타)</u>를 嫉逐排斥(질축 배척)함이 안이로다. 舊思想(구사상), 舊勢力(구세력)에 羈縻(기미)된 日本(일본) 爲政家(위정가)의 功名的(공명적) 犧牲(희생)이 된 不自然(부자연), 又(우) 不合理(불합리)한 錯誤狀態(착오 상태)를 改善匡正(개선 광정)하야, 自然(자연), 又(우) 合理(합리)한 正經大原(정경 대원)으로 歸還(귀환)케 함이로다. 當初(당초)에 民族的(민족적) 要求(요구)로서 出(출)치 안이한 兩國併合(양국 병합)의 結果(결과)가, 畢竟(필경) ㉡<u>姑息的(고식적) 威壓(위압)</u>과 差別的(차별적) 不平(불평)과 統計數字上(통계 숫자상) 虛飾(허식)의 下(하)에서 利害相反(이해 상반)한 兩(양) 民族間(민족간)에 永遠(영원)히 和同(화동)할 수 업는 ㉢<u>怨溝(원구)를 巨益深造(거익 심조)하는</u> 今來實績(금래 실적)을 觀(관)하라. 勇明果敢(용명 과감)으로써 ㉣<u>舊誤(구오)를 廓正(확정)하고</u>, 眞正(진정)한 友好的(우호적) 新局面(신국면)을 打開(타개)함이 彼此間(피차간) 遠禍召福(원화 소복)하는 捷徑(첩경)임을 明知(명지)할 것 안인가.

① ㉠: 남을 샘내어 밀어 내치려는 것이 아니다
② ㉡: 임시변통일 뿐인 위력에 의한 억누름
③ ㉢: 원한의 도랑을 더욱 깊게 하는
④ ㉣: 지난날의 잘못으로 확실하게 매듭짓고

문 15. 다음 글을 읽은 독자의 반응으로 적절하지 <u>않은</u> 것은?

'키치(Kitsch)'는 무가치한 예술, 예술적 쓰레기, 나쁜 예술, 저속한 작품 등과 동의어로, 급조된 값싼 예술 작품이라는 뜻이다. 아름다운 전원 풍경이나 예쁘고 귀여운 새끼 고양이 그림은 우리에게 아름답고 평온하다는 즉각적이고 익숙한 정서적 반응을 불러일으킨다. 키치는 이런 대상들을 다룸으로써 작가의 개성이나 특이성의 표출보다는 보는 이의 이러한 정서적 반응을 목표로 하고 있다. 그들은 보는 사람들이 보편적으로 느낄 수 있는 정서를 겨냥하여 모든 이들이 쉽게 접근할 수 있으며 또 익숙해져 있는 주제들을 선택한다.

또한 키치 작가들은 설득력이 있는 키치를 만들기 위해 사람들에게 익숙한 양식적 방식을 이용한다. 그 시대에서 가장 관습적이고 이미 시도되어 검증을 거친 조형적 규범을 사용하여 작품을 만드는 것이다. 그들은 독창성이나 예술적 혁신을 피하고 시행착오(試行錯誤)를 무난히 통과한 양식적 관습을 사용하면서 이에서 이탈하지 않는다. 이러한 특성으로 인해 키치는 모방, 모조, 복제 등과 같은 허위의 미적 형식을 추구하여 미를 판매하고 소비하게 한다.

① 키치의 작업 목표는 감상자들이 원하는 편안하고 안락한 행복감을 주는 것이겠군.
② 레오나르도 다빈치의 '모나리자'를 복제하여 식탁보를 만든 상품은 키치에 해당하겠군.
③ 아무리 유명한 작품을 복제했더라도 사람들에게 불쾌감을 준다면 키치는 아니겠군.
④ 창의적 소재를 다룬 그림이라도 기존 회화 방식으로 그렸다면 키치에 해당하겠군.

문 16. ㉠~㉡의 예로 적절하지 <u>않은</u> 것은?

환유는 인접성(隣接性)을 바탕으로 사물이나 관념을 지칭하는 특성을 갖고 있다. 가령 '주전자가 끓고 있다'는 표현에서 실제 끓고 있는 것은 주전자의 물이지만, '주전자'라는 용기(容器)의 이름이 그 내용물을 지칭한다. 이러한 지칭 기능은 지시물 사이의 인접성에서 비롯된다. 우리가 '주전자가 끓고 있다'는 표현을 '물이 끓고 있다'로 이해하는 것은 '주전자'와 '물' 사이에 밀접한 인접성이 있어서 의미 연상을 통한 의미 전이(意味轉移)가 신속하고도 자연스럽게 이루어지기 때문이다.

인접성에 의한 의미 전이로 인해서 환유는 일상 언어에서 다양한 방식으로 나타나는데, 대체적으로 ㉠'확대 지칭'과 ㉡'축소 지칭'으로 구별된다. 확대 지칭은 부분으로 전체를 지칭하는 것이며, 축소 지칭은 전체로 부분을 지칭하는 것을 말한다. 가령 '손이 모자라다'에서는 신체의 부분인 '손'으로 '일꾼'을 확대 지칭하며, '온 동네가 기뻐했다'에서는 전체인 '동네'로 '동네 사람'을 축소 지칭한다.

그런데 왜 우리는 일상생활에서 직설적인 표현 대신 이러한 환유 표현을 사용할까? 언어를 더욱 효율적으로 사용하기 위해서이다. 만일 우리가 전체로 부분의 의미를 전달할 수 있다면 시간과 노력을 적게 들이고 정보를 효율적으로 전달할 수 있을 것이다. 그리고 부분으로 전체의 의미를 나타낼 수 있다면 표현하고자 하는 대상의 의미가 훨씬 쉽게 지각될 수 있을 것이다.

① ㉠: 영화계에 새 얼굴이 나타났다.
② ㉡: 대표이사님은 지금 저기압이다.
③ ㉠: 싸운 후 형제는 발길을 끊었다.
④ ㉡: 달빛을 타고 아련히 파고드는 모차르트

문 17. 〈보기〉와 웃음을 유발하는 방법이 가장 유사한 것은?

─── 〈 보 기 〉 ───

"져 농군 여봅시. 검은 소로 밧츨 가니 컴컴ᄒ지 아니ᄒ지?"

농뷔 디답ᄒ되,

"그러키의 밝으라고 볏 다랏지오?"

"볏 다라시면 응당 더우려니?"

"덥기의 셩이장 붓쳐지오."

"셩이장 붓쳐시니 응당 ᄎ지?"

"ᄎ기의 쇠게 양지머리 잇지오."

① 춘향이 기가 막혀 "내려오는 관장(官長) 마다 개개이 명 관이로구나."

② 이때 월매가 하는 말이, "서방인지 남방인지 거렁뱅이가 하나 내려왔다."

③ 상을 발길로 탁 차 던지며 운봉의 갈비를 직신, "갈비 한 대 먹고지고."

④ "얼씨구나 좋을씨고. 어사 낭군 좋을씨고. 남원 읍내 추절(秋節) 들어 덜어지게 되었더니, 객사에 봄이 들어 이화춘풍(李花春風) 날 살린다."

문 18. 다음 글에 대한 이해로 적절하지 <u>않은</u> 것은?

> 그녀가 말했다.
>
> "이제 당신께 차근차근 말씀드려야겠습니다. 제 행동이 예법에 위배된 것은 저 스스로도 잘 알고 있습니다. 저도 어렸을 적에 시서(詩書)를 읽었으므로 대략 예의는 아옵니다. '시경(詩經)'에서 말한 '건상(蹇裳)'과 '상서(祥鼠)' 두 장의 뜻을 모르는 것은 아니지만, 너무 오랫동안 들판 다북쑥 속에 묻혀 있어서 정회 한번 나매 걷잡지 못하여 박명을 자탄하였더니, 뜻밖에도 삼세(三世)의 인연을 만나매 당신의 동정을 알고 백년의 높은 절개를 바쳐 술을 빚고 옷을 기워 평생 지어미의 길을 닦으려 하였으나, 애달프게도 숙명적인 이별을 저버릴 수 없사옵기에 한시바삐 저승길을 떠나야겠습니다. 운우(雲雨)는 양대(陽臺)에서 개고 오작(烏鵲)은 은하(銀河)에 흩어지매 이제 한 번 하직하면 훗날을 기약할 수 없사오니, 헤어짐에 임하여 아득한 정회 무어라 말씀드리겠나이까?"
>
> 그녀는 소리를 내어 울었다.
>
> 이윽고 사람들이 그녀의 영혼을 전송하였다. 혼은 문 밖으로 나갔는지 얼굴은 보이지 않고 슬픈 소리만이 은은히 들려왔다. (중략)
>
> 얼마 있지 않아 남은 소리는 가늘어져서 종말에는 분별할 수 없게 되었다. 그녀의 부모는 그제야 이것이 사실임을 알았고, 양생도 그녀가 확실히 양계(陽界)의 사람이 아님을 알자, 더욱더 감상을 이기지 못하고 그녀의 부모와 함께 머리를 맞대고 통곡할 뿐이었다. 그녀의 부모는 양생에게 말했다.
>
> "그 은잔은 자네에게 맡길 것이고, 또한 내 여식이 소유하고 있던 밭 두어 이랑과 노비 몇 사람이 있으니, 자네는 이것을 맡고 내 여식을 잊지 말아 주게나."
>
> 이튿날 양생은 주육(酒肉)을 갖추어 개령동 옛 자취를 찾으니, 과연 새 무덤이 하나 있었다. 양생은 제전(祭奠)을 차려 슬피 울면서 지전(紙錢)을 불사르고 정식으로 장례를 치른 뒤, 조문을 지어 읽었다.
>
> -김시습, 〈만복사저포기〉

① 두 인물의 비극적인 사랑과 비애가 드러나 있다.

② 유교 사상에서 강조하는 덕목이 제시되어 있다.

③ 사건의 전개에 비현실적인 요소가 작용하고 있다.

④ 일련의 사건을 통해 주인공의 고독이 해소되고 있다.

문 19. ㉠과 ㉡의 시어가 갖는 공통적 기능에 대한 설명으로 가장 적절한 것은?

> (가) 삽살개 짖는 소리
> 눈보라에 얼어붙은 섣달그믐
> 밤이
> 얄궂은 손을 하도 곱게 흔들길래
> 술을 마시어 불타는 소원이 이 부두로 왔다.
>
> 걸어온 길가에 찔레 한 송이 없었대도
> 나의 아롱범은
> 자옥 자옥을 뉘우칠 줄 모른다.
> 어깨에 쌓여도 하얀 눈이 무겁지 않고나.
>
> 철없는 누이 고수머릴랑 어루만지며
> 우라지오의 이야길 캐고 싶던 밤이면
> 울 어머닌
>
> 서투른 마우재 말도 들려 주셨지.
> 졸음졸음 귀 밝히는 누이 잠들 때꺼정
> 등불이 깜빡 저절로 눈감을 때꺼정
>
> 다시 내게로 헤여드는
> 어머니의 입김이 무지개처럼 어질다.
>
> 나는 그 모두를 살뜰히 담았으니
> 어린 기억의 새야 귀성스럽다.
> 기다리지 말고 마음의 은줄에 작은 날개를 털라.
>
> 드나드는 배 하나 없는 지금
> 부두에 호젓 선 나는 ㉠멧비둘기 아니건만
> 날고 싶어 날고 싶어.
> 머리에 어슴푸레 그리어진 그 곳
> 우라지오의 바다는 얼음이 두껍다.
>
> 등대와 나와

서로 속삭일 수 없는 생각에 잠기고
밤은 얄팍한 꿈을 끝없이 꾀인다.
가도오도 못할 우라지오.

　　　　　　　　-이용악, 〈우라지오 가까운 항구에서〉

(나) 봄에 와 있는 만 리 밖의 나그네는
　　　春來萬里客(춘래만리객)
　　　난이 그치거든 어느 해에 돌아갈까?
　　　亂定幾年歸(난정기년귀)
　　　강성의 ⓛ기러기
　　　腸斷江城雁(장단강성안)
　　　똑바로 높이 북쪽으로 날아가니 애를 끊는구나.
　　　高高正北飛(고고정북비)

　　　　　　　　　　　-두보, 〈귀안(歸雁)〉

① 과거와 현재의 공간을 매개하는 역할을 한다.
② 힘겹게 살아온 화자의 과거의 삶을 환기한다.
③ 화자에게 현실의 고난을 극복하도록 유도한다.
④ 지향하는 공간을 향한 화자의 심정을 부각한다.

문 20. 〈보기〉의 자료를 활용하여 '우리 사회의 생활 변화'라는 제목으로 글을 쓰고자 한다. 자료 활용 방안으로 적절하지 <u>않은</u> 것은?

─────── 〈 보　기 〉 ───────

"양 많고 싼 제품 매출 껑충"

소매 유통 시장에선 '경기 침체'가 뚜렷하다. 단위용량당 가격이 상대적으로 싼 대용량 제품이 잘 팔리고, 고가·대기업 제품보다 저가·중소기업 제품으로 소비자들의 손길이 더 많이 몰리는 추세를 보이고 있다.

○○마트는 올 들어 1~9월 주요 생필품의 매출을 지난해 같은 기간과 비교한 결과, 밀가루의 경우 1kg 이하 소용량은 44.5% 증가한 데 견줘, 1kg 초과 대용량은 66.9%나 늘었다고 밝혔다. 식용유도 1,000㎖ 이하 소용량은 2.4% 감소한 반면에 1,000㎖ 초과 대용량은 48.9% 늘었다. 오픈 마켓 ○○에서 세탁 세제의 경우 유명 브랜드 제품보다는 값이 30~40% 싸면서도 품질은 떨어지지 않는 중소기업 제품의 판매 비중이 늘고 있다. '○○○'의 경우 올 들어 인기 품목인 파우더 리필제품이 일반 용기 제품보다 4~5배 많이 판매되고 있다.

점심 식사비를 아끼려는 직장인들이 늘어 편의점의 간편식 매출도 급증하고 있다. ○○유통이 이달 들어 27일까지의 간편식 매출을 분석한 결과, 라면 매출이 지난해 같은 기간보다 42.6%, 김밥은 52.5%나 늘었다. 삼각 김밥 매출 역시 32.7% 증가했으며, 샌드위치 55.7%, 도시락 36.5%, 햄버거는 34.6%씩 늘어났다.

　　　　　　　　　　　-〈○○○신문〉

① 경기 침체를 생활 변화의 원인으로 인용하고 또 다른 원인을 추가한 다음, 자료에 제시된 소비 경향의 변화를 결과로 인용하여 인과 구조로 쓴다.
② 중소기업의 제품이 우수함에도 불구하고 그간 중소기업 제품의 소비가 적었다는 점을 인용하며 우리나라 중소기업 제품이 외면당한 이유를 분석한다.
③ 제품 판매량에 대한 수치가 많아 한눈에 파악하기 어려우므로, 생활 변화의 근거로 자료의 정보를 품목별로 인용하되 표와 그래프를 보충하여 제시한다.
④ 신문에서 정보의 출처를 밝힌 것처럼, 정보를 인용할 때에는 출처를 명시하고 조사 가능한 경우에는 수집한 정보를 활용하여 글의 신뢰성을 높인다.

공단기/하희정
교육행정직
동형 모의고사
정답과 해설

교행직 단원별 모의고사 1회 - 문법편

1	①	2	②	3	①	4	④	5	④
6	①	7	①	8	④	9	④	10	③
11	③	12	①	13	③	14	③	15	④
16	④	17	④	18	②	19	③	20	④

1. 〈해설〉 [문장성분의 이해]

타동사가 쓰인 문장에서 동작의 대상이 되는 말을 목적어라 한다. 대체로 목적격 조사 '을/를'이 붙은 형태로 실현된다. 그런데 주의할 것은 '을/를'이 붙는다고 해서 무조건 목적어가 되는 것이 아니며, 또 '을/를'이 안 붙었다고 해서 목적어가 아닌 것도 아니라는 점이다. 특히 '을/를'이 붙었음에도 목적어가 아닌 것을 '의사목적어'라 한다. ①이 그런 예이다. 이렇게 구분하면 된다. '그는 잠시 쉬었다가 한 시간 정도를 다시 걸었다.'처럼 '걷다'의 목적어 '길' 따위가 아니면 '걷다'는 자동사로 본다. 즉 이 경우에 앞에 오는 '을/를'이 붙은 말은 지속 시간이나 양(量)을 나타내는 부사어이다. 이와 달리 '그는 종로 거리를 걷고 또 걸었다.'나 '파멸의 길을 걷다.'와 같은 경우는 '걷다'를 타동사로 본다.

☞ '가다'도 비슷하다.
- 어제는 책을 빌리러 도서관에 <u>두 번을 갔다</u>. [부사어-자동사]
- 안국동 <u>부근을 가다</u>가 그녀를 우연히 만났다. [목적어-타동사]
- 그때 나는 <u>목욕탕을 가느라고</u> 화장도 안 한 터였다. [목적어-타동사]

〈더 알아두기〉
② 보조사 '조차'가 쓰였지만, '일'은 '해내다'의 목적어이다.
③ 보조사 '도'가 쓰였지만, '고전소설'은 '읽다'의 목적어이다.
④ 목적격 조사는 구어체에서 흔히 생략된다. '누구'는 '찾다'의 목적어이다.

2. 〈해설〉 [품사의 이해]

②를 제외하면 모두 관형사이다. '다름'은 사전에 따라 품사를 달리 본다. 형용사 '다르다'의 명사형으로 보기도 하고, 파생 명사로 보기도 한다. 어느 경우든 관형사로 보지는 않는다. 관형사에는 조사가 붙어 쓰일 수 없다. 그런데 '드리고자 하는 말씀은 다름이 아니오라, 새 정부 결성에 대한 우리의 각오에 관련된 내용입니다.'와 같이 쓰이는 것에서 보듯 '다름' 다음에는 조사가 붙는 일이 흔하다.

〈더 알아두기〉
'모든', '온갖', '갖은'은 관형사로만 쓰인다. 이와 관련하여 알아 둘 것은 '다른'의 품사다. 같은 형태로 형용사로도 쓰이고, 관형사로도 쓰이기 때문이다.
예 - 그는 <u>다른</u> 곳에서 자라서 이곳 물정을 잘 모른다. [관형사]
    - 그는 너와는 성격이 전혀 <u>다른</u> 사람이다. [형용사]

3. 〈해설〉 [문법 범주의 이해]

'끼다'는 '끼이다'의 준말이다. 그러니 '구경꾼들 틈에 끼어~'와 같이 쓸 수도 있고, '구경꾼들 틈에 끼여~'와 같이 쓸 수도 있다.

〈더 알아두기〉
② '보이다'의 준말이 '뵈다'가 와야 맞는 문맥이다. 따라서 '뵈냐?'가 맞는다.
③ '날, 세월 따위가 매우 오래다'의 뜻으로는 '허구(許久)하다'를 쓴다. 그러니 '허구헌 날'이 아니라, '허구한 날'이라고 해야 맞는다.
④ '박히다'와 '박이다'는 구별하여 쓴다. '(손바닥이나 발바닥 같은 데에 못이)생겨 단단하게 되다.'의 뜻으로는 '박히다'가 아닌 '박이다'를 쓴다.

4. 〈해설〉 [음운 변동의 이해]

'잠자리[蜻蛉]'와 달리 '잠자리[寢所]'는 [잠짜리]로 발음한다. 즉 후자의 경우 사잇소리현상이 나타나니 ⓛ에 해당한다.

〈더 알아두기〉
① [멍는다]는 비음화(음운의 동화)에 해당한다.
② '보아라→봐라[봐 : 라]'는 모음 축약에 해당한다.
③ [알른]은 ㅎ 탈락과 유음화에 해당한다.

5. 〈해설〉 [관형사절의 이해]

④는 보문절, 즉 동격의 관형사절을 안은문장이다. 나머지는 관계절, 즉 관계 관형사절을 안은문장이다. 다시 말하면 전자와 달리 후자는 모두 두 문장을 응축하는 과정에서 공통된 논항이 공유되는 양상을 보여준다.

6. 〈해설〉 [전제와 함의의 이해]

의미론에서 말하는 함의와 전제의 개념을 정확히 이해해야 풀 수 있는 문제이다. 먼저 의미론에서 '함의(含意)'란 어떤 문장의 의미 속에 포함된 다른 의미를 말한다. 예컨대 '길동이가 접시를 깨뜨렸다.'라는 문장은 '접시가 깨졌다'라는 문장을 함의한다. 한편 의미론에서 '전제(前提)'란 하나의 문장이 의미적 정당성을 갖기 위해서 이미 참임이 보장된 다른 문장을 말한다. 예컨대 '길동이의 여동생이 어제 결혼했다.'라는 문장은 '길동이에게 여동생이 있다.'라는 문장을 전제로 한다. 두 개념을 엄밀히 구별하는 것이 쉬운 일은 아니다. 그렇지만 둘 사이에는 결정적인 차이가 있음을 알아야 한다. '전제'는 부정문에서도 전제가 취소되지 않는다. 그러나 '함의'를 가진 문장을 부정하면 함의가 달라진다. 환언하면, '전제'가 부정에 의해 영향을 받지 않는데 반하여, '함의'는 부정하면 두 문장 사이의 함의 관계가 사라진다.

㉠, ㉡은 함의에 해당한다. ㉢, ㉣은 전제에 해당한다. 즉 ㉢, ㉣은 부정문에서도 전제가 취소되지 않는다. 즉 '그의 집을 산 사람은 바로 그의 원수가 아니다.'로 바꿔도 '그의 집은 팔렸다.'가 취소되지 않는다. 또 '영희는 이미 시집을 갔다.'로 바꿔도 '영희는 여자다.'가 취소되지 않는다. ㉠, ㉡은 사정이 다르다. 즉 '철수는 영희에게 돈을 갚지 않았다.'로 바꾸면 '철수는 영희에게 돈을 빌렸다.'는 참일 수도 있고 아닐 수도 있다. 또 '우리는 디저트로 커피 한잔을 하지 않았다.'로 바꾸면 '우리 방금 밥 먹었잖아요.'는 참일 수도 있고 아닐 수도 있다.

7. 〈해설〉 [다의어의 이해]

㉠의 '가다'는 '(시간 따위와 함께 쓰여) 지나거나 흐르다.'의 뜻으로 쓰였다. ①도 그렇다.

〈더 알아두기〉
② 기계 따위가 제대로 작동하다.
예 시계가 **가는** 거야 마는 거야?
③ 가치나 값, 순위 따위를 나타내는 말과 결합하여 어떤 대상을 기준으로 해서 어느 정도까지 이르다.
예 이 집이 보기에는 초라해도 5억 원이 **간다**.
④ 어떤 일에 대하여 납득이나 이해, 짐작 따위가 되다.
예 전후 사정이 대충 짐작이 **가**./딱한 처지에 동정이 **간다**.

8. 〈해설〉 [접사의 이해]

(라)의 접미사는 모두 자립성을 지니지 못하는 형태소 뒤에 붙어 쓰인 예이다. 예컨대 '안기다'의 '안-'은 용언의 어간으로서 자립성이 없다. 그러나 (다)의 예들은 모두 그런 것이 아니다. '참되다'의 '참', '못되다'의 '못', '흠되다'의 '흠' 등은 자립성을 가진 단어들이다. 즉 접사는 자립성을 가지지 못하는 형태소 뒤에 붙어 쓰이기도 하고, 자립성을 지닌 형태소 뒤에도 붙어 쓰이기도 한다.

〈더 알아두기〉
① 먼저 '군-'은 모두 관형사적 성격을 지녔다. 그러나 '헛-'은 관형사적 성격을 지닌 경우도 있고, 부사적 성격을 지닌 경우도 있다. '헛수고', '헛소문'은 전자의 예이고, 그 나머지 것들은 후자의 예이다.
② (가)는 접두사가 명사에만 붙는 예이다. (나)는 동일한 접미사가 명사에도 붙고 동사에도 붙는 예이다.
③ '담기다'의 '-기-'는 '담다'를 피동사로 만드는 문법적 기능을 한다. 그런데 형태가 동일함에도 불구하고 '옮기다'의 '-기-'는 '옮다'를 사동사로 만드는 문법적 기능을 하고 있다.

9. 〈해설〉 [종속적으로 이어진문장의 이해]

'낮말은 새가 듣고, 밤말은 쥐가 듣는다.'를 '낮말은 새가, 밤말은 쥐가 듣는다.'처럼 써도 된다. 그게 더 자연스럽다고 볼 여지도 있다. 하지만 근본적으로 이 문장은 '대조'의 의미 관계를 이루는 대등하게 이어진문장이다. 종속적으로 이어진 문장이 아니다. '밤말은 쥐가 듣고, 낮말은 새가 듣는다.'라고 해도 의미 차이가 없는 것도 그런 이유 때문이다.

〈더 알아두기〉

① '-든지'가 실제로 일어날 수 있는 여러 가지 중에서 어느 것이 일어나도 뒤 절의 내용이 성립하는 데 아무런 상관이 없음을 나타내는 연결 어미로 쓰이고 있으므로 적절한 설명이다. 이런 문장에서는 '간에'나 '상관없이' 따위가 뒤따라서 뜻을 분명히 할 때가 있음을 기억해 두자.

② '비가 와서 길이 질다.'에서 온 문장으로 볼 수 있으므로 적절한 설명이다. 관점에 따라서는 이 문장을 부사절을 안은문장으로 보기도 한다.

③ 종속적으로 이어진 문장의 선행절에 오는 '영희'를 후행절에서 '그녀'로 대치한 문장이다.

10. 〈해설〉 [담화 표지의 이해]

이때 '말이죠'는 상대편의 주의를 끌거나 말을 다짐하는 뜻을 나타내는 말이다. 주로 '말'이 '말이냐', '말이야' 꼴로 명사 뒤에 쓰여 앞에서 언급한 사실을 강조하여 말하는 뜻을 나타내는 말로 쓰인 예는 다음과 같다. 예) 돈이라니, 며칠 전에 네가 내게 준 돈 말이냐?/책 좀 빌려 줘. 네가 읽던 책 말이야.

〈더 알아두기〉

① '자리가 비었는지'를 묻는 말일 수도 있고, '자리 임자가 있는지'를 묻는 말일 수도 있으니 중의적이다. 물론 여자는 후자로 오해했다.

11. 〈해설〉 [음운 변동의 이해]

만약 '밭이랑'의 '이랑'이 형식 형태소(조사)라면 '밭이랑'이 아니라 '바치랑'이 들어가야 적절하다. 예를 들어 '논만이 아니라 밭이랑[바치랑] 산도 많다.'의 '밭이랑'이 [바치랑]으로 발음되는 것은 이때의 '이랑'은 실질 형태소가 아니라 형식 형태소이기 때문이다.

〈더 알아두기〉

① 둘 다 '일→닐', '이랑→니랑'으로 'ㄴ'이 첨가되고 있다.

② 둘 다 이어지는 음절의 첫소리가 비음인 'ㄴ'이어서 앞 음절의 끝소리가 그 영향을 받아 비음화하고 있는 예이다.

④ '공일(空-)'도 'ㄴ첨가'의 예이니 비슷하다. 이와 관련하여 알아 둘 것은 '이번 공일에 나와 함께 등산이나 가자.'의 '공일(空日)'의 경우는 'ㄴ 첨가'가 일어나지 않는다는 점이다.

12. 〈해설〉 [대명사의 이해]

'자기'를 아주 높여 이르는 말이 '당신'인 것은 맞다. 그러나 '자기'나 '당신'은 일인칭 대명사가 아니다. 앞에서 이미 말하였거나 나온 바 있는 사람을 도로 가리키는 삼인칭 대명사이다.

13. 〈해설〉 [근대 국어의 이해]

(가)의 'ᄀᆞᆮ니라'를 보면 이어적기, 즉 연철 표기가 엄격히 적용되고 있음을 알 수 있다. 이와 달리 (나)의 '붉은'이나 '눈을' 등을 보면 이어적기가 아닌 끊어적기, 즉 분철 표기가 적용되고 있음을 알 수 있다. 어어적기(연철)가 아닌 끊어적기(분철)의 사용이 확대되고 있음을 알 수 있다.

〈더 알아두기〉

① 방점은 성조를 표기하기 위한 것이다. 그것이 (가)에서는 사용되고 있고 있으나 (나)에서는 그렇지 아니하니 적절한 추론이다.

② 'ㆍ'의 사용이 여전한 것은 (나)에서 확인되는 사항이다. 적어도 표기상으로는 그렇다. 이 답지의 추론이 표기상의 문제에 국한되는 것은 이유가 있다. 실제 음가는 상실되었기 때문이다.

④ (가)처럼 모음조화의 원칙에 충실했다면, (나)의 '나를'은 '나를'로 표기했을 것이다. (나)에 이르러 이미 모음조화가 파괴되고 있음을 알 수 있다.

14. 〈해설〉 [중세국어의 이해]

'모새'가 현대 국어의 '못에'에 대응하는 것은 현대 국어에서와는 달리 중세 국어에서는 모음조화가 잘 지켜졌다는 것의 증거이다.

15. 〈해설〉 [선어말 어미의 이해]

〈보기2〉의 '-겠-'은 완곡하게 말하는 태도를 나타내는 어미로 쓰인 예이다.

16. 〈해설〉 [서술어 자릿수의 이해]

자동사 '그치다'는 '~에 그치다'의 격틀을 갖춘다. '팀이 준우승에 그치다'이므로 서술어의 자릿수는 온전한 문장이다. 다만 주어와 서술어의 호응이 부적절하여 수정한 것에 해당할 뿐이다.

17. 〈해설〉 [화법의 이해]

내용으로만 보면 ㉣은 명령문 형식을 취해도 무방하다. 하지만 명령문을 사용하면 읽는 사람에게 반감을 살 수 있다. 따라서 공동의 행동임을 부각시킴으로서 예상되는 반발을 완화시키려는 의도로 청유문 형식을 취한 것이다. 권위를 나타내기 위해 청유문 형식을 취한 것이 아니다.

〈더 알아두기〉

㉢: 다른 승객이 비켜 주어야 열차에서 내릴 수 있으므로, 행위 자체는 다르지만 공동 목적을 위해 청자가 협조해 주어야 한다는 점에서 청유문을 쓴 것이다.

18. 〈해설〉 [훈민정음의 이해]

〈보기〉는 'ㅇ을 連書脣音之下하면 則爲脣輕音이니라'를 언해한 것이다. ㅇ을 입술 아애 이어 쓰면 입술 가벼운 소리가 된다는 뜻이다. 순경음을 만드는 법이며, 이를 연서법이라 한다. 순수 국어의 표기에 사용된 글자는 'ㅸ'밖에 없으며, 'ㅱ, ㆄ, ㅹ'는 동국정운식 한자음 표기에만 사용되었다.

19. 〈해설〉 [차자표기의 이해]

〈임신서기석(壬申誓記石)〉은 금석문의 일종이다. 여기에 쓰인 차자 표기법을 '서기체' 표기라고도 한다. 한자를 빌려 적되 우리말 어순에 따랐다. 예컨대 '天前誓'라고 했는데, 이를 한문 어순에 맞게 고치면, '誓前天'이 된다. 이를 두고 한문의 문장 구조를 올바르게 이해하지 못한 결과라고 하거나, 당시 한자 보급이 미흡했기 때문이라고 하는 것은 당시의 사정을 제대로 이해하지 못한 것이다.

20. 〈해설〉 [차자표기의 이해]

〈서동요〉의 제3구의 '乙'은 오늘날의 목적격 조사 '을'에 해당하고, 제4구의 '乙'은 '묘을'이 합쳐져서 '몰래'의 '몰'을 적은 음차(音借) 글자이다. 즉 제4구의 '乙'은 '몰'의 받침 'ㄹ'의 기능을 하고 있다.

〈더 알아두기〉

① 앞의 主는 公主의 '주'를, 뒤의 主는 뜻을 빌려 쓴 글자이다.

② '薯=맛, 童=둥'의 대응 관계를 말한다.

③ '抱'는 '안다', '去'는 '가다' '如'는 '같다'의 뜻으로 훈차한 것이다.

〈참고〉 '乙'의 쓰임에 대한 이견

원문의 정확한 표기는 '卯乙'이다. 이를 대개 '卯乙'로 보고, '몰(래)'로 해독한다. 지문으로 제시한 교과서의 해독도 그렇다. 그러나 '乙'을 원칙적으로 대격(對格)의 표시로 보고, '알홀'로 해독하는 견해도 있다. 결국 '알을 안고 간다'는 뜻이 되는 셈인데, 그 의미가 무엇인지는 아직 밝혀지지 않았다.

교행직 맞춤형 모의고사 1회 정답 및 해설

1	①	2	②	3	④	4	②	5	②
6	③	7	②	8	④	9	②	10	③
11	①	12	③	13	④	14	①	15	④
16	①	17	③	18	①	19	②	20	③

1. [관용표현]

- 머리가 젖다: 어떤 사상이나 인습 따위에 물들다. ¶좌파 사상에 머리가 젖은 학생.

- 머리(가) 굳다: 「1」 사고방식이나 사상 따위가 완고하다. ¶내가 너무 머리가 굳어서 그런지 젊은 너를 이해할 수가 없다. 「2」 기억력 따위가 무디다. ¶오십이 넘으니 머리가 굳어서 어제 일도 잘 생각나지 않는다.

[더 알아두기]

발, 머리, 손, 귀, 눈' 등 신체 부위와 관련한 관용구

- 발을 달다: 끝난 말이나 이미 있는 말에 말을 덧붙이다. ¶이것은 비단 남의 자식에게만 한한 일이 아니고 제 자식이라도 그런 일만 있으면 절대 용서 없다고 발을 달았다.

- 발이 뜸하다: 자주 다니던 것이 한동안 머춤하다. ¶평소에 자주 다니던 술집도 시험이 치러질 때면 발이 뜸해질 수밖에 없었다.

- 머리를 짓누르다: 정신적으로 강한 자극이 오다. ¶머리를 짓누르는 자책/그와 이별하고 나니 머리를 짓누르는 아픔이 강하게 밀려들어 왔다.

- 머리에 쥐가 나다: 싫고 두려운 상황에서 의욕이나 생각이 없어지다. ¶영어를 못하는 그녀는 외국인을 만나기만 하면 머리에 쥐가 난다.

- 손(을) 나누다: 「1」 서로 헤어지다. ¶어느덧 갈림길에 당도하자 그들은 손을 나누었다. 「2」 일을 여럿이 나누어 하다. ¶손을 나누어 하면 많은 일도 빨리 할 수 있다.

- 손(이) 크다: 「1」 씀씀이가 후하고 크다. 늑손이 걸다. ¶손이 큰 어머니는 친구가 오면 언제나 음식을 푸짐하게 차리곤 하셨다. 「2」 수단이 좋고 많다. 늑손이 걸다. ¶그는 손이 커서 그가 주선하는 일이라면 안 되는 일이 없다.

- 귀(를) 주다: 「1」 남의 말을 엿듣다. ¶책을 보는 체하면서 두 사람 말에 귀를 주었다. 「2」 남에게 살그머니 알려 조심하게 하다. ¶이미 누군가가 그에게 귀를 주었다.

- 귀에 못이 박히다: 같은 말을 여러 번 듣다. 늑귀에 딱지가 앉다·귀에 싹이 나다. ¶불 끄라는 소리는 귀에 못이 박히도록 들었다.

- 귀(가) 질기다: 「1」 둔하여 남의 말을 잘 이해하지 못하다. ¶워낙 귀가 질긴 친구라 알아듣지 못할 거다. 「2」 말을 싹싹하게 잘 듣지 않고 끈덕지다. ¶이렇게 고집만 피우다니 생각보다 귀가 질기군!

- 눈(이) 시다: 하는 짓이 거슬려 보기에 아니꼽다. ¶정말 눈이 시어서 못 봐 주겠네.

- 눈(을) 뒤집다: 주로 좋지 않은 일에 열중하여 제정신을 잃다. 늑눈알을 뒤집다. ¶돌쇠도 눈을 뒤집고 다시 노름판을 쫓아다니지 않으면 안 되었다.

2. [안은문장과 이어진문장]

겹문장의 하위분류, 즉 안은문장과 이어진문장을 구별하는 문제다. ①은 서술절을 안은문장이고, ③는 인용절을 안은문장이고, ④는 관형사절을 안은문장이다. 이들은 모두 홑문장이 다른 문장의 성분이 되어 안겨 있는 문장, 즉 안은문장에 해당한다. 이와 달리 ②는 이어진 문장이다.

[더 알아두기] 이어진 문장

이어진문장'은 둘 이상의 홑문장이 연결어미에 의해 앞 절 (=선행절)과 뒤 절(=후행절)의 형태로 접속하는 문장을 말한다. 이어지는 방법에 따라서 대등하게 이어진문장과 종속적으로 이어진문장으로 나뉜다.

1. 대등하게 이어진문장

대등하게 이어진문장에서 앞 절과 뒤 절은 나열, 대조, 선택' 등의 의미 관계를 갖는다. 홑문장을 연결하는 어미로는 대등적 연결 어미 '-고, -(으)며'[→나열], '-지만, -(으)나, -다만'[→대조], '-든지, -거나, -느니'[→선택] 등이 사용된다.

• 나열: 여름에는 비가 내리고 겨울에는 눈이 내린다.
• 대조: 잘한 일이지만 네 일은 아니다.
• 선택: 돈으로 메꾸든지 몸으로 때우든지 해라.

2. 종속적으로 이어진문장

앞 절(=선행절)과 뒤 절(=후행절)의 의미 관계가 독립적이지 못하고 종속적인 경우이다. 대등하게 이어진문장보다 종류가 많다. 보통 원인, 배경, 조건, 양보, 의도 등으로 나눈다.

의미	어미	예문
조건	-(다)면	그는 고향에 가면 항상 큰집에 들른다.
원인/이유	-어(서), -(으)니(까)	시간이 다 되어서 나는 바둥바둥 일어났다.
	-(으)므로	비가 오므로 외출하지 않았다.
	-느라고	공부하느라고 힘들었다.
양보	-어도, -더라도	아무리 어수룩해 보여도 긴장을 풀지 마라.
	-든지, -(으)나	누가 무엇을 하든지 신경을 쓰지 않는다.
	-거나, -(으)ㄴ들	네가 추근거린들 무슨 수가 있겠니?
목적/의도	-(으)러, -고자	공부를 하러 횡하니 도서관에 갔다.
	-(으)려고	택견을 배우려고 도장에 갔다.
미침	-게, -도록	공부하게 조용히 해라
필연/당위	-어야	꽃이 있어야 내음을 맡지.
전환	-다가	웃다가 울었다.
비유	-듯(이)	땀이 비 오듯이 흐른다.
정도의 더함	-(으)ㄹ수록	벼는 익을수록 고개를 숙인다.
동시	-자(마)	까마귀 날자 배 떨어진다.
배경	-는데	그 애는 노래는 잘 부르는데 춤은 잘 못 춰.

3. [외래어의 표기]

짧은 모음과 유음 · 비음([l], [r], [m], [n]) 이외의 자음 사이에 오는 무성 파열음([p], [t], [k])은 받침으로 적는다. 예 apt[æpt] 앱트, setback[setbæk] 셋백, act[ækt] 액트

한편 ①은 잉크', ②는 지그재그', ③는 샤크'가 맞는 외래어 표기이다. 특히 ③은 어말의 [ʃ]는 시'로 적고, 자음 앞의 [ʃ]는 슈'로, 모음 앞의 [ʃ]는 뒤따르는 모음에 따라 샤', 섀', 셔', 셰', 쇼', 슈', 시'로 적는다는 원칙에 따른 것이다.

예 flash[flæʃ] 플래시, shark[ʃɑ:k] 샤크, fashion[fæʃən] 패션, sheriff[ʃerif] 셰리프, shopping[ʃɔpiŋ] 쇼핑, shoe[ʃu:] 슈

4. [음의 첨가와 표준 발음]

합성어 및 파생어에서, 앞 단어나 접두사의 끝이 자음이고 뒤 단어나 접미사의 첫음절이 이, 야, 여, 요, 유'인 경우에는, ㄴ' 음을 첨가하여 [니, 냐, 녀, 뇨, 뉴]로 발음한다.

예 색연필[생년필], 식용유[시굥뉴], 늑막염[능망념], 솜이불[솜:니불], 홑이불[혼니불], 막일[망닐], 삯일[상닐], 맨입[맨닙], 꽃잎[꼰닙],

내복약[내 : 봉냑], 한여름[한녀름], 남존여비[남존녀비], 신여성[신녀성], 직행열차[지캥녈차], 콩엿[콩녇], 담요[담 : 뇨], 눈요기[눈뇨기], 영업용[영엄뇽], 국민윤리[궁민뉼리], 밤윷[밤 : 늍]

[더 알아두기] 'ㄴ' 첨가와 관련하여 알아 두어야할 세 가지

(1) 다음과 같은 말들은 'ㄴ'음을 첨가하여 발음하되, 표기대로 발음할 수 있다.

예 이죽이죽[이중니죽/이주기죽], 야금야금[야금냐금/야그먀금], 검열[검 : 녈/거 : 멸], 욜랑욜랑[욜랑놀량/욜랑욜랑], 금융[금늉/그뮹]

(2) 다음과 같은 단어에서는 'ㄴ(ㄹ)'음을 첨가하여 발음하지 않는다.

예 등용문[등용문], 6·25[유기오], 3·1절[사밀쩔], 송별연[송 : 벼련]

(3) 'ㄹ' 받침 뒤에 첨가되는 'ㄴ'음은 [ㄹ]로 발음한다.

예 들일[들 : 릴], 솔잎[솔립], 설익다[설릭따], 물약[물략], 불여우[불려우], 서울역[서울력], 물엿[물렫], 휘발유[휘발류], 유들유들[유들류들/유드류들]

5. [훈민정음의 이해]

세종과 그를 도운 집현전 학자들의 오랜 연구 끝에 <훈민정음>이 탄생한 것은 1443년 12월(음력)이다. 모두 28자로 이루어졌다. 그리고 3년이 지난 1446년 9월(음력)에 <훈민정음>을 반포한다. 훈민정음을 세상을 알리기 위해 만든 책이 <훈민정음(해례본)>이다. 오늘날 한글날인 10월 9일은 당시 음력 9월을 양력으로 계산하여 지정한 것이다.

[더 알아두기] 상형의 원리, 가획의 원리, 합성의 원리

(1) 훈민정음의 기본자와 상형의 원리: 현재 우리가 사용하는 한글의 자모는 자음 14자와 모음 10자의 24자이다. 하지만 처음 만들었을 때는 자음 17자와 모음 11자의 28자였다. 기본자는 자음(≒초성) 5자와 모음(≒중성) 3자인데, 'ㄱ, ㄴ, ㅁ, ㅅ, ㅇ'과 'ㅣ, ㅡ, ·'이다. 자음 5자는 발음 기관의 모양과 발음 작용의 모양을 본떠 만들었다. ㄱ은 혀뿌리가 목구멍을 막는 모양을, ㄴ은 혀끝이 윗잇몸에 닿는 모양을, ㅇ은 목구멍 모양을, ㅅ은 이[齒] 모양을, ㅁ은 입 모양을 본떴다. 모음 3자는 각각 '·'는 하늘을, 'ㅡ'는 땅을, 'ㅣ'는 사람을 상징한다.

(2) 가획의 원리와 합성의 원리

자음의 기본자는 상형의 원리에 따라, 그 나머지는 기본자에 가획을 하여 만들었다.

ㅋ比ㄱ 聲出稍厲 故加劃.	ㅋ은 ㄱ에 비하여 소리 남이 조금 세므로 획수를 더했는데,
ㄴ而ㄷ ㄷ而ㅌ ㅁ而ㅂ ㅂ而ㅍ	ㄴ이 ㄷ, ㄷ이 ㅌ, ㅁ이 ㅂ, ㅂ이 ㅍ,
ㅅ而ㅈ ㅈ而ㅊ ㅇ而ㆆ ㆆ而ㅎ	ㅅ이 ㅈ, ㅈ이 ㅊ, ㅇ이 ㆆ, ㆆ이 ㅎ으로
其因聲加劃之義皆同.	그 획수에 따라 획을 더함은 모두 한가지다.

다만, 나머지 'ㅇ, ㄹ, ㅿ'는 이체자(異體字)로서 가획의 원리에서 다소 벗어나 있다.

而唯ㅇ爲異.	다만 ㅇ은 다르다.
半舌音ㄹ 半齒音ㅿ	반혓소리 ㄹ도, 반잇소리 ㅿ도
亦象舌齒之形而異其體	역시 혀와 이의 모양을 본떴으나, 그 체는 달리하니
無加劃之義焉.	획을 더하는 뜻은 거기에 없다.

모음은 자연과 인간의 모습을 본떠 만든 기본자(·, ㅡ, ㅣ)를 조합하는 방식으로 만들었다. 하늘인 '·'에서 'ㅗ, ㅏ'를 만들고, 땅인 'ㅡ'에서 'ㅜ, ㅓ'를 만들고, 그리고 여기에 사람인 'ㅣ'가 관여하여 'ㅛ, ㅑ, ㅠ, ㅕ'를 만들었다. 합성의 원리를 적용한 것이다.

(3) 초성에 사용된 자모들

<훈민정음>에서는 "초성은 무릇 17자이다[初聲凡十七字]."라고 했다. 그러나 실제로는 23자 체계였다. 훈민정음 창제 무렵의 초성은 23체계 이외에 순경음 'ㅸ'이 더 쓰였는데, 'ㅸ'은 기본자가 아니라, 연서법에 의해 만들어진 자모로 보았다.

구분	아	설	순	치	후	반설	반치
전청	君ㄱ	斗ㄷ	彆ㅂ	卽ㅈ	挹ㆆ		
차청	快ㅋ	呑ㅌ	漂ㅍ	侵ㅊ	虛ㅎ		
전탁	虯ㄲ	覃ㄸ	步ㅃ	慈ㅉ	洪ㆅ		
불청불탁	業ㆁ	那ㄴ	彌ㅁ		欲ㅇ	閭ㄹ	穰ㅿ
전청				戌ㅅ			
차청				邪ㅆ			

6. [동작상의 이해]

①은 '-고 있었다'의 형태로 과거진행상(=미완료상)이다. ②는 '-어 간다'의 형태로 현재진행상(=미완료상)이다. ④는 '-(으)면서'의 형태로 진행상(미완료상)이다. ③은 '-고서'의 형태로 완료상이다.

[더 알아두기] 완료상, 진행상, 예정상

동작상은 크게 완료상과 미완료상(진행상, 예정상)으로 나뉜다. 국어의 동작상은 보통 보조적 연결어미와 보조동사의 결합에 의해 표시되는데, 연결어미에 의해서도 표시될 수 있다.

	대표적 형태	예문	특징
완료상	-어(아) 있다	철수가 의자에 앉아 있다.(현재완료상) 철수가 의자에 앉아 있었다.(과거완료상) 철수가 의자에 앉아 있겠다.(미래완료상)	*'-어(아) 있다'는 타동사와 결합하는 일이 없음.
	-고서	그는 나에게 얼른 눈짓을 하고서 나가 버렸다.	* '-어서, -다가, -자마자'도 비슷하게 쓰임.
진행상	-고 있다	그는 지금 책을 읽고 있다/있었다/있겠다.(진행상) 그녀는 빨간 코트를 입고 있다.(중의적)	*'-는 중이다'로 바꾸어도 뜻이 거의 같음. *'-고 있다'가 '입다' 등의 부착동사와 결합하면 진행상인지 완료상인지 중의적이게 됨.
	-면서	그는 신문을 보면서 밥을 먹는다.	* 동작이 선후 없이 진행될 때 쓰임.
예정상	-게 되다 /-게 하다	우리도 그곳에 살게 되었다.(과거 예정상) 아이들은 못 들어가게 한다.(현재 예정상)	
	-려고	차가 막 출발하려고 한다.	

7. [로마자 표기법]

'ㄹ'은 모음 앞에서는 'r'로, 자음 앞이나 어말에서는 'l'로 적는다. 단, 'ㄹㄹ'은 'll'로 적는다.

예 설악 Seorak, 구리 Guri, 칠곡 Chilgok, 임실 Imsil, 울릉 Ulleung, 대관령[대괄령] Daegwallyeong

8. [문장 다듬기]

① 인간은 자연을 지배하기도 하고 복종하기도 한다.

⇨ 인간은 자연을 지배하기도 하고 자연에 복종하기도 한다.

② 이 제품을 사용하다가 궁금한 점이나 작동이 잘 안 될 때는 바로 연락을 주시기 바랍니다.

⇨ 이 제품을 사용하다가 궁금한 점이 있거나, 제품이 작동이 잘 안 될 때는 바로 연락을 주시기 바랍니다.

③ 사람이 살아가는 데 있어서 가장 중요한 것은 자신에게 주어진 운명에 만족하는 것보다는 어떻게 자신의 운명을 개척해 나가느냐 하는 것이라는 사실을 깨닫게 되었다.

⇨ 자신에게 주어진 운명에 만족하는 데 그치지 않고 자신의 운명을 개척해 나가는 것이, 사람이 살아가는 데 있어서 가장 중요하다는 사실을 깨닫게 되었다.

[더 알아두기] 목적어와 서술어의 호응

타동사문에서 목적어는 필수적 성분이다. 따라서 타동사문에서 목적어를 무리하게 생략하면 부자연스러운 문장이 된다. 대개 목적어의 무리한 생략은 하나의 서술어가 둘 이상의 체언이 접속 조사 '와/과'에 의해 연결된 목적어 명사구를 취할 때이다. 예를 들어, '지연이는 국어를 좋아한다.'와 '지연이는 영어를 좋아한다.'라는 문장은 '지연이는 국어와 영어를 좋아한다.'로 응축할 수 있다. 그러나 '지연이는 떡을 먹는다.'와 '지연이는 영화를 본다.'를 '지연이는 떡과 영화를 먹는다.'로 응축할 수 없다. '지연이는 떡을 먹으면서 영화를 본다.' 정도로 응축해야 한다.

> ① 이 같은 미국 증권 시장의 불안이 더욱 본격적인 공포로 몰고 갈 것으로 보인다.
> 　⇨ 이 같은 미국 증권 시장의 불안이 시장의 분위기를 더욱 본격적인 공포로 몰고 갈 것으로 보인다.
> ② 인간은 신(神)을 숭배하기도 하지만 도전하기도 한다.
> 　⇨ 인간은 신을 숭배하기도 하지만 신에(게) 도전하기도 한다.
> ③ 우리들은 새로운 세계를 접한다는 기쁨에 노래와 춤을 추었다.
> 　⇨ 우리들은 새로운 세계를 접한다는 기쁨에 노래를 부르고 춤을 추었다.
> 　⇨ 우리들은 새로운 세계를 접한다는 기쁨에 노래를 부르며 춤을 추었다.

①의 경우는 '몰고 가다'의 목적어가 없다. '시장의 분위기를' 정도의 목적어를 보충해야 한다.

②는 '신을 도전하다'와 같은 구성이 되면서 부자연스러운 문장이 되었다. '신을'이라는 하나의 목적어를 공유할 수 있는 구문인 것으로 착각한 것이다. '인간은 신을 숭배하기도 하지만 신에(게) 도전하기도 한다.' 정도로 고쳐야 한다.

③은 '~ 노래를 부르고 춤을 추었다.'나 '~ 노래를 부르며 춤을 추었다.'로 고쳐야 한다.

9. [언어 예절]

높여야 할 대상의 신체 부분, 성품, 심리, 소유물과 같이 주어와 밀접한 관계를 맺고 있는 대상을 통하여 주어를 간접적으로 높이는 것을 '간접 존대'라 한다. 이때는 '눈이 크시다.', '걱정이 많으시다.', '선생님, 넥타이가 멋있으시네요.'처럼 '-시-'를 동반한다. ⓛ도 이러한 '간접 존대'의 예에 해당한다.

그러나 '주문하신 커피 나오셨습니다.', '문의하신 상품은 품절이십니다.'처럼 '-시-'를 남용하는 것은 바른 경어법이 아니다. '말씀하신 사이즈가 없으십니다.', '(패스트푸드점, 커피 전문점 등에서) 포장이세요?', '품절이십니다.'에서 '사이즈', '포장', '품절'은 청자의 소유물 혹은 밀접한 관계를 맺고 있는 대상이 아니므로 '사이즈가 없습니다.', '포장해 드릴까요?', '품절입니다.'가 바른 표현이다.

즉 ①은 '이 구두가 신상품입니다.'가 맞는다. 또 ③은 '245 사이즈가 딱 하나 남았습니다.'가 맞는다.

한편 ㉣은 피동 표현이 아니라 사동 표현이며, '240 사이즈로 주문해 드릴까요?'라고 해야 자연스러운 문장이 된다.

10. [맞춤법의 이해와 적용]

'치과(齒科)'는 한자 둘이 어울린 단어이므로 '칫과'로 적지 않는다. 두 음절로 된 한자어 중 사이시옷 표기를 하는 것은 '곳간(庫間), 셋방(貰房), 숫자(數字), 찻간(車間), 툇간(退間), 횟수(回數)'뿐이다.

[더 알아두기]

① 우표를 '붙여', 편지를 '부쳐'가 맞는다.

② '개똥, 보리쌀, 허리띠, 위쪽, 뒤뜰, 뒤풀이, 뒤편, 개펄, 배탈, 허리춤, 위층' 등과 같이 후행 명사가 원래 된소리이거나 거센소리여서 새로이 된소리로 소리 나는 일이 없는 경우는 사이시옷을 삽입하지 않는다.

④ 'ㅎ'이 어간의 끝소리로 굳어진 것은 받침으로 적는다는 원칙에 따라, '그렇다/그렇고/그렇지/그렇든지'와 같이 적는다. 다음의 경우도 비슷하다.

예			
아무렇다	아무렇고	아무렇지	아무렇든지
어떻다	어떻고	어떻지	어떻든지
이렇다	이렇고	이렇지	이렇든지
저렇다	저렇고	저렇지	저렇든지

11. [고쳐쓰기]

'그러고 나서'가 맞는 표현이다. '그러고 나서'는 동사 '그러다'에 '-고 나서'가 연결된 말이다. '-고'는 연결 어미이고 '나서'는 동사 '나다'에 '서'가 붙은 활용형이다. 이때의 동사 '나다'는 본동사 다음에 쓰여 뜻을 더해 주는 보조동사다. 이처럼 '-고 나서'는 '먹고 나서', '울고 나서', '씻고 나서'와 같이 동사에 연결되어 동작의 완료를 나타낸다. '이, 그, 저'는 계열을 이루고 있는데 '그러고 나서' 또한 '이러고 나서', '저러고 나서'와 같이 계열을 이루고 있다.

그렇지만 '그리고 나서'는 어법적으로 설명하기 어렵다. 먼저 '그리고'와 '나서'로 분석할 경우, '그리고'는 문장과 문장을 연결해 주는 접속부사인데 국어에서는 '그리고 나서'처럼 접속부사 다음에 보조동사가 결합하는 일이 없다. 그렇다고 '그리- + -고 나서'로 분석할 수도 없다. '-고 나서' 앞에는 동사가 와야 하는데 '그리-'는 '그림을 그리다', '연인을 그리다'와 같은 경우밖에 없어서 의미가 맞지 않는다. 게다가 이때는 '*이리고 나서', '*저리고 나서'와 같은 표현이 불가능하기도 하다.

따라서 '그리고 나서'는 '그러고 나서'를 잘못 쓰는 말임을 알 수 있다. 이와 비슷한 경우로 '그리고는'이라는 말을 쓰는 일도 있다. 이 말 또한 '그러고는'을 잘못 쓰는 말이다. '그리고' 다음에 '는'이 연결될 수 없음은 비슷한 '그러나', '그런데', '그러므로' 뒤에 '는'이 연결되지 못하는 것을 보면 쉽게 알 수 있다.

[더 알아두기]

② '나아가'가 대신에 '또'가 오면 자연스럽다. 물론 '~도'라는 표현이 이어지므로 없어도 무방하다.

③ 주어 '이 씨'가 생략된 문장으로 보는 것은 적절하다.

④ 10억 원을 주겠다고 제안한 주체는 이 씨이고, 연락을 끊은 주체도 이 씨이다. 그리고 '소송을 제기한 주체는 정 씨이다. 결과적으로 문장의 호응 관계가 혼란스럽다.

12. [중의문의 이해]

ㄷ은 '배'가 다의어임으로 인하여 중의문이 되었다. '배[舟]'일 수도 있고, '배[梨]'일 수도 있다. 물론 '배[腹]'일 수도 있다. ㄹ은 그렇지 아니하다. 전체 부정으로 해석될 수도, 부분 부정으로 해석될 수도 있어 중의적인 문장이다. 양화사와 부정사가 모두 쓰인 문장에서 나타나는 중의성이다.

[더 알아두기] 구조적 중의성과 영향권 중의성

1. 구조적 중의성

문장을 이루고 있는 성분들 사이의 통사적 관계에 따라 나타나는 중의성을 구조적 중의성이라 한다. 수식의 범위에 따른 중의성과 서술어와 호응하는 주어나 목적어의 범위에 따른 중의성이 그 대표적인 예이다.

> ① ㉠ 내가 좋아하는 영희의 동생을 만났다.
> 　1. 나는 영희를 좋아한다. 그녀의 동생을 만났다.
> 　2. 나는 영희의 동생을 좋아한다. 그 동생을 만났다.
> ㉡ 그는 어제 고향에 온 친구를 만났다.
> 　1. 그는 친구를 만났다. 그 친구는 어제 고향에 왔다.
> 　2. 그의 친구가 고향에 왔다. 어제 그 친구를 만났다.
> ㉢ 잘 웃고 언제나 표정이 밝은 그의 동생은 다른 사람에게 쉽게 호감을 사는 편이다.
> ㉣ 내각도 국무총리를 포함해 꼭 필요한 사람을 제외하고는 전부 교체하는 것이 맞다.

[수식의 범위에 따른 중의성] ㉠ 관형어 '좋아하는'이 '영희'를 수식하는 것일 수도 있고, '영희의 동생'을 수식하는 것일 수도 있어 중의적인 해석이 가능한 문장이다.
㉡ 부사어 '어제'가 '(고향에) 온'을 수식할 수도 있고, '만났다'를 수식할 수도 있어 중의적인 해석이 가능한 문장이다.
㉢ '잘 웃고 언제나 표정이 밝은'이라는 관형사절이 '그'를 수식하는 것일 수도 있고, '그의 동생'을 수식하는 것일 수도 있어 중의적인 문장이다.
㉣ 국무총리를 교체의 대상에 포함시키고 있는 문장일 수도 있고, 국무총리를 교체의 대상에서 제외하고 있는 문장일 수도 있다.

> ② ㉠ 하 박사가 김 간호사와 입원 환자를 둘러보았다.
> 　1. 하 박사가, 김 간호사와 입원 환자를 둘러보았다.
> 　2. 하 박사가 김 간호사와 함께 입원 환자를 둘러보았다.
> ㉡ 동생은 어떤 사람이든지 만나고 싶어 한다.
> 　1. 누구나 동생을 만나고 싶어 한다.
> 　2. 동생은 누구인지 가리지 않고 사람을 만나고 싶어 한다.
> ㉢ 창수는 소리를 지르면서 달려가는 영희를 뒤쫓았다.
> ㉣ 내 동생은 나보다 영화를 더 좋아한다.
> 　1. 동생도 영화를 좋아하고, 나도 영화를 좋아한다. 그런데 동생이 더 영화를 좋아한다.
> 　2. 동생은 나를 좋아한다. 동생은 영화도 좋아한다. 그런데 나를 (나와 같이 노는 것 따위) 좋아하는 것보다는 영화를 보는 것을 더 좋아한다.

[서술어와 호응하는 논항의 범위에 따른 중의성] ㉠ '와'가 접속 조사냐 공동격 조사냐에 따라 의미가 달라져 중의적인 해석이 가능한 문장이다. '와'가 접속 조사라면 '김 간호사와 입원 환자'가 목적어 역할을 하는 논항으로서 서술어 '둘러보았다'와 호응한다. '와'가 공동격 조사라면 '하 박사와 김 간호사'가 주어 역할을 하는 논항으로서 서술어 '둘러보았다'와 호응한다.
㉡ '만나고 싶어 하다'와 호응하는 논항이 '동생'일 수도 있고, '어떤 사람'일 수도 있다.
㉢ '소리를 지르다'의 주어는 '창수'일 수도 있고, '영희'일 수도 있다.
㉣ 내 동생이 영화를 좋아하는 정도가 내가 영화를 좋아하는 정도보다 더하다는 뜻으로 해석될 수도 있고, 내 동생이 나를 좋아하는 정도보다 (내 동생이) 영화를 좋아하는 정도가 더하다는 뜻으로 해석될 수도 있다. 비교격 조사가 쓰인 문장에서 흔히 나타나는 중의성인데, 궁극적으로는 서술어와 호응하는 논항의 범위에 따른 중의문에 해당한다.

> ③ ㉠ 선생님이 보고 싶은 학생이 많다.
> 　1. 선생님이 보고 싶어 하는 학생이 많다.
> 　2. 선생님을 보고 싶어 하는 학생이 많다.
> ㉡ 그녀는 누구나 다 사랑할 수 있는 사람이다.
> 　1. 그녀는 모든 사람이 사랑할 수 있는 사람이다.
> 　2. 그녀는 모든 사람을 사랑할 수 있는 사람이다.

[주체와 객체의 모호성] 서술어와 호응하는 논항의 범위에 따른 중의성의 일종이다.
㉠ 선생님이 '보고 싶다'의 주체일 수도 있고, 객체일 수도 있어 중의적인 해석이 가능한 문장이다.
㉡ '누구'가 '사랑하다'의 주체일 수도 있고, 객체일 수도 있다. 이런 중의성은 대개 특수조사 '은/는'이 주어에 붙기도 하고, 목적어에 붙기도 해서 유발되는 경우가 많다.

> ④ 나는 순박하고 꾸밈이 없는 시골 처녀를 좋아한다.

[내포적 의미에 따른 중의성] 두 가지 해석이 가능하다. 첫째, 시골 처녀 중에 순박하고 꾸밈이 없는 사람이 있는데, 나는 그 처녀를 좋아한다. 둘째는 시골 처녀들은 대개 순박하고 꾸밈이 없는데, 그래서 그런 시골 처녀를 사랑한다. 전자는 '시골 처녀'를 수식하는 관형사절을 통사구조에 맞춰 해석한 것이다. 이에 반하여 후자는 '시골 처녀'에 대한 내포적 의미를 반영하여 그를 부각하면서 해석한 것이다. 다시 말하면 후자는 '시골 처녀'는 일반적으로 순박하고 꾸밈이 없다는 내포적 의미를 가지고 있다는 전제를 주목하면서 문장을 해석한 것이다.

2. 영향권 중의성

어떤 단어가 의미 해석에 영향을 미치는 작용역이 달라짐에 따라 유발되는 중의성이 영향권 중의성이다. 양화사와 부정사가 사용된 문장에서 많이 발견된다. 구조적 중의성의 범주에 포함시키기도 한다.

> ① ㉠ 어머니께서 배와 감 두 개를 주셨다.
> 　1. 어머니께서 배 두 개와 감 두 개를 주셨다.
> 　2. 어머니께서 배와 감을 하나씩 주셨다.
> ㉡ 모든 소년들이 한 소녀를 사랑한다.
> 　1. 모든 소년들에게는 자신이 좋아하는 소녀가 한 명씩 있다.
> 　2. 모든 소년들로부터 사랑을 받는 소녀가 한 명씩 있다.
> ㉢ 다섯 명의 사냥꾼이 두 마리의 꿩을 총으로 쏘았다.

[양화사의 작용역에 따른 중의성] ㉠ '두 개'라는 양화 표현이 포괄하는 영향권이 어디까지인가에 따라 중의적인 해석이 가능한 문장이다. 과일의 합계가 네 개일 수도 있고 두 개일 수도 있다.
㉡ 양화 표현으로 '모든'과 '한'이 사용되었는데, 두 표현 중 어느 것의 영향권이 더 넓으냐에 따라 중의적인 해석이 가능한 문장이다.
㉢ 다섯 명의 사냥꾼이 각자 두 마리씩 쏘았다는 것으로 해석될 수도 있고, 다섯 명의 사냥꾼이 특정의 두 마리를 쏘았다는 것으로 해석될 수도 있다.

> ② ㉠ 나는 그 친구를 안 때렸다.
> ㉡ 수강생들이 다 출석하지 않았다.
> 　1. 수강생들이 한 명도 출석하지 않았다.
> 　2. 수강생들이 모두 다 출석한 것은 아니다.
> ㉢ 시험에서 몇 문제 풀지 못했다.
> 　1. 몇 문제를 못 풀었다.
> 　2. 몇 문제밖에 못 풀었다.
> ㉣ 그토록 찾던 그 친구를 오늘 <u>우연치 않게</u> 길에서 만났다.
> 　⇨ 그토록 찾던 그 친구를 오늘 <u>우연찮게</u> 길에서 만났다.

[부정 표현의 중의성] ㉠ 세 가지 해석이 가능하다. 첫째, 그 친구를 때린 것은 내가 아니라 다른 사람이다. 둘째, 나는 그 친구를 때린 것이 아니라, 다른 학생을 때렸다. 셋째, 나는 그 학생을 때린 것이 아니라, 살짝 밀었을 뿐이다.

㉡ 전체 부정으로 해석될 수도, 부분 부정으로 해석될 수도 있어 중의적인 문장이다. 양화사와 부정사가 모두 쓰인 문장에서 이런 예가 흔하다. ㉢도 비슷하다.

㉣ 중의적인 문장이라기보다 부정 표현의 오용에 해당한다. 꼭 우연한 것은 아니나 뜻하지도 아니하다'의 뜻으로는 우연(偶然)찮다'를 쓴다. 그 활용형인 우연찮게'를 우연치 않게'로 대신할 수 없다. 굳이 따지자면 우연치 않게'는 필연적으로'란 뜻일 수밖에 없기 때문이다.

> ③ ㉠ 그는 비싼 보석을 가지고 왔지만, 그것을 숨겼다.
> ㉡ 그는 재산이 많지만, 그것을 숨겼다.

[지시 범위에 따른 중의성] 지시 표현이 가리키는 범위가 불분명하여 중의적으로 해석될 수 있는 문장이다.

㉠ 숨긴 것은 비싼 보석'일 수도 있고, 비싼 보석을 가지고 왔음'일 수도 있다.

㉡ 숨긴 것은 재산'일 수도 있고, 재산이 많음'일 수도 있다.

> ④ ㉠ 그가 걸음을 걷는 것이 이상하다.
> 　1. 그의 걸음(걷는 모습)이 이상하다.
> 　2. (그는 걸을 수가 없을 텐데)그가 걷는다는 사실이 이상하여 믿기지 않는다.
> ㉡ 그가 공을 던지는 것이 이상하다.

[의존 명사 구문의 중의성] ㉠ '-는 것'을 명사절을 구성하는 형식으로 이해하면, 걷는 것'은 걸음'과 거의 같은 의미를 갖게 된다. 그러나 '-는 것'의 것'을 사실'의 의미로 보고 이 문장을 보문절 내포문으로 이해하면, 걷는 것'은 그가 걷는다는 사실'이라는 의미를 갖게 된다.

㉡도 비슷하다. 엄밀히 따지자면 이들은 중의성(≒애매성)의 범주에 속하기보다는 모호성의 범주에 속하는 것이기도 하다. 의미의 불확정성에 따른 모호문이기 때문이다.

13. [글의 구조 파악하기]

제시된 글은 도입→전개→맺음'의 구조로 이루어져 있다. 도입 문단에 전개 문단의 구성과 관련한 언급이 이루어지고 있음에 주목해야 한다. 즉 영화관에 가는 것의 문제들, 영화관 자체의 문제들, 그리고 다른 관객들의 행동 문제들이 영화 구경을 가는 것에 대해 자신이 두려움을 갖게 되는 이유라고 밝히고 있는 것이다. 그런데 두 번째 문단에서는 영화관에 가는 것의 문제들'을 언급하고 있고, 세 번째 문단에서는 영화관 자체의 문제들'을 언급하고 있다. 그렇다면 (3)과 (4) 사이에 올 문단에는 영화관의 문제점'에 대한 언급이 아니라 다른 관객들의 행동 문제들'에 대한 언급이 와야 자연스럽다.

14. [문학의 구성 요소]

문학의 특성과 요소에 대한 이해가 필요한 문제이지만, 일반적인 독해 문제로 볼 여지도 많다. 즉 국경을 초월하여 공간적으로 공통성이 있는'이라는 설명만으로도 ㉠에는 보편성'이 적절함을 알 수 있다. 모든 것에 두루 미치거나 통하는 성질'을 이르는 개념이 보편성'이기 때문이다. 또 ㉣, 문학에 독창성을 부여하는 것이 상상'이라면, 위대성을 부여하는 것은 사상'이고, 예술성을 부여하는 것은 형식'임도 알 수 있다.

[더 알아두기] 문학의 구성 요소

1. 정서 (情緒)

문학적인 정서란, 곧 미적 정서이다. 미적 정서는 실체 체험에 따른 감정 그 자체가 아니라, 작가의 머릿속에서 취사선택되고 정화(淨化)된 감정을 말한다. 문학이 보편성(普遍性)과 항구성(恒久性)을 갖는 이유도 지식이 아닌 정서를 내용으로 하기 때문이다.

2. 상상 (想像)

상상은 무한한 창조 능력을 말하는 것이 아니라, 과거 체험을 바탕으로 하여 새로운 이미지와 관념을 만들어 내는 능력을 말한다. 즉 현재의 지각(知覺)과 과거의 체험(體驗)을 연결하는 과정이 상상이며, 결국 이는 체험의 한 방식이다. 상상은 문학의 창조성을 제고하는 역할을 한다.

3. 사상 (思想)

문학의 사상이란 작품에 반영된 작가의 인생관이나 세계관을 말하는데, 문학 작품의 위대성의 근거가 된다. 문학은 인생의 비평이라고 말하는 이도 있거니와, 문학이 사적(私的) 정서의 표현에 그치는 것이 아니라, 심오한 사상을 담고 있을 때, 진정한 문학이 될 수 있다.

4. 미적 (美的) 언어 (言語)

문학의 언어는 일상 언어보다 함축적이고, 내포적인 성격이 강하다. 단순한 의미 전달의 도구에 그치는 것이 아니라, 정서 환기를 목적으로 하는 언어인 것이다. 또 문학의 언어는 구체적인 언어이다. 개념적이고 설명적인 언어가 아니라, 사물과 세계를 구체적으로 표현하는 언어인 것이다.

5. 유기적 (有機的) 형식 (形式)

문학에서 내용과 형식은 분리되지 않는다. 둘은 나무껍질과 나무 그 자체와 비슷하게 유기적으로 결합되어 있다. 이 점에서 문학의 구조란 내용과 형식이 미적 목적을 위해 결합되어 있는 것을 말하며, 문학 작품의 구조를 이루는 형식적·내용적 요소들은 역동적인 결합 관계를 갖게 된다.

15. [현대문학사의 이해]

주지주의는 김기림, 정지용, 김광균 등의 문학을 통해 수용된 것이므로, 또 초현실주의는 시 <오감도> 소설 <날개>등을 쓴 이상의 문학을 통해 수용된 것이므로 ④는 1930년대 문학에 해당하는 설명이다. 신석정의 시로 대표되는 전원파 문학, 서정주의 시로 대표되는 생명파 문학 역시 1930년 문학에 해당한다. 박목월, 조지훈, 박두진의 시를 일컫는 청록파 역시 1930년 후반기에 태동한 문학 유파이다.

[더 알아두기] 1930년대의 문학의 흐름

㉮ 30년대의 한국의 문학은 20년대 후반에 성행했던 프로문학에 대한 반발과 파시즘의 대두 및 중일전쟁 발발로 불안의식이 고조되어 큰 전환점을 맞게 된다.

㉯ 시나 소설에서 서정주의적인 경향이 두드러지게 나타난다. 시에서 김영랑, 소설에서 이태준의 작품들이 이 범주에 속하며 이효석의 후기 작품도 같은 경향이다.

㉰ 33년을 전후해서 모더니즘 문학이 활발하게 전개된다. 김기림이 주동이 되고 김광균·장만영·장서언 등의 시인들이 뒤를 따랐다. 구인회의 한 사람이었던 정지용 또한 모더니즘의 선행주자의 역할을 했으며, 이 파를 이론적으로 도운 사람은 주지주의 문학을 도입 소개한 평론가 최재서였다. 한편 이상(李箱)도 이와 같은 경향을 띠고 작품 활동을 한 작가이다. 그는 초현실주의 시 <오감도>와 심리주의 소설 <날개>를 써서 현대시와 현대소설의 새로운 경지를 열었다.

㉱ 30년대 후반기에는 심리주의와는 반대로 세태를 있는 그대로 묘사한 일군의 세태소설이 등장했다. 채만식의 <탁류> (1938), 박태원의 <천변풍경>(1936)이 대표적이다.

㉺ 또한 30년대 말 그리고 40년대에 접어들어서는 전쟁 말기로서 한국 문학은 암흑기에 처해 있었으나 그럼에도 불구하고 이때에 두 개의 문학 잡지 《문장》과 《인문평론》이 존재하여 문학을 지키는 교두보의 역할을 했다. 특히 <문장>을 통해 박두진·박목월·조지훈 등의 청록파 시인이 등장한 것을 기억할 만하다.

16. 희곡은 문학성과 연극성을 동시에 가진다는 점에서 이중적인 면이 있다. 그러나 희곡은 종합예술로서의 성격을 갖는 연극의 대본일 뿐이다. 희곡을 두고 종합예술이라고 하지는 않는다.

[더 알아두기] 희곡의 특성

1. 희곡의 이중성

흔히 연극의 요소로 언급되는 것은 희곡, 배우, 무대, 관객이다. 즉 희곡은 연극의 한 요소이며, 희곡은 연극의 대본이다. 따라서 작품 그 자체로 독자성을 갖는 시나 소설과는 그 성격이 다르다. 그러나 희곡만을 놓고 보면 그것은 분명히 문학의 한 하위 장르다. 언어를 표현 수단으로 한다는 점이 그렇고, 하나의 이야기를 보여 준다는 점이 그렇다. 따라서 희곡은 무대 상연을 전제로 한 문학, 즉 연극성과 문학성이라는 이중적 속성을 지닌 장르라고 말할 수 있다. 물론 공연을 전제로 하지 않고 순전히 읽기 위해서 쓰인 희곡, 소위 레제드라마라는 것도 있긴 하다. 하지만 예외적인 것이다.

2. 무대 상연에 따른 제약과 삼일치의 법칙

희곡은 무대 상연을 전제로 하기 때문에 시간적, 공간적 제약이 많다. 희곡은 무한정 길어질 수도 없고, 배경을 자유롭게 이동할 수도 없으며, 다양한 사건 또는 수많은 인물을 계속 제시할 수도 없다. 희곡은 한정된 시간과 공간 속에서 그리 많지 않은 등장인물을 통해 사건을 압축적으로 제시해야 한다. 17세기 프랑스 고전주의 연극에서 금과옥조(金科玉條)로 여겼던, 소위 '삼일치의 법칙'도 실은 이 점을 강조한 것이다. 즉 극의 행위(줄거리)는 일관된 단일한 것이어야 한다는 '행위의 통일', 극의 행위는 지속 시간이 1일 24시간 이내여야 한다는 '시간의 통일', 극의 행위가 전개되는 장소는 5막을 통하여 동일한 장소여야 한다는 '장소의 통일'이라는 3가지 규칙을 흔히 '삼일치의 법칙'이라 하는데, 이는 희곡은 무대 상연을 전제로 해야 한다는 제약 때문에 생긴 것이다.

3. 대사와 행동의 문학, 그리고 현재화한 인생의 표현

소위 '삼일치의 법칙'을 통해 아리스토텔레스가 강조하고자 한 것은 희곡에서의 등장인물의 행동은 긴밀하게 통일되고 집중된 극적 효과를 거둘 수 있어야 한다는 점이었다. 그런데 희곡에서는 작가가 인물의 행위를 직접적으로 서술하거나 묘사할 수 없다. 등장인물의 대사와 행동을 통해서 사건이 진행될 뿐이다. 인물의 성격도, 갈등의 양상도, 작품이 반영하고 있는 시대 상황도, 작품의 주제도 모두 등장인물의 대사와 행동을 통해 제시된다. 희곡을 두고 대사와 행동의 문학이라고 하는 소이(所以)다. 물론 관객은 즉석에서 등장인물의 대사와 행동, 즉 극중 현실과 만나게 된다. 바로 이 점 때문에 대사와 행동의 문학이라는 희곡의 특성은 '현재화한 인생의 표현'이라는 특성을 낳는다.

4. 대립과 갈등의 문학

인생을 현재화해야 한다는, 또 사건을 압축적으로 제시해야 한다는 희곡의 특성은 등장인물의 성격과 희곡의 내용 구성에 영향을 미친다. 희곡은 작품 속에 전개되는 사건을 에둘러 제시할 여유가 없다. 인물 간의 갈등을 전면에 부각해야 한다. 갈등과 분규가 극적으로 강조되지 않으면, 희곡의 구성상의 단일성은 유지되기 어렵다. 그래서 희곡에서 등장인물은 흔히 강력한 욕망을 가지고 이를 실현하기 위해 갈등하고, 투쟁하는 모습을 관객에게 보여 주는 인물로 설정된다. 또 사건 전개 역시 대립과 갈등으로 인한 긴장감을 유지하면서 진행된다. 희곡을 두고 '대립과 갈등의 문학'이라고 말하는 것은 이 때문이다.

17. 엄밀하게 말하면 이 문제는 답을 찾을 수 없다. 문학 작품을 수용하는 방법의 선택 문제는 작품 감상을 하는 사람의 문제이지 작품 자체의 문제가 아니기 때문이다. 예컨대 (가)로 제시된 신경림의 <농무>를 두고 내재적인 접근 방법을 취할 수도 있고 외재적인 접근 방법을 취할 수도 있다. 그것은 어디까지나 작품을 감상하는 사람의 선택 문제일 뿐이다.

그래도 어쩔 수 없다. 허술하기 짝이 없는 문제일지라도 수험생의 입장에서는 일단 정답 비슷한 것을 골라야 한다. 아마도 이 문제를 출제하는 교수는 사회적 갈등을 주된 내용으로 하는 작품은 반영론적 관점에서 감상하는 것이 적절하다는 생각을 한 것 같다. 너무 순진한 발상이긴 한데, 상식선에서 생각하면 기실 크게 틀린 생각도 아니다. 그래서 애정 문제를 다룬 (다)를 답으로 봐야 한다고 생각한 것일 터이다. 그러니까 출제 교수는 (가), (나), (라)는 외재적 관점 중의 하나인 반영론으로 접근하기에 적절한 작품이고, (다)는 표현론으로 접근하기에 적절한 작품이라고 본 것이다.

[더 알아두기] 문학 작품 감상의 네 가지 방법

1. 표현론적 관점

(1) 전제와 관심사

표현론적 관점은 문학 행위의 적극적 생산 주체로서 '작가'에 주목한다. 문학 작품은 '작가의 체험과 사상의 반영물' 내지는 '작가의 창조적 능력의 결과물'이라는 생각이 표현론적 관점의 전제이다. 그렇기 때문에 자연스럽게 이 관점에서는 작가와 작품 사이의 관계가 중요한 관심사가 된다. 예컨대 작가론, 심리학적 비평 등이 이런 관심의 결과라 할 수 있다. 작가론에서는 문학 작품을 작가의 표현 욕구가 드러난 대상으로 이해하며, 심리학적 비평에서는 각 작품을 작가의 의식적, 무의식적 내면 심리가 드러난 대상으로 이해한다. 양자 모두 작품에 작가의 의식적 혹은 무의식적 내면 심리가 반영되고 있음에 주목한다는 공통점을 지닌다. 따라서 이 관점에서는 문학 작품에 반영된 작가의 성격, 심리, 정서, 사상 등이 어떻게 나타나고 있는지를 밝히는 것이 주요 관심사이다.

(2) 의의와 한계

표현론적 관점은 가장 전통적인 것일 뿐 아니라, 그 활용 범위도 가장 넓다. 문학 작품 치고 작가의 체험과 사상을 반영하지 않은 경우는 없다고 해도 과언이 아니기 때문이다. 예컨대 정몽주의 <단심가>에서 높은 충절을 읽어 낸다든지, 김영랑의 <모란이 피기까지는>에서 순수한 서정을 읽어 낸다든지, 이광수의 <흙>에서 계몽주의적 의지를 읽어 낸다든지 하는 것 등은 모두 작품 생산의 주체인 작가에 주안점을 둔 것이라 할 수 있다. 하지만 이 관점에 너무 집착하면 이른바 '의도의 오류'를 범하기 쉽다는 점에 유의해야 한다. 이러한 오류는 작가의 의도와 작품의 의미를 곧바로 대응시킬 때 야기된다. 작가가 표현하고자 한 바가 그대로 작품에 드러나는 것은 아니기 때문이다. 더러는 작품에 작가가 표현하고자 한 바 이상의 것이 나타나기도 한다.

2. 효용론적 관점

(1) 전제와 관심사

효용론적 관점은 다음 두 가지 전제를 바탕으로 한다. 하나는 문학 작품의 궁극적 가치는 그것이 독자에게 미적 쾌감, 교훈, 감동을 주는 데 있다는 것이다. 다른 하나는 작품의 의미가 고정되어 있는 것이 아니라, 독자가 거기에서 무엇을 읽어 내느냐에 따라 달라질 수 있다는 것이다(⇨ 수용미학적 관점). 즉 작품의 가치는 작품이 독자에게 주는 효용에 따라 평가되는 성질의 것이며, 작품의 의미 역시 독자의 적극적 의미 부여에 의존한다는 것이다. 따라서 비교적 최근에 주목되고 있는 이 관점에서는 작품과 독자의 관계를 중시한다. 예를 들면 '독자들은 어떤 작품을 왜 좋아하는가?'라든가, '시간 혹은 공간의 차이로 인하여 독자층이 달라지면서 작품의 의미가 어떻게 다르게 이해되는가?'라든가, '독자는 어떤 과정을 거쳐 작품을 수용하는가?'라든가, 이런 의문이 이 관점의 주된 관심사다.

(2) 의의와 한계

똑같은 작품을 읽더라도 독자의 성별, 기질, 계층, 심리 상태에 따라 작품의 의미를 얼마든지 다르게 파악할 수 있다. 예컨대, 똑같이 윤동주의 <서시>를 읽고서, 혹자는 너무 의지가 약하다고 말할 수도 있고, 혹자는 자기 성찰의 의지가 강하다고 말할 수도 있는 것이다. 요컨대, 수용론적 관점이 갖는 의의는 작품에 고정된 어떤 의미가 존재하는 것이 아니라는 점, 즉 독서 과정의 역동성을 일깨워 준다는 점에 있다. 이러한 장점은 마찬가지 이유로 이른바 '감정의 오류'를 범할 수 있다는 약점이 될 수도 있다. 사실 독자가 주관적으로 작품에서 느낀 의미가 늘 작품의 객관적인 의미와 일치하는 것은 아니기 때문이다.

3. 반영론적 관점

(1) 전제와 관심사

이 관점은 '작품과 현실(시대, 사회)'의 관계를 주목하는 문학 이해의 방법으로, 문학은 현실의 반영물이라는 생각이 바탕에 깔려 있다. 직접적이든 혹은 그 나름의 재구성을 통한 것이든 기본적으로 문학은 현실을 반영할 수밖에 없다는 것이다. 이 관점에 기초한 문학의 이해와 감상에서는 작품에 현실의 어떤 측면이 어떻게 반영되고 있는가에 초점을 맞춘다.

(2) 의의와 한계

이 방법론은 서사 문학의 이해에 많이 활용되고 있다. 예컨대, <삼대>에서 1930년대 도시 중산층과 지식인의 생활상을 읽어 낸다던가, <흥부전>에서 조선 후기 사회의 계층 간의 갈등 양상을 읽어 내는 것 등이 이 관점을 취한 것이라 할 수 있다. 또한 시에서도 적지 않게 활용되는데, 김수영의 <풀>에서 당시 민중의 형상을 읽어 내는 등의 해석이 좋은 예라 할 수 있다. 그러나 문학 속의 '현실'과 실제의 '현실' 그 자체를 혼동해서는 안 된다는 점이 이 관점을 취할 때 유의해야 할 사항이다. 문학 속의 현실이 제아무리 실제의 현실을 닮았다 하더라도, 그것이 곧바로 현실 자체일 수는 없기 때문이다. 어떤 형식으로든 문학적 재구성의 과정이 가미될 수밖에 없는 것이다.

4. 절대주의적 관점

(1) 전제와 관심사

분석주의적 관점이라고도 하는 이 관점은 문학 작품과 관련된 외적 요소를 최대한 배제하고 작품 그 자체에 주목한다. 이러한 생각의 바탕에는 작품은 그 자체로서 자족적(自足的)인 세계를 이룬다는 전제가 깔려 있다. 따라서 이 관점의 주된 관심사는 어떤 문학 작품을 예술적이게 하는 특질, 즉 '문학성(文學性)'의 규명에 놓인다. 대개 이 관점에 선 문학의 이해와 감상이 각 작품이 갖는 언어적 표현 방식 혹은 구조에 주목하는 것은 이 때문이다.

(2) 의의와 한계

문학 이해의 궁극적 대상이 작품 자체에 있다는 사실을 감안할 때 이 관점은 커다란 의의를 갖는다. 무엇보다도 '작품과 관련된' 이런저런 것들에 대해서가 아니라, '작품 자체'에 주목하게 되었다는 점에서 큰 의미를 갖는 것이다. 실제로 이러한 관점에 의거한 문학 이해는 많은 성과를 거두고 있다. <사랑손님과 어머니>에 대한 분석이 그 대표적인 예다. 줄거리만으로 따진다면 꽤나 진부한 내용이어서 이 작품이 지니는 낭만적인 아름다움을 설명하기 어렵다. 그렇지만 그 내용을 드러내는 소설적 장치인 '어린아이의 시점'에 주목하게 되면, 그 문학성을 규명하는 데에 큰 도움을 얻을 수 있는 것이다. 이런 맥락에서 보면, 절대주의적 관점에서의 문학 이해와 감상이 시점, 어조, 운율 등의 형식적 요소를 중시하는 까닭을 알 수 있을 것이다.

18. [표현 기법의 이해]

(다)는 김소월의 <먼 후일>이다. '잊었노라'라고 했지만, 겉으로 드러낸 것과 속마음은 반대일 것이다. 그래야 이 시의 주제를 올바르게 이해할 수 있다. 이 작품이 반어법을 구사한 대표적인 예로 언급되는 이유다. ②~④도 그러하다. 먼저 ② 김명수의 <하급반 교과서>는 주입식 교육에 익숙해진 교실 풍경을 풍자하고 있다. '좋아라'라고 하고 있지만 거기에 담긴 것은 현실에 대한 비판적 인식이다. ③은 <춘향전>이다. 명관이라고 이야기하고 있지만, 속뜻은 그 반대일 것이다. ④는 황동규의 <즐거운 편지>이다. 사소하다고 겉으로 말하고 있지만, 속뜻은 그 반대일 것이다.

[더 알아두기] 반어법과 역설법

1. 반어법(反語法, Irony)

반어는 표현된 의미와 말하고자 하는 의미 사이에 상충 관계가 존재하는 것을 말한다. 즉 A를 말하기 위해서 -A를 말하거나, -A를 말하기 위해서 A를 말하는 것이다. 반어가 실현되는 양상은 두 가지로, 가장 일반적인 경우는 언어적 반어이다. 임을 보내 주기 싫은 것이 속마음인데, 겉으로는 임을 보내겠다고 말하는 것이 그 대표적인 예다. 다른 하나는 상황적 반어이다. 상황 자체가 반어적인 해석을 요구하는 경우를 말한다. 장면 그 자체가 보여 주는 그대로가 아닌 그 반대의 의미로 받아들여야 하는 경우이다. 결국 전자는 시적 화자나 서술자의 의도를 드러내는 방식이고, 후자는 작가가 상황을 설정하는 방식이다.

(1) 언어적 반어

> ㉮ 먼 훗날 당신이 찾으시면 / 그때에 내말이 '잊었노라' // 당신이 속으로 나무라면 / '무척 그리다가 잊었노라' // 그래도 당신이 나무라면 / '믿기지 않아서 잊었노라' // 오늘도 어제도 아니 잊고 / 먼 훗날 그때에 '잊었노라'
>   - 김소월, <먼 후일>
>
> ㉯ 내 그대를 생각함은 항상 그대가 앉아 있는 배경에서 해가 지고 바람이 부는 일처럼 사소한 일일 것이나 언젠가 그대가 한없이 괴로움 속을 헤매일 때에 오랫동안 전해 오던 그 사소함으로 그대를 불러 보리라.
>   - 황동규, <즐거운 편지>

(2) 상황적 반어

> ㉮ 보름달은 밝아 어떤 녀석은 / 꺽정이처럼 울부짖고 또 어떤 녀석은 서림이처럼 해해대지만 이까짓 / 산구석에 처박혀 발버둥친들 무엇하랴 비료값도 안 나오는 농사 따위야 / 아예 여편네에게나 맡겨두고 쇠전을 거쳐 도수장 앞에 와 돌 때 / 우리는 점점 신명이 난다 한 다리를 들고 날라리를 불거나 / 고개짓을 하고 어깨를 흔들거나.
>   - 신경림, <농무>(1973)
>
> ㉯ 하여간 김 첨지는 방문을 왈칵 열었다. 구역을 나게 하는 추기 ― 떨어진 삿자리 밑에서 나온 먼지내, 빨지 않은 기저귀에서 나는 똥내와 오줌내, 가지각색 때가 켜켜이 앉은 옷내, 병인의 땀 섞은 내가 섞인 추기가 무딘 김 첨지의 코를 찔렀다.
> 방안에 들어서며 설렁탕을 한구석에 놓을 사이도 없이 주정군은 목청을 있는 대로 다 내어 호통을 쳤다.
> "이 오라질 년, 주야장천(晝夜長川) 누워만 있으면 제일이야! 남편이 와도 일어나지를 못해."
> 라는 소리와 함께 발길로 누운 이의 다리를 몹시 찼다. 그러나 발길에 채이는 건 사람의 살이 아니고 나뭇등걸과 같은 느낌이 있었다. 이때에 빽빽 소리가 응아 소리로 변하였다. 개똥이가 물었던 젖을 빼어놓고 운다. 운다고 온 얼굴을 찡그려 붙여서 운다는 표정을 할 뿐이다.
>   - 현진건, <운수 좋은 날>

㉮ 산업화의 과정에서 소외된, 피폐한 농촌에서 살아가는 시적 화자가 도수장(屠獸場) 앞에 도달했다. 신명이 난다고 했다. 결코 신명이 날 상황이 아닌데도 말이다. 결국 표면적으로 드러난 그대로 시적 상황을 해석할 수 없다. 신명은 차라리 분노와 절망감의 표현이라고 해야 맞다. 반어적 상황 설정이라고 하는 이유다.

ㄴ 아내의 시신에 발길질을 하는 김 첨지의 행동을 어떻게 해석해야 할까? 표면적으로만 본다면 김 첨지는 못된 남편의 전형이다. 그러나 독자는 그 반대로 가난한 남편의 처지에 주목한다. 못된 행동이 격화할수록 가난으로 인한 한 가정의 비극성이 고조된다. 작가가 반어적으로 상황을 설정한 결과임은 두말할 것도 없다. 이를 두고 상황적 반어(≒아이러니)라 한다.

2. 역설법(逆說法)

반어는 진술 자체는 모순이 없으나 진술된 언어와 그 진술의 의미 사이에 모순이 있는 것을 말한다. 반면, 역설(paradox)은 진술 그 자체에 모순이 있다는 점에서 다르다. 역설은 표층적 역설과 심층적 역설로 나뉘는데, 전자는 모순 어법 또는 모순 형용을 말하고, 후자는 초월적 진리를 드러내기 위해 사용된 모순된 언어 표현을 말한다.

(1) 표층적 역설

> ㉮ 괴로웠던 사나이, / 행복한 예수 그리스도에게 / 처럼 / 십자가가 허락된다면 // 모가지를 드리우고 / 꽃처럼 피어나는 피를 / 어두워 가는 하늘 밑에 / 조용히 흘리겠습니다.　　　　- 윤동주, 〈십자가〉
>
> ㉯ 아직 동 트지 않은 뒷골목의 어딘가 / 발자국소리 호르락소리 문 두드리는 소리 / 외마디 길고 긴 누군가의 비명소리 / 신음소리 통곡소리 탄식소리 그 속에 내 가슴팍 속에 / 깊이깊이 새겨지는 네 이름 위에 / 네 이름의 외로운 눈부심 위에 / 살아오는 삶의 아픔 / 살아오는 저 푸르른 자유의 추억 / 되살아오는 끌려가던 벗들의 피 묻은 얼굴 / 떨리는 손 떨리는 가슴 / 떨리는 치떨리는 노여움으로 나무판자에 / 백묵으로 서툰 솜씨로 / 쓴다.　　　　- 김지하, 〈타는 목마름으로〉

㉮ 예수 그리스도를 형용하는 수식어들의 관계가 모순적이다. 괴로움과 행복함은 상식적인 차원에서 대립되는 내용이기 때문이다. 역설적인 표현인 이유다.

㉯ 외로움과 눈부심은 대립적인 의미를 갖는다. 둘이 이름(≒민주주의)을 동시에 형용하는 것은 모순이다. 역설적인 표현인 이유다.

(2) 심층적 역설

> ㉮ 이별은 미의 창조입니다.
> 　이별의 미는 아침의 바탕 없는 황금과 밤의 올 없는 검은 비단과 죽음 없는 영원의 생명과 시들지 않는 하늘의 푸른 꽃에도 없습니다.
> 　임이여, 이별이 아니면 나는 눈물에서 죽었다가 웃음에서 다시 살아날 수가 없습니다. 오오, 이별이여.
> 　미는 이별의 창조입니다.　　　　- 한용운, 〈이별은 미의 창조〉
>
> ㉯ 도를 도라고 하면 영원한 도가 아니고, 이름을 이름이라 하면 영원한 이름이 아니다. 무는 천지의 시작이라 하고 유는 만물의 어머니라 한다. 그러므로 항상 무에서 그 오묘함을 보고자 하고 항상 유에서 그 드러남을 보고자 한다. 이 두 가지는 같은 곳에서 나왔으나 이름이 다른데, 다 같이 현묘하다고 이른다. 현묘하고 또 현묘하여 여러 오묘함의 문이다.　　　　- 『노자』

㉮ 만해(萬海) 선사(禪師)의 시에는 역설적 표현이 많다. '이별은 미(美)의 창조'도 그렇다. 통상적인 발상이라면, 이별은 아름다움의 창조일 수 없다. '아아, 님은 갔지마는 나는 님을 보내지 아니하였습니다.'도 마찬가지다. 객관적으로는 보냈으되, 주관적으로 그렇지 않았음을 노래한 것이다.

㉯ 도(道)가 언외(言外)의 경지에 있음을 말한 것이겠으되, 표면적으로는 모순된 표현이다. 노자의 말에도 역설적인 표현이 많다.

19. [시적 화자의 태도 이해]

'절체절명(絶體絶命)'은 몸도 목숨도 다 되었다는 뜻으로, 어찌할 수 없는 절박한 경우를 비유적으로 이르는 말이다. 그렇다면 생사를 절체절명의 것으로 인식한다는 말은 살고 죽는 일을 어쩔 수 없는 운명 정도로 여긴다는 뜻이 될 것이다. 그런데 (나)의 화자는 죽음을 어느 날 갑자기 찾아온 불행(갑작스러운 죽음, 요절)으로 이해하면서 한탄하고 있다. 아니 삶 아주 가까운 곳에 죽음이 있음을 깨닫고 두려움마저 느끼고 있다. 생사를 절체절명인 것으로 인식하고 있다고 보기 어려운 이유다.

20. [문단의 배열]

구두 수선하는 일(징을 박음)이 먼저 있고, 그 구두를 신고 일어난 일이 제시되는 것이 자연스럽다. (나) - (가)가 자연스러운 이유다. (다)의 '그러는 걸'이 지시하는 바는 여자의 걸음이 빨라지는 일이다. 이와 아울러서 (마)의 첫 문장은 여자에게 그게 아니라고 일깨워 줄 수도 없다는 내용이니, 그 앞에는 '~ 아는 모양이다'가 와야 자연스럽다. 전체적인 마무리에 해당하는 내용이 (라)이다.

교행직 맞춤형 모의고사 2회 정답 및 해설

1	④	2	③	3	②	4	③	5	④
6	①	7	③	8	③	9	③	10	①
11	①	12	②	13	④	14	④	15	③
16	④	17	④	18	①	19	①	20	②

1. [올바른 단어의 사용]

- 받치다: 「1」 물건의 밑이나 옆 따위에 다른 물체를 대다. ¶ 쟁반에 커피를 받치고 조심조심 걸어오던 그녀의 모습이 아직도 잊히지 않는다. 「2」 ((주로 '입다'와 함께 쓰여))옷의 색깔이나 모양이 조화를 이루도록 함께 하다. ¶ 이 조끼는 무난해서 어떤 셔츠에 받쳐 입어도 다 잘 어울린다. 「3」 한글로 적을 때 모음 글자 밑에 자음 글자를 붙여 적다. ¶ '가'에 'ㅁ'을 받치면 '감'이 된다.

- 받히다: '받다'의 피동사. ¶ 휠체어를 탄 여학생이 횡단보도를 건너다 신호등을 무시하고 달려오는 승용차에 받혀 크게 다쳤다.

[더 알아 두기]

① - 애먼: 일의 결과가 다른 데로 돌아가 엉뚱하게 느껴지는. ¶ 애먼 짓 하지 마라./해야 할 일은 제쳐 놓고 애먼 일을 붙들고 있다.

- 앰하다: '애매하다1'의 준말. ¶ "야, 이놈, 똥줄이 타니까 이젠 되레 앰한 사람 잡으려고 날뛰네."/녀석이 저지른 실수 탓에 앰한 사람까지 화를 당하지 않을까 걱정이었다.

② - 늘이다: 「1」 (사람이 탄력 있는 물건을) 당겨서 본디보다 더 길게 하다. ¶ 더운 날씨가 철로를 엿가락처럼 늘여 놓았다. 「2」 (사람이 줄이나 천을)위에서 아래로 길게 처지게 하다. ¶ 햇볕이 좋은 탓인지 오늘따라 이불을 베란다에 늘여 놓은 집이 많았다.

* 「1」과 「2」를 다의 관계로 보는 사전도 있고, 동음 관계로 보는 사전도 있음. ②의 '밧줄을 늘여'는 「2」의 뜻으로 쓰인 것임.

- 늘리다: 수나 분량, 시간 따위가 본디보다 많아지게 하다. ¶ 한 마리였던 돼지를 지금은 열 마리로 늘렸다.

③ - 걷히다: '걷다'의 피동사. ¶ 안개가 걷히다/이제 양털 구름은 말짱히 걷혀 버려 산마루 뒤로 물러앉아 있었다.

- 거치다: 「1」 무엇에 걸리거나 막히다. ¶ 칡덩굴이 발에 거치다. 「2」 마음에 거리끼거나 꺼리다. ¶ 가장 어려운 문제를 해결했으니 이제 특별히 거칠 문제는 없다.

2. [올바른 외래어의 표기]

① → 재스민(jasmine) 　② → 핀셋(pincette) 　④ → 파일(file)

3. [고쳐쓰기]

㉠은 '구로회'가 맞고, ㉡은 '경로당'이 맞는다. '사로친곡 십이장(思老親曲 十二章)'을 '사노친곡 십이장'이라 적지 않는 것과 같다. 두음법칙을 적용할 상황이 아니기 때문이다. ㉢의 경우 '그날그날의 날' 또는 '매일매일'의 뜻으로 쓰이는 '하루하루'는 한 단어이므로 붙여 쓴다. ㉣의 '내려보이다' 역시 한 단어이므로 붙여 쓴다. ㉤은 '뒷쪽'으로 적지 않는다. ㉥의 '-씩'은 수량을 나타내는 말 뒤에 붙어 '그 수량이나 크기로 나뉘거나 되풀이됨'의 뜻을 더하는 접미사이므로 앞말에 붙여 쓴다. 예 조금씩/며칠씩/하나씩/두 사람씩/열 그릇씩/다섯 마리씩/한 번씩/한 걸음씩/한 사람 앞에 수건을 하나씩 나누어 주었다.

4. [띄어쓰기]

(가) 상호간→상호∨간, 안된다→안∨된다

(나) 우리시→우리∨시

(라) 그외의→그∨외의

(바) 발생한지→발생한∨지, 6개월전을→6개월∨전을

[더 알아두기] 의존 명사 '간'

㉠ 의존 명사 '간'은 앞말과 띄어 쓴다.

㉡ 하나의 대상에서 다른 대상까지의 사이를 뜻하거나 일부 명사 뒤에 쓰여 '관계'의 뜻을 나타내는 의존 명사 '간'은 띄어 쓴다.

예 서울과 대전∨간 야간열차

부모와 자식∨간에도 예의를 지켜야 한다.

※ 다만 '간'이 앞말과 함께 한 단어로 굳어진 것들은 붙여 쓴다.

예 고부간, 국제간, 다자간, 동기간, 부녀간, 부부간, 부자간, 상호간, 천지간, 피차간

5. [사이시옷의 표기]

① → 번지수(番地數)

② → 마구간(馬廏間)

③ → 수도세(水道稅), 자동초점(自動焦點)

6. [로마자 표기법]

단모음의 로마자 표기는 다음과 같다.

ㅏ	ㅓ	ㅗ	ㅜ	ㅡ	ㅣ	ㅐ	ㅔ	ㅚ	ㅟ
a	eo	o	u	eu	i	ae	e	oe	wi

이중모음의 로마자 표기는 다음과 같다.

ㅑ	ㅕ	ㅛ	ㅠ	ㅒ	ㅖ	ㅘ	ㅙ	ㅝ	ㅞ	ㅢ
ya	yeo	yo	yu	yae	ye	wa	wae	wo	we	ui

7. [호칭어의 이해]

우선 '아주머니'는 다음과 같은 용법으로 쓰인다.

ㄱ. 부모와 같은 항렬의 여자를 이르거나 부르는 말.

¶ 촌수가 어떻게 되는 아주머니던가. 한참 따져 봐야 알 수 있을 것 같다. 그러나 아주머니임은 분명하다.

ㄴ. 남자가 같은 항렬의 형뻘이 되는 남자의 아내를 이르거나 부르는 말.

ㄷ. 남남끼리에서 결혼한 여자를 예사롭게 이르거나 부르는 말.

¶ 주인 아주머니/하숙집 아주머니

ㄹ. 형의 아내를 이르거나 부르는 말.

¶ 그럼 같이 갑시다. 도련님이 모처럼 아주머니 구경 한 번 못 시켜 드리겠오?

ㅁ. 손위 처남의 아내를 이르거나 부르는 말.

이들 중에서 화자와 청자의 관계라는 측면에서 볼 때, ㄷ은 좀 이질적이라 할 것이다. 친족 간의 관계에서 쓰이는 호칭어가 아니라 남남끼리일 때 쓰는 말이기 때문이다. 문맥상 ①의 '아주머니'가 그런 예이다. ②의 '할아버지'도 그렇고, ④의 '할머니'도 그렇다. ③은 그렇지 않다. 부모와 같은 항렬에 있는, 아버지의 친형제를 제외한 남자를 이르는 말로 쓰인 것으로 볼 수 있기 때문이다.

8. [높임 표현]

① → 신청은 11일 오전 9시부터 13일 오후 6시까지 누리집에서 할 수 있습니다.

- '신청'은 간접 존대의 대상으로 부적절하다.

② → 여기 오시는 한 분 한 분들 모두 (필요하고) 원하는 모든 것을 찾아 가십시오.

- '-시-'는 마지막에 한 번 사용하는 것으로 족하다.

④ → 앞으로 더 행복한 도시를 만들어 가겠습니다. 제 말씀을 경청해 주셔서 고맙습니다.

- 자기의 말을 낮추어 이르는 말로는 '말씀'이 적절하다.

9. [한자성어의 올바른 사용]

풍비박산(風飛雹散): 사방으로 날아 흩어짐. 풍지박산(×)

[더 알아두기] 잘못 쓰기 쉬운 한자성어

- 대경실색(大驚失色): 몹시 놀라 얼굴빛이 하얗게 질림. 대경질색(×)
- 일사불란(一絲不亂): 한 오리 실도 엉키지 아니함이란 뜻으로, 질서가 정연하여 조금도 흐트러지지 아니함을 이르는 말. 일사분란(×)
- 허송세월(虛送歲月): 하는 일 없이 세월만 헛되이 보냄. 허숭세월(×)
- 절체절명(絕體絕命): 몸도 목숨도 다 되었다는 뜻으로, 어찌할 수 없는 절박한 경우를 비유적으로 이르는 말. 절대절명(×)
- 혈혈단신(孑孑單身): 의지할 곳이 없는 외로운 홀몸. 홀홀단신(×)

10. [문장 다듬기]

ㄱ은 무리한 성분의 생략으로 인해 문장 성분 간의 호응이 부적절하게 된 문장이다. 중의문으로 보기 어렵다. 또 ㄷ은 띄어쓰기에서 오류를 범하고 있지만, 중의문과는 거리가 멀다. '일대일(一對一)'은 한 단어이므로 붙여 써야 한다.

ㄴ만 중의문이다.

[더 알아두기] 의존명사 '대(對)'의 용법과 띄어쓰기

「1」 두 짝이 합하여 한 벌이 되는 물건을 세는 단위. ¶ 주련 한 대.
「2」 사물과 사물의 대비나 대립을 나타내는 말. ¶ 자본주의 대 공산주의/개인 대 개인의 편지/지상 대 공중/청군 대 백군/삼 대 일로 졌다.

11. [국어의 순화]

'에코드라이브(eco drive)'는 연료를 절감하고 환경도 보호하는 경제운전을 이르는 말이다. 친환경성, 경제성, 안전성, 편리성과 에너지 절약을 지향하는 운전습관으로, '친환경(경제)운전'으로 순화하여 써야 하는 말이다. 비슷한 순화의 예로는 '에코백(eco-bag)'을 들 수 있다.

예 일회용 비닐봉지 사용을 줄이기 위하여 주부들이 주로 들던 에코백(→친환경 가방)이 이제는 20~30대 여성은 물론 남성들에게까지 사랑받고 있다.

12. [어법에 맞는 단어의 사용]

먼저 ㄱ과 관련하여, '나열된 동작이나 상태, 대상들 중에서 어느 것이든 선택될 수 있음을 나타내는 연결 어미'로는 '-던지'가 아니라 '-든지'를 써야 맞는다.

예 집에 가든지 학교에 가든지 해라./계속 가든지 여기서 있다가 굶어 죽든지 네가 결정해라.

다음 ㄷ과 관련하여, '병이나 상처 따위가 고쳐져 본래대로 되다'의 뜻으로는 '낳다'가 아니라 '낫다'를 쓴다.

→ 그는 병이 다 나았다고 했지만 조금 핼쑥해 보였다.

[더 알아두기]

먼저 ㄴ과 관련하여, '되어', '되어라', '되었다'에서 '되-'와 '-어'가 결합하여 줄면 '돼-'가 되어 각각 '돼', '돼라', '됐다'가 된다. '되-'가 '-어'로 시작하는 어미와 결합하지 않을 경우에는 '돼-'로 줄지 않는다. '어머니는 착한 사람이 되라고 말씀하셨다.'에서 '되라고'는 되-'와 '-으라고'가 결합한 말이므로 '돼라'로 줄지 않는다.

다음 ㄹ과 관련하여, '가려 있거나 보이지 않던 것이 보이게 되다'의 뜻으로는 '드러나다'를 쓴다. '들어나다'와 같이 쓰지 않는다.

13. [글의 서술 방식]

'지식의 더미' 정도를 비유라 할 수 있다. 그러나 주로 묘사와 비유를 사용한 글이라고 할 수는 없는 글이다. 즉 자기주장이 분명한 글이지만, 그 주장을 전개해 가는 방식은 논리적인 전개 방법이다.

[더 알아두기]

① 공식적 지식 체계가 갖는 편향과 억압을 인정하면서 논의를 시작하고 있다는 점에서 적절한 지적이다.

② 공식적 지식 체계의 중요성과 관련하여, 글쓴이는 대체적 지식 체계가 존재하기 어렵다는 점, 공식적 지식 체계가 갖는 효율성, 그리고 재발견을 피할 수 있다는 점 등을 들고, 그렇게 말하는 근거를 제시하고 있다.

③ 이 글의 주제는 재발견의 위험을 피하고자 한다면 교과서(=공식적 지식체계)를 존중해야 한다는 것이며, 그것을 요약적으로 밝힌 것은 마지막 문단이다.

14. [단어의 형성]

①~③의 '새'는 모두 명사 '사이'의 준말이다. ④의 '새로'는 부사인데, 관형사 '새'에 조사 '로'가 결합하여 만들어진 단어이다. 이때의 '새'는 '사이'의 뜻이 아니라, '이미 있던 것이 아니라 처음 마련하거나 다시 생겨난'의 뜻이다.

[더 알아두기] 본딧말과 준말의 관계를 이루는 단어들을 알아두어야 한다.

- 간두다: 하던 일을 <u>그만두고(→간두고)</u> 잠시 쉬었다.
- 관두다: 간암 선고를 받고 나서 그녀는 직장을 <u>고만두었다(→관두었다)</u>.
- 갈걷이하다: 가을비가 오기 전에 부지런히 <u>가을걷이하자(→갈걷이하자)</u>.
- 건하다: 술이 <u>거나하게(→건하게)</u> 취한 아버지가 구성지게 노래를 부르셨다.
- 야, 이놈, 똥줄이 타니까 이젠 되레 <u>애매한(→앰한)</u> 사람 잡으려고 날뛰네.
- 손가락이 굵어져서 반지가 잘 <u>끼이지(→끼지)</u> 않는다.
- 고적지마다 돌에 사람들의 이름이 <u>파여(→패어)</u> 있어 보기 흉하다.

15. [내용의 개괄적 이해]

'능력의 있고 없음'을 염두에 둔 진술로 볼 만한 구절을 찾기 어렵다.

[더 알아두기]

① "왜 여기 놓이고 저기 놓이지 않았는가" → 자리의 좋고 나쁨

② "물과 흙과 태양이 주는 대로 받고, 후박(厚薄)과 불만족(不滿足)을 말하지 아니한다." → 대우의 좋고 나쁨

④ "소나무는 진달래를 내려다보되 깔보는 일이 없고, 진달래는 소나무를 우러러보되 부러워하는 일이 없다." → 지위의 높고 낮음

16. [시적 화자의 정서 파악]

서경덕은 조선 중종 때의 학자다. 당대의 명기 황진이와 사제 관계를 맺은 일로 유명하다. 그 관계를 짐작하게 하는 시조 둘을 묶어 출제했다.

먼저 (가)를 풀이하면 이렇다. "마음이 어리석은 후니 하는 일이 다 어리석다. 겹겹이 구름 깊은 산에 어느 임이 오겠냐만, 지는 잎 부는 바람에 행여 그인가 하노라."

다음으로 황진이의 시조인 (나)를 풀이하면 이렇다. "내 언제 믿음이 없어 임을 속였기에, 달도 없는 깊은 밤에 온 뜻이 전혀 없네. 가을바람 지는 잎 소리야 낸들 어찌 하리오."

④에서 말하는 '예상과 달리 초래된 상황'이란 가을바람에 지는 잎 소리와 관련되는 일일 것이다. 즉 (가)에서 화자에게 그것은 임이 오는 소리인 것 같은 착각을 불러일으킨다. 또 (나)의 화자에게 그것은 자기 의도와는 달리 임을 혼동케 한 것이다. 이와 관련하여 (가), (나)의 화자가 공통적으로 자기 행동을 뉘우치고 있다고 말하는 것은 적절하지 않다. (가)의 화자는 그런 생각이 든다고 말하고 있을 뿐이고, (나)의 화자는 그렇게 느끼는 대상을 두고 자신으로서는 어떻게 해 볼 것이 없다고 말하고 있을 뿐이기 때문이다.

17. [서술상의 특징 파악]

㉣의 경우는 서술자가 용서라는 행위를 한 사실을 서술한 것일 뿐이다. 대상에 서술자의 감정이나 생각을 개입시켜 서술한 것이 아니다. 경험 시점에서 일어난 사건에 대해 서술 시점에서의 감정과 생각을 투영해 서술한 것도 아니다.

[더 알아두기]

① 할머니가 혼절을 반복하는 시간을 두고 '고통의 시간의 연속이었다.'고 서술하고 있다. 결과적으로 서술자의 생각과 감정이 개입된 것이다.

② '밤에~촛불 스러지듯 그렇게'라는 비유 속에 서술자의 생각과 감정이 개입되어 있다.

③ '할머니에게~시간이었나 보다.'를 통해 서술자의 생각과 감정이 개입되어 있음을 확인할 수 있다.

18. [중세 국어의 이해]

①을 통해 알 수 있는 것은 'ㅐ'로 쓰던 것을 'ㅔ'로 쓰게 되었다는 점이다. 양성모음 다음이라 'ㅐ'를 쓴 것인데, 양성 모음 다음임에도 'ㅔ'를 쓴 것이다. 이는 결과적으로 모음조화가 잘 지켜지고 있지 않음을 보여주는 것이 된다. 참고로 'ㅓ, ㅕ, ㅔ, ㅖ, ㅜ, ㅠ, ㅝ, ㅞ, ㅟ, ㅡ, ㅢ'는 통상 발음이 어둡고 어감이 커서 음성 모음으로 분류한다. 또 'ㅏ, ㅑ, ㅐ, ㅒ, ㅗ, ㅛ, ㅘ, ㅙ, ㅚ'는 발음이 밝고 어감이 작아서 양성 모음으로 분류한다.

[더 알아두기] 원순모음화

양순음 'ㅂ·ㅃ·ㅍ·ㅁ' 다음에서 비원순모음 'ㅡ(ㆍ)'가 원순모음 'ㅜ(ㅗ)'로 바뀌는 음운현상을 뜻한다. 중세국어의 '믈 [水] , 블 [火] , 플 [草] , 뿔 [角] ' 등이 근대국어, 특히 17세기 말엽 이후로 '물, 불, 풀, 뿔(뿔)' 등으로 원순음화를 일으켰다. 중세국어에서는 '믈 [水] '과 '물 [群] '처럼 양순음 아래에서 'ㅡ'와 'ㅜ'가 대립하였는데, 이 원순모음화가 일어난 이후로는 그러한 대립이 없어지고 '무, 부, 푸, 뿌'로 통일되었다.

19. [시의 종합적 감상]

'입산'은 인간이 산을 깊이의 상징으로 생각하는 행위라고 했고, 이때 산은 인간을 수행자로 만든다고 했다. '가도 가도 제자리 같'은 길은 산다는 것은 '더 깊이 들어가는 것'임을 시적 화자가 깨닫게 한다. 그러니 '가도 가도 제자리 같'은 당혹감을 떨치려면 '수행자'의 자세가 필요한 셈이다.

20. [음운 변동의 이해]

두 음운이 만나 다른 음운으로 변한다는 설명은 '각하[가카]'와 같은 경우에 적용될 수 있는 설명이다. 'ㄱ+ㅎ→ㅋ'으로 설명할 수 있기 때문이다. 그러나 ㉠, ㉢은 그렇지 않다. ㉠은 'ㄹ'이 탈락한 것이고, ㉢은 'ㅎ'이 탈락한 것이기 때문이다.

교행직 단원별 모의고사 2회 - 어문규정편

1	①	2	④	3	②	4	④	5	①
6	④	7	④	8	②	9	①	10	②
11	④	12	②	13	①	14	②	15	②
16	②	17	④	18	②	19	②	20	①

1. 〈해설〉 [두음 법칙과 맞춤법]

한자음 '녀, 뇨, 뉴, 니'가 단어 첫머리에 올 적에는, 두음 법칙에 따라 '여, 요, 유, 이'로 적는다.(ㄱ을 취하고, ㄴ을 버림.)

ㄱ	ㄴ	ㄱ	ㄴ
여자(女子)	녀자	유대(紐帶)	뉴대
연세(年歲)	년세	이토(泥土)	니토
요소(尿素)	뇨소	익명(匿名)	닉명

그러나 단어의 첫머리 이외의 경우에는 본음대로 적는다.

예 남녀(男女) 당뇨(糖尿) 결뉴(結紐) 은닉(隱匿)

2. 〈해설〉 [맞춤법의 이해와 적용]

'논밭을 만들기 위하여 땅을 파서 일으키다.'의 뜻으로는 '일구다'를 쓰지 '일우다'를 쓰지 않는다. '일궈 놓은 밭고랑'이 맞는다.

〈더 알아두기〉

한글 맞춤법 제22항 관련 문제다. 이 조항이 전제하고 있는 바를 고려하여 답지의 단어를 해설하면 다음과 같다.

①: '도리다'는 '돌+이+다'의 구성이겠으되, 본뜻에서 멀어진 것으로 보아 '도리다'로 적는다.

②: '돋우다'는 '돋+우+다'의 구성이며, 본뜻에서 멀어진 것이 아니므로 '돋우다'로 적는다.

③: '고치다'는 '곧+히+다'의 구성이겠으되, 본뜻에서 멀어진 것으로 보아 '고치다'로 적는다.

3. 〈해설〉 [맞춤법의 이해와 적용]

'훗일'은 '뒷일'이란 뜻이고, '후일(後日)'은 '뒷날'이란 뜻이다. 전자의 발음은 [훈 : 닐]이고, [후 : 일]이다. '뒷일'은 어떤 일이 있은 뒤에 생기거나 일어날 일을 의미하므로 문맥에 맞게 쓰인 것이다.

〈더 알아두기〉

① '아주 보잘것없거나 규모가 작은 것을 비유적으로 이르는 말'은 '쥐뿔'이 올바른 표기이다.

③ '텃세(-貰)'는 '터를 빌려 쓰고 내는 세'를 '텃세(-勢)'는 뒷사람을 업신여기는 행동을 이르는 말이다.

④ '고기배'라는 단어는 없음. '고기∨배[腹]'는 단어가 아닌 구(句)이고, '고깃배'는 '고기잡이를 하는 배'라는 뜻이다.

4. 〈해설〉 [띄어쓰기의 이해와 적용]

ㄱ. '대로'를 사이에 두고 같은 용언이 반복되어, '-을 대로' 구성으로 쓰이는 '대로'는 의존명사다. 앞말과 띄어 쓴다.

ㄴ. 체언 뒤에 쓰여 따로따로 구별됨을 나타내는 '대로'는 보조사다. 앞말과 붙여 쓴다.

〈더 알아두기〉

① ㄱ. '지'가 어미 '-은' 뒤에 쓰여 어떤 일이 있었던 때부터 지금까지의 동안을 나타내면 의존명사다. 앞말과 띄어 쓴다.

ㄴ. 막연한 의문이 있는 채로 그것을 뒤 절의 사실이나 판단과 관련시키는 데 쓰는 '-ㄴ지'는 연결 어미다. 앞말과 붙여 쓴다.

② ㄱ. 주로 '-은/는/을 바에(는)' 구성으로 쓰여 앞말이 나타내는 일의 기회나 그리된 형편의 뜻을 나타내는 '바'는 의존명사다. 앞말과 띄어 쓴다.

ㄴ. 받침 없는 동사 어간, 'ㄹ' 받침인 동사 어간 또는 어미 '-으시-' 뒤에 붙어, 뒤 절에서 어떤 사실을 말하기 위하여 그 사실이 있게 된 것과 관련된 과거의 어떤 상황을 미리 제시하는 데 쓰는 'ㄴ바'는 연결 어미이다. 앞 절의 상황이 이미 이루어졌음을 나타낸다. 앞말과 붙여 쓴다.

③ ㄱ. 명사 뒤에 쓰여 두 개 이상의 사물을 나열할 때, 그 열거한 사물 모두를 가리키거나, 그 밖에 같은 종류의 사물이 더 있음을 나타내는 말 '들'은 의존명사다. 앞말과 띄어 쓴다.

ㄴ. 체언, 부사어, 연결 어미 '-아, -게, -지, -고', 합성 동사의 선행 요소, 문장의 끝 따위의 뒤에 붙어, 그 문장의 주어가 복수임을 나타내는 '들'은 보조사다. 앞말과 붙여 쓴다.

5. 〈해설〉 [맞춤법의 이해와 적용]

'-ㄹ걸': ① 해할 자리나 혼잣말에 쓰여, 화자의 추측이 상대편이 이미 알고 있는 바나 기대와는 다른 것임을 나타내는 종결 어미. 가벼운 반박이나 감탄의 뜻을 나타낸다. 예 너보다 키가 더 클걸. ② 혼잣말에 쓰여, 그렇게 했으면 좋았을 것이나 하지 않은 어떤 일에 대해 가벼운 뉘우침이나 아쉬움을 나타내는 종결 어미. 예 차 안에서 미리 자 둘걸./내가 잘못했다고 먼저 사과할걸.

①처럼 '-ㄹ걸'을 'ㄹ껄'로 쓰는 것은 잘못이다. 의문문이 아니면 종결어미에 된소리는 잘 오지 않는다고 기억해 두자.

〈더 알아두기〉

④ 다만 반드시 기억해 둘 것은 '저는 그림을 그릴까 합니다.'처럼 현재 정해지지 않은 일에 대하여 자기나 상대편의 의사를 묻는 종결 어미로는 전체 문장이 의문문이 아니더라도 '-ㄹ까'로 적는다는 것이다. 주로 '-ㄹ까 하다', '-ㄹ까 싶다', '-ㄹ까 보다' 구성으로 나타나는 것이 보통이다.

6. 〈해설〉 [준말의 이해와 적용]

'다닫다'를 '다다르다'의 준말로 인정하지 않고 '다다르다'만을 단수 표준어로 삼는다 함은 '산꼭대기에 드디어 다다랐다.'라고 써야 할 것을 '산꼭대기에 드디어 다닫았다.'로 쓸 수 없음을 의미한다.

〈더 알아두기〉

①~③: 본말과 준말의 관계인 '머무르다/머물다', '서투르다/서툴다', '서두르다/서둘다'를 복수 표준어로 인정한다 함은 '머무르고 있다/머물고 있다', '서투르게 말하다/서툴게 말하다', '서두르지 마라/서둘지 마라'와 같은 활용형을 모두 표준 어법으로 인정한다는 의미이다. 다만 '-어(서)'와 같이 모음으로 시작하는 어미가 연결될 때는 준말의 활용형을 인정하지 않는다.

7. 〈해설〉 [표준어의 이해]

'나누지 아니하고 한곳에 합치다'의 뜻으로 쓰이는 '통치다'는 비표준어이다. '통치다'와는 조금 다른 의미로 쓰이는 '퉁치다'도 마찬가지로 비표준어이다. 그 표준어는 '한통치다'이다.

〈더 알아두기〉

② '부럼'은 음력 정월 대보름날 새벽에 깨물어 먹는 딱딱한 열매류인 땅콩, 호두, 잣, 밤, 은행 따위를 통틀어 이르는 말이다. 이런 것을 깨물면 한 해 동안 부스럼이 생기지 않는다고 한다. '부스럼'의 뜻으로 쓰는 '부럼'은 비표준어이다.

8. 〈해설〉 [외래어 표기법의 이해와 적용]

chamois는 본래 프랑스 알프스 산맥 지방에서 나는 영양의 한 종류인 샤무아(chamois)를 가리키는 말에서 나온 말이다. 샤무아(chamois)에 대한 프랑스 남부의 방언인 '섀미(chamois)'는 주로 샤무아(chamois) 영양의 가죽을 무두질한 부드러운 가죽을 말한다. 샤무아에서 나온 '섀미'는 우리말에서 '세무'로 정착하였으나 외래어 표기법에서는 이를 인정하지 않고 비표준적인 용법으로 처리하고 있고 '섀미'를 표준적인 것으로 인정하고 있다.

9. 〈해설〉 [로마자 표기법의 이해]

'도, 시, 군, 구, 읍, 면, 리, 동'의 행정 구역 단위와 '가'는 각각 'do, si, gun, gu, eup, myeon, ri, dong, ga'로 적고, 그 앞에는 붙임표(-)를 넣는다. 붙임표(-) 앞뒤에서 일어나는 음운 변동은 표기에 반영하지 않는다. 물론 '강릉(Gangneung)'과 같은 음운 변동은 로마자 표기에 반영한다.

10. 〈해설〉 [맞춤법의 이해와 적용]

우선 '무덤, 바가지'는 파생어다. 둘 다 어근의 원형을 밝혀 적지 않은 예이다. 즉 '묻엄. 박아지'로 적지 않는다. 한편 '꽃잎, 쌀알'은 모두 합성어. 둘 다 어근의 원형을 밝혀 적은 예이다.

〈더 알아두기〉

① '마중'과 같이 '길이'도 파생어이지만, 어근의 원형을 밝히어 적는 경우이다. '무덤, 지붕'은 파생어다.

③ '뒤뜰, 쌀알'은 합성어. '무덤, 끄트머리'는 파생어이다.

④ '골병, 며칠'은 어원이 분명하지 않은 것으로 본다. 둘 다 어근의 원형을 밝혀 적지 않은 예이다.

11. 〈해설〉 [표준 발음의 이해와 적용]

조사 '의'는 [ㅔ]로 발음할 수도 있다.

〈더 알아두기〉

① 'ㅐ'와 'ㅔ'는 음이 유사하지만 별개의 모음이다. 그래서 '집개'는 집에 기르는 개라는 의미로 [집깨]로 발음하고, '집게'는 '물건을 집는 데 쓰는, 끝이 두 가닥으로 갈라진 도구'라는 의미로 [집께]로 발음한다.

② '금궤(金櫃)'의 발음은 항상 [금궤]이지만, '금괴(金塊)'는 [금괴/금궤]이다.

③ 'ㅟ'를 단모음이 아닌 이중모음으로 발음할 수 있다. 그러나 'ㅟ'를 'ㅣ'로 발음하는 것도 표준 발음으로 허용하는 것은 아니다. '여위다(=몸의 살이 빠져 파리하게 되다.)'가 아니라, '여의다(=부모나 사랑하는 사람이 죽어서 이별하다.)'라면 사정이 좀 다르다. [여의다]가 원칙이나, [여이다]로 발음할 수도 있다.

12. 〈해설〉 [맞춤법의 이해와 적용]

'굵은 파'는 대개 왕파(王-)를 이르는 말은데, 한 단어가 아니므로 붙여 쓰지 않는다. 물론 '쪽파'는 한 단어이므로 붙여 쓴다. 그렇다고 '굵은-'은 시작하는 모든 말을 띄어 쓰는 것은 아니다. '굵은베, 굵은소금, 굵은체' 등은 한 단어로 보아 붙여 쓴다.

13. 〈해설〉 [한자어의 이해]

- 희노애락(喜怒哀樂) → 희로애락
- 회수(回數) → 횟수
- 승락(承諾) → 승낙
- 청천벽력(靑天霹靂) → 청천벽력

〈더 알아두기〉

한자어에서 본음으로도 나고 속음으로도 나는 것은 각각 그 소리에 따라 적는다.

본음으로 나는 것	속음으로 나는 것
승낙(承諾)	수락(受諾), 쾌락(快諾), 허락(許諾)
만난(萬難)	곤란(困難), 논란(論難)
안녕(安寧)	의령(宜寧), 회령(會寧)
분노(忿怒)	대로(大怒), 희로애락(喜怒哀樂)
토론(討論)	의논(議論)
오륙십(五六十)	오뉴월, 유월(六月)
목재(木材)	모과(木瓜)
십일(十日)	시방정토(十方淨土), 시왕(十王), 시월(十月)
팔일(八日)	초파일(初八日)

14. 〈해설〉 [구별해 써야 할 말]

'그러므로'와 '그럼으로'는 의미가 다른 말이다. 이들은 발음으로는 구별이 되지 않지만 다음과 같이 형태적인, 의미적인 차이가 있다.

'그러므로'는 '그렇다' 또는 '그러다'의 어간에 까닭을 나타내는 어미 '-므로'가 결합한 말로, '그러니까, 그렇기 때문에, 그러하기 때문에, 그리하기 때문에'라는 뜻이 있다.

예

ㄱ. 그는 부지런하다. 그러므로 잘산다(그러니까).

ㄴ. 그는 훌륭한 학자다. 그러므로 존경을 받는다(그렇기 때문에).

ㄷ. 규정이 그러므로 이를 어길 수 없다(그러하기 때문에).

ㄹ. 그가 스스로 그러므로 만류하기가 어렵다(그리하기 때문에).

반면에 '그럼으로'는 '그러다'의 명사형 '그럼'에 조사 '으로'가 결합한 말로, '그렇게 하는 것으로써'라는 수단의 의미가 있다.

무엇보다도 '그럼으로'와 '그러므로'가 구별되는 기준으로는 '그럼으로' 다음에는 '그러므로'와는 달리 '써'가 결합할 수 있다는 점을 들 수 있다. 이 기준에 따르면 아래의 경우 '그럼으로(써)'가 됨을 알 수 있다.

예 그는 열심히 일한다. 그럼으로(써) 삶의 보람을 느낀다(그렇게 하는 것으로써).

즉 ②의 경우 '까닭'을 나타내는 문맥이지, '수단'을 나타내는 문맥이 아니므로 '감수했으므로'가 맞는다.

15. 〈해설〉 [맞춤법의 이해와 적용]

먼저 두 음절로 된 한자어 단어 중, '곳간(庫間), 셋방(貰房), 숫자(數字), 찻간(車間), 툇간(退間), 횟수(回數)'에는 예외적으로 사이시옷을 넣어 표기한다. '남부럽잖다'는 '남부럽잖아, 남부럽잖으니, 남부럽잖게'와 같이 활용한다.

〈더 알아두기〉

① → 빚쟁이

③ → 갈게요.

④ → 쓱싹쓱싹하니까

16. 〈해설〉 [맞춤법의 이해]

ㄴ의 '만큼'은 의존 명사이므로 앞말과 띄어 써야 한다. '먹을∨만큼 먹어라.'라고 적어야 맞는다. ㅂ의 '듯이'는 의존명사다. 앞말과 띄어 쓴다. '이다'의 어간, 용언의 어간 또는 어미 '-으시-', '-었-', '-겠-' 뒤에 붙어, 뒤 절의 내용이 앞 절의 내용과 거의 같음을 나타내는 연결 어미 '-듯이'와 혼동하기 쉽다.

예 거대한 파도가 <u>일듯이</u> 사람들의 가슴에 분노가 일었다.

〈더 알아두기〉

㉠ 단위를 나타내는 명사는 띄어 쓰는 것이 원칙이지만, 순서를 나타내는 경우나 숫자와 어울리어 쓰이는 경우에는 붙여 쓸 수 있으므로 '두시 삼십 분 오초'는 바른 표기라 할 수 있다.

㉡ '성과 이름, 성과 호 등은 붙여 쓰고, 이에 덧붙는 호칭어, 관직명 등은 띄어 쓴다.'는 규칙에 따라 '충무공 이순신 장군'으로 적어야 맞는다.

㉣, ㉤ '보조 용언은 띄어 씀을 원칙으로 하되, 경우에 따라 붙여 씀도 허용한다. 다만, 앞말에 조사가 붙거나 앞말이 합성 동사인 경우, 그리고 중간에 조사가 들어갈 적에는 그 뒤에 오는 보조 용언은 띄어 쓴다.'는 것이 띄어쓰기의 원칙이다. 따라서 '비가 올 성싶다.'의 경우는 맞는 표기이며 '비가 올성싶다.' 역시 허용된다. '강물에 떠내려가 버렸다.'의 경우 역시 '떠내려가'라는 합성 동사 뒤에 보조 용언인 '버렸다.'를 띄어 쓰고 있으므로 바른 표기이다.

17. 〈해설〉 [문장 다듬기]

㉣은 선행절과 후행절의 문장 구조가 달라 서로 호응을 이루지 못한 문장이다. '나는 골프를 좋아한다.'와 '아내는 교사이다.'가 접속된 문장이기 때문이다. '교사여서' 앞에 '모범적인'을 넣는다고 해도 이런 문제점은 해소되지 않는다.

18. 〈해설〉 [맞춤법의 이해와 적용]

'-하다'나 '-거리다'가 붙는 어근에 '-이'가 붙어서 명사가 된 것은 그 원형을 밝히어 적는다는 원칙이 맞는다. 그 예로는 '깔쭉이, 삐죽이, 푸석이, 오뚝이' 등을 들 수 있다.

이와 관련하여 붙임 조항은 다음과 같다. "'-하다'나 '-거리다'가 붙을 수 없는 어근에 '-이'나 또는 다른 모음으로 시작되는 접미사가 붙어서 명사가 된 것은 그 원형을 밝히어 적지 아니한다." 그 예로는 '개구리, 깍두기, 매미, 뻐꾸기' 등을 들 수 있다.

19. 〈해설〉 [어법에 맞는 표현]

'솟구다'는 '몸 따위를 빠르고 세게 날 듯이 높이 솟게 하다'의 뜻으로 쓰이는 말이다. 발음은 [솓꾸다]이다. '솎다'는 '촘촘히 있는 것을 군데군데 골라 뽑아 성기게 하다'의 뜻으로 쓰이는 말이다. '솎아, 솎으니, 솎는'으로 활용한다. 발음이 비슷하여 둘을 혼동하기 쉽다. 머리숱이 많으면 '솎구는' 것이 아니라, '솎아'야 한다. '솎음하다'와 같이는 쓰이지만, '솎구다'처럼은 쓰이지 않는다.

〈더 알아두기〉

이렇게 표기와 발음이 유사하여 혼동하는 예로는 다음과 같은 것들이 있다.

㉠ 그러당기다(흩어진 것을 한데 모아 당기다)/끌어당기다(끌어서 가까이 오게 하다)

㉡ 등살(등에 있는 근육)/등쌀(몹시 귀찮게 구는 짓)

㉢ 곰살맞다(몹시 부드럽고 친절하다)/곰상스럽다(성질이나 행동이 싹싹하고 부드러운 데가 있다, 성질이나 행동이 잘고 꼼꼼한 데가 있다)

㉣ 산모롱이(산모퉁이의 휘어 들어간 곳)/산모퉁이(산기슭의 쑥 내민 귀퉁이)

㉤ 그을다(햇볕이나 불, 연기 따위를 오래 쐬어 검게 되다)/그슬다(불에 겉만 약간 타게 하다)

㉥ 어르다(어떤 일을 하도록 사람을 구슬리다)/으르다(상대편이 겁을 먹도록 무서운 말이나 행동으로 위협하다)

㉦ 어스름(조금 어둑한 상태. 또는 그런 때 늑거미)/으스름(빛 따위가 침침하고 흐릿한 상태)

20. 〈해설〉 [용언의 명사형]

용언의 명사형을 만드는 기본 원칙은 둘이다. 용언의 어간이 받침이 있는 음절로 끝나면 '-음'이 결합하고, 받침이 없거나 'ㄹ' 받침으로 끝나면 '-ㅁ'이 결합한다. ⟨예⟩ 먹다(먹음)/하다(함)/만들다(만듦). 그러나 이 원칙만으로는 부족하다. '줍다'와 같은 ㅂ불규칙 용언에는 '-ㅁ'이 결합하나, 'ㅂ'이 'ㅜ'로 바뀌면서 '주움' 된다. 또 ㅅ불규칙 용언인 '붓다'는 '부음'이 된다. 또 ㄷ불규칙 용언인 '붇다'는 '불음'이 된다. ⟨예⟩ 콩이 불음. 라면이 불음.

교행직 맞춤형 모의고사 3회 정답 및 해설

1	④	2	④	3	①	4	①	5	①
6	①	7	④	8	④	9	④	10	④
11	②	12	①	13	④	14	③	15	②
16	①	17	④	18	②	19	④	20	④

1. [내용의 추론]

지문에서 학명을 사용한 것은 학자들 간에 지역어(vernacular)를 극복하기 위한 방편이다. 그러나 학명이란 생물 종의 이름에 한정된 어휘이므로, 여기서 학명을 언어 통일을 위한 대안으로 삼을 수 있으리라고 추리하기는 어렵다.

[더 알아두기]

① 언어가 사회 구성원 간의 약속이라는 점은 지문으로부터는 몇 단계의 추리를 거쳐야 도달할 수 있는 사실이지만, 언어에 대한 통념을 표현하고 있는 답지라는 점에서 쉽게 제외시킬 수 있다. 지문의 정보로부터 추리를 통하여 이 답지에 도달하는 과정은 대체로 이러할 것이다. "남북의 분리가 새들의 이름의 차이를 가져왔다." 그리고 "새들의 이름은 언어에 속한다." → 새들의 이름은 언어 공동체에 따라서 달라진다. → 언어는 일반적으로 언어 공동체에 의해서 달라진다. → 그것은 언어가 사회 구성원 간의 약속이기 때문이다.

② 마지막 부분에서 새 이름마저도 남북으로 나누어져 있다고 안타까워하는 장면으로부터 추리할 수 있다.

③ 지문에서는 새들의 이름의 차이를 학명을 사용함으로써 극복하고 있지만, 해설자의 "새 이름마저도"라는 논평으로부터 이런 차이가 언어 전반에 걸쳐서 일어날 수 있다는 것을 추리할 수 있다. 그렇게 되면 남북 간에 의사소통이 불가능해질 수 있으리라고 추리할 수 있다.

2. [자료의 해석]

(가)를 보면 배우자와의 동등한 권리를 중시하는 것은 중국이다. 중국이 월등히 높은 반면, 한국과 일본은 보통 수준이다. (나)를 보면 의사소통하는 가족 수가 가장 많은 것은 일본이고, 제일 적은 것이 중국이다. 그러니 의사소통을 하는 가족 수가 많을수록 배우자의 동등한 권리를 더 중요하게 생각한다는 추론은 적절하지 않다.

3. [속담의 이해]

①은 남의 재앙을 점점 더 커지도록 만들거나 성난 사람을 더욱 성나게 함을 비유적으로 이르는 말이다. 늦끓는 국에 국자 휘젓는다·불난 데 풀무질한다·불난 집에 키 들고 간다·불붙는 데 키질하기·타는 불에 부채질한다.

[더 알아두기]

- 섶을 지고 불로 들어가려 한다: 당장에 불이 붙을 섶을 지고 이글거리는 불 속으로 뛰어든다는 뜻으로, 앞뒤 가리지 못하고 미련하게 행동함을 놀림조로 이르는 말.

- 섶: 잎나무, 풋나무, 물거리 따위의 땔나무를 통틀어 이르는 말. 늦섶나무.

- 곶감 죽을 먹고 엿목판에 엎드러졌다: 곶감으로 쑨 맛있는 죽을 먹었는데 또다시 엿을 담은 목판에 엎어져서 단 엿 맛까지 보게 되었다는 뜻으로, 잇따라 먹을 복이 쏟아지거나 연달아 좋은 수가 생김을 비유적으로 이르는 말.

- 섣달 그믐날 시루 얻으러 가다니[다니기]: 어느 집이나 다 시루를 쓰는 섣달 그믐날에 남의 집에 시루를 얻으러 다닌다는 뜻으로, 되지도 않을 일에 애를 쓰는 미련한 짓을 비유적으로 이르는 말.

4. [잉여적 표현]

①은 단어 사용이 비논리적인 경우이다. '묘령(妙齡)'은 스무 살 안팎의 여자 나이를 이르는 말이므로, 초등학교를 갓 졸업한 사람, 그것도 소년(남자)을 상대로는 쓸 수 없는 말이다.

[더 알아두기]

②~④는 모두 간결하지 못한 문장이다. 잉여적 표현을 제거하고 다음과 같이 고쳐 쓸 수 있다.

② → 방학 동안 축구를 실컷 했다.

③ → 요즘 같은 때에는 자주 환기해야 감기에 안 걸리는 거야.

④ → 연소자는 출입을 통제한다.

5. [조사의 올바른 사용]

'마는'은 앞의 사실을 인정을 하면서도 그에 대한 의문이나 그와 어긋나는 상황 따위를 나타내는 보조사다. 그리고 '만은'은 어떤 것을 다른 것과 대조적으로 매우 한정하여 강조하는 뜻을 나타내는 보조사다. 이와 같이 의미를 따져도 답을 고를 수 있긴 하다. 영화를 보고 싶다는 것을 인정한 것이고, 비가 온다는 것을 인정한 것이기 때문이다. 또 '너'에 한정한 것이고, '이모가 집에 온 것'에 한정한 것이기 때문이다.

그러나 이런 기준을 적용하면 실제 시험에서는 많이 헷갈리는 것 또한 사실이다. '마는'는 주로 종결 어미 '-다, -냐, -자, -지' 따위의 뒤에 붙는다는 것을 기억해 두자. 이와 달리 '만은'은 체언의 뒤에 붙는다.

6. [단어의 화용론적 이해]

화용론적 관점에서 접근해야만 적절한 해설이 가능한 문제이다. '단어의 의미'가 아니라 '단어의 쓰임'이라고 한 이유다. '우리'가 '듣는 이'를 포함하느냐 그렇지 않느냐가 문제 풀이의 핵심이다. ①의 '우리'는 '영희(듣는 이)'를 포함하지 않는다. 이와 달리 ②~④의 '우리'는 말하는 이가 자기와 듣는 이, 또는 자기와 듣는 이를 포함한 여러 사람을 가리키는 일인칭 대명사이다.

7. [접두사의 이해]

'날뜨기, 날짜'에서 '날-'은 '교육을 받지 않았거나 경험이 없어 어떤 일에 서투른'의 뜻을 더하는 접두사이다. '날-'이 '지독한'의 뜻을 더하는 접두사로 쓰인 예로는 '날강도/날건달/날도둑놈'을 들 수 있다.

8. [단어 간의 의미 관계]

문맥을 감안하여 단어 간의 의미 관계를 파악해야 한다. 글쓴이는 '친구'의 하위 개념으로 '바람, 달, 새'를 들고 있다. 즉 '친구'와 '달'은 상하 관계에 해당한다. ④가 그러하다. 문학은 예술 중의 하나이기 때문이다. ①은 반의 관계, ②는 유의 관계, ③은 반의 관계이다. 참고로 '지병(持病)'은 '오랫동안 잘 낫지 아니하는 병'을 이르는 말이다. '知病'으로 쓰지 않도록 유의해야 한다.

9. [띄어쓰기의 이해]

'및'은 조사가 아니라 부사다. '그리고', '그 밖에', '또'의 뜻으로, 문장에서 같은 종류의 성분을 연결할 때 쓰는 말이며, 당연히 앞말에 붙여 쓰지 않는다.

[더 알아두기]

① '겸'은 의존명사다. 앞말과 띄어 쓴다. 둘 이상의 명사 사이에 쓰이기도 하지만, 어미 '-을' 뒤에도 쓰인다. 예 명절도 쇨 겸 해서 한번 다녀가게.

② 단음절로 된 단어가 연이어 나타날 적에는 붙여 쓸 수 있다. 예 그때 그곳, 좀더 큰것, 이말 저말, 한잎 두잎

③ '내지(乃至)'는 부사다. 수량을 나타내는 말들 사이에 쓰여 '얼마에서 얼마까지'의 뜻을 나타낸다.

10. [표준 발음법의 이해와 적용]

'밟는[밤 : 는]'의 경우, 먼저 받침 중 'ㄹ'이 탈락한다. 그러니 ㉠이 적용되었다는 설명은 맞는다. 그 다음에 'ㅂ→ㅁ'의 변동을 겪는다. 이를 두고 자음이 다른 자음으로 교체되었다고 설명할 수 있다. 그러나 이는 ⓐ를 지키기 위한 것이 아니라는 점이 함정이다. 이어서 오는 비음 ㄴ의 영향을 받아 음운 변동이 이루어진 것이기 때문이다.

[더 알아두기]

① '밝다[박따]'의 경우, '밝'의 받침 'ㄺ' 중에서 'ㄹ'이 탈락한 것이다.

② '닭지[닥찌]'의 경우, '닭'의 받침 'ㄲ'이 'ㄱ'으로 교체된 것이다. 'ㄲ→ㄱ'을 자음 탈락으로 설명하지 않는다는 점을 꼭 기억해 두어야 한다.

③ '읊기[읍끼]'의 경우, 받침의 'ㄹ'이 먼저 탈락한다. 그리고 'ㅍ→ㅂ'으로 자음이 교체된다.

11. [단어의 문맥적 의미 파악]

<보기>의 '높다'는 '값이나 비율 따위가 보통보다 위에 있다'의 뜻으로 쓰였다. ②도 그렇다.

[더 알아두기]

① 이름이나 명성 따위가 널리 알려진 상태에 있다.

③ 어떤 의견이 다른 의견보다 많고 우세하다.

④ 일어날 확률이 다른 것보다 크다.

12. [문맥적 의미의 이해와 관용표현]

매우 궁핍하게 지낸다는 뜻이니, 삼순구식(三旬九食)이 적절하다.

[더 알아두기]

① 삼순구식(三旬九食): 삼십 일 동안 아홉 끼니밖에 먹지 못한다는 뜻으로, 몹시 가난함을 이르는 말.

② 무위도식(無爲徒食): 하는 일 없이 놀고먹음.

③ 창해일속(滄海一粟): 넓고 큰 바닷속의 좁쌀 한 알이라는 뜻으로, 아주 많거나 넓은 것 가운데 있는 매우 하찮고 작은 것을 이르는 말.

④ 시위소찬(尸位素餐): 재덕이나 공로가 없어 직책을 다하지 못하면서 자리만 차지하고 녹(祿)을 받아먹음을 비유적으로 이르는 말.

13. [문장 성분과 문장 구조의 이해]

먼저 ㉠의 안긴문장 속에는 목적어가 있다. '그녀가 노래 부르기'의 '노래(를)'가 목적어이기 때문이다. 다음 ㉡의 안긴문장 속에는 목적어가 없다. '이 지역(의) 토양이 벼농사에 적합하다.'의 경우 목적어가 없기 때문이다. 관형어와 부사어만 있다.

[더 알아두기]

①, ② 먼저 ㉠에는 명사절이 안겨 있다. '그녀가 노래 부르기'가 명사절이다. 서술절은 안겨 있지 않다. 한편 ㉡에는 부사절이나 관형사절이 안겨 있지 않다. '이 지역 토양이 벼농사에 적합함'은 부사절이나 관형사절이 아니라 명사절이기 때문이다.

③ 먼저 ㉠의 안긴문장 속에는 관형어가 있지 않다. '노래 부르기'에서 '노래'는 조사가 생략된 목적어이기 때문이다. 다음으로 ㉡의 안긴문장 속에는 관형어가 있다. '이 지역 토양'에서 '이 지역'은 조사('의')가 생략된 관형어이기 때문이다.

14. [현대시의 종합적 감상]

(가)는 전통 설화에 등장하는 '토끼'(양심을 지키는 자), '거북이'(유혹하는 자), '독수리'(양심적 자아)를, (나)는 '어린 게'(자유를 꿈꾸는 자)를 우의적 소재로 활용하고 있다. 이와 같은 우의적 소재를 통해 (가)는 자기 성찰과 희생양 의식을 드러내고, (나)는 자유에 대한 지향을 주제로 드러낸다. 이러한 주제 의식의 밑바탕에는 화자가 처해 있는 시대 현실에 대한 비판 의식이 깔려 있다.

[더 알아두기]

① (나)의 마지막 행 '아무도 보지 않는 찬란한 빛'은 모순 형용을 통해 어린 게의 죽음이 지닌 의미를 강조한 것이다. 하지만 (가)에는 모순 형용이 나타나지 않는다.

② (가)에서는 '독수리'와 '거북'이라는 대상을 호명한 후 화자의 의지를 전달하고 있지만, (나)에는 대상에 대한 호명이 나타나지 않는다.

④ (나)에는 '어린 게'가 바다에서 잡힌 후 아스팔트에 떨어져 죽기까지의 과정이 차례로 나타나지만, (가)에는 시간의 순차적인 흐름이 나타나지 않는다.

15. [외적 준거를 활용한 작품의 이해]

(가)의 제2연에서 '둘러리를 빙빙 돌며 간을 지키자'는 것은 '간'을 노리는 외부의 적에 맞서 내면의 순결성을 지켜 내겠다는 자기 다짐의 목소리에 해당된다. 하지만 이런 행위는 양심을 지키며 살아가려는 한 개인의 의지를 보여준 것일 뿐, 다른 사람과 힘을 합쳐야 한다는 의식까지 보여주는 것은 아니다.

16. [서술 방식의 파악]

자연의 순리를 거스르는 삶의 태도에 대반 반성을 내용으로 하는 교훈적인 수필이다. 글쓴이 자신과 아이들과의 대화라는 형식을 취하고 있는 것이 서술 방식 상의 가장 중요한 특징이다.

[더 알아두기]

② 추상적 대상을 구체화하고 있는 글은 아니다. 소박한 깨달음을 전달하고 있는 글일 뿐이다.

③ 역사적 사건을 소재로 한 글이 아니고, 일상의 일을 소재로 한 글이다.

④ 공간의 이동에 따른 내용 전개를 보여주고 있지 않다.

17. [구체적 정보의 파악]

비로소 마음이 편안해진 이유는 이 글의 주제와 관련된다. 작자는 자연의 순리에 따르는 삶을 긍정하는 태도를 보여준다. 인위적으로 자연을 거스르는 것을 지지하지 않는다. 토실을 허물게 한 이유가 그것이다. 토실을 지은 것, 즉 고난을 주는 자연 환경을 극복한 사람들의 노력에 대해서는 비판적인 인식을 보여주고 있다.

18. [작품의 비교 감상]

(가)의 종장을 보면 의문형 진술로 끝맺고 있고, 그것을 통해 화자의 정서를 부각하고 있다. (나)의 '우러곰 좇니느뇨'나 '뫼인가 병풍인가 그림인가 아닌가'도 비슷한 양상을 보여 준다.

[더 알아두기] 중세국어의 의문문

의문문은 의문형 어말어미나 의문 보조사로 실현된다. 또 그것은 판정 의문문(긍정이나 부정의 답을 요구하는 의문문)이냐, 설명 의문문(의문사를 취하여 설명을 요구하는 의문문)이냐에 따라 달리 실현된다.

① 판정 의문문의 어말 어미 '-ㄴ가', '-녀'/보조사 '가'

예 西京은 편안ᄒᆞᆫ가 몯ᄒᆞᆫ가?[어미 '-ㄴ가']

이는 賞가 罰아?[보조사 '가']

이 ᄯᅩ리 죵가?[보조사 '가']

功德이 하녀 져그녀?[어미 '-(으)녀']

＊ '-가'의 경우 'ㄹ' 아래에서는 '-아'로 실현됨

② 설명 의문문의 어말 어미 '-(ㄴ)고', '-뇨', 보조사 '고'

예 얻논 藥이 므스것고?

　　賢良은 또 몇 사롬고?

　　그디 子息 업더니 므슷 罪오?

　　어듸사 시름 업슨 디 잇느뇨?

* '-오'의 경우 '고'에서 'ㄱ' 탈락한 형태임.

③ 주어가 2인칭 주어일 때는 판정 의문문이냐 설명 의문이냐에 상관없이 '-ㄴ다'와 '-ㄹ다'

예 네 엇뎨 안다?

　　네 쁘덴 엇뎨 너기는다

　　네 즐겨 내 어미를 효양홀다?

　　그듸는 어느 저긔 도라올다

19. [외적 준거에 따른 작품의 감상]

용진산, 금성산이 죽 벌여져 있다고 했으니 산을 바라보는 시선이다. 또 '원근창애'는 멀고 가싸운 푸른 벼랑이라는 뜻이다. 산을 바라보다가 그 벼랑에 머물고 있는 것들을 감상하는 시선이다. 들판으로 시선이 이동했다고 하는 것은 적절하지 않다.

20. [한자의 이해]

우선 '樂'은 '노래 악, 즐길 락(낙), 좋아할 요'로 쓰인다. 주어진 문장 '지지자 불여호지자 호지자 불여락지자(知之者 不如好之者 好之者 不如樂之者)'는 '알기만 하는 사람은 좋아하는 사람만 못하고, 좋아하는 사람은 즐기는 사람만 못하다'는 뜻이다. 또 <보기2>의 독음은 'ㄱ 음악(音樂), ㄴ 고락(苦樂), ㄷ 요산요수(樂山樂水), ㄹ 안락(安樂)'이다.

[더 알아두기] '說'의 여러 가지 용법

1. 달랠 세

예 유세(遊說)

2. 말씀 설

예 연설(演說), 설득(說得), 역설(逆說), 가담항설(街談巷說)

3. 기뻐할 열

예 학이시습지불역열호(學而時習之不亦說乎)

교행직 맞춤형 모의고사 4회 정답 및 해설

1	①	2	③	3	④	4	①	5	④
6	④	7	①	8	②	9	④	10	④
11	③	12	③	13	③	14	④	15	②
16	②	17	②	18	③	19	①	20	③

1. 〈해설〉 [단어의 형성]

'앞서다'는 명사 '앞'과 동사 '서다'로 이루어진 단어다. 실질적인 의미를 가진 어근이 합하여 이루어진 단어이므로 합성어에 속한다.

〈더 알아두기〉

② '드높다'는 '심하게' 또는 '높이'의 뜻을 더하는 접두사 '드-'에 어근 '높-'이 결합하여 형성된 단어로 파생어에 속한다.

③ '휘갈기다'도 '마구' 또는 '매우 심하게'의 뜻을 더하는 접두사 '휘-'에 어근 '갈기-'가 결합하여 이루어졌으므로 파생어다.

④ '사랑스럽다'는 어근 '사랑'에 접미사 '-스럽-'이 붙었다. 마찬가지로 파생어다.

2. 〈해설〉 [표준 발음법의 이해]

피동, 사동의 접미사 '-기-'는 된소리로 발음하지 않는다. 따라서 굶기다[굼기다]가 적절하다. 이와 같은 예로 안기다[안기다], 감기다[감기다], 옮기다[옴기다] 등이 있다. '-기-' 앞에 오는 받침의 발음이 [ㅁ]이라는 점에 착안하여 답을 찾을 수도 있다.

〈더 알아두기〉 표준발음법 제24항

어간 받침 'ㄴ(ㄵ), ㅁ(ㄻ)' 뒤에 결합되는 어미의 첫소리 'ㄱ, ㄷ, ㅅ, ㅈ'은 된소리로 발음한다.

〔예〕 신고[신 : 꼬]　　껴안다[껴안따]　　앉고[안꼬]　　없다[언따]
　　　삼고[삼 : 꼬]　　더듬지[더듬찌]　　닮고[담 : 꼬]　　젊지[점 : 찌]

다만, 피동, 사동의 접미사 '-기-'는 된소리로 발음하지 않는다.

〔예〕 안기다　　감기다　　굶기다　　옮기다

3. 〈해설〉 [한글 맞춤법]

'만만하지 않다'가 줄어든 말이므로 〈보기〉에 따라 '-하지'와 '않-'이 어울려 '-찮-'이 되어야 한다. 따라서 '만만찮다'가 맞는다.

〈더 알아두기〉

① '그렇잖다'는 '그렇지 않다'의 준말이다.

② '변변찮다'는 '변변하지 않다'의 준말이다.

③ '적잖다'는 '적지 않다'의 준말이다.

4. 〈오답풀이〉 [품사와 문장 구조의 이해]

주어와 서술어가 각각 하나씩으로 구성된 홑문장이다. 관형사 '새(사용하거나 구입한 지 얼마 되지 아니한)'와 객체를 높이는 서술어 '드리다'가 있어 〈보기〉의 조건을 모두 충족한다.

〈더 알아두기〉

② '어려운'은 관형사가 아니라 형용사의 관형사형이다. 즉 관형사절을 안은 문장이지 홑문장이 아니다. 객체를 높이는 서술어 '여쭈다'가 쓰였다.

③ 관형사 '옛(지나간 때의)'이 쓰였다. 그러나 객체를 높이는 서술어가 있지 않다. '-께서'와 '-시-'는 주체인 '아버지'를 높이는 말이다. 홑문장이긴 하다.

4. 〈해설〉

④ '어머니는 할머니를 온갖 정성으로 모셨다.'라는 문장이 '할머니가 퇴원하셨다.'라는 문장을 관형사절로 안고 있다. 관형사 '온갖(이런저런 여러 가지의)'과 객체를 높이는 서술어 '모시다'가 들어 있지만, 홑문장이 아니다.

5. 〈해설〉 [표준 발음법의 이해]

'안[內]'은 조사나 어미, 접미사가 아니다. 즉 실질 형태소여서 앞에 오는 받침을 제 음가대로 뒤 음절 첫소리로 옮겨 발음할 상황이 아니다. 체언에 모음으로 시작하는 실질형태소가 결합하는 경우, 체언 말음의 홑받침이나 쌍받침은 표준 발음법 제8항에 따라 대표음 'ㄱ, ㄴ, ㄷ, ㄹ, ㅁ, ㅂ, ㅇ' 중 하나로 바뀌고, 연음된다. 따라서 '부엌'이 실질형태소 '안' 앞에서 [부억]으로 바뀐 후, 연음되어 [부어간]으로 발음한다.

6. 〈해설〉 [국어사전의 활용]

동음이의어(=동음어)는 음성형태는 동일하나 의미가 다른 두 개 이상의 단어를 말한다. 예를 들어 '바르다(풀칠한 종이나 헝겊 따위를 다른 물건의 표면에 고루 붙이다)'와 '바르다(겉으로 보기에 비뚤어지거나 굽은 데가 없다)'는 동음어이다. 그런데 여기서 제시한 '당기다'는 한 단어로 처리되어 있다. 동음이의어가 아니라 다의어인 것이다. '나는 그 얘기를 듣고 호기심이 당겼다.'의 '당기다'는 [1]의 ❶의 뜻으로 쓰인 예이다.

7. 〈해설〉 [적절한 한자의 사용]

㉠ 왕위는 '찬탈(簒奪)'하는 것이다. '찬탈'은 임금의 자리나 국가 권력, 정권 등을 반역하여 빼앗는 것을 의미한다. *簒: 빼앗을 찬

㉡ 침탈(侵奪)은 남의 영역에 강제로 침범하여 빼앗는 것이고 약탈(掠奪)은 폭력을 써서 남의 것을 억지로 빼앗는 것이다. 두 단어 모두 가능하다.

㉢ '국방을 튼튼히 해야 한다.'라는 말을 보아 침략(侵略, 정당한 이유 없이 남의 나라에 쳐들어감)이 가장 적절하다.

8. 〈해설〉 [속담과 사자성어]

'봇짐 내어 주며 앉으라 한다.'는 '속으로는 가기를 원하면서 겉으로는 만류하는 체한다.'라는 의미이다. 간난신고(艱難辛苦)는 '몹시 고되고 어렵고 맵고 쓰다는 뜻으로, 몹시 힘든 고생을 이르는 말'이므로 관계없다.

〈더 알아두기〉

① '말 타면 경마 잡히고 싶다'는 사람의 욕심이란 한이 없다는 말이다. 또 '득롱망촉(得隴望蜀)'은 농(隴)을 얻고서 촉(蜀)까지 취하고자 한다는 뜻으로, 만족할 줄을 모르고 계속 욕심을 부리는 경우를 비유적으로 이르는 말이다. 후한(後漢)의 광무제가 농(隴) 지방을 평정한 후에 다시 촉(蜀) 지방까지 원하였다는 데에서 유래한다.

③ '오뉴월 두룽다리'는 '제철이 지나 쓸데없고, 오히려 거추장스러운 물건' 또는 '격에 맞지 아니한 물건'을 비유적으로 이르는 말이다. '하로동선(夏爐冬扇)'은 여름의 화로와 겨울의 부채라는 뜻으로, 격(格)이나 철에 맞지 아니함을 이르는 말이다. 뜻하는 바가 비슷하다.

④ 결초보은(結草報恩)은 '죽은 뒤에라도 은혜를 잊지 않고 갚음'을 이르는 말이다. '머리털 베어 신발을 삼다.'는 '무슨 수단을 써서라도 자기가 입은 은혜는 잊지 않고 꼭 갚겠다는 것을 비유적으로 이르는 말.'이므로 의미가 유사하다.

9. 〈해설〉 [한글 맞춤법]

'안치다'는 '끓이거나 찔 물건을 솥이나 시루에 넣다.'란 뜻이다. 따라서 '적당한 양의 밥을 안치는 일은 어렵다.'라고 써야 맞는다. '앉다'는 '배추 따위가 속이

꽉 차다'란 뜻으로, 사동형은 '앉히다'이다. 따라서 '배추에 속을 많이 <u>앉히기</u> 위해 거름을 많이 주었다.'가 맞는 표현이다. 이 외에 '앉히다'는 '버릇을 가르치다, 문서에 무슨 줄거리를 따로 잡아 기록하다'라는 뜻이 있다.

〈더 알아두기〉
① 거치다
1. 무엇에 걸리거나 막히다.
2. 마음에 거리끼거나 꺼리다.
3. 오가는 도중에 어디를 지나거나 들르다.
　걷히다
'걷다(구름이나 안개 따위가 흩어져 없어지다)'의 피동사.
② 다리다
옷이나 천 따위의 주름이나 구김을 펴고 줄을 세우기 위하여 다리미나 인두로 문지르다.
　달이다
1. 액체 따위를 끓여서 진하게 만들다.
2. 약재 따위에 물을 부어 우러나도록 끓이다.
③ 지그시
어떤 대상에 슬며시 드러나지 않게 가벼이 힘을 주는 모양을 나타내는 말.
　지긋이
1. 나이가 비교적 많아 듬직하게.
2. 참을성 있게 끈지게.
㉎ 아이는 나이답지 않게 어른들 옆에 <u>지긋이</u> 앉아서 이야기가 끝나길 기다렸다.

10. 〈해설〉 [현대시의 종합적 이해]

정지용의 〈유리창1〉은 어린 자식을 잃은 슬픔을 감정이 절제된 감각적 표현으로 형상화하고 있는 작품이다. 화자는 유리창에 붙어 서서 입김을 불며 죽은 아이를 그리워하고 있다. 죽은 아이는 '차고 슬픈 것, 언 날개, 물 먹은 별, 산새'로 형상화되고 있는데, 이는 실재하지 않는 환상일 뿐이다. 환상 속에서나마 자식을 만날 수 있는 것은 황홀하기까지 하지만, 현실로 돌아오면 더 큰 외로움이 가슴에 밀려온다. 이런 복합적 감정을 '외로운 황홀한 심사'라는 모순 형용으로 드러내고 있다. 결구의 감탄 속에 지금까지 화자가 안으로 추슬러온 온갖 감정들이 한꺼번에 폭발한다. 그리고 그 탄식 뒤에는 홀로 외로움에 떨고 있는 시인의 자아가 감추어져 있다. 아이의 죽음을 통하여 자아의 고독이 더욱 선명이 부각되는 것이다. 결구에서 아이는 작고, 가냘프고, 연약한 산새의 모습으로 형상화되고 있다. 따라서 비록 '날아갔다'라는 시어가 나타나기는 하지만 자유로운 이미지를 끌어낼 여지는 적다.

11. 〈해설〉 [표현 기법의 이해]

'금으로 타는 태양'은 시각적 이미지, '울림'은 청각적 이미지다. 즉 감각의 전이 방법 면에서 보면 '금으로 타는 태양'으로 표현된 시각적 이미지가 '즐거운 울림'이라는 청각적 이미지로 전이되고 있다. 여기서 원관념은 '태양', 보조관념은 '울림'이다. ㉠, ㉡, ㉣은 모두 감각이 청각에서 시각으로 전이되고 있으나, ㉢은 시각에서 청각으로 전이되고 있다.

〈더 알아두기〉
① ㉠ : '분수처럼 흩어지는 푸른 종소리'에서 '종소리'라는 청각적 이미지가 '분수처럼 흩어지는 푸른'이라는 시각적 이미지로 전이되고 있다. 원관념은 '종소리', 보조관념은 '분수, 푸른' 이미지다.
② ㉡ : '꽃처럼 붉은 울음'에서도 마찬가지다. '울음'이라는 청각적 이미지를 '꽃처럼 붉은'으로 표현된 시각적 이미지로 전이하고 있다. 원관념은 '울음', 보조관념은 '꽃, 붉은'이미지다.

④ ㉣ : '흔들리는 종소리의 동그라미 속에서'에서도 청각의 시각화를 찾아볼 수 있다. '종소리'가 '흔들리며', '동그라미'를 그리고 있는 것이다. 원관념은 '종소리' 보조관념은 '흔들리는, 동그라미' 이미지다.

12. 〈해설〉 [극문학의 이해]

㉢에 제시된 단어를 잘 살펴보면 이 말에 문제가 있음을 쉽게 알 수 있다. '노론'과 '소론'은 조선 후기에 서인으로부터 나누어진 당파이다. 두 당파는 대립 집단이었으므로 노론과 소론을 다 지냈다는 말은 성립하지 않는다. 더욱이 노론과 소론은 관직명이 아니다.
'호조'와 '병조'는 '육조'의 하나로, '호조'는 나라의 재물을 관장하였으며, 병조는 군사관계 업무를 총괄하던 기관이다. 옥당은 궁중의 문서를 관리하고 임금의 자문에 응하는 일을 맡았던 홍문관(弘文館)을 말한다. '삼정승'은 의정부의 영의정·좌의정·우의정을 아울러 이르던 말이고, '육 판서'는 육조 각각의 으뜸 벼슬을 이른다.
이 양반 삼 형제가 아무리 높은 관직을 지냈다고 하더라도, 이 관직을 모두 지냈다는 것은 불가능한 일이다. 게다가 노론과 소론이 관직명이 아니라는 점까지 보태면 이는 그 시대에 위세를 떨치던 세력과 관직을 나열했다고 생각할 수밖에 없다. 따라서 이 양반 삼 형제의 실제 지위를 알 수 있다는 말은 적절하지 않다.

13. 〈해설〉 [글의 이해와 분석]

〈보기〉는 현대인을 텔레비전에서 일방적으로 밀려오는 정보들을 무비판적으로 수용하고, 그 힘에 수동적으로 이끌려가는 존재로 인식하고 있다. 이 글과 대립적인 입장에서 글을 쓴다면, 현대인들도 텔레비전의 정보를 능동적으로 선택할 수 있고, 정보의 옳고 그름을 비판할 수 있으며, 주체적으로 정보를 수용할 수 있다는 정도의 내용이 적당하다.

14. 〈해설〉 [고전문학의 이해와 감상]

〈보기〉는 조선 선조 때의 문신이며 시인이었던 송강 정철의 가사 〈관동별곡〉의 부분이다. 정철은 자신의 풍류를 꿈속에서 신선이 되어 다른 신선과 대작하며 달빛 아래 노니는 것에 비유하고 있다. 일장춘몽(一場春夢)은 한바탕의 봄꿈이라는 뜻으로, 인생의 덧없음을 비유적으로 이르는 말이다. 송강은 선정(善政)을 한 후 신선과 다시 만나 대작(對酌)을 할 것을 약속하고, 잠에서 깬 후 임금의 은총이 온 세상에 비추는 것을 바라보고 있으므로 일장춘몽과는 관계가 없다.

15. 〈해설〉 [글의 전개 방식의 이해]

〈보기〉의 밑줄에서 사용한 글의 전개 방식은 유추이다. 어떤 개념을 설명하고자 할 때, 그와는 범주가 다르지만 독자에게 보다 익숙한 개념을 끌어와서 개념 간의 공통점을 드러내며 설명하는 방식이다. 즉 '대중매체에 나타나는 언어 파괴 현상'을 설명하기 위해 '교통사고'를 끌어오고 있는 것이다. 이와 글의 전개 방식이 유사한 것은 ②번 글이다. '복잡한 세상'을 설명하기 위해 전혀 다른 범주의 '시계의 구조'를 끌어오고 있다.

〈더 알아두기〉
① 벌의 집단생활과 인간의 집단생활을 비교/대조하고 있다.
③ 좋은 약재도 경우에 따라 독약이 될 수도 있다는 명제의 예시로 인삼을 들어 설명하고 있다.
④ 마치 손가락으로 대상을 가리키듯이 직접적이고 간단명료한 답을 보이는 설명 방식인, 지정이다. 정의가 개념을 규정하는 방식이라면 지정은 대상이 '무엇'임을 알리는 방식이다.

16. 〈해설〉 [현대시의 이해와 감상]

인생의 고달픔을 나타내는 시어는 '돌층계'와 '자갈밭'이다. '은총의 돌층계', '섭리(攝理)의 자갈밭'은 인생이 돌층계를 오르고 자갈밭을 걷는 것처럼 고달프더라도, 그 역시 절대자의 은혜와 사랑이므로 긍정적인 자세로 살아가야 함을 일깨우는 은유적 표현이다.

17. 〈해설〉 [논지의 파악]

소쉬르는 파울의 관점을 통시적 관점이라고 비판하면서 언어 연구는 공시태에 대한 연구라고 보고 있다. 즉 언어를 사용하는 화자는 하나의 상태 앞에 있을 뿐이라고 보는 것이다.

18. 〈해설〉 [문학사의 이해]

시조의 일반적인 형식은 3장 6구이다. 이를 '평시조·단시조·단형시조·평거시조'라고 일컫는다. 초장, 중장, 종장 중에서 종장 제1구를 제외한 어느 구절이나 하나만 길어진 것을 중시조라고 하는데 '중형시조·농시조(弄時調)·반사설시조·엇엮음시조'라고도 한다. 3장 중 2구 이상이 평시조보다 매우 길어진 시조는 사설시조 혹은 장형시조라고 하는데, 별칭은 '엮음시조·농시조·만횡청'이다.

19. 〈해설〉 [글의 주제와 속담 연결하기]

이자(李子)는 고작 도강(渡江)을 함에 있어서도 뇌물이 필요하다는 세태에 탄식하고 있다. 이에 가장 연관이 깊은 속담은 '코 아래 진상이 제일이라.'다. 남의 환심을 사기 위해서는 바로 눈앞에 뇌물이나 음식을 대접하는 것이 가장 좋은 방법이라는 뜻이다.

〈더 알아두기〉

② 눈(雪)을 가져다가 가만히 두어도 물이 될 것을 거기에 또 우묵하게 파서 물이 나게 한다는 뜻으로, 일 처리에 융통성이 없음을 비유적으로 이르는 말이다.

③ 조금 주고 그 대가로 몇 곱절이나 더 받는다는 말이다. 되는 약 1.8리터, 말은 약 18리터다.

④ 돈이 없으면 잘난 이도 못난이 대접밖에는 못 받는다는 뜻으로, 배금주의(拜金主義)에 젖은 세상인심을 비꼬는 말이다. 이자(李子)가 돈이 없어 벼슬을 하지 못하였음에 탄식하는 장면에서는 답이 될 수도 있겠다. 하지만 밑줄에서는 뇌물을 주고받는 것이 만연한 세태를 꼬집고 있다.

20. 〈해설〉 [정서의 유사성 파악]

밑줄에는 직녀가 수놓은 베를 풀고 짜기를 여러 번, 견우가 먹인 암소가 새끼를 친 것이 몇 번이라는 구절이 나온다. 직녀와 견우의 이별 상황이 오랜 시간 지속되었음을 알 수 있다. 그 오랜 시간 동안 직녀와의 만남을 갈구해 왔을 견우의 애타는 그리움이 드러나 있다. 이런 정서와 가장 유사한 것은 허난설헌, 〈규원가〉의 부분인 ③이다. ③에서 매화가 몇 번이나 피고 지고, 겨울과 여름이 지나갔다는 구절에서 오랫동안 화자가 대상을 기다려 왔음을 알 수 있다.

〈더 알아두기〉

① 윤선도 〈오우가〉의 부분이다. 쉽게 변하는 꽃과 풀을 영원히 변하지 않는 바위와 비교하며, 바위의 불변성을 예찬하고 있다.

② 박인로 〈누항사〉의 부분이다. 화자의 빈곤하고 궁핍한 상황이 드러나고 있다.

④ 송강 정철의 시조이다. 성권롱은 학자 성혼이고 정좌수는 정철이다. 성혼의 집에 술이 익었다는 소식에 누운 소를 발로 박차 안장만 놓고 눌러 타고는 어느새 성혼의 집 앞에 다다랐다. 생동감 넘치고 능청스럽다. 정철의 풍류와 흥겨움이 농촌의 전원적 정취와 잘 어우러진다.

교행직 단원별 모의고사 3회 - 어휘편

1	②	2	④	3	③	4	②	5	②
6	②	7	①	8	①	9	②	10	②
11	②	12	②	13	④	14	③	15	③
16	②	17	④	18	②	19	①	20	①

1. [단어의 사전적 의미 파악]

'켯속'은 '일이 되어 가는 속사정' 또는 '복잡하게 얽힌 일의 사정이나 실상'이란 뜻으로 쓰이는 말이다. '포개어진 물건의 하나하나의 층'은 '켜'의 뜻풀이에 해당한다. 이와 관련하여 알아 둘 말은 '콩켜팥켜'이다. 사물이 뒤섞여서 뒤죽박죽된 것을 이르는 말이다.

2. [조건에 맞는 글쓰기]

④를 보면 특정 집단이 아닌 일반 대중을 대상으로 한 것임을 알 수 있다. 특별히 불쾌감을 유발할 것도 없다. 예시된 단어도 적절하다. 국어 어휘의 보전에 초점을 맞추고 있으니 주장도 일맥상통한다.

[더 알아두기]

① 특정 집단을 예상 독자로 한 광고 문안이다. 글쓴이의 주장을 너무 편협하게 수용했다.

② 특정 집단을 염두에 둔 것은 아니지만, 독자의 반감을 사기에 충분한 광고 문안이다.

③ 말도 변한다는 내용은 글쓴이의 주장과 어긋나는 것이다. 글쓴이는 사라져 가는 우리말을 아끼고 살려쓰자는 취지의 말을 하고 있기 때문이다.

3. [발화 상황의 파악]

글의 전반부를 보면 P는 일자리 구걸을 해야 하는 실업자 신세다. 마지막 문장에서 보듯이 방세와 전기세도 밀린 궁핍한 처지이다. 그런 P의 행색을 보고 담뱃가게 주인은 싼 담배인 '마꼬'를 내민 것이다. 그래서 비위 상한 P가 어쭙잖게 호기를 부려 비싼 담배를 달라고 하는 상황이다. 허장성세(虛張聲勢)를 부리고 있는 상황인 것이다.

－허장성세(虛張聲勢): 실속은 없으면서 큰소리치거나 허세를 부림.

[더 알아두기]

－초망착호(草網着虎): 썩은 새끼로 엮은 망으로 범을 잡으려고 한다는 뜻으로, 되지도 않을 일을 허황되게 꾀함을 이르는 말.

－야랑자대(夜郎自大): 용렬하거나 우매한 무리 가운데서 세력이 있어 잘난 체하고 뽐냄을 이르는 말. 중국 한나라 때에 서남쪽의 오랑캐 가운데서 야랑국이 가장 세력이 강하여 오만한 데서 유래한다.

－경거망동(輕擧妄動): 경솔하여 생각 없이 망령되게 행동함. 또는 그런 행동. '경망한 행동'으로 순화

4. [문맥적 의미의 파악]

'삼제(芟除)하다'는 '풀을 깎듯이 베어 없애 버리다'의 뜻이다. 결국 전후 문맥은 장래에 있을 수 있는 위협을 없애버린다는 의미가 된다. 이는 좋지 않은 일의 근본 원인이 되는 요소를 완전히 없애 버려서 다시는 그러한 일이 생길 수 없도록 함의 뜻인 '발본색원(拔本塞源)'과 일맥상통한다.

[더 알아두기]

－위편삼절(韋編三絕): 공자가 주역을 즐겨 읽어 책의 가죽끈이 세 번이나 끊어졌다는 뜻으로, 책을 열심히 읽음을 이르는 말.

－거두절미(去頭截尾): 「1」 머리와 꼬리를 잘라 버림. 「2」 어떤 일의 요점만 간단히 말함.

－절차탁마(切磋琢磨): 옥이나 돌 따위를 갈고 닦아서 빛을 낸다는 뜻으로, 부지런히 학문과 덕행을 닦음을 이르는 말.

5. [어구의 의미 파악]

'人道(인도)의 干戈(간과)'는 '인도주의라는 간과(=창과 방패/우호적인 시대 여건)'라는 뜻이다. 둘은 비유의 관계(→동격의 은유)로 맺어지는 데 '의'가 역할이 있는 것이다. 이와 달리 '他(타)의 怨尤(원우)'는 비유적 관계를 맺는 것이 아니다. '남이 하는 원망하고 꾸짖음'이란 의미이기 때문이다. 이때의 '의'는 앞 체언이 뒤 체언이 나타내는 행동이나 작용의 주체임을 나타낸다.

6. [단어 간의 관계 파악]

㉠의 '벌레잡이통풀'과 ㉡의 '특정의 구더기와 그 밖의 여러 생물'은 서로 이익을 주고받으며 생존해 나가는 관계, 즉 공생 관계를 이루는 생명체들이다. 이렇게 서로가 이익을 주고받으며 긴밀한 공생 관계를 이루는 것은 ②의 '개미'와 '진딧물'이다. 다른 것들은 공생 관계라 할 수 없다.

7. [구체적 정보의 이해]

꿈에서 깨어난 성진이 육관대사에게 "인간 세상에 윤회하는 꿈을 꾸었다"며 "이미 깨달았다"고 말하니 육관대사는 장자의 호접몽과 금강경의 설법을 통해 날카롭게 지적한다. 자아와 외물은 본디 하나여서 기준이 달라지면 인식이 달라지는 법인데, 성진이 현재의 기준으로 양소유의 삶이 진실하지 못했다고 말하니 그것은 진리를 깨닫지 못한 사람의 말이라는 것이다. 아무런 선입견 없이 보아야 참모습이 드러나는데, 현실계와 몽중계를 분별하려는 마음 자체가 이미 무상의 대상에 대한 집착인 것이다. 무엇을 분별하려는 마음 모두 그릇된 지식과 그릇된 집착에서 나오는 것이므로 진정한 깨달음은 그런 얽매임의 상까지 극복할 때 이루어진다고 설파한다. 즉 제행무상(諸行無常)의 진리, 즉 우주의 모든 사물은 늘 돌고 변하여 한 모양으로 머물러 있지 아니함을 깨우쳐 주고 싶은 것이다.

[더 알아두기]

－각곡유목(刻鵠類鶩): 고니를 새기려다 실패해도 집오리와 비슷하게는 된다는 뜻으로, ① 성현의 글을 배움에 그것을 완전히 다 익히지는 못하더라도 최소한 선인(善人)은 될 수 있다는 말. ② 학업에 정진하여 어느 정도 성과가 있다는 말.

8. [문맥적 의미의 파악]

'당연(當然)하다'는 '일의 앞뒤 사정을 놓고 볼 때 마땅히 그러하다'의 뜻이다. 문맥적으로 보면 줄을 서는 행위와 그에 따르는 결과가 그럴 만하다는 뜻이다. 일의 결과가 반드시 그렇게 될 수밖에 없다는 것이니 '필연적(必然的)'과 의미가 가장 유사하다.

9. [어법과 문맥에 맞는 표현]

'낸들'로 쓰면 잘못이다. '난들'을 '낸들'로 잘못 사용하는 이유는 크게 두 가지로 보인다.

첫째 일인칭 대명사 '나'에 '~라고 할지라도'의 뜻을 나타내는 보조사 '인들'이 붙은 '나인들'의 준말이라고 생각해서다. '나' 뒤에 '인들'이 올 수 없다. 받침 없는 체언이나 부사어 뒤에는 보조사 'ㄴ들'이 붙으므로 '난들'로 써야 한다. '인들'은 "무슨 말인들 못할까?" "내 마음인들 편하겠소."처럼 받침 있는 체언이나 부사어 뒤에 온다.

둘째 일인칭 대명사에 '나'와 '내' 두 가지 형태가 있어 '난들'과 '낸들'을 혼동하는 경향이 있다. 보조사 'ㄴ들' 앞에 '나'가 아닌 '내'를 넣어 '낸들'이라고 사용하는 것이다. '나'에 주격조사 '가'나 보격조사 '가' 붙으면 "내가 모두 책임지겠다." "장차 나라를 이끌 이는 내가 아니다"와 같이 '내'로 형태가 바뀌지만 다른 조사 앞에선 '나'로 쓰인다. '나도, 나를, 나보다' 등처럼 '나'와 'ㄴ들'이 결합한 꼴인 '난들'로 표현하는 게 맞는다.

[더 알아두기]
① '잡숫다'는 '잡수시다'가 줄어든 말이다. 그런데 본말이 줄어서 받침을 갖게 된 준말 중 받침이 'ㄱ, ㄷ, ㅅ, ㅈ, ㅊ'인 말(빅다, 딛다, 붓다, 잡숫다, 갖다, 닺다, 뉘읓다 등)은 모음으로 시작되는 어미('-으'계 어미, '-아/-어'계 어미)가 붙는 것을 허용하지 않는다. 따라서 '아버지는 진지를 잡숫고 계시다'는 가능해도 '아버지는 방금 진지를 잡숫어서 배가 부르시다'나 '연로하신 아버님께서 건강하게 식사를 잡숫으니 마음이 놓인다'처럼 써서는 안 된다. 이때는 본말의 활용형인 '잡수셔서'나 '잡수시니'로 써야 한다.
③ '이것저것 경위를 따지고 남을 공박하거나 자기 이론을 주장할 만한 말주변'이란 뜻으로는 '말주벽'을 쓴다. '말주변, 말주벽'이란 말은 있어도 '말주벽'이란 말은 없다.
④ '몹시 놀라거나 심한 괴로움을 겪어 진저리가 나다'의 뜻으로는 '데다'를 쓴다. '데이다'라고 쓰면 틀린다. '데다'는 굳이 피동형을 만들 필요가 없는 말이기 때문이다. 즉 '데었는지'라고 써야 맞는다. 같은 이치로 '그렇지 않아도 데인 가슴에 되레 겁만 더 먹고는'도 '그렇지 않아도 덴 가슴에 되레 겁만 더 먹고는'으로 고쳐 써야 맞는다.

10. [어법과 문맥에 맞는 표현]
'-으니 -으니' 또는 '-니 -니'의 구성으로 쓰이는 '-으니'와 '-니'는 '이러하기도 하고 저러하기도 하다'의 뜻을 나타내는 연결 어미이다. 둘의 쓰임이 좀 달라 주의가 필요하다.
먼저 'ㄹ'을 제외한 받침 있는 형용사 어간 뒤에는 '-으니'를 쓴다. 예를 들어 '많으니 적으니 하고'처럼 적지 '많니 적니 하고'처럼 적지 않는다.
다음 '이다'의 어간, 받침 없는 형용사 어간 또는 'ㄹ' 받침인 형용사 어간 뒤에는 '-니 -니' 구성으로 쓰인다.
⑩ 아프니 슬프니 하면서 능청을 떤다.
아무리 예쁘니 착하니 해 봤자 거기서 거기다.
그는 늘 반찬이 너무 짜니 다니 하면서 투정을 부린다.
[더 알아두기]
① '권커니 잣거니'는 '술 따위를 남에게 권하기도 하고 자기도 받아 마시기도 하며 계속하여 먹는 모양'을 이르는 말이다. 권커니 자커니(×)
③ '설명이나 변명 따위가 길고 구차하게'의 뜻으로는 '구구(區區)히'를 쓴다. 참고로 '한 구 한 구마다'의 뜻으로는 '구구(句句)이'를 쓴다.
④ '심한 충격으로 지나치게 접혀서 삔 지경에 이르다'의 뜻으로는 '접질리다'를 쓴다. '발목을 접지르는 일'과 같이 쓰지 않는다. '접지르다'라는 단어가 없기 때문이다.

11. [어법과 문맥에 맞는 표현]
사물이나 일 따위가 자신에게 해가 될까 하여 피하거나 싫어하다, 개운치 않거나 언짢은 데가 있어 마음에 걸린다고 할 때 '꺼려하다'라고 표현하는 경우가 많다. '싫다-싫어하다, 슬프다-슬퍼하다'의 예와 같이 '꺼리다'에 '-어하다'를 붙여 '꺼려하다'로 쓰는 것으로 보이나 '꺼리다'는 그 자체로 동사다. 형용사를 동사로 만드는 역할을 하는 '-어하다'를 붙여 사용할 이유가 없다. '꺼려하다'가 아니라 '꺼리다'가 올바른 표현이다.
[더 알아두기]
① 앰한나이: 연말에 태어나서 얼마 지나지 아니하여 나이 한 살을 더 먹게 된 경우의 나이.
세는나이: 태어난 해를 1년으로 쳐서 함께 세는 나이.
③ '체증'은 먹은 음식이 잘 소화되지 아니하는 증상을 이르는 말이다. '십 년 묵은 체증'이라고 하지 '십 년 먹은 체증'이라고 할 수 없는 이유이다.
④ '터울'은 한 어머니의 먼저 낳은 아이와 다음에 낳은 아이와의 나이 차이를 이르는 말이다. 그 쓰임이 매우 제한적이라는 데 유의해야 한다. '우리 아버지와 어머니는 네 살 터울이다.'와 같이 쓸 수 없다.

12. [문맥에 어울리는 단어의 사용]
'자인(自認)하다'와 '자임(自任)하다'를 혼동하기 쉽다. ②에는 '자인하다'가 어울린다.
자인(自認)하다: 스스로 인정하다. ⑩ 아이는 자기가 꽃병을 깨뜨렸다고 자인했다
- 자임(自任)하다: 「1」 임무를 자기가 스스로 맡다. ⑩ 그는 궂은일이란 궂은일은 모두 자임하고 나섰다. 「2」 어떤 일에 대하여 자기가 적임이라고 자부하다. ⑩ 김 과장은 사장의 오른팔 역할을 자임했다.
[더 알아두기]
① 막역(莫逆)하다: 허물이 없이 아주 친하다.
③ 상치(相馳)되다: 일이나 뜻이 서로 어긋나게 되다.
④ 파장(波長): 충격적인 일이 끼치는 영향 또는 그 영향이 미치는 정도나 동안을 비유적으로 이르는 말.

13. [올바른 한자의 사용]
'기운을 못 펴게 세력으로 내리누름'의 뜻으로는 '압박(壓迫)'을 쓴다. '압(壓)'은 '누르다, 억압하다'의 뜻이다. '억압(抑壓)'이라 쓰기도 한다. '압(押)'도 '누르다'의 뜻이다. '압정(押釘)'이나 '압수(押收)' 같은 데에 쓴다.

14. [올바른 한자의 사용]
'잘못이나 책임을 다른 사람에게 넘겨씌움'의 뜻으로 '전가(轉嫁)'를 쓴다. '전(轉)'은 '구르다, 바꾸다, 옮기다'의 뜻이 있다. '회전(回轉), 전환(轉換), 전용(轉用)'처럼 쓴다. '전(傳)'은 '전하다. 퍼지다, 알리다'의 뜻이 있다. '전기(傳記), 전파(傳播), 전신(傳信)'처럼 쓴다.

15. [단어의 올바른 사용]
'경감(輕減)하다'는 '부담이나 고통 따위를 덜어서 가볍게 하다'의 뜻이다. 따라서 이 동사의 목적어로는 '세금을 경감하다/고통을 경감하다/10년 형을 5년 형으로 경감하다'처럼 부담이 되는 것이 와야 한다. '손익(損益)'은 '손해와 이익을 아울러 이르는 말'이다. 따라서 '손익을 경감한다'는 말은 성립하기 어렵다. 이는 '조장(助長)하다'가 '바람직하지 않은 일을 더 심해지도록 부추기다.'의 뜻이어서 바람직한 일을 목적으로 하기 어렵다는 것과 비슷한 면이 있다.

16. [단어의 문맥적 의미 파악]
'치우치다'는 '균형을 잃고 한쪽으로 쏠리다'의 뜻이다. '치중(置重)하다'는 '어떠한 것에 특히 중점을 두다'의 뜻이다. ㉡을 '치중하다'로 바꾸어 쓸 수 없는 이유다. 한편 '편중(偏重)되다'는 '한쪽으로 치우치게 되다.'의 뜻이다. ㉡과 바꾸어 쓸 말로 적절한 이유다.

17. [단어의 문맥적 의미 파악]
㉠의 '굳어지다'는 '일이나 현상이 어떤 상태로 아주 자리를 잡아 바꾸거나 고칠 수 없게 되다.'의 뜻으로 쓰였다. ④도 그러하다.
[더 알아두기]
① (표정이나 태도가) 긴장하거나 유쾌하지 못하여 부드러운 기운이 사라지고 딱딱하게 되다.
② (근육이나 뼈마디가) 뻣뻣하게 되다.
③ (의지나 생각이) 흔들리거나 변하지 않을 만큼 강하고 확고하게 되다.

18. [어구의 문맥적 의미 이해]

　‘은근(慇懃)히’는 ‘행동 따위가 함부로 드러나지 아니하고 은밀하게’의 뜻이므로 ⓛ은 적절하다.

　① ‘부여잡다’는 ‘두 손으로 힘껏 붙들어 잡다’의 뜻이다.

　② ‘퇴(退)하다’는 ‘주는 물건 따위를 거절하여 물리치다’의 뜻이다.

　④ ‘듣거니 맺거니’는 ‘눈물 따위가 글썽글썽하여 방울방울 떨어지거니 맺히거니’의 뜻으로 쓰이는 관용구이다.

19. [한자성어의 이해]

　수령들은 궁실과 같은 곳에서 수레를 부리며 살고, 넉넉한 의복과 음식을 누리며 살고, 좌우에 종을 거느리고 산다. 그러면서 백성들을 수탈하고 있다. ‘세금을 가혹하게 거두어들이고, 무리하게 재물을 빼앗음’의 행태를 보여주고 있는 셈이니 ‘가렴주구(苛斂誅求)’라고 비판 받을 만하다.

[더 알아두기]

　–엄이도령(掩耳盜鈴): 귀를 막고 방울을 훔친다는 뜻으로, 모든 사람이 그 잘못을 다 알고 있는데 얕은꾀를 써서 남을 속이려 함을 이르는 말.

20. [단어의 의미 이해]

　우선 ‘간장이 녹다’는 다음과 같이 쓰인다.

　* 간장이 녹다: 「1」 무엇이 마음에 들어 정도 이상으로 흐뭇함을 느끼다. ≒간이 녹다. 예 그녀의 애교에 간장이 녹은 사내가 많다. 「2」 몹시 애가 타다. ≒간이 녹다. 예 네 소식 기다리느라고 내 간장이 녹는다.

　여기서는 「2」의 뜻으로 쓰인 것이다. 이 점에서 ‘애끓다, 애끊다. 애타다’와 뜻하는 바가 비슷하다.

　그러나 ‘애꿎다’는 ‘아무런 잘못 없이 억울하다’ 또는 ‘((주로 ‘애꿎은’ 꼴로 쓰여)) 그 일과는 아무런 상관이 없다‘의 뜻으로 쓰는 말이다.

　② 박인로 〈누항사〉의 부분이다. 화자의 빈곤하고 궁핍한 상황이 드러나고 있다.

　④ 송강 정철의 시조이다. 성권롱은 학자 성혼이고 정좌수는 정철이다. 성혼의 집에 술이 익었다는 소식에 누운 소를 발로 박차 안장만 놓고 눌러 타고는 어느새 성혼의 집 앞에 다다랐다. 생동감 넘치고 능청스럽다. 정철의 풍류와 흥겨움이 농촌의 전원적 정취와 잘 어우러진다.

교행직 맞춤형 모의고사 5회 정답 및 해설

1	④	2	④	3	③	4	①	5	②
6	②	7	②	8	①	9	①	10	④
11	③	12	③	13	②	14	①	15	④
16	④	17	①	18	③	19	③	20	①

1. 〈해설〉 [고전 소설의 이해]

화자의 실체를 추측할 수 있는 단서는 많다. 첫째, 인화부인, 즉 인두와 소임이 같다고 말한다. 크게 보면 쓰임이 비슷하다는 말일 것이다. 둘째, 구깃구깃한 것을 광둔(廣臀), 즉 널찍한 볼기로 편다고 했다. 셋째 풀 먹인 빨래를 널어 두었다가 광둔으로 반반하게 만든다고 했다. 이를 종합하면 다리미가 화자임을 알 수 있다.

〈더 알아두기〉

- 척 부인(자) : “제우는 들으라, 나는 세명지 굵은 명지 백저포 세승포와, 청홍녹라 자라(紫羅) 홍단(紅緞)을 다 내어 펼쳐 놓고 남녀의를 마련할 새, 장단광협이며 수품 제도를 나 곧 아니면 어찌 일이리오. 이러므로 의지공(衣之功)이 내 으뜸되리라.”
- 교두 각시(가위) : 양각(兩脚)을 빨리 놀려 내다라 이르되, “척 부인아, 그대 아모리 마련을 잘 한들 버혀 내지 아니하면 모양 제되 되겠느냐. 내 공과 내 덕이니 네 공만 자랑마라.”
- 세요 각시(바늘) : 가는 허리 구붓기며 날랜 부리 두루혀 이르되, “양우의 말이 불가하다. 진주 열 그릇이나 꿴 후에 구슬이라 할 것이니, 재단에 능소능대하다 하나 나 곧 아니면 작의(作衣)를 어찌하리오. 세누비 미누비 저른 솔 긴 옷을 이루미 나의 날내고 빠름이 아니면 잘게 뜨며 굵게 박아 마음대로 하리오. 척 부인의 자혀 내고 교두 각시 버혀 내다 하나 내 아니면 공이 없으려든 두 벗이 무삼 공이라 자랑하나뇨.”
- 청홍 각시(실) : 얼골이 붉으락 프르락 하야 노왈, “세요야. 네 공이 내 공이라. 자랑마라. 네 아모리 착한 체하나 한 솔 반 솔인들 내 아니면 네 어찌 성공하리오.”
- 감토 할미(골무) : “각시님네, 위연만 자랑 마소. 이 늙인이 수말 적기로 아가시내 손부리 아프지 아니하게 바느질 도와 드리나니 고어에 운, 닭의 입이 될지언정 소 뒤는 되지 말라 하였으니, 청홍 각시는 세요의 뒤를 따라 다니며 무삼 말 하시나뇨. 실로 얼골이 아까왜라. 나는 매양 세요의 귀에 질리었으되 낯가족이 두꺼워 견딜 만하고 아모 말도 아니 하노라.”
- 인화 낭자(인두) : “그대네는 다토지 말라. 나도 잠간 공을 말하리라. 미누비 세누비 눌로 하여 저가락 같이 고으며, 혼솔이 나 곧 아니면 어찌 풀로 붙인 듯이 고으리요. 침재 용속한 재 들락날락 바르지 못한 것도 내의 손바닥을 한번 씻으면 잘못한 흔적이 감초여 세요의 공이 날로 하여 광채 나나니라.”

2. 〈해설〉 [조사의 올바른 사용]

‘전달하다’는 ‘~을 ~에/에게 전달하다’의 구성으로 쓰이는 경우가 있다. 이때 ‘에게’는 사람이나 동물 따위를 나타내는 체언 뒤에 붙어 쓰인다. ‘주체 측’은 사람이나 동물에 해당하는 것이 아니므로 ‘주체 측에’로 고쳐 써야 한다. 물론 ‘주체 측의 관계자에게’라면 사정이 다르다.

〈예〉
- 오늘 회의에서 결정된 내용을 각 부서에 전달하시오.
- 우리는 우리 학교와 자매결연을 맺은 군대에 위문품을 전달하였다.
- 임 부장은 사장의 지시를 한마디도 빠짐없이 모든 직원에게 전달했다.
- 집배원은 매일 우리에게 우편물을 전달해 주는 고마운 분이다.

〈더 알아두기〉

① ‘한(限)하다’는 ‘~에 한하다’의 구성으로 쓰이는 동사이다.

② ‘에서’는 앞말이 어떤 일의 출처임을 나타내는 격 조사로 적절히 쓰였다.

③ ‘배치되다’는 ‘~에(~과) 배치되다’의 구성으로 쓰여, ‘서로 반대로 되어 어그러지거나 어긋나게 되다’의 뜻을 나타내는 동사다.

3. 〈해설〉 [올바른 띄어쓰기]

‘-씩’은 ‘그 수량이나 크기로 나뉘거나 되풀이됨’의 뜻을 더하는 접미사이다. 항상 앞말에 붙여 쓴다.

〈예〉　조금씩/며칠씩/하나씩/두ㆍ사람씩/열ㆍ그릇씩/다섯ㆍ마리씩/한ㆍ번씩/한ㆍ걸음씩

〈더 알아두기〉

① ‘남을 업신여기거나 무시하는 태도로 흘겨보다’의 뜻으로 쓰이는 ‘백안시(白眼視)하다’는 한 단어이므로 붙여 쓴다.

② ‘이외’는 조사가 아니라 명사이므로 앞말에 붙여 쓰지 않는다.

④ 어미 ‘-는지’와 의존명사 ‘지’를 구별하여 쓸 수 있는지를 평가하는 문제이다. 여기서는 막연한 의문이 있는 채로 그것을 뒤 절의 사실이나 판단과 관련시키는 데 쓰는 연결 어미로 쓰였다. 한편 의존명사 ‘지’는 어떤 일이 있었던 때로부터 지금까지의 동안을 나타내는 말로 쓰인다.

〈예〉 그를 만난 지도 꽤 오래되었다./집을 떠나온 지 어언 3년이 지났다./강아지가 집을 나간 지 사흘 만에 돌아왔다.

4. 〈해설〉 [고사성어의 이해]

‘앙급지어(殃及池魚)’는 공연히 재난에 휩쓸려 이유 없이 화를 당한다는 뜻의 고사성어다. 춘추시대 송나라 때 한 죄인이 귀한 보물을 다른 곳에 숨겨 놓고 연못에 버렸다고 거짓말을 하자 사람들이 보물을 찾기 위해 연못의 물을 퍼냈고 그러자 애꿎은 연못의 물고기만 죽게 되었다는 데서 유래된 고사성어다. 주식시장의 폭락이 결정적인 문제가 아닌 경제 외적인 요인에 의한 것이라는 내용과 어울린다.

〈더 알아두기〉

② 전화위복(轉禍爲福): 재앙과 화난이 바뀌어 오히려 복이 됨.

③ 새옹지마(塞翁之馬): 인생의 길흉화복은 변화가 많아서 예측하기가 어렵다는 말.

④ 고성낙일(孤城落日): 외딴 성과 서산에 지는 해라는 뜻으로, 세력이 다하고 남의 도움이 없는 매우 외로운 처지를 이르는 말.

5. 〈해설〉 [한자의 올바른 표기]

‘주거 부정’은 ‘주거(住居) 부정(不定)’이라 쓴다. 이때의 ‘부정(不定)’은 ‘일정하지 아니함’의 뜻이다. ‘부정’의 동음어로는 다음과 같은 것이 있다.

- 부정(不正) : 올바르지 아니하거나 옳지 못함.

　〈예〉 부정 축재/입시 부정/부정을 방지하다/부정을 저지르다.

- 부정(否定) : 그렇지 아니하다고 단정하거나 옳지 아니하다고 반대함.

　〈예〉 그녀는 긍정도 부정도 아닌 미소만 지었다.

- 부정(不淨) : 깨끗하지 못함. 또는 더러운 것.

　〈예〉 임신 중에는 부정한 것을 멀리하는 것이 좋다.

- 부정(不貞) : 부부가 서로의 정조를 지키지 아니함.

　〈예〉 외간 남자와 부정을 저지르다.

〈더 알아두기〉

① 보고(報告) : 일에 관한 내용이나 결과를 말이나 글로 알림.

　〈예〉 사건에 대한 보고가 상부에 들어갔다.

보고(寶庫) : 귀중한 것이 많이 나거나 간직되어 있는 곳.

예 사전은 한마디로 지식의 보고다.

③ 예방(豫防) : 질병이나 재해 따위가 발생하지 않도록 미리 대비하여 막음.

예 병은 치료보다 예방이 더 중요하다.

예방(禮訪 : 예를 갖추어 인사차 방문함.

예 신임 외국 대사가 대통령을 예방해 환담을 나누었다.

④ 제재(制裁) : 습관이나 규정에 어그러짐이 있을 때에 그것을 금지하고 나무람.

예 수업 시간에 떠드는 사람에게는 제재가 필요하다.

제재(題材) : 예술 작품 등에서 주제를 효과적으로 표현하기 위해 선택되는 이야기의 재료.

예 그 연극은 남녀의 애정을 제재로 한 작품이다.

6. 〈해설〉 [듣기의 자세 이해]

새 교육과정에 따른 듣기 문제, 특히 공무원 시험 형태에 맞는 문제라 할 수 있다. 답지에 제시된 듣기의 4가지 자세에 대해 익혀둘 필요가 있다. 주어진 대화에서 교사는 처음부터 끝까지 학생의 처지에서 학생의 말을 이해하고 있다. 때로는 학생의 말에 관심을 표하며 그대로 말을 받아 주는 반응을 보이기도 하고, 때로는 학생이 표현한 말을 정리하거나 미처 표현하지 못한 말들을 이끌어 내주는 반응을 보이기도 한다. 이렇듯 상대에게 감정을 이입하여 상대의 말을 들어주는 것을 '공감적 듣기'라 한다.

〈더 알아두기〉

① 협력적 듣기 : 화자가 말하고 싶어 하는 내용을 말할 수 있도록 환경을 조성해 주고, 화자의 발언이 완결된 내용과 형식을 취할 수 있도록 돕는 행위를 말한다.

③ 추리적 듣기 : 의사소통 상황에서 상대의 말을 듣거나 다른 참여자들이 주고 받는 말을 들으면서 화자의 발언에 생략되었거나 표현되지 않은 내용을 추리하여 자신의 발언을 준비하거나 자신의 이해를 확장하는 데 활용하는 행위를 말한다.

④ 평가적 듣기 : 상대방이 말한 내용을 신뢰성, 타당성, 공정성 측면에서 판단하며 듣는 행위를 말한다.

7. 〈해설〉 [관용 표현의 이해]

ㄴ과 ㅁ을 통해 추론할 수 있는 것은 서술어만으로는 의미 쏠림이 일어날 것인지 아닌지를 판단하기 어렵다는 것이다. ㄴ과 ㅁ의 공통적으로 '치다'를 서술어를 가진 관용 표현이다. 그런데 전자의 경우는 의미 쏠림이 일어나지만, 후자의 경우는 그렇지 않기 때문이다.

8. 〈해설〉 [발화의 이해]

'-답니다'는 '-다고 합니다'가 줄어든 말이다. 이 경우는 대개 인용 발화가 된다. 구체적으로 ②는 '어제는 열차가 30분이나 연착했다고 합니다.'로, ③은 '밖에는 비바람이 몰아치고 있다고 합니다.', ④는 '그 나라 풍습은 정말 흥미롭다고 합니다.'로 고쳐 쓸 수 있다. ①은 그렇지 아니하다. 이때의 '-답니다'는 화자가 이미 알고 있는 것을 객관화하여 청자에게 일러 줌을 나타내는 종결 어미이다. 대개 친근하게 가르쳐 주거나 자랑하는 따위의 뜻이 섞여 있다. '저는 아주 건강하답니다.'가 그런 예이다. 한편 '내가 심은 채송화도 잘 피었답니다.'는 구체적인 문맥이 없으면 두 가지 중 어느 뜻으로 쓰였는지 좀 분간하기 어려운 면이 있다.

9. 〈해설〉 [표준 발음의 이해]

강조의 뜻을 나타내는 보조사 '이야'는 형식 형태소이다. 앞말의 마지막 받침 'ㅍ'을 제 음가대로 뒤 음절의 첫소리로 옮겨 발음한다. '아래'는 모음으로 시작하기는 하지만 실질 형태소이다. 따라서 앞말의 받침 'ㅍ'을 대표음으로 바꾸어서 뒤 음절의 첫소리로 옮겨 발음한다.

〈더 알아두기〉

② 조사 '이나'와 '에서'는 모두 형식 형태소이다.

③ '으로'와 달리 '옷'은 형식 형태소가 아니라 실질 형태소이다.

④ '에'와 '이랑'은 모두 형식 형태소이다.

10. 〈해설〉 [훈민정음의 이해]

(가)는 연서법에 대한 설명이다. 'ㅸ'은 연서법에 따라 만들어진 글자다. "ㅇ連書脣音之下 則爲脣輕音者 以輕音脣乍合而喉聲多也(ㅇ을 입술소리 아래에 이어 쓰면 순경음이 되는 것은 가벼운 소리로써 입술이 잠깐 닿기 때문에 목구멍소리가 많기 때문이다.)"라고 했다. 순경음에는 'ㅸ, ㅱ, ㆄ, ㅹ'이 있었는데, 우리말 고유어를 적는 데에는 'ㅸ'만이 쓰였다.

(나)는 나란히쓰기〔竝書法 : 글바쓰기〕에 대한 설명이다. 병서에는 다음과 같은 것이 있다.

① 각자 병서(各字竝書) : 같은 초성(자음)을 두 개 나란히 쓰는 방법으로, 전탁자이다.

예 ㄲ, ㄸ, ㅃ, ㅉ, ㅆ, ㆅ, ㅇㅇ, ㄴㄴ

② 합용 병서(合用竝書) : 서로 다른 초성(자음)을 두 개나 세 개 나란히 쓰는 방법으로, 중성도 합용될 수 있다.

유형	종류	보기	특징
'ㅅ' 계	ㅺ, ㅼ, ㅽ	꿈, 또, 쓰리다	된소리로 발음
'ㅂ' 계	ㅳ, ㅄ, ㅶ, ㅷ	쓰다, 뿔, 뽁	두 소리로 발음 → 16C 된소리
'ㅄ' 계	ㅴ, ㅵ	ㅵ, 뺴[時]	된소리와 이중 발음, 선조 이후 소멸

11. 〈해설〉 [현대시의 종합적 감상]

이 시에서 꽃이 떨어지는 모습은 '무성한 녹음', '열매 맺는 가을'로 이어지고 있다. 곧 낙화와 이별의 슬픔에서 미래의 성숙을 읽어 내고 있는 것이다. 물론 일반적으로 '녹음'과 '열매'가 '풍요'를 상징할 수는 있을 것이다. 그러나 이 작품의 맥락에서 '낙화'를 가난과 절망으로, 그것과 연결하여 '녹음과 열매'를 풍요로운 세계로 읽는 것은 적절하지 않다.

12. 〈해설〉 [발상의 이해와 적용]

불가능한 상황을 통하여 영원한 사랑을 다짐하고 있다는 것이 발상의 특징이다. 사각사각 소리가 나는 가는 모래 언덕에 구운 밤 닷 되를 심는다. 그리고 그 밤이 움이 돋아 싹이 나야만 유덕(有德)하신 임을 여의고 싶다는 발상이 그러하다. '오리의 짧은 다리 학의 다리가 되도록' 또 '검은 까마귀 해오라기 되도록'이라는 표현 역시 불가능한 상황을 설정하는 방식으로 소망의 절실함을 노래하고 있다.

〈더 알아두기〉 오관산(五冠山)

나무토막으로 조그마한 당닭을 새겨 / 젓가락으로 집어다가 벽에 앉히고 / 이 닭이 꼬끼오 하고 때를 알리면 / 그제사 어머님 얼굴 늙으시옵소서[木頭雕作小唐鷄 筋子拈來壁上栖 此鳥膠膠報時節 慈顔始似日平西].

고려 시대에 문충(文忠)이 지은 가요다. 원래의 노래는 전하지 않으나, 노래의 내력과 이제현(李齊賢)의 칠언절구 한해시(漢解詩)가 『고려사』 악지 속악조(俗樂條)에 전한다. 『고려사』에 따르면, 문충은 오관산 아래에 살면서, 어머니 봉양을 위하여 30 리나 되는 개성까지 매일 벼슬살이를 갈 정도로 어머니에 대한 효성이 극진하였다고 한다. 그러면서 자기 어머니가 늙은 것을 개탄하여 이 노래를 지었다고 한다. 발상이 〈정석가〉와 유사하다는 것을 반드시 기억해 두어야 한다.

13. 〈해설〉 [표현 방식의 이해]

묘사에 해당한다. 눈깔, 몸뚱어리, 입 등으로 공간적인 이동이 있고, 그것에 따라 내용이 서술되고 있다.

14. 〈해설〉 [조건에 맞는 글쓰기]

㉠ 이[齒]의 딱딱함이라는 속성과 혀[舌]의 부드러움이라는 속성이 대립적이다.

㉡ '이[齒]:혀[舌]=아버지:어머니'와 같은 관계를 이루는 것이므로 유추적 발상이다. 물론 대조가 내재되어 있다.

㉢ 언급된 네 가지가 제 나름의 가치를 가지고 있음을 암시하는 글이다.

한 가지 의문은 위의 이야기를 (가)의 상황과 어떻게 융화하는가의 문제다. '조화의 가치'라는 내용으로는 쉽게 연결된다. 그런데 이를 자주 다투는 학생에게 말하는 것이 어떤 의미에서 적절한 충고가 될 수 있는지는 분명하지 않다.

〈더 알아두기〉

② '조화의 가치'라는 주제를 살리기 어려운 내용이다.

③ '광명과 암흑'은 대립적인 속성을 지닌 '사물'을 이용한 것이 아니다. 유추에 해당하지도 않는다.

④ '조화의 가치'라는 주제를 살리기 어려운 내용이다. 특히 후반부가 그렇다. 아니 그 자체로 응집성이 떨어지는 글이라 무슨 말을 하려는 것인지 알 수 없다.

15. 〈해설〉 [문법 범주의 이해]

능동사 '먹다'의 피동사로 '먹히다'가 있다. 하지만 '영희가 가래떡을 먹었다.'를 '가래떡이 영희에게 먹혔다.'로 바꾸면 부자연스럽다. '사자가 사슴을 먹었다.'를 '사슴이 사자에게 먹혔다.'로 고쳐도 자연스러운 것과는 사정이 다르다.

〈더 알아두기〉

① → 옷이 옷걸이에 걸렸다.

② → 소식이 사람들에게 알려졌다.

③ → 이 탑이 언제 복구되나요?

16. 〈해설〉 [음운 변동의 이해]

㉣은 모두 구개음화에 해당하는 예이다. 구개음화(=센입천장소리되기)는 경구개음이 아닌 음운이 경구개음으로 변동되는 현상이다. 구체적으로 끝소리가 'ㄷ, ㅌ'인 형태소가 'ㅣ'나 반모음 'ㅣ' 앞에서 경구개음인 'ㅈ, ㅊ'로 바뀌는 현상이 구개음화이다. 결국 구개음화는 'ㅣ'가 음운 변화의 원인을 제공하는 것이므로 음운 동화에 해당한다. 그런데 이를 선행 모음의 영향으로 후행 자음이 변화하는 것으로 설명하는 것은 잘못이다. '해돋이[해도지], 굳히다[구치다], 같이[가치]'의 경우 선행 모음이 각각 'ㅗ, ㅜ, ㅏ'여서 그런 설명이 가능하지 않기 때문이다.

〈더 알아두기〉

① 음절의 끝소리 규칙에 해당하는 예들이다. 모두 음절의 끝소리 위치에서 'ㅋ → ㄱ, ㅎ → ㄷ, ㅍ → ㅂ'의 음운 교체가 이루어지고 있다.

② 자음군 단순화(ㄱㅅ → ㄱ, ㄹㅂ → ㄹ, ㄹㅅ → ㄹ)에 해당한다. 자음군 단순화는 음운 탈락에 해당한다.

③ 'ㄴ' 첨가에 해당하는 예들이다. '입, 이불, 일' 등 'ㅣ' 모음으로 시작하는 형태소 앞에서 음운 첨가가 이루어지고 있다.

17. 〈해설〉 [세부 정보의 파악]

자유권이 국가로부터의 부당한 간섭의 배제를 의미한다면, 사회권은 국가에 대하여 배려를 요구하는 것을 의미한다는 설명은 적절하다. 자유와 권리는 단순하게는 권력이 행하는 간섭 또는 억압의 배제를 의미했다고 하였고, 사회권은 국가와 사회에 대하여 무엇인가를 해줄 것을 요구하는 권리라고 하였기 때문이다.

〈더 알아두기〉

② 사회권도 자유권과 마찬가지로 권리로서 성격을 가지느냐에 대해 견해가 분분하다고 하였으므로 적절하지 않은 설명이다.

③ 역사적으로 자유권을 두고 권리 확대의 과정에서 성립한 것이라 할 수 있겠지만, 사회권을 두고는 개인의 권리를 제한하는 과정에서 성립한 것이라고 하기는 어렵다. 오히려 인간다운 생활이 가능하도록 국가가 개인을 적극적으로 도와주어야 할 의무가 요청되기 시작했고, 그래서 나온 인권 개념의 하나가 사회권이다.

④ 사회권을 두고 개인과 국가 간의 권리 관계에 관련한 인권 문제라고 한 것은 적절하다. 그러나 자유권을 두고 개인과 개인 간의 권리 관계에 관련한 인권 문제라고 한 것은 적절하지 않다.

18. 〈해설〉 [새로운 내용의 생성]

'여러 학습 방법을 비교하여'에 해당하는 내용을 찾기가 어렵다.

〈더 알아두기〉

① '목적지와 여행 일정을 고려해야 합니다'와 어울리는 내용이다.

② '무게는 자기 체중의 1/3을 넘지 않는 것이 좋습니다'와 어울리는 내용이다.

④ '가벼운 물건은 아래에, 무거운 물건은 위에 넣어야 체감 하중을 줄일 수 있습니다.'와 어울리는 내용이다.

19. 〈해설〉 [고유어의 이해]

'떡비'는 가을에 비가 내리면 떡을 해 먹는다고 하여, 가을에 내리는 비를 이르는 말이다. 풍년이 들어 떡을 해 먹을 수 있게 하는 비라는 뜻으로, 요긴한 때에 내리는 비를 이르는 말로 쓰인다. 참고로 '봄비는 잠 비요 가을비는 떡 비라'라는 북한 속담은 '봄철에는 식량이 귀하기 때문에 비 오는 낮에 낮잠이나 자지만 가을에는 낟알이 흔하기 때문에 비 오는 날에는 쉬면서 떡을 해 먹을 수 있음을 비유적으로 이르는 말'이고, '여름비는 잠비 가을비는 떡비'라는 속담은 여름에 비가 오면 낮잠을 자게 되고, 가을에 비가 오면 떡을 해 먹게 된다는 말이다.

〈더 알아두기〉

① 다 같은 이인데 자질구레하게 어금니 앞니 따진다는 뜻으로, 아주 자질구레한 것을 이르는 말.

② '알땅'은 초목이 없는 발가벗은 땅, 즉 나지(裸地)의 뜻으로도 쓰인다.

④ 늑가쾌(家儈).

20. 〈해설〉 [맞춤법의 이해]

'얼마큼'은 '얼마만큼'이 줄어든 말이다. '얼만큼'으로 적지 않는다.

〈더 알아두기〉

② '게나예나'는 '거기나 여기나'가 줄어든 말이다.

③ '고래도'는 '고러하여도'가 줄어든 말이다.

④ '저럼하다'는 '저렇게 하다'가 줄어든 말이다.

교행직 맞춤형 모의고사 6회 정답 및 해설

1	④	2	②	3	①	4	②	5	④
6	③	7	③	8	④	9	③	10	①
11	④	12	④	13	③	14	③	15	④
16	③	17	①	18	②	19	③	20	④

1. 〈해설〉 [문장 부호의 올바른 사용]

의문문이나 의문을 나타내는 어구의 끝에 물음표(?)를 쓴다. 그러나 한 문장 안에 몇 개의 선택적인 물음이 이어질 때는 맨 끝의 물음에만 쓰고, 각 물음이 독립적일 때는 각 물음의 뒤에 쓴다. ④에서 각각의 물음은 독립적이므로 각각 물음표를 써야 한다. 즉 "너는 여기에 언제 왔니? 어디서 왔니? 무엇하러 왔니?"라고 표기해야 맞는다.

〈더 알아두기〉

① 열거할 어구들을 일정한 기준으로 묶어서 나타낼 때 가운뎃점(·)을 쓴다.

③ '3.1 운동'은 특정한 의미가 있는 날이다. 새 문장부호법에 따를 때 특정한 의미가 있는 날을 표시할 때 월과 일을 나타내는 아라비아 숫자 사이에는 마침표를 쓰거나 가운뎃점을 쓸 수 있다. 즉 '3.1 운동'도 맞고, '3·1 운동'도 맞는다. 물론 '3.1. 운동'이나 '3·1·운동'은 맞지 않는다.

2. 〈해설〉 [외래어 표기법]

외래어 표기법에 따라 짧은 모음 다음의 어말 무성 파열음([p], [t], [k])은 받침으로 적는다. 따라서 '카펫'으로 적어야 한다.

〈더 알아두기〉

① 짧은 모음 다음의 어말 무성 파열음([p], [t], [k])은 받침으로 적는다.

③ 제2항에 따라 자음 앞에 위치한 유성 파열음에 '으'를 붙여 적는다.

④ 무성 파열음이 어말에 위치한 경우 짧은 모음 다음이 아니라면 '으'를 붙여 적는다.

3. 〈해설〉 [훈민정음 이해]

'ㄴ'에 대한 설명이다. 'ㄴ'은 舌音(설음, 혓소리)으로 象舌附上腭之形(상설부상악지형), 즉 윗잇몸에 혀가 붙은 모양을 본떠 만들었다는 것이다. 'ㄱ'은 牙音(아음, 어금닛소리)으로 象舌根閉喉之形(상설근폐후지형), 즉 혀뿌리가 목구멍을 막은 모양을 본떠 만들었다.

〈더 알아두기〉

② ㄴ : 〈훈민정음〉에서는 'ㅅ, ㅆ, ㅈ, ㅉ, ㅊ'을 묶어 치음(닛소리)으로 분류하였으며, 'ㄷ, ㄸ, ㅌ'과 'ㄴ'은 설음(舌音, 혓소리)으로 따로 분류하였다. 기본 글자인 'ㅅ'은 이의 모양을 본떴다[齒音ㅅ象齒形]고 하였는데, 이로부터 획을 더하든가[加書] 나란히 써서[並書] 'ㅈ, ㅊ'과 'ㅆ, ㅉ' 등의 글자를 만들었다.

③ ㄷ : 자음 자모의 기본자는 'ㄱ, ㄴ, ㅁ, ㅅ, ㅇ', 가획자는 각각 'ㅋ, ㄷ·ㅌ, ㅂ·ㅍ, ㅈ·ㅊ, ㆆ·ㅎ'이다.

④ ㄹ : 모음 자모의 기본자는 'ㆍ, ㅡ, ㅣ', 초출자는 'ㅗ, ㅏ, ㅜ, ㅓ', 재출자는 'ㅛ, ㅑ, ㅠ, ㅕ'다.

4. 〈해설〉 [적절한 단어의 사용]

음식물을 두드려 깨뜨린다는 의미이므로, '부숴'로 써야 한다. 기본형은 '부수다'다.

부시다01 : 빛이나 색채가 강렬하여 마주 보기가 어려운 상태에 있다.

부시다02 : 그릇 따위를 씻어 깨끗하게 하다.

부수다 : 단단한 물체를 여러 조각이 나게 두드려 깨뜨리다.

〈더 알아두기〉

① 벼리다 : 1. 무디어진 연장의 날을 불에 달구어 두드려서 날카롭게 만들다. 2. 마음이나 의지를 가다듬고 단련하여 강하게 하다.

벼르다 : 어떤 일을 이루려고 마음속으로 준지를 단단히 하고 기회를 엿보다.

③ 박이다 : 1. 버릇, 생각, 태도 따위가 깊이 배다. 예 주말마다 등산하는 버릇이 몸에 박여 이제는 포기할 수 없다. 2. 손바닥, 발바닥 따위에 굳은살이 생기다. 예 마디마디 못이 박인 어머니의 손.

박히다 : '박다'의 피동사. 예 벽에 박힌 못을 빼내다/창이 그의 가슴에 박혔다.

④ 웬 : 「관형사」 1. 어찌 된. 2. 어떠한.

왠지 : 「부사」 왜 그런지 모르게. 또는 뚜렷한 이유도 없이.

5. 〈해설〉 [단어의 형성 방법]

용언의 어간 '덮-'과 용언 '누르다'가 연결된 합성 동사다. 본래 용언과 용언이 연결될 때에는 보조적 연결어미가 쓰이는데, 이 경우는 그 연결어미가 생략된 형태이다. '덮어누르다'였으면 통사적 합성어가 된다.

〈더 알아두기〉

① 체언 '힘'에 용언 '쓰다'가 연결된 합성 동사다. '돈 내다', '문 닫다'처럼 우리말에서 목적격 조사를 생략하는 경우는 흔하다. 따라서 '힘쓰다'는 통사적 합성어다.

② 용언 '들다'와 '나다'가 연결된 합성 동사다. 이때 연결 어미가 필요한데, 여기서 연결 어미 '-고'가 나타났으므로 '들고나다'는 통사적 합성어다.

③ 용언 '깎다'와 '지르다'가 연결된 합성 동사다. 연결 어미 '-아'가 나타난 통사적 합성어다.

6. 〈해설〉 [한자성어의 이해]

『맹자(孟子)』 진심편(盡心篇)에 나오는 글이다. 군자가 성인이 되기 위해서는 아래서부터 수양을 쌓아야 함을 일깨우는 말이다. '등고자비(登高自卑)'는 높은 곳에 오르려면 낮은 곳에서부터 출발해야 한다는 뜻으로, 모든 일에는 순서가 있다는 말이다.

〈더 알아두기〉

① '종선여등 종악여붕(從善如登 從惡如崩)'의 부분. 선을 좇는 일은 산을 오르는 것과 같고, 악을 좇는 일은 무너져 내리는 것과 같다는 뜻으로, 좋은 일을 배워 행하기는 높은 산을 오르는 것처럼 어렵지만 나쁜 일을 배워 타락하기는 무너져 내리는 것처럼 쉽다는 것을 비유하는 말이다.

② 서제막급(噬臍莫及) : 배꼽을 물려고 해도 입이 닿지 않는다는 뜻으로, 일이 그릇된 뒤에는 후회해도 아무 소용이 없음을 비유한 말이다. 사람에게 붙잡힌 사향노루가 자신의 배꼽에서 나는 사향 냄새 때문에 붙잡힌 줄로 여겨 자신의 배꼽을 물어뜯었다는 데서 온 말이다.

④ 안고수비(眼高手卑) : 눈은 높으나 손은 낮음이란 뜻으로 눈은 높으나 실력은 따라서 미치지 못함, 혹은 이상만 높고 실천이 따르지 못함을 이르는 말이다.

7. 〈해설〉 [어법에 맞는 문장]

'여간'은 그 상태가 보통으로 보아 넘길만한 것임을 의미하며 부정의 의미를 나타내는 말과 함께 쓰인다. 따라서 '*그 일은 여간 힘들었다.', '*오늘 여간 기쁘다.'는 각각 '그 일은 여간 힘들지 않았다.', '오늘 여간 기쁘지 않다.'로 고쳐야 한다.

〈더 알아두기〉

① '접수(接受)하다'는 '신청이나 신고 따위를 구두나 문서로 받다.'라는 의미다. '접수(接受)'의 주체는 신고 따위를 받는 쪽이다. 따라서 '제출(提出)하시기 바랍니다.' 정도로 고쳐야 한다.

② '사고 원인을 마련(?)한다'는 것은 적절하지 않다. '사고 원인'은 규명해야 할 대상이다. 따라서 '지금 가장 시급한 것은 사고 원인을 규명하고 재발 방지 대책을 마련하는 것이다.'로 고쳐야 한다.

④ 부사어 '모름지기'는 '-어야 한다'와 결합하여 명제에 대한 화자의 태도를 명시적으로 나타낸다. 이와 같이 부사어가 특정 어미와 결합하여 화자의 태도를 드러내는 예로는 '무릇 ~(어)야 한다', '과연 ~(는)구나', '마땅히 ~야 한다.' 등이 있다.

8. 〈해설〉 [속담의 이해]

'말로 온 동네 다 겪는다.'는 '음식이나 물건으로는 힘이 벅차서 많은 사람을 다 대접하지 못하므로 언변으로나마 잘 대접한다는 말.' 또는 '말로만 남을 대접하는 체한다는 말.'이다. 여기서는 남에게서 헐뜯는 말을 듣게 될 운수, 즉 구설수에 올랐다는 말이 적당하다.

〈더 알아두기〉

① 말은 보태고 떡은 뗀다 : 말은 퍼질수록 더 보태어지고, 음식은 이손 저손으로 돌아가는 동안 없어지는 것이라는 말.
② 말은 앵무새 : 말은 그럴듯하게 잘하나 실천이 없는 사람을 이르는 말.
③ 말이 씨가 된다 : 늘 말하던 것이 마침내 사실대로 되었을 때를 이르는 말.

9. 〈해설〉 [국어의 순화]

'살구색(--色)'은 살구의 빛깔과 같이 연한 노란빛을 띤 분홍색을 말한다. 인종 차별적인 단어 사용으로 보기 어렵다. 만약 '살색'이라고 한다면, 문맥에 따라 인종 차별적인 단어 사용일 수가 있다.

〈더 알아두기〉

① 서울 중심주의가 반영된 문장이다. '지방대'가 그렇고, '상경'이 그렇다.
② '처녀작'은 여성에 대한 편견이 반영된 말이다. 역시 남성 중심주의가 반영된 것이다.
④ '미망인(未亡人)'은 남편이 죽은 여성을 가리키는 말이다. 일견 상대를 대접하는 말처럼 들린다. 실제로도 그런 의도를 가지고 쓴다. 그러나 사전이 전하는 뜻은 그렇지 않다. '아직[未] 따라 죽지[亡] 못한 사람[人]'이다. 남편을 따르지 못하고 있는 죄인이라는 의미다. 역시 남성 중심주의적 사고를 반영하고 있다.

10. 〈해설〉 [논지의 파악]

우물은 퍼내면 늘 물이 가득하지만, 긷기를 그만두면 물이 말라 버린다고 했다. 소비를 하지 않으면 생산이 이루어지기 어렵다는 말이다. 글쓴이는 생산을 활성화하려면 소비가 활발해야 한다고 역설하고 있는 것이다.

11. 〈해설〉 [글의 개괄적 이해]

농경과 보건 등 사회에서 야기되는 문제점을 극복하기 위해 창의성을 발현한 결과, 인구 과잉과 환경오염과 같은 또 다른 문제가 발생하였다. 그리고 이를 해결하기 위해 창의성이 필요하다고 밝히고 있다. 따라서 애초부터 창의성이 없었다면 인류가 생존의 위협을 받지 않았을 것이라는 ④는 옳지 않다. 오히려 창의성이 없었다면 자연 환경에 적응하지 못하고 인류가 멸종했을 것이라고 보는 것이 맞는다.

12. 〈해설〉 [고전 문학의 이해]

'토별가(兎鱉歌)'의 일부다. ④는 토끼가 자라의 임금에 대한 충성심과 자신과 고생을 같이 한 점을 높이 사서 용왕을 살릴 수 있는 약을 건네는 장면이다. 그런데 소문난 명약이 다름 아닌 토분(兎糞)이다. 자라를 조롱하는 장면으로 볼 수도 있겠지만, 토분이 해열약으로 쓰였다는 사실에 비추어 보면 아주 없는 말은 아닌 듯하다. 그렇더라도 토끼가 교언영색(巧言令色, 남의 환심을 사기 위해 교묘히 꾸며서 하는 말과 아첨하는 얼굴빛)하였다는 것은 적절하지 않다. 이후 자라가 이를 칡잎에 싸서 가져가니 용왕이 토분을 먹고 나아, 자라는 충신이 되었다는 이야기가 뒤따른다는 점에서도 그렇다.

13. 〈해설〉 [단어의 의미 관계]

③을 제외한 나머지는 두 단어가 반의 관계에 있다. '복용'은 약을 먹는다는 의미고, '오용'은 잘못 사용한다는 의미다.

〈더 알아두기〉

① '임대'는 돈을 받고 자기 물건을 남에게 빌려 주는 것을 말하고, '임차'는 돈을 내고 남의 물건을 빌려 쓰는 것을 말한다.
② '후덕'은 '덕이 후함, 혹은 그런 덕'을 의미하고, '박덕'은 '덕이 적음'을 의미하므로 반의 관계에 있다.
④ '정당'은 '이치에 맞아 올바르고 마땅함', '부당'은 '이치에 맞지 아니함'을 의미한다.

14. 〈해설〉 [한자성어의 올바른 사용]

풍수지탄(風樹之嘆)은 부모에게 효도를 다하려고 생각했을 때에는 이미 돌아가셔서 그 뜻을 이룰 수 없음을 이르는 말이다. 우애(友愛)와는 관련이 없다. "풍수지탄(風樹之嘆)이란 말도 있는데, 나중에 후회하지 말고 부모님께 잘해 드려." 정도가 적절하다.

〈더 알아두기〉

① 낭중지추(囊中之錐): 주머니 속에 있는 송곳이란 뜻으로, 재능이 아주 빼어난 사람은 숨어 있어도 저절로 남의 눈에 드러난다는 비유적 의미다.
② 수불석권(手不釋卷): 손에서 책을 놓지 않는다는 뜻으로, 늘 책을 가까이하여 학문을 열심히 한다는 의미다.
④ 장유유서(長幼有序): 오륜(五倫) 중 하나로, 어른과 어린이 사이에는 순서와 질서가 있음을 뜻한다.

15. 〈해설〉 [올바른 한자의 사용]

먼저 '한 번 하였던 행위나 일을 다시 되풀이함'의 뜻으로는 '재연(再演)'을 쓴다.
예 불행한 사태의 재연을 막으려면 모두가 노력해야 한다.
하지만 '한동안 잠잠하던 일이 다시 문제가 되어 시끄러워짐'의 뜻으로는 '재연(再燃)'을 쓴다.
예 소강상태에 빠져 있던 두 나라 간의 분쟁이 재연되어 국제적으로 긴장 상태가 되었다./두 사람은 집안 간의 다툼이 재연되지 않도록 서로 신중히 처신했다.

〈더 알아두기〉

① 열사(烈士): 나라를 위하여 절의를 굳게 지키며 충성을 다하여 싸운 사람.
② 표지(標識): 표시나 특징으로 어떤 사물을 다른 것과 구별하게 함. 또는 그 표시나 특징.
③ 착취(搾取): 계급 사회에서 생산 수단을 소유한 사람이 생산 수단을 갖지 않은 직접 생산자로부터 그 노동의 성과를 무상으로 취득함. 또는 그런 일.

16. 〈해설〉 [고전시가의 이해]

고려의 옛 도읍지인 개성을 돌아보며 회고에 젖어 인생무상을 노래한 길재(吉再)의 작품이다. 고려의 멸망으로 인한 한(恨)을 노래한 회고가 중 대표작이다. ⓒ은 자연이 옛날 그대로 변함이 없음을 의미한다. 변하지 않은 자연과 변해 버린 인간을 대조하여 화자의 쓸쓸함이 더해지는 장면이다. 자연이 폐허가 되었다는 것은 아니다.

〈더 알아두기〉

② ⓛ : '필마(匹馬)'는 '데리고 가는 사람 없이 혼자서 말을 타고 감'이라는 뜻이다. 따라서 화자의 외로운 신세가 느껴진다.
④ ⓔ : 흥성했던 고려 왕조를 한낱 꿈으로 비유하며 무상감을 표현했다.

17. 〈해설〉 [글의 주제 파악]

법정 스님의 『무소유』의 부분이다. 작가는 밤낮으로 난초를 가꿔오던 일이 집착임을 깨닫고, 이에 벗어나 해방감을 맛본 경험을 소개하며 무소유의 의미를 일깨우고 있다. 〈보기〉는 물건에 집착하게 되면 물건에 얽매여 오히려 물건에 의해 가짐을 당하게 된다는 내용이다. 여기서 독자는 소유에 대한 집착에서 벗어나게 될 때 진정으로 자유로워 질 수 있다는 생각을 읽어 낼 수 있다.

〈더 알아두기〉

② 〈보기〉에서는 사람을 얻는다는 것에 대한 언급이 없다. 게다가 이 작품을 더 읽어 보면, 오히려 작가는 사람들이 물건만으로는 성에 차질 않아 다른 사람까지 소유하려고 든다며 그 사람이 제 뜻대로 되지 않을 경우는 끔찍한 비극도 불사한다고 비판하고 있다.

③ 필요에 의해 구입한 물건인지는 중요하지 않다. 어떤 물건이라도 그 물건에 집착하는 마음을 경계하고 있는 글이다.

④ 공수래공수거(空手來空手去)라는 말이 있다. 빈손으로 왔다가 빈손으로 간다는 뜻이다. 사람의 일생이 허무함을 이르기도 하고, 재물을 모으려고 너무 욕심을 내지 말라는 말이기도 하다. 여기서 작가의 생각은 후자에 더 가깝다.

18. 〈해설〉 [문단의 구성]

고대 마야 문명이 멸망하기까지의 과정을 논리적으로 연결하는 문제다. ㄴ에서 ㄱ은 용광로로, ㄱ에서 ㄹ은 토양의 침식으로 연결된다. 습지에 흙이 쌓이자 물이 부족해지고, 결국 수확량이 크게 줄었다는 것으로 내용을 전개할 수 있다.

19. 〈해설〉 [현대시의 종합적 감상]

철없이 킬킬대는 것이 구경꾼들의 모습이라면, '어떤 녀석' 둘은 농무에 참여한 인물들의 모습이다. 어떤 녀석은 (임꺽정처럼) 울부짖는다고 했고, 어떤 녀석은 (서림이처럼) 해해댄다고 했다. 전자는 피폐한 농촌의 현실에 울분을 토하는 것일 터이고, 후자는 그런 현실 인식에 동의하면서 울분을 토해 봐야 뭐하냐고 싱겁게 웃는 것일 터이다. 후자를 두고 우둔하다고 말하기는 어렵다. 현실을 비꼰다는 것일 터이기 때문인데, 조금 간사하다고 할 정도 약은 인물이라고 해야 더 적절하기 때문이다. 원래 '서림'이 권력에 빌붙어 임꺽정을 배신한 이기적인 인물이기에 더욱 그렇다.

〈더 알아두기〉

1973년 발간된 신경림의 첫 시집 『농무』 중 시 〈농무〉. 시 〈농무〉에서는 1960~1970년대 산업화와 근대화의 와중에서 자신들의 삶의 터전을 빼앗기고, 자신들의 삶의 방식이 붕괴되어 가는 농민들의 모습을 사실적으로 형상화함으로써, 이 땅에 터를 잡고 있는 농촌 민중들의 삶의 실상을 생생하게 보여 주고 있다.

즉, 농민들은 "답답하고 고달프게 사는 것이 원통하다"는 절망적이고 암울한 상황 속에서도, 이런 현실을 농민들이 신명난 춤사위를 통하여 극복하려는 의지를 그려낸다. 그렇게 함으로써 시인의 성장 기반이 되었던 농촌 사회에 대한 애정과 시인의 현실 인식을 표현하고 있다. 이런 모습은 "우리는 점점 신명이 난다 / 한 다리를 들고 날나리를 불거나 / 고갯짓을 하고 어깨를 흔들거나"에서 엿볼 수 있다.

20. 〈해설〉 [현대 소설의 이해]

김유정의 소설 〈봄봄〉의 부분. 1930년대 강원도 어느 산골 마을, 교활한 장인과 어리숙한 데릴사위 사이의 해학적 갈등을 그리고 있는 작품이다. 〈보기〉는 혼인을 핑계로 일만 시키는 교활한 장인에게 반발하는 '나'의 심리를 묘사하고 있는 장면이다. 황소 같은 우직한 '나'의 행동을 통해 인물을 희화화하고, 다듬어지지 않은 어수룩한 말투로 작품의 해학성을 드러내고 있다.

〈더 알아두기〉

① 작가가 소설 속에 인물을 제시하는 방법을 성격화라 한다. 성격화의 방법에는 기본적으로 직접적 방법과 간접적 방법이 있다. 직접적 방법은 직접적으로 인물의 특색, 특성을 요약해서 설명해주는 '말하기(telling)' 방식이다. 간접적 방법은 행동이나 버릇, 대화, 갈등을 장면적으로 보여 줌으로써, 독자의 상상력에 맡겨 버리는 '보여주기(showing)' 방식을 말한다. 이 글은 후자에 속한다.

② '나'는 신분 제도 때문에 무급으로 노동을 착취당하고 있어 장인에게 분개한 것이 아니다. 장인이 점순이와 혼인을 시켜주지 않고 일만 시키는 것에 반발하고 있는 것이다.

③ 직접 인용이 나타나긴 했지만 글의 흐름상, 이는 '나'가 상상하는 장인의 발화일 뿐이다. 즉 〈보기〉에서 대화가 이야기 전개에 기여하는 바는 없다.

교행직 단원별 모의고사 4회 - 문장편

1	③	2	④	3	④	4	③	5	③
6	①	7	②	8	②	9	①	10	③
11	③	12	②	13	③	14	④	15	④
16	④	17	②	18	②	19	②	20	③

1. [자연스러운 문장]

③은 문장 성분 간의 호응이 적절하다.

[더 알아두기]

① 주어와 서술어의 호응이 부적절하다. '이 도시의 바람직한 모습은'이라는 주어에 호응하는 서술어가 없다. 물론 첫 문장 자체도 문장 구성이 엉망이다.

② 주어의 부적절한 생략으로 인해 문장 성분 간의 호응 관계가 부적절해졌다. 만약 선행절의 주어로 '위원회에서' 정도를 상정한다고 해도 그것이 후행절에 등장하는 '지연되고 있다'의 주어일 수가 없다.

④ 서술어와 목적어의 호응 관계가 부적질하다. '해외여행'을 '관람하는'이라는 문장 구성이 적절하지 않기 때문이다.

2. [문장 간의 연결 관계]

'이어'는 '앞의 말이나 행동 따위에 잇대어', 또는 '계속하여'의 뜻을 나타내는 부사다. 첨가 관계이므로 적절한 부사의 사용이다.

[더 알아두기]

① 첫 문장과 다음 문장은 전환 관계가 아니라 인과 관계이다. '그런데' 대신에 '왜냐하면'이 적절하다.

② 첫 문장과 다음 문장은 역접 관계가 아니다. 따라서 '그러나' 대신에 앞 말을 받아 예외적인 사항이나 조건을 덧붙일 때 쓰는 '단지'나 '다만'이 오는 것이 적절하다.

③ 첫 문장과 다음 문장은 역접 관계가 아니므로 '그러나'는 적절하지 않다. 따라서 앞의 내용이 뒤의 내용의 근거임을 나타내는 '그래서'가 오는 것이 적절하다. 예시임을 나타내는 '예컨대'도 괜찮다.

3. [분명하고 우리말다운 문장]

'공기를 환기(換氣)하다'와 같이 썼다면 군더더기가 있는 문장이 되었을 것이다.

[더 알아두기]

① 번역 투의 문장이다. → 내일 오전에 회의를 열도록 합시다.

② '우연치 않게'가 중의적이다. 우연이라는 뜻인지, 우연이 아니라는 뜻인지 불분명하다.

③ '한결같이'가 수식하는 바에 따라 의미가 달라진다. '어려운 이웃'을 꾸미는 말일 수도 있고, '돕는'을 꾸미는 말일 수도 있다.

4. [우리말다운 문장]

사실 일본어를 잘 모르는 처지에서는 어떤 국어 표현이 일본어 관용구에서 유래한 표현인지 아닌지를 판단하는 일은 어렵다. 새 교과서 〈독서와 문법〉에서 다음과 같은 표현을 일본어 관용구 차용의 예로 제시하고 있다. 기억해 둘 필요가 있다.

⑩ 애교가 넘치다/원한을 사다/기억이 새롭다/궤도에 오르다/빈축을 사다/주목에 값하다/기대에 값한다

한편 '납득이 가다'는 영어의 영향을 받은 표현으로 소개하고 있다.

5. [어법에 맞고 자연스러운 문장]

'눈썰미'와 '눈맵시'의 의미 차이에 유의해야 한다. 둘을 혼동하기 쉽다.

- 눈썰미: 한두 번 보고 곧 그대로 해내는 재주.

⑩ 눈썰미가 좋다/눈썰미가 남다르다/눈썰미가 없다

- 눈맵시(=눈매): 눈이 생긴 모양새.

⑩ 눈맵시(=눈매)가 날카롭다./눈맵시(=눈매)가 서글서글하다.

[더 알아두기]

① '양수겹장'은 '양수겸장(兩手兼將)'의 잘못이다.

-양수겸장(兩手兼將): 「1」 장기에서, 두 개의 말이 한꺼번에 장을 부름. 「2」 양쪽에서 동시에 하나를 노림을 비유적으로 이르는 말.

② → 김치는 맛도 좋고 영양도 많아 세계인의 사랑을 받고 있다.

④ → 다음은 사장님의 격려 말씀이 있으시겠습니다.

6. [중의성의 해소]

'언니가 막냇동생에게 양말을 신긴다.'처럼 사동의 파생동사가 쓰인 문장(=단형사동문)은 직접사동의 의미를 갖기도 하고, 간접사동의 의미를 갖기도 해서 중의적인 해석이 가능한 중의문이 된다. 고친 결과가 오히려 중의적이다.

이와 관련하여 '-게 하다'의 어형을 취하는 장형사동문은 대체로 간접사동의 의미만을 갖는다. 간접사동문은 대개 사동주가 직접 어떤 일을 한다는 의미가 아니라, 그러한 여건을 조성한다는 정도의 의미를 갖는다.

7. [단어의 올바른 사용]

'번'이 차례나 일의 횟수를 나타내는 경우에는 '한 번', '두 번', '세 번'과 같이 띄어 쓴다. '한번'을 '두 번', '세 번'으로 바꾸어 뜻이 통하면 '한 번'으로 띄어 쓰고 그렇지 않으면 '한번'으로 붙여 쓴다. "한번 엎지른 물은 다시 주워 담지 못한다."라는 문장에서 '한번'을 '두 번'으로 바꾸면 말이 통하지 않으므로 '한번'을 붙여 쓰지만, "한 번 실패하더라도 두 번, 세 번 다시 도전하자."라는 문장에서 '한 번'은 '두 번'으로 바꾸어도 뜻이 통하므로 '한 번'으로 띄어 쓴다.

8. [어법에 맞고 자연스러운 문장]

'여실히'는 '사실과 꼭 같이'의 뜻인 부사다. 문맥에 잘 어울리게 쓰였다.

[더 알아두기]

① 자주 출제되는 예문인데, 해설이 생각만큼 녹록하지 않다. '흐리다'를 국어사전은 '하늘에 구름이나 안개 따위가 끼어 햇빛이 밝지 못하다.'로 풀이하고 있다. 그러니까 날씨가 흐리더라도 비는 안 올 수 있다. 반대로 비가 오면 날씨는 흐릴 수밖에 없다. 그런데 이 문장의 취지는 대체로 하루 종일 흐릴 것인데, 잠시 비가 내릴 것 같다는 내용으로 보면 틀림없다. 즉 '어떤 사실이나 상태가 겸하여 있음'과는 다소 거리가 있는 것이니까, '-면서'라고 하면 부자연스러운 문장이 된다. '오늘 날씨는 흐리고 비가 조금 내리겠습니다.'로 고칠 수 있다. 이때 '흐리고'의 '고'는 앞뒤 절이 대등한 관계(=나열적인 관계)임을 나타내는 의미로 쓰인 것이다. 만약 날씨가 흐림과 비가 옴이 순차적인 관계임을 나타내려 한다면 '오늘 날씨는 (점점) 흐려지면서 비가 조금 내리겠습니다.'로 써야 맞는다.

③ 힘이 들면 일을 마치지 못하는 것이 상식이다. 그런데 양보의 부사절 구성이므로, 주절에는 그와 반대 방향의 내용이 와야 하는데, 이 문장은 그렇지 못하다. 부사절의 내용을 바꾸어도 되고, 주절의 내용을 바꾸어도 된다. → 비록 힘이 들더라도 일을 마쳐야 한다.

④ 주어와 서술어의 호응이 부적절한 문장이다.

9. [올바른 단어의 선택과 문장의 구성]
'버금하다(=버금가다)'는 '~에 버금하다(=버금가다)'의 구성으로 쓰인다. 주어와 서술어의 호응도 적절한 문장이다.
[더 알아두기]
② → 이러한 영국의 식민 정책은 인도인의 반영 민족 운동인 세포이의 항쟁을 유발하였으나, 그 항쟁은 영국군에게 진압되었다.
③ → 그래서 이 물을 오랫동안 마셨던 사람들이 암에 걸리게 된 것이라고 한다.
④ '얼토당토않다'는 형용사다. 형용사는 관형사절 내포어미로 '-는'을 취하지 않는다. '얼토당토않은'으로 고쳐 써야 하는 이유다.

10. [어법에 맞고 자연스러운 문장]
③은 문장 성분 간의 관계가 자연스러운 문장이다. 특히 '반문하다'는 '…에/에게 …을 반문하다'의 구성으로 쓰인다.
[더 알아두기]
① → 신문은 정치, 경제, 사회, 문화 등 우리 주변의 일들을 모두 기사의 대상으로 한다.
② → 가정은 어느 시대를 막론하고 인간성을 함양하고 사회적 덕목을 계발하는 터전이다.
④ → 내가 그를 도운 것은 그에 대한 연민에서라기보다는 나 스스로와의 약속을 지키기 위한 것이었다.

11. [글쓰기 전략의 이해]
자신이 경험한 골목길 문화와 아버지 세대가 경험한 골목길 문화를 대비하고 있는 것이 특징이다. 대상이 변화한 양상을 대비적으로 서술하고 있는 것이다. 그것이 골목길 재생의 필요성이라는 논지의 설득력을 높이는 데에 기여하고 있다.
[더 알아두기]
① 주관적인 판단을 절제했다고 말하기 어렵다. 골목길에 대한 불유쾌한 추억(→주관적인 판단)을 서술하고 있기 때문이다.
② 질문의 방식을 활용하고 있지 않으며, 글쓴이의 판단을 분명하게 드러내고 있는 글이다.
④ 객관적인 자료 제시(신문기사, 통계 자료 등)라는 글쓰기 전략을 구사하고 있지 않다.

12. [고쳐 쓰기]
문맥상으로 보아 중심 화제가 무엇인지를 고려해야 한다. 이어지는 내용은 '정원'에 관한 것이 아니고, '골목길'에 관한 것이다. 그럼에도 ⓒ을 '정원은 골목길의 연장이었다'로 바꾸면 화제가 바뀌어 버려, 결과적으로 글의 흐름이 어색해진다. 그래도 놔두는 것이 맞는다.
[더 알아두기]
① '아이들', '어르신들', '젊은이들'이 이어지는 것이 자연스럽다. ㉠은 바로 뒷문장과 순서를 바꾸어야 자연스러운 이유다.
③ '가능한'의 피수식어로는 명사 또는 명사구가 와야 자연스럽다. '빨리 벗어나고'는 동사구이므로 '가능한'으로 수식하면 부자연스럽다.
④ '다행스러운 일은'이라는 주어에 호응하는 서술어가 부당하게 생략된 문장이다.

13. [문장의 적절성 판단]
ⓒ에서 피동사로 쓰인 것은 '베이다'이다. 물론 '베다'의 피동사가 '베이다'이다. 그런데 ⓒ은 '…에 (…을) 베이다' 구문이므로 '베이다'가 와야 적절하다. 능동사 '베다'가 오면 오히려 부적절하다. 또 '베이다'는 이중 피동이 아니다. '베여지다'가 이중 피동이다. 결국 불필요한 이중 피동을 사용하고 있는 문장도 아니고, 어법상으로 올바르지 않은 문장도 아니다.

[더 알아두기]
① '이 사진은'이라는 주어에 호응하는 서술어가 없어서 불완전한 문장이다. '이것은 학생들이 시험 성적표를 받고 자기 점수를 확인하고 있는 사진이다.' 정도로 고쳐야 한다.
② '영희의 관심을 끌다.'라고 할 것을 '영희에게 관심을 끌다.'라고 해서 어법에 어긋난 문장이다. '영희에 관심을 끌다.'라고 해도 역시 어법에 어긋난 문장이다. 조사의 부적절한 사용으로 어법에 어긋나는 문장이 되었다.
④ '-는 것'을 명사절을 구성하는 형식으로 이해하면, '걷는 것'은 '걸음'과 거의 같은 의미를 갖게 된다. 그러나 '-는 것'의 '것'을 '사실'의 의미로 보고 이 문장을 이해하면, '걷는 것'은 '그가 걷는다는 사실'이라는 의미를 갖게 된다. 의존 명사 '것'의 사용이 결과적으로 중의성을 유발하고 있는 문장인 것이다.

14. [어법에 맞는 문장]
앞말이 유정(有情) 명사일 때는 '에게'를 쓰고, 앞말이 무정(無情) 명사일 때는 '에'를 쓴다. 유정 명사는 사람이나 동물처럼 감정이 있는 명사를 말하고, 무정 명사란 식물이나 기관, 국가처럼 감정이 있을 수 없는 명사를 말한다. '일본'은 무정 명사이므로 '정부는 이 문제를 일본에 강력히 항의했다.'라고 해야 맞다.
[더 알아두기]
① '실제보다 높여 칭찬하다'의 뜻으로는 '추어올리다'를 쓴다. '추켜올리다'는 '위로 솟구어 올리다'의 뜻으로 쓰는 말이다. 예 그를 옆에서 자꾸 <u>추어올리니</u> 그도 공연히 우쭐대는 마음이 들었다./그녀는 자꾸 흘러내리는 치맛자락을 <u>추켜올리며</u> 걸었다.
② 문맥상 '수거(收去)', 즉 거두어 가는 주체는 각 가정이 아니다. '각 가정'은 '배출(排出)'의 주체다.
③ 부사어 '절대로'는 부정 표현과 호응하여 부정의 의미를 나타낸다. '틀림없이 꼭'이란 부사어가 올 자리에 쓰이지 않는다.

15. [어법에 맞는 표현]
우선 《표준어》 제26항에서는 '이에요/이어요'가 복수 표준어임을 명시하고 있다. '이에요/이어요'에서 '이'는 서술격 조사이고 '-에요/-어요'는 어미이다. 그러므로 '이에요/이어요'는 명사와 결합하고 용언의 어간에 직접 결합할 때는 서술격 조사 없이 '-에요/-어요'가 결합한다.
먼저, 받침이 있는 말 다음에는 '책상이에요/책상이어요', 받침이 없을 때에는 '나무예요', '아니다' 다음에는 '아니에요/아녜요'처럼 쓴다.
다음으로 얼굴에 핏기나 생기가 없어 파리하다는 '해쓱하다', 어떤 사람이나 사물의 모습이 보기에 역겹다는 '볼썽사납다'가 맞는 표현이다.

16. [품사와 띄어쓰기의 이해]
'같이'가 부사로 쓰인 경우에는 하나의 단어이기 때문에 띄어 쓴 것이고 조사로 쓰인 경우에는 붙여 쓴 것이다. 따라서 조사와 부사로 쓰인 예를 찾으면 '누구보다도'의 '보다'는 조사로 쓰인 경우이고, '보다 빠르게'의 '보다'는 부사로 쓰인 것이다. 따라서 '같이'와 같은 사례에 해당하는 것은 '보다'이다.
[더 알아두기]
① 조사와 의존명사로 쓰인 경우이다.
② 앞의 예 '-들'은 복수의 뜻을 더하는 접미사, 뒤의 예 '들'은 두 개 이상의 사물을 나열할 때, 그 열거한 사물 모두를 가리키거나, 그 밖에 같은 종류의 사물이 더 있음을 나타내는 의존명사이다.
③ 앞의 예 '-데'는 과거 어느 때에 직접 경험하여 알게 된 사실을 현재의 말하는 장면에 그대로 옮겨 와서 말함을 나타내는 종결 어미이고, 뒤의 예 '데'는 의존명사이다.

17. [문장 다듬기]

ⓒ 다음에 이어지는 내용과 어울리지 않는다. ⓒ 다음에 이어지는 내용은 기타가 충분히 구비되어 있다는 것이기 때문이다. '좋은 기타가 없어 고민이신가요?' 정도라면 좋을 것이다.

18. [연결 어미의 이해]

ㅁ을 보면 '-(으)면서'는 '-자'와 달리 다양한 문장 유형과 어울릴 수 있다는 것을 알 수 있다. ②의 이해가 적절하지 않은 이유다.

19. [문장 다듬기]

문장의 주요 성분을 정리해 보면, '물질들을 땅속에 묻다'이다. 따라서 '파묻게 되면' 또는 '파묻으면' 정도로 고쳐야 맞는다. 즉 부자연스러운 이중피동을 자연스러운 피동으로 고치는 것만으로는 적절한 문장 다듬기라 할 수 없다.

20. [중의문의 이해]

문자 언어가 아니라 음성 언어에서의 중의성을 따지는 문제이다. a의 '시키다'와 '식히다'는 소리는 같지만, 표기와 의미가 다른 경우(→ㄴ)이다. 다음 b의 '이연패'는 '연패(連敗)'와 '연패(連霸)'의 차이이므로, 소리와 (한글)표기는 같지만 의미는 다른 경우(→ㄱ)이다. 다음 c의 '가슴이 아프다'는 가슴이 중심 의미인 신체 부위의 일부를 말하는 것인지, 확장된 의미인 '마음이나 생각'을 말하는 것인지의 문제이므로 ㄷ에 해당하는 예이다.

교행직 맞춤형 모의고사 7회 정답 및 해설

1	③	2	①	3	②	4	②	5	③
6	②	7	④	8	③	9	②	10	①
11	④	12	④	13	②	14	①	15	④
16	④	17	②	18	④	19	②	20	④

1. 〈해설〉 [어법에 맞는 문장]

'깨단하다'는 '오랫동안 생각해 내지 못하던 일 따위를 어떠한 실마리로 말미암아 깨닫거나 분명히 알다'의 뜻으로 쓰는 말이다. '~을 깨단하다'의 구성으로 쓰인다.

〈더 알아두기〉

① '에게'는 사람이나 동물 따위를 나타내는 체언 뒤에 붙어 쓰인다. 즉 '회사'는 유정 명사가 아니므로 '에'를 써야 맞는다.

② 주어와 서술어의 호응이 적절하지 않은 문장이다. '내가 말하고자 하는 것은 학식을 갖추는 것보다 인격을 갖추는 것이 중요하다는 점이다.' 정도로 고칠 수 있다.

④ 문장 성분의 연결이 부자연스러운 문장이다. '지연되고 있다'의 주어에 해당하는 성분을 무리하게 생략해서 초래된 문제다. '여야 간에 지속적인 협상을 시도하고 있으나, 부차적인 문제로 인하여 협상이 하릴없이 지연되고 있다.' 정도로 고쳐야 한다.

2. 〈해설〉 [올바른 띄어쓰기]

'알은척'의 '알은'은 본래 어간의 'ㄹ'을 탈락시켜 '안 척' 혹은 '아는 척'으로 적어야 하지만 '사람에 대해서 인사를 건네다' 혹은 '어떤 일에 대해서 미리 인식하고 있는 태도를 보이다'의 의미로 쓰일 때는 이미 관용적인 용법으로 굳어 버렸다고 보아 '알은'을 그대로 두고 역사적으로 이루어진 합성어로 처리하여 붙여 적는다. 〈표준어 규정〉 제3장 제5절 제26항 "한 가지 의미를 나타내는 형태 몇 가지가 널리 쓰이며 표준 규정에 맞으면, 그 모두를 표준어로 삼는다."라는 규정에 따라 '알은척'과 '아는∨척'을 모두 표준어로 인정하였다. '알은척'은 단어이므로 붙여 쓰고, '아는∨척'은 '알지 못하면서 거짓으로 알고 있는 것처럼 하는 태도'를 나타내는 구(句)이므로 띄어 쓴다는 차이가 있다.

〈더 알아두기〉

② 마지기: 논밭 넓이의 단위. 한 마지기는 볍씨 한 말의 모 또는 씨앗을 심을 만한 넓이로, 지방마다 다르나 논은 약 150~300평, 밭은 약 100평 정도이다. 의존명사이므로 앞말과 띄어 쓴다.

③ 이때 '데'는 의존명사이며, '경우'의 뜻을 나타내므로 앞말과 띄어 쓴다.

데01: 「의존명사」 「1」 '곳'이나 '장소'의 뜻을 나타내는 말. ¶ 예전에 가 본 데가 어디쯤인지 모르겠다. 「2」 '일'이나 '것'의 뜻을 나타내는 말. ¶ 그 책을 다 읽는 데 삼 일이 걸렸다. 「3」 '경우'의 뜻을 나타내는 말. ¶ 이 그릇은 귀한 거라 손님을 대접하는 데나 쓴다.

-데02: 「어미」 ('이다'의 어간, 용언의 어간 또는 어미 '-으시-', '-었-', '-겠-' 뒤에 붙어) 하게할 자리에 쓰여, 과거 어느 때에 직접 경험하여 알게 된 사실을 현재의 말하는 장면에 그대로 옮겨 와서 말함을 나타내는 종결 어미. ¶ 그이가 말을 아주 잘하데.

④ '든지'는 조사이다. 조사는 앞말과 붙여 쓴다.

든지01: 「조사」 ((받침 없는 체언이나 부사어, 또는 종결 어미 '-다, -ㄴ다, -는다, -라' 따위의 뒤에 붙어)) 어느 것이 선택되어도 차이가 없는 둘 이상의 일을 나열함을 나타내는 보조사. ¶ 사과든지 배든지 다 좋다.

-든지02: 「어미」 ((용언의 어간 또는 어미 '-으시-', '-었-', '-겠-' 뒤에 붙어))((주로 '-든지 -든지' 구성으로 쓰여)) 「1」 나열된 동작이나 상태, 대상들 중에서 어느 것이든 선택될 수 있음을 나타내는 연결 어미 ¶ 집에 가든지 학교에 가든지 「2」 실제로 일어날 수 있는 여러 가지 중에서 어느 것이 일어나

도 뒤 절의 내용이 성립하는 데 아무런 상관이 없음을 나타내는 연결 어미. ¶ 노래를 부르든지 춤을 추든지 간에 네 맘대로 해라.

3. 〈해설〉 [표준 발음법]

구개음화에 대한 설명이다. 구개음화는 '곧이듣다[고지듣따]'나 '미닫이[미 : 다지]'와 같이 받침 'ㄷ, ㅌ(ㄾ)'에 '접미사'나 '조사'의 모음 'ㅣ'와 결합하는 경우에 나타난다. '낱알삭'에서 '이'는 조사나 접미사가 아니라는 점에 주목해야 한다. '낱'과 '이삭'이 결합한 합성어이므로, 구개음화는 일어나지 않는다. 특히, '낱이삭'은 [ㄴ]첨가, 비음화가 일어나 [난 : 니삭]으로 발음된다. '꽃이삭[꼰니삭]'도 비슷하다.

4. 〈해설〉 [사자성어의 이해]

'설득적 정의의 오류'에 대한 글이다. '설득적 정의의 오류'는 제3자의 입장에서 보이는 오류로, '설득적 정의'의 설득의 주체는 늘 자신에게 유리한 쪽으로 언어를 구사하기 마련이다. 이와 일맥상통하는 사자성어는 '아전인수'나 '견강부회'다.

- 아전인수(我田引水): 자기 논에만 물을 끌어넣는다는 뜻으로, 「1」 자기의 이익을 먼저 생각하고 행동함 「2」 억지로 자기에게 이롭도록 꾀함을 이르는 말

- 견강부회(牽强附會): 이치에 맞지 않는 말을 억지로 끌어 붙여 자기에게 유리하게 함.

〈더 알아두기〉

① 우이독경(牛耳讀經): '쇠귀에 경 읽기'라는 뜻으로, 아무리 말해도 소용이 없음을 말한다.

③ 역지사지(易地思之): 처지를 바꾸어서 생각하여 봄.

④ 자가당착(自家撞着): 자기의 언행이 모순되다. 자가(自家)는 자신을 뜻한다. 당착(撞着)은 앞뒤가 서로 맞지 않는 것이다. 곧 자기의 말과 행동에 앞뒤가 서로 맞지 않는 것이다.

5. 〈해설〉 [문단의 자연스러운 배열]

김수근, 〈건축과 동양정신〉의 부분. 한국적 공간 개념에 대한 글이다. 우선 한국인은 큰 공간일수록 여유롭다는 생각은 하지 않는다는 ㄷ부터 글을 전개해 나가야 할 것이다. 그 다음 '왜 그렇게 생각했을까.'라는 질문을 던지는 ㄱ이 이어지고, 긍정적으로 생각한다면 그것은 자연과 인간의 조화를 이루고자 한 것이었다는 ㄴ으로 연결된다. 다음으로, 그 사상을 설명하는 ㄹ로 글을 배열해야 자연스럽다.

6. 〈해설〉 [글의 내용 파악]

'흑백 사고의 오류'는 이 세상 모든 일을 흑백 이분법으로 보려는 사고의 오류를 말한다. 수프가 '차갑다' 아니면 '뜨겁다'라는 두 상태로만 생각해버리는 경우다.

〈더 알아두기〉

① 글에서는 병에 걸리지 않은 인간은 증상은 없으나 병원균을 몸 안에 지니고 있는, 보균자라고 했다. 즉 단순하게 병에 걸린 사람과 그렇지 않은 사람쪽 나누지 말고 그 중간도 보라는 것이다.

③ 잘못된 유추의 오류다. 유추를 무분별하게 사용했을 때 발생하는 오류다. '정치'와 '집안 돌보기'는 어떤 공통점으로 묶어 비유하기에는 현저한 차이가 있다.

④ 성급한 일반화의 오류다. 논쟁에서 가설을 설정하는 중간 단계를 거치지 않고 성급하게 제한된 증거를 가지고 바로 어떤 결론을 도출하는 오류를 말한다. 이 경우 그림과 피아노에 재능이 없다는 이유로 다른 분야의 재능도 없을 것이라며 성급하게 일반화했다.

7. 〈해설〉 [문학 작품 감상의 방법]

〈보기1〉은 조선 선조 때 기생 홍랑의 시다. 삼당시인(三唐詩人)의 한 사람인 최경창과 깊은 교류를 하던 홍랑이 서울로 돌아가게 된 최경창을 위해 이 시조와 함께 버들가지 하나를 꺾어 보냈다고 한다. 작가와 작품 사이의 관계에 중점을 둔 표현론적 관점에서 이 시조를 감상한 것은 ④이다.

〈더 알아두기〉

① 절대주의적 관점: 분석주의적 관점이라고도 한다. 문학 작품과 관련된 외적 요소를 최대한 배제하고 작품 그 자체에 주목하는 접근법이다. 이러한 생각의 바탕에는 작품은 그 자체로서 자족적인 세계를 이룬다는 전제가 깔려 있다.

② 효용론적 관점: 작품과 독자의 관계를 중시한다. 이 관점은 문학 작품의 궁극적 가치는 그것이 독자에게 미적 쾌감, 교훈, 감동을 주는데 있다는 것, 그리고 작품의 의미가 독자에 따라 달라질 수 있다는 것을 전제로 한다.

③ 반영론적 관점: '작품과 현실(시대, 사회)'의 관계에 주목한다. 문학은 현실의 반영물이라는 생각을 전제로 한다. 직접적이든 혹은 그 나름의 재구성을 통한 것이든 기본적으로 문학은 현실을 반영할 수밖에 없다는 것이다. 이 관점에 기초한 문학의 이해와 감상에서는 작품에 현실의 어떤 측면이 어떻게 반영되고 있는가에 초점을 맞춘다.

8. 〈해설〉 [추론적 독해]

'보육의 사회화'에 관한 글이다. 글쓴이는 출산율을 높이기 위한 방책으로 '보육의 사회화'를 제시하고 있다. 일을 하면서도 아이를 키울 수 있는 환경을 조성해야 출산율도 증가하고, 여성의 경제 활동 참가도 늘어날 것이라고 지적하고 있다. 반면 ③은 이러한 논지에서 벗어난다. 물론 가정에서 아이를 키우는 전업주부들을 대상으로 보육비를 지원한다면 출산율이 높아질 수도 있겠다. 하지만 이는 보육의 사회화와는 전혀 다른 문제다. 글쓴이는 출산을 위해 직장을 포기해야 하는 문제를 개선함으로써 출산율을 높이자는 방향으로 글을 전개하고 있기 때문이다.

9. 〈해설〉 [한자어의 이해]

- 범람(汎濫/氾濫): 바람직하지 못한 것들이 마구 쏟아져 돌아다님.
- 풍자(諷刺): 남의 결점을 다른 것에 빗대어 비웃으면서 폭로하고 공격함.
- 발호(跋扈): 권세나 세력을 제멋대로 부리며 함부로 날뜀.
- 폄하(貶下): 가치를 깎아내림.
- 여반장(如反掌): 손바닥을 뒤집는 것 같다는 뜻으로, 일이 매우 쉬움을 이르는 말.
- 사이비(似而非): 겉으로는 비슷하나 속은 완전히 다름. 또는 그런 것.
- 불상사(不祥事): 상서롭지 못한 일.
- 멸시(蔑視): 업신여기거나 하찮게 여겨 깔봄.
- 이례적(異例的): 상례에서 벗어나 특이한. 또는 그런 것.

10. 〈해설〉 [현대소설의 감상]

'나'는 혼자 있는 것을 두려워하는 '아저씨'에게 같이 있을 것을 권유하고 있다. '나'의 배려심이 드러나고 있는 장면이다. 그러나 적극적이지 않다. 피곤하다는 '안'의 말에 금세 그 마음을 접어버린다. 끝내 비정한 개인주의를 넘어서지 못하는 인물이다.

〈더 알아두기〉

1965년에 발표된 김승옥의 소설이다. 1964년 추운 겨울, 서울 거리가 배경이다. 서로 알지 못하는 세 인물, '나', '안', '아저씨(외판원)'이 우연히 만나 하룻밤을 지내게 되는데, 이들은 서로에 대해 알려고 하지 않는 무관심으로 일관한다. 이는 현대 도시 사회의 익명성을 상징적으로 보여주는 것이라 할 수 있다.

'나'는 육사 시험에 실패하고 구청 병사계에서 근무하는 스물다섯 살 난 사내다. '안'은 '나'와 동갑내기로 부잣집 장남이며 대학원생이다. '아저씨'는 서른 대여섯 살의 가난한 서적 외판원인데, 장례비용이 없어 급성 뇌막염으로 죽은 아내의 시체를 4천 원에 병원에 팔고 죄책감에 빠져 있는 인물이다. 이 세 사람은 우연한 만남과 헤어짐을 통해, 개인의 폐쇄적인 회로 속에 갇혀 있는, 단절된 인간관계를 보여 준다. 특히 '사내가 혼자 있으면 자살할 것'을 알면서도 두 사람은 그를 내버려 둔다. 결국 다음날 아침 그가 자살하였음을 확인하였으면서도 그에 연루될까 두려워 성급히 자리를 빠져나가는 데에서 현대 도시 생활의 비정함을 엿볼 수 있다.

11. 〈해설〉 [대화의 함축적 의미 이해]

대화에 숨겨진 의미를 찾아내는 문제다. ④는 시험기간에 흔히 접할 수 있는 대화다. 그러나 철수의 발화를 두고 그 진위 여부를 맥락에서 알아낼 수는 없다는 것이 문제다. 철수의 발화가 거짓이라는 근거가 충분하지 않은 것이다.

12. 〈해설〉 [한글 맞춤법의 이해와 적용]

국어에는 '개이다'라는 단어가 없다. '맑게 갠 날'이 맞는다. '흐리거나 궂은 날씨가 맑아지다'의 뜻으로 '개다'가 아닌 '개이다'를 쓰는 것은 잘못이다.

한편 '가루나 덩이진 것에 물이나 기름 따위를 쳐서 서로 섞이거나 풀어지도록 으깨거나 이기다.'의 뜻으로도 역시 '개이다'가 아니라 '개다'를 쓴다.

예 이 환약은 반드시 찬물에 개어 먹으시오.

〈더 알아두기〉

① '치르다(무슨 일을 겪어 내다)'는 '치러, 치렀다. 치르니'처럼 활용한다.

② '줍다'는 '주워, 주우니, 주우며, 줍는'과 같이 활용하는 'ㅂ' 불규칙 용언이다.

③ '일을 계획하여 시작하거나 펼쳐 놓다.' 또는 '놀이판이나 노름판 따위를 차려 놓다.'의 뜻으로는 '벌리다'가 아니라 '벌이다'를 쓴다.

* 벌여 놓은 굿판: 이미 시작한 일이라 중간에 그만둘 수 없는 처지의 일을 이르는 말.

13. 〈해설〉 [의미 관계의 이해]

의미의 대립관계에 관한 설명이다. 상보어는 '살다'와 '죽다'처럼 그 대립이 분명하고 양극 사이의 중간 지역은 존재하지 않는다. 따라서 논리적으로 단언과 부정에 대한 상호 함의관계가 성립된다. 즉 '그 사람은 살아 있다.'는 '그 사람은 죽지 않았다.'를 함의하며, 그 역도 가능하다. 그리고 상보어의 단어 쌍을 동시에 부정하면 '그 사람은 산 것도 아니고 죽은 것도 아니다'에서 보듯 모순이 된다. ②도 마찬가지다. '참/거짓'은 상보어이므로, '참도 아니고 거짓도 아니다.'라는 말은 모순이다.

14. 〈해설〉 [논지의 추리]

본디 이 글에는 다음과 같은 문장이 따른다. "이런 몇 가지 예화는 화가가 살아 있는 정신을 표현하기 위해 의도적으로 사실을 일부 과장하거나 변형시킬 수 있음을 보여준다." 그림을 그림에 있어 일부 사실을 과장 혹은 변형한 것이 문제가 아니라는 말이다. 즉 신채(神彩)가 살아 있느냐 아니냐가 중요하다는 말이다.

15. 〈해설〉 [중세 국어의 이해]

'물'이 가뭄에 그치지지 않고 '내[川]'를 이루어 '바룰'로 간다고 하였으니 '바룰'이라는 단어를 알지 못하더라도, 물이 '바다'로 이어질 것임을 쉽게 연결할 수 있다.

〈더 알아두기〉

《용비어천가》 제2장을 현대어로 풀이하면 다음과 같다.

뿌리가 깊은 나무는 바람에 흔들리지 않으므로 꽃이 좋고 열매가 많으니

샘이 깊은 물은 가뭄에 그치지 않으므로 내가 이루어져 바다로 가느니

① 중세 문헌의 대부분은 기본 형태를 밝혀 적지 않고 소리 나는 대로 표기하는 표음적 표기법이 사용되었다. 특히 'ㄱ, ㆁ, ㄷ, ㄴ, ㅂ, ㅁ, ㅅ, ㄹ' 8자만을 종성으로 사용하는 8종성법이 있었다. 그러나 훈민정음으로 기록된 최초 문헌인 《용비어천가》에서는 '곶'과 같이, 기본 형태를 밝혀 적은 표의적 표기법이 보인다. 이는 《용비어천가》에서 훈민정음을 실험해 보고자 하였음이 아닌가 하는 추측을 해 볼 수 있다.

③ 여기서 사용한 '애'는 이유·원인을 나타내는 부사격 조사다.

16. 〈해설〉 [연역적 추론의 이해]

④는 다음과 같이 연역적 추론 방법으로 전개되어 있다.

사람들 사이에는 갈등이 있을 수밖에 없다. → 여기에 모인 사람도 일반적인 사람이다.(여기도 사람들이 모인 곳이다.) → 그러므로 여기에 모인 사람들 사이에서도 갈등이 있을 수 있다.(여기서 잠시 의견 충돌이 있었던 것도 이상한 일은 아닙니다.)

〈더 알아두기〉

연역적 추론이 타당성을 확보하기 위해서는 두 가지 조건이 반드시 요구된다. 첫째는 전제가 참이어야 한다는 점이다. 전제가 틀리면 그 전제에서 추론된 결론도 틀릴 수밖에 없기 때문이다. 둘째는 논증이 타당해야 한다는 점이다. 말하자면, 결론이 전제로부터 논리적으로 타당하게 도출되어야 한다. 그러나 헤겔이 지적했듯이, 연역적 추론은 시간적이거나 변화하는 것에는 활용 범위가 제한적일 수 있다.

17. 〈해설〉 [자료 분석 및 이해]

독도는 동해의 중앙부에 위치한다. 독도의 위치를 고려한다면 독도 주변 표층 수온을 동해 중앙부의 표층 수온으로 읽어낼 수 있다. 표에서 제시되었듯, 독도 주변의 표층 수온은 대체로 동해 전체의 표층 수온보다 높은 경향을 보였다.

〈더 알아두기〉

④는 표를 통해 직접적으로 얻을 수 있는 정보는 아니다. 그러나 자료에서 알 수 있듯, 독도 주변의 수온이 10여 년 동안 상승경향을 보여 왔고, 독도 주변의 어류 출현 종도 다양해지고 있다. 이를 통해 아열대어종이 많아지는 등의 출현 어종 변화가 있었을 것이라고 추측하는 것은 근거 없는 반응은 아니다.

18. 〈해설〉 [중의적 문장의 이해]

① 정민이가 '나'를 좋아하는 것 보다 '먹는 것'을 더 좋아한다는 의미 또는 정민이가 '내가 먹는 것을 좋아하는 것'보다 더 '먹는 것을 좋아한다'는 의미로 해석이 가능하다.

② 단형사동문의 경우 직접사동의 의미를 갖기도 하고 간접사동의 의미를 갖기도 해서 중의적 해석이 가능한 경우가 많다. 이 경우, 언니가 막내에게 직접 양말을 신긴다는 의미 또는 언니가 막내에게 양말을 신게 한다는 의미로 해석이 가능하다.

③ 부정 표현의 중의성에 해당한다. '안'이 부정하는 문장성분에 따라, 세 가지 해석이 가능하다. 첫째, 그 친구를 때린 것은 내가 아니라 다른 사람이다. 둘째, 나는 그 친구를 때린 것이 아니라 다른 사람을 때렸다. 셋째, 나는 그 친구를 때린 것이 아니라, 살짝 밀었을 뿐이거나 손도 대지 않았다.

19. 〈해설〉 [현대 시의 종합적 감상]

일반적으로 어둠은 부정적인 이미지가 강하다. 하지만 시 〈아침이미지〉에서 어둠은 '새'와 '꽃'과 '돌'을 '낳는' 존재다. 어둠은 만상을 잉태한 모성적인 존재로 그려진다. 만물을 포용하고 있다가 아침이 오면 만물의 존재를 하나하나 드러나게 하고 자신은 사라지는 존재인 것이다. 즉 어둠이 무의미한 것이 아니라, 어둠이 품고 있는 사물들이 빛을 만나기 전까지는 무의미했다는 해석이 옳다.

〈더 알아두기〉

1968년 발표된 박남수의 대표 시다. 아침의 생동적인 모습을 감각적으로 그려 냈다. 이 시는 이미지즘 계열의 주지시에 속하며, '아침'에 대한 즉물적인 고찰이 이루어졌다. '몸을 움직임'→'노동'→'즐거움'→'잔치'→'울림'으로 시상이 연쇄적으로 이어지고 있다는 특징이 돋보인다.

20. 〈해설〉 [반응의 적절성 평가]

이규보의 〈이옥설〉이다. 작은 잘못이라고 그것을 알고 미리 고치지 않으면 큰 문제가 되고, 더 큰 낭패를 볼 수 있다는 교훈을 주는 글이다. '호미로 막을 것을 가래로 막는다'는 커지기 전에 처리하였으면 쉽게 해결되었을 일을 방치하여 두었다가 나중에 큰 힘을 들이게 된 경우를 비유적으로 이르는 말이니 아주 적절하다.

〈더 알아두기〉

① 가난할수록 기와집 짓는다: 「1」 당장 먹을 것이나 입을 것이 넉넉지 못한 가난한 살림일수록 기와집을 짓는다는 뜻으로, 실상은 가난한 사람이 남에게 업신여김을 당하기 싫어서 허세를 부리려는 심리를 비유적으로 이르는 말. 「2」 가난하다고 주저앉고 마는 것이 아니라 어떻게든 잘살아 보려고 용단을 내어 큰일을 벌인다는 말.

② 귀신(을) 피하려다 호랑이(를) 만난다: 한 가지 재화를 피하려다 도리어 더 큰 화를 당함을 비유적으로 이르는 말.

③ 서투른 풍수 집안만 망쳐 놓는다: 무슨 일에 잘 알지 못하면서 아는 체하여 일을 하다가 아주 크게 그르치는 경우를 비유적으로 이르는 말.

교행직 맞춤형 모의고사 8회 정답 및 해설

1	④	2	②	3	④	4	④	5	③
6	③	7	②	8	④	9	②	10	①
11	④	12	④	13	④	14	④	15	④
16	②	17	④	18	③	19	③	20	①

1. 〈해설〉 [표준 발음법의 이해와 적용]

'협력'은 '[협녁→혐녁]'으로 발음하는 것이 맞는다. 우선 [협녁]으로 발음하는 것은 제19항의 [붙임] 조항에 따른 결과이다. 그런데 이는 다시 [혐녁]으로 발음해야 한다. 이는 제18항을 적용한 결과다.

〈더 알아두기〉

(1) 제18항이 적용된 예

⑩ 먹는[멍는], 국물[궁물], 깎는[깡는], 키읔만[키응만], 몫몫이[몽목씨], 긁는[긍는], 흙만[흥만], 닫는[단는], 짓는[진 : 는], 옷맵시[온맵씨], 있는[인는], 맞는[만는], 젖멍울[전멍울], 쫓는[쫀는], 꽃망울[꼰망울], 붙는[분는], 놓는[논는], 잡는[잠는], 밥물[밤물], 앞마당[암마당], 밟는[밤 : 는], 읊는[음는], 없는[엄 : 는], 값매다[감매다]

(2) 제18항의 '붙임'이 적용된 예　⑩ 책 넣는다[챙넌는다], 흙 말리다[흥말리다], 옷 맞추다[온마추다], 밥 먹는다[밤멍는다], 값 매기다[감매기다]

(3) 제19항이 적용된 예

⑩ 담력[담 : 녁], 침략[침냑], 강릉[강능], 항로[항 : 노]

(4) 제19항의 '붙임'이 적용된 예

⑩ 막론[막논→망논], 백 리[백니→뱅니], 협력[협녁→혐녁], 십 리[십니→심니]

2. 〈해설〉 [외래어 표기법의 이해]

올바른 외래어 표기인가 아닌가를 묻는 문제가 아니다. 제시된 조항의 예에 해당하는 가를 묻는 문제이다. '로큰롤(rock'n'roll)'의 경우 올바른 외래어 표기이나 〈보기〉에 제시된 조항과는 관련이 없다. 무성 파열음([p], [t], [k]) 중의 하나인 [k]가 들어 있지만, 비음 앞인 관계로 '으'를 붙여 적고 있기 때문이다.

〈더 알아두기〉

예를 들어, 'setback[setbæk]'의 경우 '세트백'이 아니라 '셋백'으로 적는다. 결과적으로 무성 파열음 다음에 '모음, 유음, 비음'(=공명음)이 아닌 자음이 오는 경우 어말과 같은 환경으로 이해됨을 알 수 있다. 비슷한 예로는 '액션(action)', '립스틱(lipstick)' 등을 들 수 있다.

※ 짧은 모음+[p], [t], [k]+모음, 유음, 비음(=공명음)이 아닌 자음

[p] → ㅂ	립스틱(lipstick), 립싱크(lip sync), 랩소디(rhapsody), 냅킨(napkin), 깁스(〈독〉 Gips), 어댑터(adapter)
[t] → ㅅ	서킷트레이닝(circuit training), 컷필름(cut film), 플랫폼(platform), 라켓볼(racket ball)
[k] → ㄱ	블랙홀(black hole), 넥타이핀(necktie pin), 슬랙스(slacks), 킥복싱(kickboxing)

3. 〈해설〉 [선어말 어미의 이해]

④만 이야기하는 시점에서 볼 때 완료되어 현재까지 지속되거나 현재에도 영향을 미치는 상황을 나타내는 어미로 쓰인 것이다.

〈더 알아두기〉

①~③은 이야기하는 시점에서 볼 때 사건이나 행위가 이미 일어났음을 나타내는 어미로 쓰인 예이다. 참고로 이야기하는 시점에서 볼 때 미래의 사건이나 일을 이미 정해진 사실인 양 말할 때 쓰이는 어미인 예로는 '야, 이대로만 공부하면 틀림없이 대학에 붙었다./날씨가 이렇게 가무니 올해 농사는 다 지었다.' 정도를 들 수 있다.

4. 〈해설〉 [고유어의 이해]

다라울 정도로 인색한 사람을 낮잡아 이르는 말은 '자린고비'다.

-사날: (1) [주로 조사 '로'와 함께 쓰여] 거리낌이 없이 제멋대로 하는 태도나 성미. ⑩ 너는 어째 일을 제 혼자 사날로만 하는 거냐? (2) 비위 좋게 남의 일에 잘 참견하는 태도. ⑩ 옆집 아주머니는 사날이 좋아서 처음 보는 사람에게서도 돈을 꾼다.

5. 〈해설〉 [부사어의 이해]

'-듯이'는 뒤 절의 내용이 앞 절의 내용과 거의 같음을 나타내는 연결 어미다. 즉 조사가 아니다. '사람마다 생김새가 다르듯이 생각도 다르다.'와 관련하여, '다르듯이'의 '-듯이'는 종속적 연결 어미로 보는 것이 통설이나, 부사로 보여지가 없지 않다. 비슷한 예로는 '거대한 파도가 일듯이 사람들의 가슴에 분노가 일었다.'나 '사자의 무기가 이빨이듯이 소의 무기는 뿔이란다.' 등을 들 수 있다. 참고로 '듯이'는 어미 '-은', '-는', '-을' 뒤에 쓰여 짐작이나 추측의 뜻을 나타내는 의존명사이다. 연결 어미와 달리 이때는 앞말과 붙여 쓰지 않는다. ⑩ 뛸 듯이 기뻐하다/아는 듯이 말했다.

〈더 알아두기〉

① '그러하게 행동하거나 대하다'의 뜻으로 쓰이는 '굴다' 앞에 오는 부사어는 필수적 부사어이다. 비슷한 예로는 '사람이나 사물의 생김새가 어떠한 모양으로 되다'의 뜻으로 쓰이는 '생기다'를 들 수 있다. ⑩ 그 그릇은 참 볼품없이 생겼다.

② '옹기종기'는 '크기가 다른 작은 것들이 고르지 아니하게 많이 모여 있는 모양'을 이르는 말로 그 자체로 부사다. 참고로 '옹기옹기'는 '비슷한 크기의 작은 것들이 많이 모여 있는 모양'을 이르는 부사다. 두 단어의 의미는 미묘한 차이가 있다.

④ '제발'은 그 위치를 옮겨도 문장의 의미에 특별한 변화가 없다. 문장 부사이기 때문이다.

6. 〈해설〉 [준말의 이해]

찹쌀이나 멥쌀 등을 물에 불려 시루에 찐 밥을 이르는 말이 '지에밥'이다. 약밥이나 인절미를 만들거나 술밑으로 쓴다. 그 준말은 '제밥'이다.

〈더 알아두기〉

① '켜이다'는 '(물이나 술 따위의 음료가) 목이 말라 자꾸 많이 마시고 싶어지다.'의 뜻으로 쓰는 말이며, 그 준말은 '키다'이다.

② '조리다'는 '조리하다'의 준말이다.

④ '금시에'의 준말은 '금세'이다. '금새'라고 잘못 적기 쉽다.

7. 〈해설〉 [고전 문법의 이해]

의문문의 형식이 현대 국어와 많이 다르다. 의문문은 의문형 어말어미나 의문 보조사로 실현된다. 또 그것은 판정 의문문(긍정이나 부정의 답을 요구하는 의문문)이냐, 설명 의문문(의문사를 취하여 설명을 요구하는 의문문)이냐에 따라 달리 실현된다.

① 판정 의문문의 어말 어미 '-ㄴ가', '-녀'/보조사 '가'

⑩ 西京은 편안ᄒᆞᆫ가 몯ᄒᆞᆫ가?[어미 '-ㄴ가']

이ᄂᆞᆫ 賞가 罰아?[보조사 '가']

이 ᄯᄅ리 종가?[보조사 '가']

功德이 ᄒᆞ녀 져그녀?[어미 '-(으)녀']

* '-가'의 경우 'ㄹ' 아래에서는 '-아'로 실현됨

② 설명 의문문의 어말 어미 '-(ㄴ)고', '-뇨', 보조사 '고'

⑩ 엇논 藥이 므스것고?

賢良은 또 몃 사름고?

그디 子息 업더니 므슷 罪오?

어듸사 시름 업슨 딕 잇ᄂ뇨?

* '-오'의 경우 '고'에서 'ㄱ' 탈락한 형태임.

③ 주어가 2인칭 주어일 때는 판정 의문문이냐 설명 의문이냐에 상관없이 '-ㄴ다'와 '-ㄹ다'

예 네 엇뎨 안다?

네 쁘뎬 엇뎨 너기ᄂ다

네 즐겨 내 어미를 효양ᄒ다?

그듸ᄂ 어느 저긔 도라올다

이상의 설명을 참고할 때, '네 뉘손딕 글 빅혼다.'는 의문문이다. 그런데 이것은 현대 국어와 그 형태가 많이 다르다. '므슴 글을 강ᄒᄂ뇨.'도 그러하다.

8. 〈해설〉 [개요를 통한 글의 논지 구조 파악]

우선 이 글은 절대주의적 문화관과 상대주의적 문화관을 비교, 대조하는 텍스트일 것으로 추론할 수 있다. 글쓴이는 절대주의를 상대주의적 입장에서 비판하였을 것이다. 그러나 일방적으로 상대주의를 옹호하지는 않는다. 구체적인 사례를 들면서 상대주의의 맹점을 지적하고 있음을 알 수 있다. 그렇다고 양비론으로 귀결시키거나, 다시 절대주의를 옹호하는 것은 아니다. 상대주의를 옹호하되 어떤 방식으로든 보완을 해야 한다는 입장일 것이다. 이러한 논지 구조를 가장 잘 반영하고 있는 것이 ④이다. '인류 보편의 도덕률'을 탄력적으로 수용하는 문화 상대주의가 그것이다.

〈더 알아두기〉

① 문화 상대주의를 비판하는 내용일 뿐이므로 역시 보완된 문화 상대주의라 할 수 없다.

② 내용상의 일관성이 결여된 문단다. 또 문화 상대주의에 대한 새로운 해석을 내놓아야할 상황에서 그 필요성만을 역설하고 있을 뿐이다.

③ 절대주의적 문화관을 비판하면서 상대주의적 문화관을 옹호하는데 그치고 있다.

9. 〈해설〉 [한자성어의 올바른 사용]

'주마가편(走馬加鞭)'은 달리는 말에 채찍질한다는 뜻으로, 잘하는 사람을 더욱 장려함을 이르는 말이다. 문맥에 어울리지 않는다. 이 문장에 어울리는 한자성어는 낮에는 농사짓고, 밤에는 글을 읽는다는 뜻으로, 어려운 여건 속에서도 꿋꿋이 공부함을 이르는 말인 '주경야독(晝耕夜讀)'이다.

〈더 알아두기〉

① 빙공영사(憑公營私): 공적인 일을 핑계하여 사사로운 이익을 꾀함

③ 족탈불급(足脫不及): 맨발로 뛰어도 따라가지 못한다는 뜻으로, 능력·역량·재질 따위가 두드러져 도저히 다른 사람이 따라가지 못할 정도임을 비유적으로 이르는 말.

④ 중과부적(衆寡不敵): 적은 수효로 많은 수효를 대적하지 못함.

10. 〈해설〉 [한시와 관용 표현]

〈보기〉는 조식의 〈칠보시〉이다. 풀이하면 다음과 같다. "콩을 쪄서 국을 만들고, 콩자반을 걸러 즙으로 하려는데, 콩대는 솥 아래서 타고, 콩은 솥 안에서 울고 있구나. 본디 한 뿌리에서 났는데, 불 때어 달이기를 어찌 그리 서두르는고." 지은이의 형인 문제 임금은 아우가 너무 똑똑해 시기했다. 일곱 걸음 안에 시를 짓지 못하면 큰 벌을 내리겠다 했는데, 지은이가 일곱 걸음 걷는 사이에 이와 같이 시를 읊으니, 문제는 심히 부끄러운 기색을 보이더라고 했다. 콩대는 형인 문제를, 콩은 아우인 지은이 조식을 은유하고 있다. '한 뿌리에서 나온 가지와 같이 함께 부모의 핏줄을 타고 났는데, 왜 이렇게 죽이지 못해 하는가?'

하는 뜻을 비유적으로 나타내었다. 이로부터 연유한 한자성어가 '자두연기(煮豆燃萁)'이다. 콩을 삶기 위하여 같은 뿌리에서 자란 콩꼬투리를 태운다는 뜻으로, 형제끼리 서로 시기하고 다툼을 비유적으로 이르는 말이다.

〈더 알아두기〉

① 갈치가 갈치 꼬리 문다: 동류(同類)나 친척 간에 서로 싸움을 비유적으로 이르는 말. 늑망둥이 제 새끼 잡아먹듯.

② 콩 볶아 먹다가 가마솥 깨뜨린다[터뜨린다]: 작은 재미를 보려고 어떤 일을 하다가 큰일을 저지름을 비유적으로 이르는 말.

③ 상좌가 많으면 가마솥을 깨뜨린다: 상좌가 많아서 저마다 명령을 하면 무쇠 가마조차도 깨뜨리고 만다는 뜻으로, 뚜렷한 책임자 없이 여러 사람이 저마다 간섭을 하면 도리어 일을 그르침을 이르는 말.

④ 고기 만진 손 국 솥에 씻으랴: 아무리 인색한들 손에 묻은 고기 비린내가 아깝다고 그 손을 국 솥에 씻겠느냐는 뜻으로, 지나치게 인색한 사람을 보고, 아무러면 그렇게 다라운 짓까지 하겠느냐는 뜻으로 이르는 말.

11. 〈해설〉 [개괄적 정보의 파악]

'씻김굿은 죽은 이의 몸을 상징하는 것을 만들어 씻기는 과정이 중요한 거리와 그 거리가 있는 전체의 굿을 말한다.'은 씻김굿의 구성을 이야기한 것이지, 그 연행 순서를 이야기한 것이 아니다.

〈더 알아두기〉

① '씻김굿은 사령제(死靈祭)의 하나다'라는 설명이 곧 씻김굿의 기능을 이야기하고 있는 것이다. 죽은 사람의 넋을 위무하는 제사라고 규정이기 때문이다.

② '일정한 절차를 밟아서 부정을 씻음'이 씻김굿의 의의에 해당한다.

③ '씻김의 대상이 되는 부정이란 단순히 물리적인 때[穢]를 의미하는 것만은 아니고 종교적인 상징성을 갖는다.'에서 언급한 내용이다.

12. 〈해설〉 [개괄적 정보의 파악]

용적과 관련한 언급이 이루러진 것은 첫째 문단이다. 용적의 신축이 자유롭다는 말은 싸는 물건의 용적을 줄이거나 늘릴 수 있다는 말이 아니다. 보자기가 갖는 용적의 신축, 그 자유로움에 관한 것일 뿐이다.

13. 〈해설〉 [내용의 개괄적 이해]

이 글에서는 책의 저자와 독자의 관계에 대한 언급이 거의 없다. 책을 읽는 방법과 관련한 언급만 있을 뿐이다. 즉 이 글을 통해 '저자와 독자의 관계는 어떻게 변화하였는가?'라는 의문을 해소하는 것은 불가능하다.

〈더 알아두기〉

① 독서의 주된 목적은 풍부한 지식의 습득이었다고 언급하고 있다.

② 두 번째 단락에서 다양하게 언급하고 있는 내용이 모두 이전 시기와 독서의 방법에 대한 것이다.

③ 장점은 편리하다는 것이겠고, 단점은 깊은 뜻을 이해하는 데 방해가 되었다는 점일 것이다.

14. 〈해설〉 [개념의 의미 파악]

대아가 자성을 자각한 이후, 항성과 변성의 조화를 통해 상속성과 보편쯩을 실현할 수 있다고 했다. 즉 항성과 변성이 조화를 이루지 못하면, 대아의 상속성과 보편성은 실현되지 않는다.

〈더 알아두기〉

①, ② 대아와 달리, 소아는 자성은 갖지만 상속성(相續性)과 보편성(普遍性)을 갖지 못한다고 했다. 고로 소아의 항성과 변성이 조화를 이루면, 상속성과 보편성이 모두 실현되지 않는다.

③ 항성이 작고 변성이 크면 환경에 주체적으로 대응하지 못하여 우월한 비아에게 정복당한다고 하였다. 즉 상속성을 실현하지 못 한다.

15. 〈해설〉 [말하기 방식의 파악]

상대방이 스스로의 잘못을 깨달을 수 있도록 설득하는 것이 주된 내용이다. 그것을 위해 할미꽃(=백두옹)은 맹자와 풍당의 사례를 제시하고 있다.

　〈더 알아두기〉

① 위엄을 내세운 바가 없고, 상대를 굴복시키려는 것이 아니다.

② 상대방의 동정심에 호소한 바가 없다.

③ 현학적인가 아닌가는 주관적일 것이고, 상대방의 판단을 흐리게 하려는 것은 아니다.

16. 〈해설〉 [함축적 의미의 파악]

②의 시조는 정치적 현실을 풍자하고 있는 작품이다. '구름'은 '간신(奸臣)'을 의미하므로, ㉠과 함축적 의미가 가장 유사하다.

17. 〈해설〉 [시의 종합적 감상]

'얼어붙은 잔등'이 '여린 물살'을 혹한으로부터 지켜주고 있는 모습은 어린 시절 시적 화자를 혹한으로부터 지켜주던 아버지의 모습(사랑)을 의미하는 것으로 아버지의 죽음, 즉, 극단적 선택의 원인과는 전혀 관련이 없다.

　〈더 알아두기〉

① '외풍'을 막아 주던 아버지의 행위가 곧 아버지의 사랑을 느끼게 해 준 행위이며 외풍이 차가운 이미지라면 아버지의 가랑이 사이는 따뜻한 이미지이므로 대비적으로 부각시키는 것이 맞는다.

② 제2연에서 드러나듯이 ('뼛가루', '붉은 흙에 자취없이 뒤섞여') 아버지는 돌아가신 존재이다. 그런데 '이승의 물로 화신'해 있다는 것은 죽은 존재가 다시 다른 존재로 태어난다는 윤회론적인 인식이 바탕이 되어 있는 것으로 볼 수 있다.

③ '이승의 물', '얼어붙은 잔등'이 아버지를 형상화하는 것이라면 그것들이 덮어주고 있는 여린 물살은 곧 '아버지의 가랑이 사이'에서 '외풍'을 피하던 시적 화자 즉, 자식을 의미하는 것으로 보아야 한다.

18. 〈해설〉 [작품 감상의 적절성 평가]

〈보기1〉의 '보리밥 풋나물'은 '산수', '띠집'과 아울러 자연에서의 소박한 삶을 상징하는 시어로 볼 수 있다. 이는 '알맞초' 먹는다는 구절, 실컷 노니는 '바위 끝 물가'의 이미지와 연결되어 물질에 대한 작가의 절제와 자연을 향유하는 즐거움을 드러내고 있기도 하다.

19. 〈해설〉 [자료의 해석]

글쓴이는 장음과 단음의 발음 문제를 합리성이 아니라 전통성의 문제로 언급하고 있다. 따라서 ③은 응답자들의 연령이 낮을수록 국어의 전통성을 잘 따르지 않는다는 정도로 수정해야 한다.

20. 〈해설〉 [구체적 사례에의 적용]

국어의 전통성과 합리성에 따라 표준 발음을 정하기 어려운 경우, 현실에서 고착된 관용은 표준 발음으로 인정하고 있다. ②, ③, ④는 국어의 규칙 내지 법칙에 따라 발음을 정한 것이다. ①은 국어의 규칙에는 어긋나지만 언중의 현실음을 반영하여 표준 발음으로 인정한 것이다.

교행직 단원별 모의고사 5회 - 문학편(상)

1	③	2	④	3	④	4	③	5	④
6	②	7	③	8	④	9	②	10	①
11	④	12	②	13	④	14	④	15	①
16	④	17	④	18	③	19	②	20	④

1. [현대시의 종합적 감상]

퇴락(頹落)한 고궁에서 몰락한 왕조를 회고하며, 국권을 상실한 비극적인 시대 현실을 노래하고 있는 산문시이다. 행과 연의 구분 없이 6개의 문장으로 이루어져 있는데, 내용적 측면에서 두 단락으로 나눌 수 있다. 첫째 문장부터 둘째 문장까지는 퇴락한 고궁의 모습을 묘사한 부분으로, '서경(敍景)'에 해당한다. 셋째 문장부터 마지막 문장까지는 그것을 바라보며 느끼는 감회를 노래한 부분으로, '서정(敍情)'에 해당한다. 전체적으로 감정의 절제가 잘 이루어져 있으나, 부분적으로 감상적인 면도 없지 않다. 서정적인 면이 두드러지는 후반부가 특히 그러하다.

2. [고전문학사의 이해]

향가는 언해 문학이 아니다. <삼국유사>에 차자표기인 향찰로 수록되어 있는 것이 대부분이다. 즉 <삼국유사>에 전하는 것이므로 훈민정음이 창제된 직후에 언해되어 전하고 있다는 설명은 적절하지 않다.

[더 알아두기] 향가계 여요 <도이장가(悼二將歌)>

니믈 오올오솔본 / ᄆᅀᆞᆷ 곳하ᄂᆞᆯ 밋곤 / 넉시 가샤ᄃᆡ / 사ᄆᆞᆺ산 벼슬마 ᄯᅩᄒᆞ져 / 브라며 아리라 / 그ᄢᅴ 두功臣여 / 오라나 고돈 / 자치ᄂᆞᆫ 나토샨뎌
– 양주동 해독

현대어 풀이 :
임의 목숨을 온전하게 하신 / 마음은 하늘가에 미치고 / 넋은 가셨지만 / 내려주신 벼슬은 또 대단하구나 / 바라보면 알리라 / 그 때의 두 공신이여 / 오래 되었으나 / (거룩한) 자취는 나타나시도다

[해설] 고려 16대 왕 예종이 지은 노래이다. 이두식 표기로 된 향가 형식의 노래로, 8구체를 4구씩 2분하여 지었다. 1120년 왕이 서경에 행차하여 팔관회가 열렸을 때, 그 자리에 개국공신 김락과 신숭겸의 가상을 만들어 참석하게 한 것을 보고, 왕이 그들의 공을 추도하여 지은 노래이다. 이 노래는 <정과정>과 함께 향가 형식의 노래가 고려 중기까지 남아 있었다는 증거가 된다.

3. [표현 기법의 이해]

사랑하는 일보다 기다리는 일이 더 행복했다고 했지만, 속마음은 그 반대였을 것이다. 즉 반어법을 사용한 표현이다. ④도 그렇다. 임이 떠나가더라도 눈물을 흘리지 않겠다고 했지만, 속마음은 그 반대일 것이기 때문이다.

4. [문학적 발상의 이해와 적용]

대상의 주관적 변용이란 대상을 주관적으로(그러니까 현실적으로는 불가능한 방법으로) 변화시키는 것을 말한다. <보기>에서처럼 봄바람을 이불 속에 넣어 둘 수도 없고, ③에서처럼 봄볕을 멀리 있는 임에게 보낼 수도 없다. 그것을 주관적으로 변용하여 형상화한 것이다.

5. [현대시/표현에 대한 이해]

(가)의 '님은 갔지마는 나는 님을 보내지 아니하였습니다', (나)의 '그건 결국 도련님 곁 아니어요?'는 이별의 상황 속에도 재회의 가능성은 여전히 남아 있다는 화자의 역설적 인식을 드러내고 있다. 이런 인식은 '님'에 대한 불변하는 사랑을 이어가겠다는 화자의 태도를 암시한다.

6. [현대시/작품의 비교감상]

(가)는 '~습니다'를 통해 대화체를 형성하고 있지만, 화자의 말을 들어주는 청자가 작품 속에 직접 등장하지는 않는다. 이에 비해 (나)는 '~어요'를 통해 형성하고 있으며, 화자의 말을 들어줄 청자 '도련님'을 작품 속에서 직접 호명하여 말을 건네고 있다.

7. [현대시/외적 준거를 통한 작품 이해]

(가)에서 화자가 이별의 원인을 직접적으로 '님'에게 돌려 원망한 부분은 찾아볼 수 없다. (나)의 경우, 이별의 원인이 화자가 앞둔 죽음 때문인 것은 사실이지만 화자가 이별을 자신의 탓이라고 자책하는 장면은 나타나지 않는다.

8. [현대 소설/서술 방식의 이해]

서술의 초점이 되는 대상이 인물과 인물 간에 벌어진 외적 갈등에서 한 인물의 내적 갈등으로 이동하고 있다.

[더 알아두기] 전광용, <사수>

이 작품은 한국 전쟁이 끝난 뒤인 1959년에 발표된 전후 소설이다. 주인공 '나'가 병원에서 과거를 회상하는 형식으로 된 이 작품에서 '나'와 친구 B는 학창 시절부터 여자 친구 경희를 둘러싸고 경쟁 관계에 놓여 있다. 전쟁 때문에 경희는 '나'와 헤어지고 B와 결혼하게 되는데, 공교롭게도 '나'는 사형수가 된 B를 쏘아야 하는 사수가 된다. 운명의 장난과도 같은 이런 상황에서 '나'는 극도의 내적 갈등을 겪는다.

이처럼 이 작품은 인간관계가 전쟁을 거치면서 비극적 파국으로 치닫는 과정을 보여 주고 있다. 특히 전쟁 이전부터 내면에 잠재해 있던 인간의 숙명적 대결 의식을 부각하고 있다. 또한 인간의 욕망에 대한 본능적 성취 욕구, 외부의 힘에 의한 강제적인 외적 갈등 등도 심도 있게 다루었다.

9. [현대 소설/서사적 기능의 이해]

'나'와 B는 서로 대립하는 관계에 놓여 있지만, 상대방에게 지지 않으려는 모습을 공통적으로 보여 준다. 그런 점에서 두 사람은 대조적이지 않고 유사한 성격을 지니고 있다.

[더 알아두기]

① '나'는 슬그머니 뱃이 꼴려 급기야 B에 대한 적의를 느끼게 되고, 이 마음을 B를 후려갈기는 행동으로 표현하고 있다.

10. [현대 소설/어휘의 문맥적 의미 파악]

㉠에서 '나'는 조마조마하여 마음을 졸이고 있기 때문에 마음을 몹시 쓰며 애를 태운다는 뜻의 노심초사가 적절하다.

11. [현대시의 종합적 감상]

춤 동작의 역동성을 표현한 부분이다. 승무의 동적인 동작을 형상화한 것이라고 해야 맞는다. 그러므로 차분하게 가라앉은 심리가 반영되어 있다는 설명도 적절하지 않다.

12. [가전체 문학의 이해]

가전은 설화에서 탈피하여 우화·의인화 수법을 써서 지은 짧은 전기 형식의 이야기로서, 그 내용은 대개 사람들을 경계하고 권선(勸善)할 목적으로 이루어진 것이다. 당대(唐代) 한유(韓愈)의 <모영전 (毛穎傳, 붓을 의인화한 작품)>이 최초의 작품이고, 우리나라에서는 고려 시대 임춘의 <국순전>과 <공방전>이 문헌상 최초의 작품이다. 사물이나 동물, 식물을 의인화해서 내용, 속성, 가치를 주로 표현한 것이다. 마치 사람의 일대기처럼 표현하고, 또 중 역사책인 사마천의 <사기>의 열전(列傳)처럼 사신(史臣)의 평이 붙어 있다는 점이 특징이다.

하지만 의인화된 사물의 부정적인 측면만을 강조하였다는 지적은 옳지 않다. 예를 들어 이규보의 <국선생전>은 술과 누룩을 의인화한 것으로 군자의 처신을 경계하는 내용이다. 임춘의 <국순전>이 술을 부정적으로 표현한 것이라면 이 작품은 술의 긍정적인 면을 드러내고 있다.

13. [현대소설/서술상의 특징 파악]

사투리는 주로 인물의 말을 인용하고 있는 부분에서 두드러진다. 즉 대화 장면에 두드러진다. 결과적으로 그것은 서술방법상 보여주기에 해당하게 된다. 보여주기의 방법은 말하기의 방법과는 달리 사건 전개의 속도를 늦추는 결과를 낳는다. 사투리의 사용이 사건 전개의 속도를 높인다는 설명이 부적절한 이유다.

14. [인물의 성격 파악]

'의몽을 떨었다'를 단서로 하여 답을 찾을 수 있다. '의몽하다'는 '겉으로는 어리석은 것처럼 보이면서 속으로는 엉큼하다'의 뜻으로 쓰는 말이다.

15. [고유어의 이해]

'배참'은 '꾸지람을 듣고 그 화풀이를 다른 데다 함'의 뜻으로 쓰는 말이다.

16. [시나리오의 이해]

'insert'는 사전적 의미로는 '끼워넣다, 끼우다, 삽입하다'는 뜻이다. 영화나 TV에서 장면들 사이사이에 다른 장면이나 글자 또는 사진을 끼워 넣는 '삽입화면'을 말한다. 영화에서는 내용의 이해를 돕기 위해 주로 촬영된 장면들 사이에 글자를 삽입한다. '약국'이라는 글자를, 들창에 보이는 형식으로 삽입해야 하는 장면이다.

[더 알아두기]

F.I.: 장면전환기법의 하나이다. 페이드인은 어두웠던 화면이 점차 밝아지면서 장면이 전환되는 것이다. 줄거리를 전개할 때 시간의 경과를 나타내기 위해 주로 사용된다. 페이드인과 대립되는 장면전환 기법이 페이드아웃(F.O.)이다.

PAN: 카메라 조작의 한 방법으로, 카메라를 고정시킨 채 좌우로 움직여 가면서 촬영하는 행위를 말한다. 광장 같은 넓은 광경을 포착하거나 이동하는 피사체를 포착할 때 구사하는 방법이다. 카메라를 고정시킨 채 상하로 움직여 피사체를 촬영하는 것을 틸트(tilt)라고 한다.

17. [고전 시가/표현 방식에 대한 이해]

화자가 놓인 규방과 그 인근에 대비가 되는 공간은 '님 계신 데'이다. 하지만 '님 계신 데'에 대한 구체적인 묘사는 제시문에 나타나지 않는다. 따라서 화자가 지향하는 가치를 공간의 대비를 통해 드러내고 있다는 진술은 적절하지 않다.

[더 알아두기]

① "소상(瀟湘) 야우(夜雨)의 댓소리 섞여 나는 듯/화표(華表) 천 년의 별학(別鶴)이 우니는 듯"과 같은 표현에서 대구의 활용을 확인할 수 있다. 이런 대구 표현은 화자가 전달하는 의미를 강조하고 운율감을 자아내는 데 효과적이다.

② "소상(瀟湘) 야우(夜雨)의 댓소리 섞여 나는 듯/화표(華表) 천 년의 별학(別鶴)이 우니는 듯"은 화자가 연주하는 '녹기금' 소리(청각 심상)를 빗대어 표현하고 있다.

③ "삼춘화류(三春花柳) 호시절에 경물(景物)이 시름없다"는 아름다운 자연의 모습과 대비하여 화자의 외로움과 서글픔을 강조한 표현이다.

18. [고전 시가/시어의 기능에 대한 이해]

화자가 '녹기금'을 연주하는 것은 '시름'을 잊기 위한 것이다. 하지만 화자는 자신의 연주를 들어 줄 사람이 없음을 깨닫고 '간장이 구곡 되야' 더욱 마음이 뒤틀리게 된다. 그러므로 화자의 외로운 심정이 해소된다고 볼 수는 없다.

[더 알아두기]

① 화자는 '옥창의 심은 매화'가 몇 번이나 피었다 지었다는 말로 '님'과 헤어진 시간이 상당히 오래되었음을 강조하고 있다.

② 겨울에 내리는 '자취눈'과 여름에 내리는 '궂은비'는 계절 상황을 보여주는 심상으로서, '님'에 대한 그리움과 원망 사이에 갈등하는 화자의 모습을 떠올리게 하는 소재이다.

④ '은하수'는 견우와 직녀 간의 만남을, '약수'는 화자와 대상 간의 만남을 가로막는 장애물이다.

19. [고전 시가/외적 준거를 통한 작품 감상]

바람에 지는 이파리('잎')과 풀 속에서 우는 벌레('짐승')가 내는 소리는, 꿈속에서나마 '님'과 만나고자 잠을 청한 화자의 잠을 깨운다. 이런 까닭에 화자는 '님'과 '짐승'을 '원수'에 비유하고 있다.

[더 알아두기]

① 화자가 흘리는 '눈물'은 <보기>의 '소리 없는 눈물'에 비견될 만한 것으로서, 화자의 슬픔과 원망을 암시한다. 하지만 이런 심리의 밑바탕에는 '님'에 대한 '사랑'과 그리움이 자리 잡고 있다. 이런 모순된 감정이 '한숨'과 '눈물'로 표출된 것이다.

③ 화자는 소식조차 끊긴 '님', 어디에 있는지 알 수조차 없는 '님'을 그리워하면서 난간에서 '님 계신 데'를 바라보고 있다. 이런 화자의 시선을 통해, 이룰 수 없는 것을 간절히 바라는 화자의 헛된 '욕심'이나 미련을 떠올릴 수 있다.

④ '새소리'는 화자의 감정이 이입된 소재로서, 화자의 내면에 자리 잡고 있는 서러움을 환기한다. 화자는 '새 소리 더욱 설다'는 표현을 통해 자신의 서러운 심정과 외로운 처지를 한탄하고 있다.

20. [고전 시가/표현 방식에 대한 이해]

'이별의 눈물이 더하기 때문에 대동강물이 마를 날이 없다.'는 과장된 표현으로 이별의 정한을 노래하고 있다. 따라서 현실의 무상함이 아니라 이별의 슬픔으로 인해 흘리는 눈물이 푸른 물결과 대응하고 있다.

교행직 맞춤형 모의고사 9회 정답 및 해설

1	④	2	②	3	④	4	②	5	④
6	③	7	③	8	④	9	④	10	①
11	③	12	④	13	④	14	③	15	②
16	②	17	①	18	②	19	①	20	③

1. 〈해설〉 [명령법의 이해]

'키우다'는 해라체일 경우 '키워라'로, 하라체일 경우 '키우라'로 활용한다. 즉 ④는 간접명령법이 아니라 직접명령법에 해당한다.

〈더 알아두기〉

① 출제자가 수험생에게 문제지라는 매체를 통해 명령하는 지시문이다. 만약 해라체라면 '골라라'가 되어야 한다.

② 신문 사설의 제목 정도로 볼 수 있다. 해라체라면 '대처해라'가 되어야 한다.

③ 시위대의 플래카드(placard) 정도에 등장하는 문구로 볼 수 있다. 해라체라면 '줘라'가 되어야 한다.

2. 〈해설〉 [단어의 의미 관계]

우선 '높이, 크기, 깊이, 넓이'의 명사 파생이 가능하다. 문제 풀이를 위해서는 동사로도 사용되는가를 살펴보아야 한다. '크다'는 동사로도 사용 가능하다. '키가 하루가 다르게 크는구나.'가 그런 예이다. '길다'가 '넌 머리가 잘 기는구나.'처럼 동사로도 사용되는 것과 비슷하다. 이처럼 형용사로만 쓰이는 줄 알기 쉽지만, 동사로도 쓰이는 단어가 여럿 있다.

〈예〉

– 밝다: 날은 차차로 밝아 오다가 삽시간에 아주 훤하니 밝는다.[동사]

　　　　오늘은 유난히 햇살이 밝다.[형용사]

– 늦다: 그는 약속 시간에 항상 늦는다.[동사]

　　　　그는 다른 사람보다 서류 작성이 늦다.[형용사]

3. 〈해설〉 [문장의 종류와 문장 성분]

먼저 '사업의 성패는 우리가 노력하기에 달려 있다.'에서 '우리가 노력하기'가 명사절에 해당한다. 명사에 관형사격 조사가 결합한 '사업의'는 관형어이다. 다음 '그는 자신이 해묵은 문제를 해결했음을 내세웠다.'에서 '자신이 해묵은 문제를 해결했음'이 명사절에 해당한다. 동사의 관형사형인 '해묵은'은 관형어이다. 이와 관련하여 '-기'와 -(으)ㅁ'은 명사절임을 나타내는 대표적인 문장 표지임을 기억해 두자.

〈더 알아두기〉

ㄱ. 관형사절을 안은문장이다. 관형어가 없다.

ㄴ. 명사절을 안은문장이기는 하나, 부사어만 있을 뿐 관형어가 없다.

4. 〈해설〉 [맞춤법의 이해]

ㄱ은 '여자'의 '여'의 본디 음이 '녀'임에도 소리대로 '여'로 적는다는 말이다.→ ㉠

ㄴ은 [채기]로 발음함에도 어법에 맞도록 '책이'로 적는다는 말이다. → ㉡

ㄷ은 어법을 생각하면 '그렇면'으로 적어야 하나 소리대로 '그러면'으로 적는다는 말이다. → ㉠

ㄹ은 [따카다]로 발음함에도 어법에 맞도록 '딱하다'로 적는다는 말이다. → ㉡

5. 〈해설〉 [대화의 분석]

질문은 지금 몇 시냐는 것이다. 그런데 어딘가로 지름길로 서둘러 가야겠다고 답하고 있다. 얼핏 보면 질문의 의도에서 벗어난 답변으로 보인다. 그러나 그렇지 않다. 이어지는 내용을 보면 벌점을 맞지 않으려면 지름길로 빨리 질러가야겠다는 것이기 때문이다. 즉 정해진 시간에 늦는 것 아니냐는 것이 질문의 요지이고, 얼마 남지 않았으니 서둘러 질러가야 한다는 것이 답변의 요지인 것이다. 상대방의 질문에 호응하는 것이지, 상대방의 질문을 잘못된 것으로 간주하고 교정하고 있는 것이 아니다.

6. 〈해설〉 [언어 예절의 이해]

친구에게 자기 아내를 가리킬 때 '아내', '집사람', '안사람', '애 엄마', 아들이나 딸의 이름 뒤에 '누구 엄마'라고 지칭해야 한다. ㉢처럼, 자기 아내를 가리켜 '우리 부인'이라고 하는 사람이 있는데, '부인(夫人)'은 남의 아내를 높여 부르는 말이므로 자기 아내를 가리킬 때는 '부인'이 아니라 '아내', '집사람', 또는 '애 엄마' 식으로 말하는 것이 맞는다.

〈더 알아두기〉

① 중간에서 다른 사람을 소개할 때는 ㉠의 예처럼, 친소 관계를 따져 자기와 가까운 사람을 먼저 소개하는 것이 원칙이다. 두 가지 이상의 요인이 겹칠 경우 대체로 친소 관계, 상하 관계, 남녀 구별 순서로 적용한다. 이런 순서는 법처럼 엄격한 것이 아니지만 처음 만나는 자리에서 서로 인사시킬 때 상대를 배려하려면 알아 두는 것이 좋다.

② 윗사람 앞에서 말할 때 그보다 낮은 윗사람을 높이지 않는 것을 '압존법'이라고 하는데, 이는 우리말 공손 표현에 나타나는 독특한 현상이다. 과거와 달리 요즈음은 '압존법'을 엄격하게 지키지 않는 경우가 많아졌다. ㉡의 예처럼 '연구 부장님이 작성하셨습니다.'를 자연스럽게 생각하고 '-님'과 '-시-'를 붙여 높이는 것을 인정하고 있다.

④ 어른의 고희 잔치에 가서 당사자인 어른과 대면해서는 '고희 축하합니다.'라고 인사하는 것이 전통 언어 예절이다. 최근 '축하드립니다.'라는 표현이 흔하게 쓰이면서 '축하드립니다.'가 '축하합니다.'보다 더 높은 존대의 뜻을 나타낸다고 주장하는 사람도 있지만, '축하드립니다.'와 '축하합니다.' 모두 높임을 충분히 표현한 좋은 인사법이다.

7. 〈해설〉 [품사의 이해]

(가)에 제시된 단어들의 공통점은 의존명사라는 점이다. (나)에 제시된 단어들의 공통점은 보조용언이라는 점이다. '의존', '보조'라는 말이 환기하는 바와 같이 둘은 문장 내의 다른 구성 요소에 의존적이라는 점에서 공통적이다.

우선 의존명사는 문장 안에서 단독으로 쓰일 수 없고, 반드시 관형사나 그 밖의 수식어가 선행되어야만 쓰일 수 있다. 또 보조용언은 반드시 본용언 뒤에 오는 제약이 있다. 한편 의존명사 중에는 특정한 관형사어하고만 어울리는 것들이 많다. 모든 형태의 관형사관형어와 어울리는 의존명사는 '것' 하나뿐이고, 그 밖에는 일정한 관형사관형어와 어울리는 제약이 있다. 특히 '뿐, 나름, 때문'은 용언의 일부 관형사형 및 체언의 관형사형하고만 어울린다. 또 보조용언의 경우도 그 앞에 오는 본용언의 어미에 제약이 따른다. 즉 보조용언이 본용언 뒤에 연결될 때에는 보조용언의 종류에 따라 일정한 어미를 본용언 뒤에 취한다.

〈더 알아두기〉 합성서술어

서술어 가운데는 둘 이상의 어절이 모여 하나의 서술어를 이루는 경우가 있다. 이를 합성서술어라 한다. 대표적인 예가 의존명사와 보조동사에 의해 이루어진 합성서술어이다.

ㄱ. 나도 그 문제를 풀 수 있다.

ㄴ. 그가 사과 세 개를 다 먹어 버렸다.

요컨대 합성서술어란 내적으로는 통사적인 구성이면서 문장 구성에서는 한 단위 역할을 하는 서술어를 말한다. 즉 합성서술어로 이루어진 문장은 홑문장으로 간주한다.

8. 〈해설〉 [현대시의 종합적 감상]

'절대적 세계에 대해 동경의 태도를 가지게 되었기 때문이다.'라는 설명이 부적절한 이해에 해당한다. '수심(水深)'은 물의 깊이를 말하는데, 이것은 삶의 비애를 상징하기 때문이다. 이것은 절대적 세계에 대해 동경의 태도를 드러낸 것이 아니다.

9. 〈해설〉 [사설시조의 이해]

시조를 형식상 분류하면 정제된 형식 속에서 규범을 지키면서 읊조리는 평시조와 형식과 규범을 벗어난 엇시조와 사설시조로 구분된다. 이 중에서 사설시조는 평시조에 비해 2구 이상의 자수가 10자 이상으로 늘어난 형태이다. 늘어난 구는 대개 중장의 1, 2구이지만 초장과 종장이 기본형에서 벗어나는 수도 있으며 때로는 3장이 모두 벗어나는 경우도 있다. 다만 종장의 첫 구는 3음절을 지켜서 완전히 평시조의 형식상의 제약을 벗어나는 것은 아니다.

10. 〈해설〉 [고전 시가의 이해]

'달'은 기도자(서정 자아)가 있는 현세와 극락정토인 서방을 잇는 중개자로 나타나 있다. 혹은 서방정토의 사자(使者)로서 상징적 의미를 띠고 있다. 즉 '청원의 대상이자 전달자'라고는 할 수 있지만, '인간적 번뇌와 신적 깨달음'을 지닌 존재라는 보는 것은 적절하지 않다.

〈더 알아두기〉

이 노래는 〈도천수관음가〉와 더불어 신라시대 기원가(祈願歌), 곧 기도하는 노래의 한 전형을 보여 준다. 기원가의 어법은 예배대상에 대한 청원이나 탄원 및 기구·고백의 어법이 중심이 되는데, 이 작품도 바로 이러한 어법구조로 짜여 있기 때문이다.

예배대상은 무량수불로 되어 있고, 아미타신앙을 바탕으로 깔고 있다. 무량수불은 곧 아미타불을 의미하기 때문이다. 또 중요한 소재로 선택 된 '달'은 기도자(서정 자아)가 있는 현세와 극락정토인 서방을 잇는 중개자로 나타나 있다. 혹은 서방정토의 사자(使者)로서 상징적 의미를 띠고 있다.

노래의 첫 부분을 '달'이라는 대상의 초월적 힘에 기대어 시작하면서, 제3·4구에서 기도자는 자신의 청원을 달에게 부친다. 무량수불전에 자신의 뜻을 아뢰달라는 부탁이다. 그 소원이 무엇인지는 잠시 유보함으로써 긴장을 유발한다. 이어서 제5~8구에 자신의 청원이 서방정토로 왕생하는 데 있음을 합장의 자세로 경건하게 아뢴다.

특히, 제5구는 아미타불에 대한 경배가 드러나고 있지만 '서원 깊으신'이라는 관형구로 제시되어 있음을 감안한다면, 이는 단순한 외경이 아니다. 아미타불이 법장보살로 있을 때, 세자재왕불(世自在王佛)에게 맹세한 중생제도(衆生濟度)의 서원을 상기하도록 하여, 기도자 자신을 왕생하게 하는 일에 아미타불을 묶어 놓으려는 강한 의지까지도 내포하고 있다고 볼 수 있다.

이 노래의 핵심, 곧 주제는 제7구에 집약되어 나타나 있다. 비록 함축적인 어휘로 표현되었지만 현실세계를 벗어나고자 하는 몸부림이 투영되었다고 보겠다. 이것은 세속적인 삶을 다 끝낸 뒤의 소망을 제시한 것이 아니라, 당장이라도 현세를 초월하겠다는 절체절명의 청원으로 여겨진다.

맨 끝의 2구는 일종의 독백형식이면서 제5구에서부터 계속되어 온 기원의 연장이자 그 심화확대라는 견해와 의문형으로 끝내어 설의법의 가면을 썼으나 내면으로는 강한 명령법과 접맥되는 위협의 요소가 숨어 있으므로 주술적인 의지가 함축되어 있다는 일부 주장도 있다.

조건절을 수반한 반어의문문을 사용하고 있으며, 드러난 대로 읽으면 원망이라고 하겠으나 앞의 문맥과 연결시켜 읽으면 나의 왕생수행을 아미타불께 품신하여 나를 제도해 달라고 강하게 청하는 뜻이 담겨 있다.

이 때문에 신라인의 세계관이 불교와 샤머니즘이 습합한 것처럼, 이 노래 또한 달이라는 중개자를 통하여 주술적 어법을 빌려 정토왕생을 희원한 노래로 보기도 한다.

11. 〈해설〉 [맞춤법의 이해와 적용]

'불다'의 피동사는 '불리다'이다. '헐렁헐렁한 문짝은 바람에 불리어 잠시도 가만히 있질 아니한다.'와 같이 쓴다. 그런데 이 '불리다'와 '곡식 따위를 바람에 부쳐서 필요 없는 것을 없애 버리다.'의 뜻으로 쓰이는 '불리다'는 동음이의어이다. 즉 이때의 '불리다'는 '불다'의 피동사가 아니다.

12. 〈해설〉 [글의 개괄적 이해]

'두더지'는 본래 용언 어간에 체언이 직접 결합한 비통사적 합성어였지만 현재에는 단일어로 여겨져 단어의 원래 짜임새를 파악하기 어렵게 되었다. 이는 예를 들어 '두다'〉'뒤지다'와 같은 그동안의 언어 변화로 인한 것이다.

〈더 알아두기〉

① 본래 합성어였던 '두더지'는 현재 단일어로 여겨진다고 해야 맞는다.

② 합성어 유형 구분의 기준은 구를 만드는 방법을 따르느냐 혹은 그렇지 않느냐에 있다.

③ '숫돌'을 형성했던 용언의 어간은 '嫛-'인데, '嫛〉숫'의 형태 변화로 인해 아예 소멸되었다.

13. 〈해설〉 [중세국어의 이해]

'거우루엣'의 '엣'은 부사격 조사 '에'와 관형격 조사였던 'ㅅ'의 결합형에 해당한다. 따라서 그 기능이 오늘날의 '에'에 대응하지는 않는다.

14. 〈해설〉 [다른 사례에의 적용]

ⓒ는 '오르-'라는 용언 어간과 '내리-'라는 용언 어간의 결합을 바탕으로 만들어진 '오르내리다'라는 합성어로서, 비통사적 합성어에 해당한다. '읽다'와 '갈무리하다'가 이러한 방식으로 결합하면 '읽갈무리하다'가 된다.

〈더 알아두기〉

① '가락'이라는 체언과 '연필'이라는 체언이 결합한 것이다.

② '삐삐한'이라는 용언의 관형사형과 '연필'이라는 체언이 결합한 것이다.

④ '부드럽-'이라는 용언 어간에 '국수'라는 체언이 직접 결합한 것이다.

15. 〈해설〉 [작품의 분석적 이해]

제2수로 보아, 망령된 '내 일'은 '임 위한 탓'에서 비롯한 것이다. 그러기에 종장에서 보듯이 '아무가 아무리 일러도 임이 혜여 보소서'라고 화자는 말하고 있는 것이다. 제3수의 '내 뜻'은 '임 향한' 것이기에, '내 일'을 '내 뜻'에 상반된 것으로 볼 수 없다.

〈더 알아두기〉

① 제1수는 작자에게 돌아오는 대가가 슬프거나 즐겁거나, 남들의 말이 옳다고 하거나 그르다고 하거나 간에 자신의 신념에 맞도록 자신의 일을 갈고 닦을 뿐이지 그 밖의 결과 여하에 대해서는 생각하지 않는다는 신념에 불타는 내용이다. 제2수는 병진소의 결과로 유배 오게 되었으니 임금의 결정에 이의를 제기할 수는 없다. 그리하여 자신의 행위를 망령되다고 한다. 자신에게 피해가 돌아오는 일을 하였으니 자기 마음을 어리석다고 일단 수긍한다. 그러나 그것은 임금을 위한 일이며, 누가 어떤 말을 하든 임금이 현명한 판단을 내려달라고 하는 내용이다. 그러니 제1수의 '옳다 하나 외다 하나'는 제2수의 '내 일'을 두고 '아무가' 임에게 이르는 행위로 볼 수 있다.

③ 제4수의 '뜻'의 대상은 '어버이'이다. 제5수에서 화자는 '임금을 잊으면 긔 불효인가 여기노라'하여 '효'의 대상을 임금으로 확대하고 있다.

④ 제5수의 '임금 향한 뜻'은 임금에 대한 '충'으로 볼 수 있다. 이를 제1수와 관련하여 보면, 임금을 향해 '내 몸의 해올 일'만을 닦고 닦겠다는 의지의 표현으로 볼 수 있다.

16. 〈해설〉 [내용의 개괄적 이해]

이 글에서 언급한 과수원과 양봉업자 사이의 경우 이익을 주는 외부성이 발생한다. 그러나 과수원은 과수원의 이익을 극대화하기 위해서만 생산량을 결정하고, 사회 전체의 이윤을 위해서는 생산량을 조절하지 않으므로, 사회 전체의 입장에서 볼 때 과수원과 양봉업자 사이의 외부성에서도 비효율성이 발생한다.

17. 〈해설〉 [다른 사례에의 적용]

〈보기〉는 제3자에게 손해를 주는 외부성의 사례이다. 공장에서 생산량을 줄이면 공장의 이윤이 줄어들지만 주민의 입장에서는 (공장에서 생산으로 유발하는 오염으로 인한) 피해가 감소하게 된다. 이때 공장의 이윤 감소보다 주민들의 피해 감소가 더 크다면 생산량을 줄이는 것이 사회적으로 바람직하다고 할 수 있다.

18. 〈해설〉 [내용의 사실적 이해]

둘째 문단에서 '사성통해'와 같은 조선의 운서에서는 한글로 발음을 표시하였음이 진술되어 있다. 따라서 '사성통해'에서 반절법으로 한글의 발음을 표시했다는 진술은 이 글의 내용과 일치하지 않는다.

19. 〈해설〉 [구체적 사례에의 적용]

〈보기〉에서 국제 음성 기호인 B는 음성적 차원에서 무성음 [k]와 유성음 [g]로 발음하는 것을 일대일로 대응하여 표기[kog-]하고 있다. 반면에 A는 음소적 차원에서는 [k]와 [g] 모두 ㄱ으로 표기([고궁])하고 있음을 알 수 있다. 결국 A와 B를 비교해 볼 때 한글의 표음성은 출현 환경이 다른 [k]와 [g]를 동일한 말소리로 인식하여 음성적 차원이 아닌 음소적 차원에서 말소리를 적고 있음을 확인할 수 있다.

20. 〈해설〉 [서술 방법상의 특징 파악]

우선 3인칭 서술이다. 즉 서술자가 자신의 이야기를 중심으로 사건을 전개하고 있거나, 서술자를 작중 인물로 설정하고 있는 것이 아니다. 한편 인물의 심리를 서술자가 직접 서술하고 있다는 점에서 '서술자가 작중 상황과 사건을 전지적 시점으로 전달하고 있다.'라고 한 지적은 옳다. 한편 '서술자가 회상을 통해 외부 이야기에서 내부 이야기로 이동하고 있다.'라고 한 것은 적절하지 않다. 액자식 구성이 아니기 때문이다.

교행직 맞춤형 모의고사 10회 정답 및 해설

1	④	2	②	3	③	4	③	5	③
6	③	7	③	8	④	9	②	10	②
11	③	12	④	13	③	14	④	15	④
16	②	17	②	18	④	19	④	20	②

1. 〈해설〉 [띄어쓰기의 이해]

'-ㄹ걸'이나 '-ㄴ걸'은 어미다. 전자는 구어체로 해할 자리나 혼잣말에 쓰여, 화자의 추측이 상대편이 이미 알고 있는 바나 기대와는 다른 것임을 나타내는 종결 어미이다. 가벼운 반박이나 감탄의 뜻을 나타낸다. 후자는 구어체로 해할 자리나 혼잣말에 쓰여, 현재의 사실이 이미 알고 있는 바나 기대와는 다른 것임을 나타내는 종결 어미이다. 가벼운 반박이나 감탄의 뜻을 나타낸다. 지나간 일에 대한 후회가 드러난다.

예 저보다 키가 훨씬 더 클걸요./그때는 누구나 다 그렇게 산걸요.

한편 '거'는 '것'을 구어적으로 이르는 의존명사다. 서술격 조사 '이다'가 붙을 때에는 '거다'가 되고, 주격 조사 '이'가 붙을 때에는 '게'로 형태가 바뀐다. 또 '것을'이 '거를→걸'로 줄어들기도 한다. 반드시 앞말과 띄어 쓴다.

예 네 거 내 거 따지지 말자./그 책은 내 거다./지금 들고 있는 게 뭐냐?/뭘 먹지? 어제 저녁 식사 때 먹은∨걸 먹자./이 옷은 내 게 아니야.

〈더 알아두기〉

① 주로 '한번은' 꼴로 쓰여, 지난 어느 때나 기회의 뜻으로 쓰이는 명사 '한번'은 띄어 쓰지 않는다. 주로 '-어 보다' 구성과 함께 쓰여, 어떤 일을 시험 삼아 시도함을 나타내는 부사 '한번'도 마찬가지다.

예 한번은 그런 일도 있었지./이 가죽이 얼마나 질긴가 한번 시험해 보자.

한편 동사 뒤에서 '-을 뻔하다' 구성으로 쓰여, 말이 뜻하는 상황이 실제 일어나지는 아니하였지만 그럴 가능성이 매우 높았음을 나타내는 말 '뻔하다'는 보조형용사다. 앞말과 띄어 쓰는 것이 원칙이나 붙여 쓸 수 있다.

예 하마터면 낭떠러지 아래로 떨어질 뻔했다. *하마트면(×)

② 횟수를 나타내는 말인 '회(回)' 앞에 순서를 나타내는 말 '제삼'과 같은 말이 올 때는 '제삼∨회(원칙), 제삼회(허용), 제3회(허용)'처럼 띄어 쓴다. 또 수량을 나타내는 말 뒤에 붙어 '그 수를 넘음'의 뜻을 더하는 접미사 '-여(餘)'는 '이십여∨년/백여∨개/십오∨년여의 세월/한∨시간여'처럼 붙여 쓴다.

③ 성과 이름, 성과 호 등은 붙여 쓰고, 이에 덧붙는 호칭어, 관직명 등은 띄어 쓴다. 예 최치원∨선생, 서화담

2. 〈해설〉 [표준 발음법의 이해]

〈보기〉는 받침을 가진 어근이 조사나 어미, 접미사와 결합하는 경우 어떻게 발음할 것인가에 대해 논하고 있다. 그런데 '젖어미'는 명사 '젖'에 명사 '어미'가 붙은 합성어이다. 명사 '어미'가 형식형태소가 아니라 실질형태소임에 유의해야 하는 것이다. 이 경우 '젖'의 받침을 대표음으로 바꾸어서 뒤 음절 첫소리로 옮겨 [저더미]로 발음한다.

3. 〈해설〉 [중의적 문장의 이해]

어머니께서 주신 과일의 종류와 수가 명확히 드러나 있는 문장이다. 물에 떠다니는 배[船]가 '잘 익을' 수도 없고, 또 그것의 수량을 나타낼 때는 '두 척'과 같이 표현해야 하니 다의어에 의한 중의적 문장은 아니다. 또 '설익은'이 없다면 이 문장은 중의적일 수 있다. 잘 익은 것이 배만일 수도 있고, 배와 감 모두일 수도 있기 때문이다.

〈더 알아두기〉

① 다의어에 의해 중의적 해석이 가능한 문장이다. '식사'는 음식을 먹는다는 의미의 '식사(食事)', 의식의 행사라는 의미의 '식사(式事)', 식장에서 주최자가 그 식에 대하여 인사로 말하는 것을 의미하는 '식사(式辭)'가 있다. 따라서 어떤 맥락이 주어지지 않는 한, 이 문장의 의미는 명확하지 않다.

② '도시'를 수식하는 것이 '사람들이 많은'인지 '많은'인지에 따라 두 의

미로 해석이 가능하다. 1. 도시에 사람들이 많다. 그 도시를 여행했다. 2. 사람들이 도시를 여행했다. 그 도시의 수가 많다.

④ 서술어와 호응하는 논항의 범위에 따른 중의적 문장이다. '와'가 접속 조사냐 공동격 조사냐에 따라 의미가 달라진다. 접속 조사라면 '철수와 영희'가 목적어 역할을 하는 논항으로서 서술어 '뒤쫓았다'와 호응한다. 공동격 조사라면 '나'와 '철수'가 주어 역할을 하는 논항으로서 서술어 '뒤쫓았다'와 호응한다.

4. 〈해설〉 [의미 변화의 이해]

민간어원이라고도 하는 의미의 유연화는 말 그대로 민간에서 민중이 만들어내는 비과학적인 어원을 말한다. 곧 언중이 아무 근거 없이 만들어내는 흥미 위주의 어원이 민간어원이다. ④에 제시된 '곱창'이 그런 예이다. ③ 역시 의미의 유연화에 해당한다. '한량(閑良)'은 본래 '벼슬을 못하고 놀고 있는 무반'의 의미를 갖는다. 이것이 음운 동화 작용에 의해 [할량]으로 발음이 되자 다시 '할'과 어형이 유사한 '활'[矢]을 연상하여 '할량'을 '활량'으로 바꾼 뒤에 '활 잘 쏘는 건달' 내지는 '놀고먹는 건달'로 재해석하기에 이르는 것이다. '한량'이 본래 무인(武人)이고 무인과 '활'과의 관계가 긴밀하므로 그에 따른 형태 변개와 의미 변화가 함께 일어난 것이다. 즉 '활량'은 '한량(閑良)'의 변한말이다.

〈더 알아두기〉

유의 경쟁: 단어는 다른 단어와 다른 의미를 가질 때라야 그 존재의 의의가 있다. 그래서 같거나 비슷한 단어가 공존하는 상황 또는 둘 이상의 단어가 갖는 의미 영역이 겹치는 상황이 되면, 단어들 사이에서 일종의 생존 경쟁이 불가피하다. 그 결과 각 단어의 의미 변화가 일어난다. 그 결과는 의미의 축소 또는 확대가 일반적이나, 의미 가치의 변동이나 추상적 의미로의 변이도 적잖게 일어난다.

예 • 주택 : 아파트[주택(의미 축소):주거용 건물 일반 → 단독 주택]

　• 밥 : 메[메(의미 축소) : 밥, 진지 → 제사 때 신위(神位) 앞에 놓는 밥]

　• 여자 : 계집[계집(가치 하강) : 처(妻)와 여(女) → 여자[의미 축소] → 품격이 없는 여자]

　• 노동자 : 근로자[노동자(가치 상승):육체노동을 하는 사람 → 자본가의 상대 개념]

5. 〈해설〉 [외래어 표기법의 이해]

제9항 3)에 따라, 반모음 [j]와 [e]를 합쳐 '예'로 적는다. 또 제8항에 따라 [ou]는 '오'로 적어야 하므로 '옐로'가 맞는 표기다.

〈더 알아두기〉

① 제9항 1)에 따라 [we]는 '웨'로 적으므로 맞는 표기다.

② 제9항 2)에 따라 [gw]는 한 음절로 붙여 적으므로 '그윈'이 아니라 '귄'으로 적는다.

④ 제9항 3)에 따라 [d] 다음에 [jə]이 올 경우 '디어'로 적는다.

6. 〈해설〉 [반언어적 의사소통의 이해]

비언어적 의사소통의 요소와 반언어적 의사소통의 요소를 변별할 수 있어야 한다. '억양, 어조, 강약, 높낮이' 등은 반언어적 의사소통을 이루는 요소이다. ①, ②, ④가 그러하다. 그러나 ③의 '고개를 젓는 행위'는 비언어적 의사소통의 요소에 해당한다.

〈더 알아두기〉

④ 특정 단어에 강세를 주었다. 이 경우 '네가 있어야 할 곳은 다른 곳이 아닌, 바로 여기다'라는 의미를 갖게 된다.

7. 〈해설〉 [사설시조의 이해]

ⓒ은 '말라빠진'이라는 뜻이다. 즉 볕 쬔 쇠똥같이 말라빠졌다는 말이다. 몸이 아주 여위었다는 뜻이기도 할 터이고, 성마르다는 뜻이기도 할 터이다. '귀살스럽다'는 '일이나 물건 따위가 마구 얼크러져 정신이 뒤숭숭하거나 산란(散亂)한 느낌이 있다'는 뜻이니 적절한 뜻풀이가 아니다.

〈더 알아두기〉

(가)의 현대어 풀이: 나무도 바윗돌도 없는 산에 매에게 쫓기는 까투리 마음과,/대천 바다 한 가운데 일천 석 실은 배에 노도 잃고 닻도 잃고 용총줄도 끊어지고 돛대도 꺾이고 키도 빠지고 바람 불어 물결 치고 안개 뒤섞여 잦아진 날에 갈 길은 천리만리 남았는데 사면이 검어 어둑 천지 적막 사나운 파도치는데 해적 만난 도사공의 마음과/엊그제 임 여읜 내 마음이야 어디다 견주어 보리오.

(나)의 현대어 풀이: 시어머니 며늘아기 미워 부엌 바닥을 구르지 마오./빚에 받은 며느리인가 값에 쳐 온 며느리인가, 밤나무 썩은 등걸에 휘초리 난 것같이 매서우신 시아버님, 볕 쬔 쇠똥같이 말라빠진 시어머님, 삼 년 결은 망태에 새 송곳부리같이 뾰족하신 시누이님, 당피 같은 밭에 돌피 난 것같이 샛노란 외꽃 같은 피똥 누는 아들 하나 두고/건 밭에 메꽃 같은 며느리를 어디를 미워하시는고.

8. 〈해설〉 [속담의 이해]

'빈대 잡으려고 초가삼간 태운다'는 손해를 크게 볼 것을 생각지 아니하고 자기에게 마땅치 아니한 것을 없애려고 그저 덤비기만 하는 경우를 비유적으로 이르는 말이다. 비슷한 한자성어로는 '교각살우'가 있다.

－교각살우(矯角殺牛): 소의 뿔을 바로잡으려다가 소를 죽인다는 뜻으로, 잘못된 점을 고치려다가 그 방법이나 정도가 지나쳐 오히려 일을 그르침을 이르는 말.

〈더 알아두기〉

① 구멍은 깎을수록 커진다: 잘못된 일을 변명하고 얼버무리려고 하면 할수록 더욱 일이 어려워짐을 비유적으로 이르는 말.

② 믿는 나무에 곰이 핀다: 잘되리라고 믿고 있던 일에 생각지 못한 변화가 생김을 비유적으로 이르는 말.

③ 여우를 피해서 호랑이를 만났다: 갈수록 더욱더 힘든 일을 당함을 비유적으로 이르는 말.

9. 〈해설〉 [도표와 글의 내용 이해]

처음 물가와 환율의 균형을 'A'로 잡은 상태에서, 정부가 통화량을 증가시키는 확장 정책으로 'B→C→D'의 물가와 환율의 변화가 있었다. 'D'는 그 변화의 결과로 새로운 균형이 이루어진 상태인 것이다. 'D'에서 다시 정부가 통화량을 늘리게 된다면 이와 비슷한 방식으로 또 다른 새로운 균형을 찾을 것이다. 즉 환율의 오버슈팅이 다시 일어날 것이라고 예상할 수 있다. 물가는 환율에 비해 변화의 속도가 느리기 때문에 ②는 적절하지 않다.

10. 〈해설〉 [가사 문학의 종합적 감상]

객관과 주관 또는 자연과 인간이 어울려 하나가 되는 경지, 즉 물아일체(物我一體)의 정서를 노래하고 있는 가사 작품이다. 즉 자연과 인간은 대비되고 있는 것이 아니다. 더구나 '百年行樂이 이만흔들 엇지흐리'라고 하고 있으니 인간의 유한함을 탄식하고 있다는 이해는 적절하지 않다.

〈더 알아두기〉

① '功名도 날 씌우고, 富貴도 날 씌우니'에서 잘 드러난다. 공명이나 부귀가 나를 꺼리니, 세속의 온갖 부귀공명을 멀리 하고 청빈한 생활 속에서 자연을 벗하여 사는 선비의 초연한 삶의 태도를 나타낸 것이다. 표현상으로는 주객전도되어 있으니, 실제로는 '나'가 '공명'과 '부귀'를 꺼린다는 뜻이다.

③ 가사의 형식은 4음보 연속체로 된 율문(律文)으로 한 음보를 이루는 음절의 수는 3·4음절이 많고, 행수에는 제한이 없다. 마지막 행이 시조의 종장처럼 되어 있는 것을 정격(正格)이라 하고, 그렇지 않은 것을 변격(變格)이라 한다. '아모타, 百年行樂이 이만흔들 엇지흐리.'가 그렇거니 이 가사는 정격가사에 해당한다.

④ 가사의 장르적 특성에 관해서는 다음과 같은 견해가 있다. ⊙ 가사는 시가와 산문의 중간적 형태이다. ⓛ 가사는 율문으로 된 수필이다. ⓒ 가사는 율문으로 된 교술문학(敎述文學)이다. 이 3가지 견해는 모두 가사는 율문이되 서정시와는 달리 사물이나 생활에 관한 잡다한 서술로 이루어져 있음을 공통적으로 지적하고 있다. 이 작품도 그러하다.

11. 〈해설〉 [고전 시가/표현 방식에 대한 이해]

〈보기〉에서는 가을걷이가 가까워져 무르익은 들녘, 집집마다 피어오르는 밥 짓는 연기, 방앗간이며 우물터에서는 가득한 수확의 기쁨 등 모든 것이 성취의 기쁨을 맛보는 시간을 배경으로 하고 있다. 하지만 스스로 돌이켜 보건대 자신은 이룬 것이 없다. 무엇을 하며 인생을 살아 왔는지 공허한 마음에 거문고만 탄다고 했다.

〈더 알아두기〉 작품 해설

－주제: 성취하지 못한 학문에 대한 소망, 가을날 저녁의 자아 성찰

－특징: 수확의 계절인 가을날 해질 녘 수확의 기쁨에 들떠 있는 사람들과

풍요로운 자연의 모습을 보며 학문적으로 숙원을 이루지 못한 자신을 돌아보고 있는 작품이다. 퇴계와 같은 대학자가 이룬 것이 없다는 말은 실제로 이룬 것이 없다는 말이 아니라 자신이 이루고자 하는 꿈이 그만큼 더 크다는 것을 의미한다.

－해설: 시간적 배경에 대한 이해가 중요하다. 해는 지고 멀리 저녁이 오고 있으며, 하루의 끝을 알리는 시간이다. 눈을 멀리 들어 들을 바라보니 가을걷이가 가까워져 무르익은 들녘이 보이는 한 해의 마무리를 알리는 계절이다. 그래서 집집마다 밥 짓는 연기가 피어오르고, 또, 방앗간이며 우물터에서는 사람들이 수확의 기쁨에 들떠 있고 모든 것이 성취의 기쁨을 맛보는 시간이다. 밥 짓는 연기며 방앗간 우물터의 기쁜 빛이 그런 뜻을 함축한다. 그래서 날아드는 갈까마귀나 우뚝 서 있다고 한 해오라기까지도 기쁨과 자랑에 차 있다. 그런데 나만 오로지 이룬 것이 없다. 책을 뽑아 놓고 흩어진 걸 정리하면서 그 공허함이 새삼 뼈에 사무친다. 숙원을 가진 지 오래지만, 하루 일이나 농사일 같은 소득이 없다. 그 말을 누구에게 할 수 있으랴, 거문고만 탈 뿐이다. 이처럼 바라보는 사물과 대비되는 나를 발견하면서 학문적 성취에 대한 미진함을 생각하며 삶에 대한 깊은 내면의 성찰을 하고 있는 작품이다.

12. 〈해설〉 [다의어와 동음어의 이해]

ⓔ은 '혀로 느끼는 맛이 한약이나 소태, 씀바귀의 맛과 같다.'는 의미이고, ⓗ은 '어떤 일을 하는 데에 재료나 도구, 수단을 이용하다.'는 의미이다. 의미상 연관성이 없으므로 다른 표제어로 수록해야 한다. ⓔ은 형용사로, 주변 의미로 쓰인 예는 '실패의 맛이 쓰다' 정도가 있다. 실패가 달갑지 않고 괴롭다는 뜻이다. 한편 ⓗ은 동사다. 재료나 도구, 수단을 이용한다는 뜻에서 확장되어 사람을 일정한 돈을 주고 일을 하도록 부리는 경우나, 자리에 임명하여 일을 하게 하는 경우에도 쓰인다.

〈더 알아두기〉

⊙ 붓, 펜, 연필과 같이 선을 그을 수 있는 도구로 종이 따위에 획을 그어서 일정한 글자의 모양이 이루어지게 하다.

ⓛ 모자 따위를 머리에 얹어 덮다.

ⓒ 원서, 계약서 등과 같은 서류 따위를 작성하거나 일정한 양식을 갖춘 글을 쓰는 작업을 하다.

ⓜ 얼굴에 어떤 물건을 걸거나 덮어쓰다.

13. 〈해설〉 [지시 표현의 이해]

갑이 말하는 '저'는 발화 현장에서 직접 그 대상을 찾을 수 있으며, 지금 들려오는 '소리'를 가리키는 말이다. 즉 갑과 을이 과거의 경험 또는 어떤 지식을 공유하고 있지 않더라도, 현 상황에서 지시 대상을 추론하는 것이 가능하다.

14. 〈해설〉 [어구의 이해]

'확정(廓正)하다'는 '잘못을 바로잡다'의 뜻이고, '확정(確定)하다'는 '일을 확실하게 정하다'의 뜻이다. 따라서 ⓔ은 '지난날의 잘못을 바로잡아 고치고'의 뜻이다.

〈더 알아두기〉

② 고식적(姑息的): 근본적인 대책을 세우지 아니하고 임시변통으로 하는. 또는 그런 것. '임시변통의'로 순화.

③ 원구(怨溝): 「1」 두 사람 사이를 가로막는 원한의 도랑. 「2」 원한으로 말미암아 생긴 불화.

15. 〈해설〉 [글의 이해와 분석]

키치는 사람들에게 익숙한 주제들을 익숙한 방식으로 다루고 사람들에게 편안한 정서적 반응을 불러일으키는 작품을 말한다. 즉 글쓴이에 따르면 키치는 상투적인 모방품인 셈이다. 따라서 ④와 같이 창의적 소재를 다루었다면 이미 키치의 범주에서 벗어난다. 키치는 익숙한 정서적 반응을 불러일으키는 대상을 소재로 삼는다. 창의적인 소재라면 키치의 범주에서 벗어나는 것이다.

16. 〈해설〉 [환유의 이해]

ⓛ은 은유에 해당한다. 인접성의 원리가 아니라, 유사성의 원리를 따르고 있기 때문이다. ⓛ은 대표이사님의 기분이 좋지 아니한 상태라는 뜻인데, 이는 대표이사님의 기분과 '저기압'이라는 대기의 상태가 서로 유사하다는 생각을 바탕으로 한 것이다.

〈더 알아두기〉

① '얼굴'[부분]이 나타난 것이 아니라 '인물'[전체]이 나타난 것이다. 확대 지칭에 해당한다.

③ 왕래가 끊겼다는 뜻이다. '사람'[전체]이 오고가는 것을 '발길'[부분]로 표현했으니 확대 지칭에 해당한다.

④ 모차르트의 음악이 풍기는 분위기를 비유적으로 표현한 것이다. '모차르트'[전체]로 그의 '음악'[부분]을 표현한 것이니 축소 지칭에 해당한다.

17. 〈해설〉 [표현 방법의 이해]

'춘향전'의 해당 부분에서 두드러진 표현 기법은 동음어(또는 유사한 음을 가진 단어)를 이용한 언어유희이다. 예컨대 '볏'은 보습 위에 비스듬하게 덧댄 쇳조각을 이르는 말로 보습으로 갈아 넘기는 흙을 받아 한쪽으로 떨어지게 하는 기능을 한다. '밝음'이나 '더움'과는 상관이 없는 말이다. 이것이 '볕'과 소리가 같음을 이용하여 웃음을 유발하고 있는 것이다.

'성에장'도 비슷하다. '성에'는 쟁기의 윗머리에서 앞으로 길게 뻗은 나무를 이르는 말로, 허리에 한마루 구멍이 있고 앞 끝에 물추리막대가 가로 꽂혀 있다. 그것이 '기온이 영하일 때 유리나 벽 따위에 수증기가 허옇게 얼어붙은 서릿발'을 이르는 말인 '성에'와 음이 같음을 이용하여 웃음을 유발한 것이다. '양지머리'도 비슷하다. 이 단어는 '소의 가슴에 붙은 뼈와 살을 통틀어 이르는 말'이기도 하고, '쟁기 술의 둥글고 삐죽한 우두머리 끝'을 이르는 말이기도 하다.

②에서도 서방님의 '서'를 방향을 나타내는 '서(西)'의 의미로 바꾸어 '서방인지 남(南)방인지'라고 표현하고 있다. 이는 동음어를 활용한 언어유희에 해당한다.

〈더 알아두기〉

①: 반어법을 사용한 것이다. 웃음을 유발하는지의 여부는 불분명하다.

③: 사람의 갈비와 동물의 갈비(먹는 갈비)를 동시에 지칭하는 중의법으로, 중의적 의미를 통한 언어유희이다.

④: '이화춘풍'이 '봄'이라는 계절적 배경과 '이몽룡'이라는 인물 둘 다를 암시하는 중의법이 쓰였다.

18. 〈해설〉 [고전소설의 종합적 감상]

비록 산 사람과 귀신 사이의 사랑이기는 하지만, 남녀 간의 사랑을 다룬 소설이다. 연인 중 한 편의 사람이 영원히 양계(陽界)를 떠나는 내용인데, 이를 두고 주인공의 고독이 해소되고 있다고 말하는 것은 적절하지 않다.

〈더 알아두기〉

① 이승의 사람과 저승의 사람이 사랑을 나눈다는 설정 자체가 비극적인 요소를 내포하고 있다. 현실적으로 이루어질 수 없는 사랑이라는 점에서 그렇다.

② "'건상(褰裳)'과 '상서(祥鼠)' 두 장의 뜻을 모르는 것은 아니지만"이라는 말 속에는 유교적 덕목이 내재되어 있다. 전자는 (연꽃을 전하고 싶으면) 치마를 걷는다는 말로 무엇인가를 얻기 위해서는 최소한의 대가를 치러야 한다는 말이다. 후자는 '쥐를 보면 가죽이 있는데, 사람은 예의가 없다'에서 온 말로 사람은 예의가 있어야 함을 이르는 말이다. 그런데 이 고사를 모르더라도 '백 년의 높은 절개를 바쳐 술을 빚고 옷을 기워 평생 지어미의 길을 닦으려 하였음'에서도 추론할 수 있다.

③ 산 사람과 죽은 사람의 사랑을 다룬 소설을 명혼소설(冥婚小說)이라 한다. 이 작품이 그러한데, 이 점에서 사건 전개에는 비현실적인 요소가 많이 작용하고 있다.

19. 〈해설〉 [소재의 기능 파악]

(가)의 시적 화자는 '멧비둘기'처럼 날아서 그리운 고향으로 가고 싶어 한다. (나)의 '기러기'도 역시 가고 싶은 곳을 향해 갈 수 있는 대상이다. 따라서 멧비둘기와 기러기는 화자로 하여금 고향에 대한 그리움을 더욱 절실하게 부각하게 한다.

〈더 알아두기〉

① 과거와 현재의 공간을 매개하고 있지는 않다.

② 힘겹게 살아온 화자의 과거의 삶을 환기하는 것은 아니다.

③ 화자는 현실의 고난을 극복하지 못하고 있어 적절한 설명이 아니다.

20. 〈해설〉 [자료 활용의 적절성 평가]

우선 쓰고자 하는 글의 제목이 '우리 사회의 생활 변화'이다. 이와 관련하여 〈보기〉에 제시된 '자료'를 보면, 생활 변화의 원인은 '경기 침체'임을 알 수 있다. 그 결과는 소비 패턴의 변화이다. 그런데 우리나라 중소기업 제품이 외면당한 이유를 분석하는 것은 이러한 글의 목적과 거리가 있을 뿐 아니라, 〈보기〉에 주어진 자료를 활용하는 방안으로도 적절하지 않다.